体育与健康教程

总主编　陈利和

主　编　邹　正　黄　芳　孟彦迪

副主编　余　龙　侯军昭

中国言实出版社

图书在版编目（CIP）数据

体育与健康教程 / 邹正，黄芳，孟彦迪主编. — 北京：中国言实出版社，2022.9
ISBN 978-7-5171-4286-7

Ⅰ. ①体… Ⅱ. ①邹… ②黄… ③孟… Ⅲ. ①体育—教材②健康教育—教材 Ⅳ. ① G807.4 ② G479

中国版本图书馆 CIP 数据核字 (2022) 第 157389 号

体育与健康教程

责任编辑：郭江妮
责任校对：王建玲

出版发行：中国言实出版社
地 址：北京市朝阳区北苑路 180 号加利大厦 5 号楼 105 室
邮 编：100101
编辑部：北京市海淀区花园路 6 号院 B 座 6 层
邮 编：100088
电 话：010-64924853（总编室） 010-64924716（发行部）
网 址：www.zgyscbs.cn 电子邮箱：zgyscbs@263.net

经 销：新华书店
印 刷：三河市海新印务有限公司
版 次：2022 年 9 月第 1 版 2022 年 9 月第 1 次印刷
规 格：889 毫米 × 1194 毫米 1/16 18.25 印张
字 数：524 千字

定 价：49.90 元
书 号：ISBN 978-7-5171-4286-7

前 言

体育是大学教育不可或缺的组成部分，也是大学生走向社会前最后阶段的体育课程。它不仅是中小学体育课程的延伸和发展，更是增强大学生体质与健康水平、构建大学校园文化和大学精神的重要途径。

目前，中国的人口红利已不存在，基于民族振兴和国家可持续发展的迫切需要，作为民族精英的大学生群体的身心健康和体魄强健具有不言自明的重要意义。在当下《“健康中国 2030”规划纲要》大力推进的形势下，大学体育文化的发展和阳光体育的推进对广大国民的健康意识和体育精神的唤起具有巨大作用。体育既是精英体育教育的终点，也是全民终身体育的起点，更是体育文化和体育精神的振兴点，还是“健康中国”前进路途中的建设重点。因此，大学体育至关重要，为大学体育指明方向并支撑大学体育教育的大学体育教材的构建和完善也至关重要。

但是，大学体育课程建设又是颇有困难的工作，面临以下新的问题：(1)大学生已经成人，生长发育基本完成。他们的身体素质敏感期已过去，身体的矫正和发展更加困难；(2)经过中小学阶段体育的风风雨雨，体育已成为某些学生的“嗜好”，或者某些学生的“梦魇”；大学生则不像中小学生，他们集中在宿舍里，体育已成为校园生活和宿舍文化的一部分；(3)大学体育是大部分学生最后的正规体育教育，必然要成为学生们学校体育课的“收官之战”和社会体育的“开局之战”；(4)大学体育需要更大的自主性，虽然学生跟体育教师上课的时间不多，但参加课外自主体育活动的时间却增加了；(5)大学生与过去相比少了应试的压力更倾向自由的活动，其中也包括体育活动；(6)大学生们进入了恋爱的高峰期，体育活动和体育比赛在此时也起到了新的作用；(7)大学生的体质已连续下降多年，国家对他们的体育干预会越来越多，行政化的大学体育工作与自主的学生观念及行为之间面临着诸多问题；等等。这些问题都对大学的体育课程改革及教材编写提出了特殊的要求。

当前，大学的体育课程与教学改革或如火如荼，诸多大学体育教学理论与教学实践问题也随之涌现，大学的体育课程改革一直艰难地向前发展着，一些优秀的高校体育教育工作者正在进行着卓有成效的体育课程研究和教学探索。在不断的研究和探索中，体育课程和教学理论有了一些重要的建树和进展，大学公共体育教育精品课程不断涌现，这些新的研究成果也不同程度地反映在这本体育教科书中。

本书具有以下特点：(1)不仅强调对运动项目技能的学习，也增加了与个人健身、健康相关的内容；(2)对体育教学内容采用了新的分类方法，以避免教学出现“蜻蜓点水”和“低级重复”现象；(3)强调了要发展学生的基本运动能力和专项素质，增加了一些锻炼内容；(4)力图做到图文并茂，并注意动作图的规范性和细节，尽量规范地示范技术动作，以提高本教材的指导性和实用性；(5)设计了一些新颖的有助于学生进行探究性学习的小板块，如章前有“本章概述”“章结构图”“学习目标”，章后有“本章小结”“拓展阅读”“在线学习”“测测你的基础”等，以帮助学生进行有创意的和有思考性的学习；(6)对各种运动项目做了有新意的介绍，以帮助学生更好地体验该运动项目的特点，并为他们体会运动乐趣做准备；（7）对各个学习目标进行了仔细的考虑，以简洁明确地指导学生的学习；（8）强调了战术学习，使体育运动这一独特的教育教学因素能更好地发挥作用；（9）强调了学习方法提示，以帮助学生提高使用教材的能力和学习能力；（10）加强了教学建议，以帮助教师更清晰地根据教材安排教学。

由于我们的学术水平和工作能力有限，书中还有许多不尽人意之处，有待于在今后修订时继续完善和改进。

编者

目　录

导　言

本书旨在为大学生参与当前多样的体育运动提供广泛的基础知识。不管是参与者，还是旁观者，对各种体育运动规则和策略的学习都是非常有益的。不管是团队运动，还是个人或双人运动，对体育的礼仪、安全、装备、技术、历史、价值观等知识的学习也可以提高观看或参加体育活动的乐趣。

一、体育运动的身体健康价值

健康是我们最宝贵的财富。德国哲学家叔本华说："为了生活中的其他事情而忽视健康生活是最愚蠢的。"要获取并保持健康，任何年龄的人都有必要参加体育活动。2016 年 10 月 25 日，中共中央国务院发布的《"健康中国 2030" 规划纲要》把 "体育锻炼" 作为 "健康中国" 建设的十三个主要指标之一。美国白宫的医生将步行、慢跑、登山、高尔夫、游泳、骑马等体育运动和医务监督一起纳入总统的健康计划中。

"体育运动" 这个词意味着很多东西：一些人会想到肌肉发达的举重运动员，还有一些人会想到身材精瘦的马拉松运动员，然而他们并不是身体健康的最佳范例。实际上，身体健康意味着一个人能处理日常生活中的各种事情，而没有感到过多的压力；更重要的是，人们不会因为缺乏体育运动而面临疾病风险。

许多疾病从根源上可以说就是运动功能的减退，因为这些疾病是由缺乏体育运动的生活方式导致的。科学研究发现，体育运动的缺乏与疾病的发生存在密切关系。流行病学是研究疾病、疾病产生原因及疾病对社会影响的一门科学，在过去的五十年里，流行病学广泛地阐明了缺乏体育运动的生活方式与发病率及死亡率的增加存在密切关系。有研究发现，以下疾病与体育活动的缺乏存在关系：癌症（特别是直肠癌）、糖尿病、心脏病、高血压、肥胖、骨质疏松症、中风、抑郁焦虑。被西方尊为 "医学之父" 的西方医学奠基人——希波克拉底曾说："吃不会让一个男人健康，他还必须要锻炼。"

美国运动医学学会（ACSM）由超过 15 000 名生理学家、医生及体育和健康教育工作者组成，该学会为成人制定了日常锻炼指南（见表 1）。

表 1　美国运动医学学会为成人制定的日常锻炼指南

心肺健康和身体成分
1. 锻炼次数：每周 3—5 次。 2. 锻炼强度（较低的值适用于身体素质较弱的人）： （1）55%/65% 到 90% 的最大心率（最大心率约为 "220—年龄"，例如，20 岁的人的最大心率是每分钟 200 次）。 （2）40%/50% 到 85% 的最大摄氧量。 3. 锻炼时长：20—60 分钟的持续锻炼，或者至少 10 分钟的练习。持续时长取决于锻炼强度，锻炼强度越大，所需锻炼时间就越短；相反，锻炼强度越小，就需要越长时间的锻炼才能达到健康的目的。 4. 锻炼的方式：应该是使用大的肌肉群，有节奏的和有氧的锻炼，并能持续一定的时间（如散步、徒步旅行、游泳、慢跑、骑自行车、越野滑雪、有氧舞蹈、划船、爬楼梯等）
肌肉力量和耐力，身体成分及柔韧性
1. 抗阻训练应该纳入日常的肌肉锻炼中，建议每周锻炼 2—3 次，共进行 8—10 种肌肉锻炼。对大多数人而言，每种锻炼应该重复 8—12 次，对于年龄偏大（超过 50 岁）的人，可以选择较轻的重量，重复次数多一些（10—15 次）。 2. 柔韧性训练应该纳入日常锻炼中。个人应努力改善或保持关节周围的活动范围。每周应该对主要肌肉群进行 2—3 次拉伸。拉伸包括静态拉伸（伸展然后保持）和动态拉伸（活动中拉伸）

体育运动对身体健康的促进主要包括三个方面：有氧健身、身体成分和肌肉骨骼状况（包括肌肉力量、耐力和灵活性）。

（一）有氧健身

1. 有氧健身与疾病风险

有氧健身可能是体育健身中最常见的一种。很多研究发现有氧健身与健康之间的关系，例如，有氧健身的人不太可能过早死于心脏病，也不太可能患中风、糖尿病、超重、高血压、癌症等疾病。

图 1 中的 6 项研究都显示出，随着运动量（包括运动的频率、强度或持续时长等）的增加，冠状动脉的死亡率在下降。图 2 显示，当健身水平提升时，无论是男性还是女性，综合原因死亡风险都在降低。图 3 也表明，随着运动量的加大，中风的风险也在降低。然而，这并不意味着每个人都必须要做大量的运动才能获得健康。

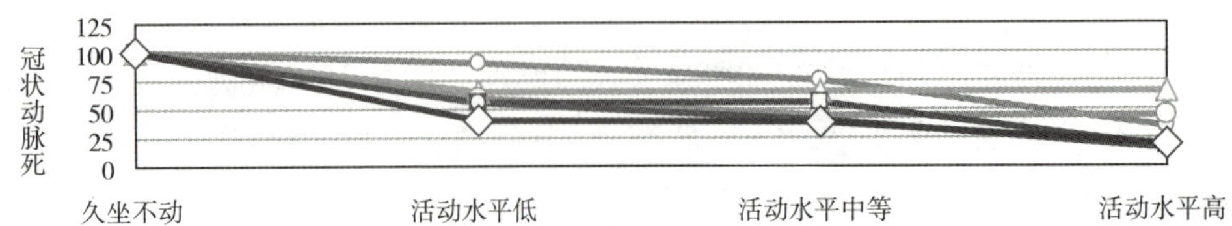

图 1　关于运动量与冠状动脉死亡率的关系的 6 项研究
（资料来源：Blair and Connelly，1996）

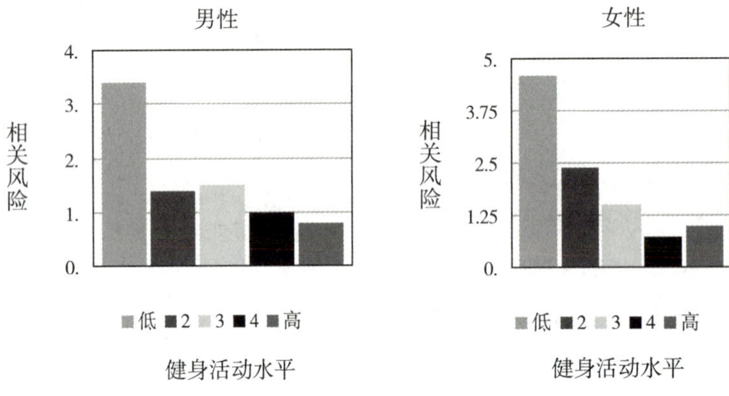

图 2　每 1 000 人综合原因死亡率

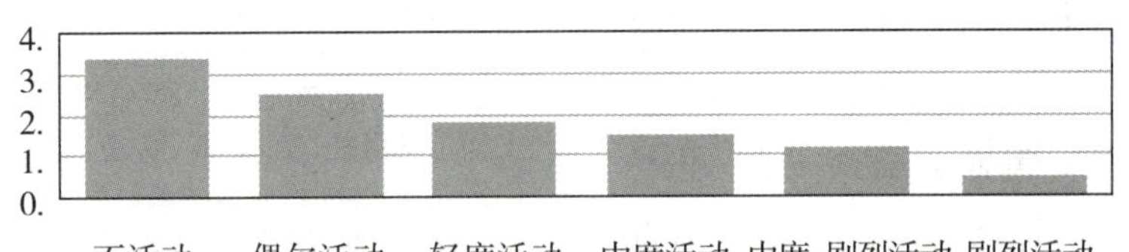

图 3　每 1 000 人中风率
（资料来源：Blair，1993）

2. 有氧健身的原则

有氧健身并不需要花钱加入一个俱乐部或购买昂贵的健身服，许多简单的生活方式的改变可以帮助你提高有氧健身水平。关键是，在一周中尽量每天做到至少有累计 30 分钟的中等强度的体育运动。表 2 是有氧健身的原则。

表 2　有氧健身的原则

特定性原则
训练必须针对特定类型的需要：有氧训练可以提高有氧能力，力量训练可以增加力量，灵活性训练可以提高灵活性。此外，力量和灵活性训练必须针对你想要训练的肌肉或关节
超负荷原则
健身水平的提升取决于整个身体系统（有氧能力，肌肉骨骼状况或灵活性）对目前水平的整体超越。健身水平的提升是通过逐步增加身体负荷来实现的。如果你想提高你的健身水平，你就要逐步让整个身体系统适度“超负荷”运转来提高你的健身水平
循序渐进原则
要逐步提高健身水平，个体应该从自己感觉舒适的水平开始，然后再逐步增加体育运动量或运动难度
可逆原则
这个原则意味着如果你停止体育运动，你的身体将退回到之前的状态

3. 对有氧健身水平的评估

对有氧健身水平最好的评估方式是通过跑步机测试最大摄氧量，但这需要专业的设备。比较便于操作的方式是实地测试，最常见的测试是十二分钟跑（见表 3）。

表 3　十二分钟跑

男性	年龄			
	< 29 岁	30~39 岁	40~49 岁	≥ 50 岁
优秀	2 800 米以上	2 600 米以上	2 500 米以上	2 400 米以上
良好	2 400~2 799 米	2 200~2 599 米	2 100~2 499 米	2 000~2 399 米
~般	2 000~2 399 米	1 800~2 199 米	1 700~2 099 米	1 600~1 999 米
差	1 600~1 999 米	1 500~1 799 米	1 400~1 699 米	1 300~1 599 米
很差	1 600 米以下	1 500 米以下	1 400 米以下	1 300 米以下
女性	年龄			
	< 29 岁	30~39 岁	40~49 岁	≥ 50 岁
优秀	2 600 米以上	2 400 米以上	2 300 米以上	2 200 米以上
良好	2 200~2 599 米	2 000~2 399 米	1 800~2 299 米	1 700~2 199 米
一般	1 800~2 199 米	1 700~1 999 米	1 500~1 799 米	1 400~1 699 米
差	1 500~1 799 米	1 400~1 699 米	1 200~1 499 米	1 000~1 399 米
很差	1 500 米以下	1 400 米以下	1 200 米以下	1 000 米以下

（二）身体成分

1. 身体成分与疾病风险

身体成分是指体内脂肪含量及分布情况。2017年，中国疾病预防控制中心报告称，全国人口肥胖率为 11.9%，超重率为 30.1%，中国的肥胖人数已经超过美国，成为世界上肥胖人口最多的国家。身体过度肥胖将导致多种负面的健康后果，包括心脏病、高血压和糖尿病。表 4 说明了身体脂肪增加后的风险：随着身体脂肪的增加，患冠心病、2 型糖尿病（成人期发病）和高血压的风险也在增加。

简单地说，体重的增加与一些常见的疾病相关：高血压、糖尿病、心脏病、中风、胆囊疾病、骨关节炎、睡眠呼吸暂停及许多其他问题。最近的研究表明，即使是那些超重的人，如果坚持体育锻炼的话，也会减少患病的风险，这表明在健康方面，身体状态比体重更加重要（Barlow et al.1995，and Brodney et al.2000）。

表 4　身体脂肪含量与患冠心病、2 型糖尿病和高血压的风险

			冠心病、2 型糖尿病和高血压的风险	
			腰围	
	BMI	肥胖等级	男性< 102cm，女性< 88cm	男性> 102cm，女性> 88cm
重量不足	< 18.5			
正常	18.5-24.9			
超重	25.0-29.9		增加	高
肥胖	30.0-34.9	I	高	很高
	35.0-39.9	II	很高	很高
极度肥胖	40.0+	III	极高	极高

资料来源：美国国家心脏、肺和血液研究所，2000。
注：BMI 是 Body Mass Index 的缩写，即身体质量指数，是用体重数（单位：千克）除以身高数（单位：米）的平方。

从健康角度出发，不仅要考虑体重，还要考虑身体肌肉与脂肪的比例。例如，两个人同样都是超重，但肌肉型的健康风险没有肥胖型的高；另一个需要考虑的是，脂肪在身体上的分布情况，脂肪囤积在腰

部比脂肪分布在全身或囤积在臀部的人患病危险性更高。美国心脏病协会（AHA）的报告称：腰围超过 88 厘米的女性和腰围超过 102 厘米的男性患心脏病的风险将增加。

2. 身体成分与体育运动

你的体重和身体成分的变化是卡路里是否平衡的一个表现。如果你从食物中摄取的卡路里等于日常活动和参加体育运动中消耗的卡路里，那么你处于卡路里平衡状态。如果你摄取的卡路里比你消耗的多，那么你就处于“正卡路里平衡”，就会变胖；如果你消耗的比摄入的多，你就处于“负卡路里平衡”，便会变瘦。

很简单，如果你的生活没有其他改变，除了每天通过体育锻炼消耗额外的 50 卡路里（步行约 7 到 8 分钟），同时每天减少 50 卡路里（热量相当于一块饼干）的摄入量，那么一年你会减掉 4.5 千克脂肪①。不幸的是，大多数人不太关注他们的热量平衡，结果，大多数人从 20 到 45 岁会增加大约 20 千克的脂肪！表面上，他们的体重可能不会增加那么多，那是因为当他们的体育运动变少时，身体上的肌肉组织就会被脂肪组织所取代。随着脂肪水平的增加，疾病的风险便会增加，重点是改变生活方式，实现卡路里平衡，这样你就可以在整个成年期保持你的体重，而不是因为体重增加导致退化性疾病风险的增加。

关于减肥很重要的一点需要注意，“局部减肥”是无法实现的。你经常会听到人们通过购买专门设备或特殊的“时尚饮食”，想要减少腰部或臀部的脂肪。不幸的是，大部分设备和饮食是无效的，关键是生活方式的改变。想要通过对具体部位进行锻炼来实现减肥通常是无用的，倒是会增加该部位的肌肉。减少身体脂肪的最佳方式是通过有氧健身，实现负热量平衡，消除体内脂肪。

既然保持体重是卡路里平衡的一个表现，你可以通过食物标签记录你每天摄入的卡路里。你也可以根据各种体育运动的数据表估算出你所消耗的热量。表 5 列举了若干体育运动的卡路里消耗量（表中数据以体重 68 千克为例，卡路里消耗量与体重成正比，比如一个 48 千克的人的消耗量应该是相应数值乘以 0.7，一个 88 千克的人的消耗量应该是相应数值乘以 1.3）。

表 5　各种运动消耗的卡路里

运动	每小时消耗卡路里
自行车（10 千米/小时）	240
自行车（19 千米/小时）	410
越野滑雪	700
慢跑（9 千米/小时）	740
慢跑（11 千米/小时）	920
跳绳	750
原地跑	650
跑步（16 千米/小时）	1280
游泳（23 米/分钟）	275
游泳（46 米/分钟）	500
网球（单打）	400
步行（3 千米/小时）	240
步行（5 千米/小时）	320
步行（7 千米/小时）	440

资料来源：根据美国国家心脏、肺和血液研究所的数据。

3. 对身体成分的评估

有许多方法可以测量身体的脂肪水平，下面有三个常见方法。第一个方法是测量你的身体质量指数（BMI）。第二个简单的方法是测量你的腰围。第三种方法是用皮褶卡钳测量皮下脂肪来估计身体的脂肪水平。由于男性和女性的脂肪通常储存在身体的不同部位，所以对男性和女性皮下脂肪的测量也会选在不同的部位。男性测量通常是在胸部、腹部和大腿，而对女性的测量通常是在肱三头肌、髂上和大腿。如果男性脂肪含量大于 25%，女性脂肪含量大于 33%，就会增加患疾病的风险。

① 3 800 卡路里大约会增加 0.5 千克脂肪（正热量平衡）或失去 0.5 千克脂肪（负热量平衡）。

（三）肌肉骨骼状况

1. 肌肉骨骼状况与疾病风险

肌肉骨骼的状况对于减少疾病风险也很重要，人们需要足够的肌肉力量和骨骼强度进行日常活动。例如，腹部肌肉力量和腰背疼痛存在一定关系，因为腹部力量对保持脊柱的正确对齐很重要。另外，力量对骨骼强健很重要，男性和女性都可能患有骨质疏松症，但女性更多一些，如果你年轻时拥有强壮坚实的骨骼，那么当你变老时将能很好地预防骨质疏松。随着年龄增长，每个人的骨密度开始变少，虽然可以通过膳食补充剂来增加骨密度，不过还有一个好方法是通过强化连接骨骼的肌肉来强化与这些肌肉相连的骨骼。例如，网球选手常用手臂比不常用手臂的人骨密度更高。所以，参加体育运动是增加骨密度的一种很好的方式。

2. 肌肉骨骼状况与体育锻炼

有氧健身中的特定性原则、超负荷原则和循序渐进原则对于发展肌肉骨骼的力量、耐力和灵活性都很重要。锻炼必须针对具体的身体部位，以达到锻炼这些部位的肌肉骨骼的目的。下面先了解一个在力量训练中的概念：最大重复重量（RM）是指可以被举起一定次数的最大重量。例如，1-RM是可以被举起 1 次的最大重量，而 10-RM是可以被举起 10 次的最大重量。

力量锻炼的基本原则是要从你能举起的重量开始，然后慢慢增加锻炼组数和重复的次数，直到达到新的力量水平和耐力水平。一般来说，大重量少重复次数将会增加肌肉力量，小重量多重复次数将会增加肌肉耐力。表 6 是一项提高肌肉骨骼状况的训练计划。

表 6　肌肉骨骼的力量和耐力训练计划

肌肉力量训练				
周	频率次/周	组/次	重复个/组	抗阻训练
1~3	2	2	6~10	12-RM
4~20	3	3	6~10	6-RM
21+	3	3	6~10	6-RM
1~3	2	2	15	40%1-RM

续表

肌肉力量训练				
周	频率次/周	组/次	重复个/组	抗阻训练
4-20	3	3	15	60%1-RM
21+	1-2	3	15	60%1-RM

资料来源：弗兰克斯．健康健身指导手册（第三版）．伊利诺斯：人体运动出版社，1997：308.

类似的训练原则也适用于灵活（柔韧）性训练。训练开始时，先慢慢活动关节，然后逐渐增加活动的次数和活动的范围。例如，一个常见的柔韧性训练是触摸脚趾，你可以站着或坐着来做这个练习。第一次你可能只能够触摸到你脚踝的地方，保持 5—10 秒钟，然后放松，重复这个动作 8—10 次。几周后你就会感觉到身体柔韧性增强，手能够更加接近你的脚趾了。另外，身体柔韧性是很容易减弱的，如果不经常练习，身体会慢慢失去柔韧性。

3. 对肌肉骨骼状况的评估

对肌肉骨骼的力量和柔韧性的评估，需要相关的专门体育活动，这里不再展开，只是简单介绍仰卧起坐和屈体前伸两项。对腹部力量和耐力的测试方法，最常见的是一分钟能做多少个仰卧起坐，结果评价参见表 7。同样，可以采用多种方式测量身体柔韧性，常用的测试是屈体前伸，结果评价参见表 8。

表 7　一分钟仰卧起坐测试

单位：个

男性	年龄			
	＜ 29 岁	30~39 岁	40~49 岁	≥ 50 岁
优秀	＞ 60	＞ 45	＞ 42	＞ 38
良好	48	37	32	26
一般	40	23	20	15
差	25	18	15	10
很差	＜ 18	＜ 12	＜ 10	＜ 6
女性	年龄			
	＜ 29 岁	30~39 岁	40~49 岁	≥ 50 岁
优秀	＞ 50	＞ 40	＞ 35	＞ 25
良好	40	34	26	20
一般	32	15	10	7
差	20	12	6	3
很差	＜ 12	＜ 8	＜ 2	＜ 1

表 8 屈体前伸测试

单位：厘米

男性	年龄			
	< 29 岁	30~39 岁	40~49 岁	≥ 50 岁
优秀	> 42	> 48	> 48	> 43
良好	36	43	41	38
一般	30	23	25	20
差	16	18	13	13
很差	< 10	< 12	< 8	< 5
女性	年龄			
	< 29 岁	30~39 岁	40~49 岁	≥ 50 岁
优秀	> 42	> 53	> 53	> 48
良好	38	50	48	46
一般	32	36	30	30
差	22	30	25	23
很差	< 18	< 20	< 15	< 15

二、体育运动的心理健康、个体社会化及娱乐价值

（一）体育运动的心理健康价值

生活中有许多情况会让人产生精神紧张和心理压力，导致担心、焦虑、恐惧、沮丧等。恰当的体育运动将有助于情绪稳定与精神健康，如同促进身体健康一样。参加一项有趣的体育运动能把人的注意力从事情上转移开，也可以通过社会认可的渠道释放情绪。体育运动是满足某些普遍的原始欲望的一种手段，它为人们提供了自我表现的途径。运动技能的提升与体育比赛的胜利体验是提升信心和收获满足感的绝佳方式。通过参加个人体育运动，如射箭、保龄球、跑步、体操、游泳、高尔夫，可以自我挑战，也可以与他人比赛。参加体育运动获得的个人成就感已被证明与个人动机和自信高度相关。

尽管参加任何体育运动都会有一定的风险，但有趣的是，近年来出现了“极限运动”。现在室内攀岩墙出现在健身房、私人运动场所，玩滑雪板、高空跳伞的人数大量增加。

（二）体育运动的个体社会化价值

体育活动的一个重要方面是帮助个体社会化。因为我们生活在一个社会冲突的时代，将积极的社会习惯传递给我们的社会成员是非常重要的。一项体育运动为拓展广泛的社会理解力提供了无限的机会。事实上，以前不同社会文化间的最初交往就是通过体育运动进行的。

可能没有比通过参加体育运动来学习如何与他人相处及与他人共同生活更好的方式了。一个人要想获得成功，礼貌、自我控制、主动、合作、忠诚这些品质都是必需的，这些品质对于在民主社会取得成功和幸福生活是非常必要的。在体育运动中，不管你是领导者还是跟随者都会获得以上体验。

运动参与者必须学会给予别人称赞，无论输赢。参与团队运动，可以让个体学会为了团队利益而与他人合作，并学会控制情绪。归属感是人的一种社会本能，人们需要和他人建立联系，参与体育运动能满足这一需要，运动中意气相投的气氛常常会培育出真正的友谊。

（三）体育运动的娱乐价值

科技将我们从大量的体力劳动中解放出来，随着休闲时间的增多，娱乐活动在现代生活中显得越来越重要。很明显，人们对休闲时间的利用可以是积极的也可以是消极的。体育运动能帮助人们明智地使用休闲时间。人们应该意识到，有益身心的娱乐方式尤其是体育运动，在人们充分享受生命的过程中起着极其重要的作用。

许多有益身心的体育娱乐活动并不复杂，也不昂贵。在保持身体健康、精神健康和情绪健康方面，许多简单的体育娱乐活动的效果让人非常满意。

三、个体进行体育运动时的注意事项

为了保持身体健康，有必要定期参加适当强度的体育运动。美国运动医学学会推荐，每周至少应该参加三次中等强度的运动，每次三十分钟。

最好开始进行低强度的锻炼，然后再逐渐增加运

动的强度。这是为了防止对肌肉造成过度的压力或扭伤。体育运动的时间长度应该取决于个体身体的反应及过去锻炼的情况。其他需要考虑的因素，比如年龄和身体状况，将决定初始活动的强度和持续时间。为使全身肌肉得到全面锻炼，人们应该参与那些需要锻炼全身主要肌肉的运动，许多运动只会锻炼部分肌肉。因此最好能参加多种体育运动。

不过，流行病学家发现日常中低强度的运动对于延长人类寿命、提高生活质量，也是很有价值的。研究表明，每天 30 分钟适度的能量消耗（即使是 3 次 10 分钟的形式）也对身体有益，如降低心脏病风险并增加寿命，即使是定期的快步走也会改进人们的健康状况。另外，参与任何超过身体负荷的体育运动都是不明智的。

1. 身体检查

任何人在参加持久的高强度体育运动前都应该接受体检。体检应该包括一项锻炼强度测试，这个测试非常重要，特别是在 40 岁之后要定期接受体检。通常体检的结果表明，大多数人不需要限制体育运动。然而，如果存在某些缺陷，如有心脏问题，参加剧烈运动可能是非常有害的。

2. 预防措施

显然，每个人应该选择适合自己的运动，包括开始的健身水平、身体状况、运动兴趣、年龄及可获取的健身设施等。

在进行剧烈体育运动前，常识告诉我们，应该先进行热身活动并伸展肌肉。尤其是大的肌肉群，包括胳膊、腿和躯干，都应该先热身，以免肌肉损伤。

通常，在经过剧烈运动后，也要逐步慢下来。剧烈运动后突然停止会引起头晕、恶心，甚至晕倒。几乎所有的专业运动员在剧烈运动后都会让自己逐步慢下来。

避免用力过度。剧烈活动后恢复的能力是一个很好的指标。如果运动结束 10 分钟后，呼吸和心率仍在加快，或者运动休息几小时后有明显的疲劳或虚弱的感觉，或者第二天仍感到疲劳，就说明运动可能过于剧烈或时间过长。

作为最后的预防措施，在放缓过程之后，经过 3—6 分钟再进行淋浴。否则，温水将阻止身体热量的释放。

当然，不同地方和环境可能需要其他预防措施。例如，在高温地方进行体育运动时，要注意水分补充及体温情况。在大多数情况下，应该使用常识来防止身体不适或受伤。

3. 休息和睡眠

足够的休息和睡眠对保持身体健康、心理和情绪健康是非常必要的。尽管人们认为一般人每晚需要 7 到 8 小时的睡眠，但也存在很大的个体差异及年龄差异。孩子比成年人需要更多的睡眠，有些人比其他人需要更多的睡眠。规律的休息和睡眠是非常重要的，如果一个人没有得到足够的休息和睡眠，参加剧烈体育活动可能害大于益。建议每一个人学会判断自己所需的睡眠和休息时间。

4. 饮食和营养

均衡的饮食对于维护良好的营养是必要的，营养是身体健康、心理健康和情绪健康的基础，那些参与体育运动的人比久坐不动的人通常需要更多的食物。参与体育活动需要能量，食物是人体能量的主要来源，在体育运动中补充水分和电解质也很重要。

剧烈运动前不要吃太多食物，尤其是在竞争激烈的体育运动中，身体很难在这样的情况下消化和吸收食物。

最后，和体育运动一样，饮食也是控制体重的重要因素。体育运动有助于减肥，不过同时也要注意控制卡路里的摄取。如果超重的人通过体育运动减肥，同时尽量避免暴饮暴食，就会产生积极效果。

5. 衣服和清洁

参加剧烈运动时，会大量流汗，换上合适的运动服是非常必要的。运动后，运动服可能会变脏，产生异味。因此，要准备换洗的运动服，并保持清洁。

特别重要的是，要选择合适的鞋子和袜子。如果鞋子或袜子不合适，脚会很容易形成水泡。衣服太紧的话也会带来不便。

剧烈运动后，应该洗个淋浴，洗澡不仅清洁皮肤，而且可以减少感染的概率。不推荐长期的热水淋浴，因为这样不利于身体从运动中恢复。

6. 伤害和疾病

人们经常问他们在小病（如感冒、流感等传染病）期间能否参加体育运动。在大多数情况下，在患传染性疾病期间，最好不要参与体育运动。

在参加体育运动时，即使受到小伤，也应该及时处理。小划痕和伤口应该尽快治疗，如果有感染的倾向，应该立即就医。在体育馆和淋浴房可以对感染简单处理，对于严重的扭伤和淤伤应该立即处理，然后接受医生的检查。

7. 安全问题

体育运动应尽可能安全，运动参与者应采取一切预防措施，防止自己和他人受伤。体育运动和娱乐设备及规则通常是为了保护大家安全。一些运动（如橄榄球）需要特殊的防护设备，没有防护设备的话，有可能会受到严重伤害。

初学者应该认识到，尝试高难度动作可能是危险的。例如，因为缺乏相应的技能，一个摔跤初学者尝试高级的摔跤动作时将有受伤的危险。每个人都应该注意运动安全，因为绝大多数的受伤和死亡事故是可以预防的。

四、开始运动，永远不会太早也不会太晚

有些人可能会认为他们身体虚弱、超重或身体僵化，现在再开始体育运动是没有效果的。恰恰相反，开始体育运动永远不会太早或太晚。证据表明，小学生可以通过运动来提高有氧能力、身体成分水平和肌肉力量。同样，对八旬老人进行的研究表明，他们同样可以通过体育锻炼改进身体功能。

相关研究表明，运动前后身体患疾病风险的变化明显。第一次体检时，有些成年人具有某些疾病危险因素（例如，不运动、吸烟、胆固醇高、高血压或脂肪含量高）。第二次体检时，他们的健康状况得到改善，因为他们开始体育运动，不再吸烟，胆固醇水平正常，血压正常或没有过多的身体脂肪。注意，综合死亡风险大大降低的人正是那些第一次体检时不爱运动但第二次体检时已经开始运动的人。他们并不是变成了马拉松运动员或训练有素的跑步者，他们仅仅是因为增加了体育活动，进而促进了他们的健康。这表明，通过增加体育活动来增加有氧健身水平会带来明显的健康收益。

本书中的许多章节可以帮你培养、保持一生活跃的运动技能。不是每个人都喜欢游泳、跑步或慢跑，所以选择一项你喜欢的运动，这将有助于你一生保持活力，它将提高你的身体健康水平、提升生活质量和增强总体幸福感。

第一篇　知识原理篇

第一章
体育的内涵

本章概述

本章从劳动、军事、游戏和宗教四个方面阐述了体育的起源，并从奥林匹克运动、职业体育和学校体育三个角度探讨了体育的多元发展以及体育的相关概念。此外，本章还根据顾拜旦的《体育颂》分别从美丽、勇气、正义、乐趣、荣誉五个方面讲述了体育的丰富内涵。

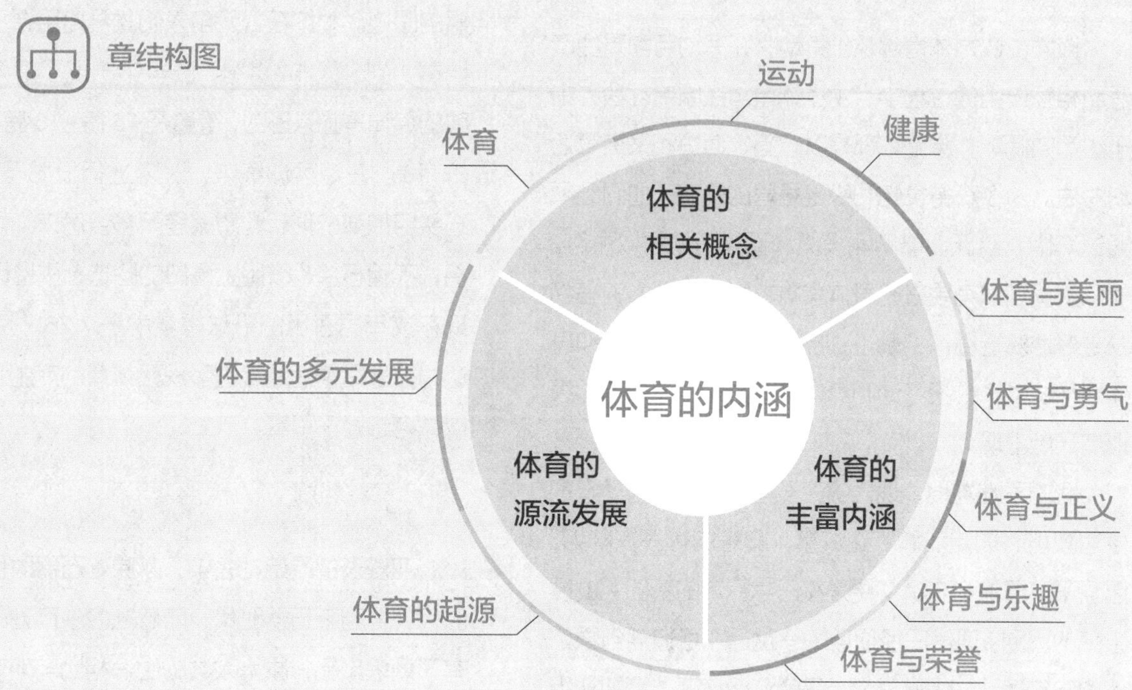

学习目标

通过本章的学习，你应该能够做到：

1. 了解体育的起源和发展。
2. 了解体育的相关概念。
3. 深刻理解体育的丰富内涵，对体育有新的认识，树立正确的人生观和价值观。

第一节 体育的源流发展

一、体育的起源

体育是一种社会现象，它是随着人类社会的发展而产生和发展的。在历史的长河中，从萌芽到独立形态，再到形成学科体系，体育经历了漫长的发展过程。然而对于体育的起源，人们一直持不同的观点，形成了体育起源的多元学说。

（一）劳动说

该学说认为体育起源于劳动，在劳动与物质生产活动相互作用的过程中产生了体育。在原始社会，由于生产力低下，原始人都是以狩猎、捕鱼和采集等活动为生。为了获得食物和躲避猛兽的侵袭，他们必须通过奔跑、跳跃、攀爬和投掷利器等活动得以生存。他们意识到只有更好的身体素质才能捕获更多的猎物及更好地躲避猛兽的袭击，于是他们开始发展各种身体活动技能，并把劳动和身体练习分开，体育的初级形态开始出现。

我们不难发现，现代的许多运动中都带有基本的生活技能，如走、跑、跳、攀、爬等的影子。例如，起源于英国的竞走运动便是在日常行走的基础上发展出来的运动；现代田径项目——跳远亦可追溯到原始人的狩猎活动。由此观之，是劳动孕育了体育的初级形态，所以该学说认为体育起源于劳动。

（二）军事说

人类为了自身生存和发展的需要，发动了各式各样的战争。战争的出现使许多生产技能也随之运用于军事战争。为了适应战争的需要，人们开始寻求发展体能的训练方法和途径。该观点认为，是军事活动促进了现代体育的产生和发展，所以体育起源于军事。

许多现代运动都带有军事的足迹。例如，标枪原本是古代劳动人民为了求得生存，在与大自然做斗争中为获取必需的生活资料而创造的一种原始投掷工具。到了原始社会，标抢就被统治阶级用来训练士兵、镇压奴隶、掠夺财富和进行战争。到后来，标枪逐渐被引进体育运动中，如古代奥林匹克运动会中的五项运动就有投掷标枪比赛。现代铅球运动也带有军事的印迹。大约在公元前人们就开始用石头进行投远比赛。到公元 14 世纪，战争中出现了炮兵，当时发射的炮弹是圆球形的，重量是 16 磅（16 磅约为 7.257 千克）。在炮兵训练中，时常进行投掷石头的比赛，石头与炮弹的形状和质量差不多。后来人们统一了规格，不用石头，改用金属做的圆球，重量仍是 16 磅，现在成年男子用的铅球重量就是 7.26 千克。该观点认为，是军事活动促进了现代体育的产生和发展，所以体育起源于军事。

（三）游戏说

在漫长的原始社会中，从原始石器时代到旧石器时代，再到新石器时代，随着社会生产力的发展逐渐有了剩余产品，原始人类的生活相比前期有了较大进步，他们的生活质量有所改善。为了表达情感和求得精神上的放松，他们开始有了娱乐活动。例如，现代网球运动的前身就是一种游戏。游戏的方法是在场地中间横拉一根绳索，游戏的双方分站在绳索的两边，用手掌击球，不能回球过绳的就算输。当时的网球是用来自古埃及的坦尼斯镇（Tennis）的特制的布裹的，于是网球也得名为“tennis”。

名人语录

身体的健康因静止不动而破坏，因运动练习而长期保持。

——苏格拉底

据史料记载，古埃及时期帕拉奥宫里流行的许多游戏都为现代体育运动的形成和发展奠定了基础。例如，当时的撞球是现代台球的远祖，用弯曲的木棍击球演化成了现代曲棍球。西方把奥运会称作game，把运动员称作player，这也在一定程度上反映了体育的游戏性质。

（四）宗教说

在原始社会中，由于社会生产力极其低下，原始人无法解释很多自然现象，于是把许多事情都归于“神”的力量，他们既敬畏又崇拜这种“力量”，便在祭祀活动中通过舞蹈、竞技、角力等活动来祈求“神”的庇护。如“娱神舞”就是原始人崇拜神灵的一种舞蹈。例如，“消肿舞”是有史以来世界上第一次以文字记载人类为达到增进健康、消除疾病的目的而有意采取的积极的身体活动。如今，风行全球的舞蹈有迪斯科、国际体育舞蹈等。在原始社会向文明社会过渡的阶段，在世界范围内也出现了一些与宗教目的有关的体育活动，如著名的古奥运会就是由祭祀中的竞技活动发展成为定期举行的竞技运动会的。

不管体育源自何处，它都具有了今时今日的地位和魅力，由多元走向了统一，它不分国界、不分种族、不分宗教信仰地将世界各地的人们联系到了一起，使得这个世界更和谐、更美好。

二、体育的多元发展

（一）奥林匹克运动

1. 古奥运会的产生

古奥运会起源于古希腊。据荷马史诗记载，古希腊人常有角斗、掷石饼、赛跑、跳跃、拳击等各种非正式的竞技活动，这些活动都为后来奥运会的产生奠定了基础。

奥运会初期的比赛项目比较单一，在最初的13届奥运会中，比赛时间只有1天，比赛项目也只有短距离赛跑1项，距离为1个“斯泰德”（Stade，约为192米）。随着奥运会的发展，比赛规模逐渐扩大，比赛项目也逐渐增多，摔跤、拳击、战车赛、赛马、武装赛跑、五项竞技运动等也进入奥运会的比赛项目。古奥运会各项比赛只取第一名，最初的奖赏偏重于荣誉，获胜者被视为英雄。

由于城邦制的崩溃、奥运会的世俗化、希腊人教育观念的变化及宗教的冲突等原因，古奥运会消亡了，但是它给人类留下了宝贵的文化财富。它确立了奥林匹克价值观念，开创了综合性竞技运动赛事的模式，为体育理论和实践留下了宝贵财富，对现代体育产生了极其深远的影响。

2. 现代奥林匹克运动

普法战争的失败让顾拜旦看到了法国的衰败，他很有远见地意识到体育对于国家强盛的重大意义，于是他有了发展体育和复兴奥运会的想法。随着文艺复兴、宗教改革和思想启蒙运动这三大思想文化运动的相继发生，中世纪的宗教哲学遭到了极大的冲击，这为奥林匹克运动扫清了思想障碍。欧美一些国家和地区开始为奥运会的复兴进行各种尝试。他们开始发掘古奥运会遗址。在希腊本土也出现了举办泛希腊运动会的活动。前四届泛希腊运动会的开展产生了积极的影响，积累了复兴奥运会的经验。此外，户外运动的兴起和发展也为现代奥林匹克运动的产生奠定了基础。

现代奥林匹克运动的诞生，顾拜旦功不可没。在顾拜旦的不懈努力下，在巴黎索邦神学院举行了“国际体育运动代表大会”（International Athletic Congress），大会通过了成立国际奥林匹克委员会（International Olympic Committee）的决议，并决定由奥运会举办国的国际奥委会委员轮流担任国际奥委会主席。国际奥委会的成立标志着现代奥林匹克运动的诞生。

奥林匹克运动是在奥林匹克主义指导下，以体育运动和四年一度的奥运会为主要活动内容的国际社会运动。它旨在促进人的生理、心理和社会道德全面发展，沟通各国人民之间的相互理解，在全世界普及奥林匹克主义，维护世界和平。

奥林匹克以《奥林匹克宪章》为指导，形成了国际奥委会、国际单项体育联合会、国家奥委会为支柱的三大组织体系。《奥林匹克宪章》指出，奥林匹克的宗旨是“通过没有任何歧视、具有奥林匹克精神——以友谊、团结和公平精神互相了解的体育活动来教育青年，从而为建立一个和平的、更美好的世界做出贡献”。《奥林匹克宪章》给奥林匹克主义的定义是“奥林匹克主义是将身、心和精神方面的各种品质均衡地结合起来并使之得到提高的一种人生哲学。它将体育运动与文化和教育融为一体。”

现代奥运会是声望最高、最庄严、最隆重的国际体育盛会，也是比赛规模最大、水平最高和影响最深远的综合性运动会。现代奥运会分为夏季奥运会和冬季奥运会，都是每四年举行一届。

3. 中国与奥林匹克运动

近代中国共参加了三次奥运会。中国首次派人参加的是 1932 年 8 月在美国洛杉矶举行的第 10 届奥运会，运动员只有刘长春一人，还有领队沈嗣良和教练员宋君复。刘长春报名参加了 100 米、200 米、400 米三个径赛项目，但由于准备不足，100 米、200 米跑均未能进入决赛，400 米跑也因为体力不支而放弃比赛。1936 年 8 月，以王正廷为总领队、马约翰为总教练及 69 名运动员的代表团参加了在德国柏林举行的第 11 届奥运会，这是中国首次派出大型代表团参加奥运会。1948 年 7 月 29 日至 8 月 14 日，中国派出了由 33 名运动员组成的代表团参加了在英国伦敦举行的第 14 届奥运会，这是因第二次世界大战而中断了 12 年后举行的首届奥运会。

1952 年中国代表团参加了在芬兰赫尔辛基举行的第 15 届奥运会，这是中华人民共和国成立后首次参加奥运会。中国早期参加奥运会虽然没有取得好的成绩，但是通过参加奥运会，引进了先进的体育体系，有利于推动中国体育的发展与进步，促进了中国体育与国际接轨，增进了中国与国际社会的相互交流与了解，也为中国体育事业和奥林匹克事业的发展奠定了最初的基础。[①]

1984 年 7 月 28 日至 8 月 12 日，中国派出 353 人的代表团参加了在美国洛杉矶举行的第 23 届奥运会，这是中国第一次全面正式地参加夏季奥运会。在此次奥运会中，许海峰获得了第一块金牌，实现了我国自参加奥运会以来奥运金牌“零”的突破，中国队也取得了 15 块金牌、8 块银牌和 9 块铜牌的优异成绩。这是中国体育史上一块新的里程碑。此后，中国又相继参加了第 24、25、26、27 和 28 届奥运会，并在第27届和第28届奥运会上取得了历史性的突破。2002 年 2 月 8 日至 24 日在美国盐湖城举行的第 19 届冬季奥运会中，中国运动员也实现了冬季奥运会金牌“零”的突破。

中国与奥林匹克运动“最亲密的接触”莫过于在中国北京举行的第 29 届奥运会了。中国曾申办 2000 年奥运会的举办权，但以 2 票之差落选。在各界人士的共同努力下，中国终于实现了举办奥运会的梦想。当萨马兰奇宣布北京取得 2008 年奥运会的举办权时，中国大地一片欢腾，举国同庆这一历史性的时刻。它激发了全国人民的爱国热情，增强了中华民族的凝聚力，促进了中国体育事业的进一步发展，进一步扩大了中国的国际影响，同时也促进了北京的建设和发展。当奥运五环旗和五星红旗在蓝天下交相辉映时，我们有理由相信，奥林匹克运动会越来越好，中国也会更加繁荣昌盛。

（二）职业体育

一般认为，体育作为一项产业起源于英国。当时的英国处于从封建社会向资本主义社会的过渡时期，生产力的解放、商品经济的发展、社会财富的快速增加、人民生活水平的提高，又经历了文艺复兴、宗教改革和启蒙运动三大运动的思想洗礼，这些都为职

① 任海.奥林匹克运动读本[M].北京：人民体育出版社，2005：395-396.

流动的术语

职业体育（professional sports）是相对于非职业体育的一种状态，亦称商业体育。它是一种追求竞技比赛票房价值、以商业牟利为目的的竞技体育活动。

业体育的萌芽创造了可能，出现了以简单体育比赛为内容的商业性体育表演，传统的一些项目开始向商业体育演变，这些正是职业体育的萌芽。1750 年，英国 New Market 的一些贵族成立了赛马俱乐部，并组织各项活动。这种俱乐部的运行模式对以后英国业余板球、足球、橄榄球俱乐部都产生了巨大的影响。最早出现职业体育俱乐部的国家是美国。职业体育俱乐部与职业体育联盟的诞生以 1869 年美国第一家职业体育俱乐部——Cincinati Red Stockings 棒球队成立和 1871 年全美职业棒球运动员协会（The National Association of Baseball Players）的成立为标志。职业体育联盟的迅速发展与成熟是以 1898 年美国国家篮球联盟 NBL 的成立和意大利足球联合会宣布成立为标志的。值得一提的是，成立于 1949 年的职业体育联盟——美国国家篮球协会（National Basketball Association，简称 NBA）是最具影响力的一个体育职业联盟。职业体育成为奥林匹克运动会大家庭的一员、成为竞技体育的重要组成部分以 1980 年国际奥委会从章程中删去“业余规定”为标志。

职业体育的出现不是偶然，它是社会发展的产物。随着社会的发展，世界范围内的职业体育已如雨后春笋，尤以欧美国家为甚。在欧美国家，职业体育已相当发达，在篮球、橄榄球、棒球、足球、网球、拳击、田径、赛马等项目上，均有职业体育俱乐部、职业球队和职业运动员。

正如国家的发展一样，世界范围内的职业体育发展是极不均衡的。当许多国家的职业体育正处于探索阶段时，另一些国家的职业体育已经初具规模。当前，说起职业体育就不得不提美国的四大职业体育联盟，这对其他国家和地区发展职业体育有较大的借鉴意义。该联盟由 NBA（美国男子篮球职业联赛，National Basketball Association）、NHL（美国冰上曲棍球联盟，National Hockey League）、MLB（美国职业棒球大联盟，Major League Baseball）和 NFL（美国美式橄榄球大联盟，National Football League）组成。

在职业体育的推动下，体育产业为 GDP 做出了不同的贡献。据资料显示，2014 年中国体育产业占 GDP 比重仅 0.6%，有较大的发展潜力；而美国体育产业年产值 4410 亿美元，约占 GDP 的 3%，成为国家的支柱型产业。宾州州立大学体育商业研究中心宣称，美国体育产业产值是汽车工业的两倍和电影产业的七倍，是全国第七大支柱产业。仅 NFL 橄榄球大联盟一年就能创收 100 亿美元。其中，电视转播 50 亿，赞助商 20 亿，票房 20 亿，衍生产品 10 亿。这充分说明了职业体育发展带来的巨大经济效益。

改革开放以来，我国取得了举世瞩目的成就，体育也有了飞跃的发展，但职业体育却成了当代中国体育之痛。关于要不要发展职业体育、怎样发展职业体育等问题，我国进行了一系列探讨。20 世纪 90 年代中国体育进行了体制改革，一些运动项目开始了职业化的改革试点，时至今日，经过数十年的发展，某些项目已初具成效，但还有更多的项目出现了混乱的局面。中国职业体育何去何从，成了体育界最关心的话题之一。

（三）学校体育

学校体育是实施体育的一种途径，也是学校教育的重要组成部分。如果从体育作为教育的一部分的历史算起，则可以追溯到公元前 7 世纪的古希腊城邦时期。当时的希腊人发展了体操，并在角力学校里教授以立定跳远、铁饼、短跑、标枪、摔跤等为主要内容的体操课。

世界各国普遍开始重视学校体育是在近代。发展至今，学校体育只有 200 多年的历史。从学校体育的目标看，近现代世界学校体育的发展经历了“身体教育”“通过运动进行的教育”和“运动教育”三个阶段。这三个阶段也称“体操科”“体育科”和“运动科”时代。

近代学校体育出现得相对较晚。1423年，意大利维多里诺(Vittorino De Feltre，1378—1446)开办名为“快乐之家”的宫廷学校，进行了近代学校体育的最初尝试。捷克著名教育家夸美纽斯U.A.Comenius，1592—1670)提出了“适应自然”的教育原则，使学校体育从贵族的狭小天地中冲出来，奠定了近代资产阶级教育理论和学校体育的基础。1774年，德国博爱派教育家巴泽多(J.B.Basedow，1723—1790)在德绍创建了第一所博爱学校，他把体育列为正式课程，并创造了著名的“德绍五项”。到19世纪末20世纪初，随着美、德、法、英等国许多关于学校体育法案的颁布，学校体育体制开始确立。

学校体育是教育的重要组成部分，是培养德、智、体全面发展的现代化人才的一个重要方面。德智寄于体，无体即无德智也。没有健康的体魄，难以完成在校期间繁重的学习任务，也难以在祖国建设中发挥更大的作用。

第二节　体育的相关概念

扫一扫 看一看

一、体育

作为一种社会现象，体育以其独特的姿态存在和发展着。我们参与体育并感受着它的独特魅力，可什么是“体育”呢?

在古希腊文献中就有Athlete(竞技、运动)、Training(训练)、Gymnastics(体操)等基本术语，但具现代意义的“体育”(Physical Education)一词最早出现在法国。目前，普遍的观点认为，“体育”一词来源于日本。Physical Education最初被日本人译为“身体教育”“体育教育”“有关体育的教育”，近藤镇三将其简化为“体育”随后“体育”一词才传入中国。

狭义的体育是指通过身体活动，增强体质，传授锻炼身体的知识、技能、技术，培养道德和意志品质的有目的、有计划的教育过程。它是教育的组成部分，是培养全面发展的人的一个重要方面。[①]广义的体育是指以身体练习为基本手段，以增强体质，促进人的全面发展，丰富社会文化生活和促进精神文明建设为目的的一种有意识、有组织的社会活动。它是社会文化的一部分，其发展受一定社会政治和经济的制约，也为一定社会的政治和经济服务。[②]

由于国际上对体育概念及其术语的使用存在一定程度的混乱及翻译上的差异，再加上人们对体育认识的不同，体育的概念也存在争论。但不管怎样，我们接受了体育，体育融入了我们的生活，它存在的价值和意义是巨大的。体育是一种精神：不言败，不放弃。体育是一种需要：情感的需要，交往的需要。体育是一种追求：追求卓越，追求不悔。体育更是一种超越：超越别人，超越自己。

二、运动

运动一词有很多含义：第一，指为保健而进行的身体活动；第二，指为某种目的而使用力量；第三，物体随时间的变化其空间位置发生变化。其中，身体运动则同时包含前两个含义。

我们通常所讲的运动是指身体运动和竞技运动。人类的身体“运动”是指从伴随生存的基本动作到与

---

① 吴运瑞，袁敦礼.体育原理[M].上海：上海勤奋书局，1933：9-11.

② 全国体育教材委员会.体育概论[M].北京：人民体育出版社，1989：18-19.

生产相关的劳动及玩耍、游戏等形式多样的活动的总称。[①]竞技运动指为最大限度地发挥个人和集体在体力、智力和运动能力等方面的潜力、创造优异运动成绩而进行的训练和竞赛。竞技运动是具有竞赛特点和高技术要求的运动项目的通称。虽然随着科技的发展，有人也将竞技运动分为体育竞技和电子竞技，但在常用语言中竞技运动特指竞技体育，是体育的重要组成部分。它是以体育竞赛为主要特征，以创造优异运动成绩，夺取比赛优胜为主要目标。目前全世界通行的竞技运动项目有田径、体操、球类、游泳等数十项，各国还有自己的特殊项目，如中国的武术。

随着社会的不断发展和人们对运动认识的深入，为了更深入地研究运动项目的规律和促进练习方法的相互渗透和移植，人们对名目繁多的运动项目进行了分类。按不同目的和要解决的主要任务，可分为：健身类、健美类、娱乐类、竞技类、冒险类；按照主导因素，可分为体能类、技能类；按运动项目的动作结构，可分为单一动作结构类、多元动作结构类、多项组合类；按运动成绩的评定方法，可分为测量类、评分类、命中类、制胜类、得分类；按运动项目的内容，运动项目按常规分法可分为十大类：①田径；②体操；③游戏；④球类；⑤武术（散打、拳、器械）；⑥军事项目（射击、摩托车、无线电、航模、跳伞、军事五项等）；⑦水上运动（游泳、跳水、花样游泳、水上芭蕾等）；⑧冰雪运动（滑冰、滑雪、雪橇等）；⑨以器械和体重作为分组条件的竞技项目（举重、摔跤、拳击、柔道、击剑等）；⑩其他（包括棋类、钓鱼等一些娱乐体育项目）。[②]

三、健康

古希腊哲学家赫拉克利特曾说："如果没有健康，智慧就不能表现出来，文化无从施展，力量不能战斗，财富变成废物，知识也无法利用。"健康是人类永恒的话题，也是人类共同的愿望，但什么是健康呢？

世界卫生组织（World Health Organization，WHO）在1948年将健康定义为："健康不仅是免于疾病和衰弱，而是要保持躯体方面、精神方面和社会方面的完美状态。"

按照定义，健康可以分为身体健康、心理健康和社会适应三个方面。身体健康是指人体各器官组织结构完整，发育正常，功能良好，生理生化指标正常，没有检查出疾病或身体不处于虚弱状态。心理健康是指在身体、智能、情感上与他人的心理健康不相矛盾的范围内，将个人心境发展成最佳状态。世界卫生组织具体指出心理健康的标志为：身体、智能、情绪调和；适应环境，人际关系中彼此能谦让；有幸福感；在工作和职业中能充分发挥自己的能力，过有效率的生活。社会适应健康是指人们的社会行为和社会适应方面的健康，可从与家庭与亲属的关系，工作与学习，和熟人、朋友之间的活动、交往的程度，社团活动及其他社会活动五个方面的作用和活动类型来定义。

人们对健康的认识是一个不断深化、不断完善的过程。随着社会的进步和人们对生命认识层次的不断深化，人们对健康的理解也越来越深刻，健康的内涵也逐步扩大。

在新的历史背景下，世界卫生组织提出了健康的十个标志：一是有充沛的体力，能够从容不迫地应对日常生活和工作压力而不感到紧张；二是处事乐观，态度积极，乐于承担责任，事无巨细，不挑剔；三是善于休息，睡眠良好；四是应变能力强，能适应外界环境的各种变化；五是能够抵抗感冒和一般性疾病；六是体重得当，站立时头、肩、臂位置协调；七是反应敏捷，眼睛明亮，眼睑不发炎；八是牙齿清洁无空洞，无疼痛，牙齿颜色正常，无出血现象；九是头发有光泽，无头屑；十是肌肉有弹性，走路感觉轻松。

健康是我们从事一切活动的身心基础，是进步和发展的先决条件。当代大学生是祖国和民族的希望和未来，大学生健康与否关系着祖国和民族的命运。作为当代大学生，要培养良好的生活习惯，合理膳食，积极参加体育锻炼，保持乐观情绪，做一个健康的、能应对各种环境和挑战的人才，为国家和社会贡献自己的力量。

---

① 元文学.体育修养[M].大连：大连理工大学出版社，2011：5.

② 程锡森.运动项目概论[M].天津：天津大学出版社，2010：8-11.

第三节 体育的丰富内涵

一、体育与美

我们都崇尚和追求美丽，但什么是美，什么又是体育美？体育美的本质是人的本质力量在体育运动实践这个特定领域中的感性显现，它反映的是人与体育运动的审美关系。[①]体育美主要表现为身体美和运动美。

（一）身体美

身体美，是人类健康的身体所呈现的美，是进行生命活动的有机体表现出来的动态变化之美，是一种由机体良好的生理和心理状态综合显示出的健康之美，以人的身体作为审美对象。

什么样的身体是美的？在不同的历史和文化背景下，人们对身体美的认识不一样。在高度文明的今天，这样的身体是美的：首先，要有健康的体魄，健康是身体美的基础。健康的身体是人体各器官功能正常的保障，是体质健壮、精力充沛的载体。即使是沉鱼落雁、闭月羞花的容貌也比不上健康的身体，没有了健康，一切美都无从谈起。其次，要有匀称和谐的身体比例。分析人体美最有名的是黄金分割定理，世界上各族人标准身材的躯干部分的宽长之比都接近 0.618 的黄金比。最后，要有优美的体型。体型是指人身体结构类型，通常由三个因素决定，即骨骼比例的关系、脂肪比例和肌肉的发育程度。从决定体型的因素考虑，依骨骼为分类依据，可有修长、适中、矮小之分；依脂肪为分类依据，可有肥硕、适度、瘦弱之分；依肌肉为分类依据，可有强壮、适中、不强壮之分。[②]需要注意的是，以形体去衡量人的身体的时候，一定要注意男性和女性的生理差异。当然，不同的历史时期，美的“标准"也是不一样的。我国唐朝女子以胖为美，杨贵妃就是当时的“典型"；当今社会女子是以瘦为美，以身材高挑为美。抛开历史和文化的因素，客观地说，不论胖还是瘦，都只是一个相对的概念，不足以评论一个人的美与丑。如果非要从胖瘦的程度来评判一个人的美，或许“肥不露肉，瘦不显骨”是最好的表达了，因为“肥不露肉，瘦不显骨”就是对身体的匀称和谐的阐述。

身体美是健康、力量、优美的和谐统一，不是矫揉造作，不是标新立异，是以有规律的运动和健康的生活方式为铺垫的。身体美，不是古时缠足所能得到的，也不是现代整容所能得到的，更不是用奇装异服所能衬托的。当代大学生要正确认识美，认识体育对于美丽的身体的重要作用，树立健康的、积极向上的生活方式，以活泼、勇敢、热情、蓬勃向上的姿态展现出当代大学生的精神风貌。

（二）运动美

运动美是指人在体育运动中的一种动态性操作过程美，在主体目的和尺度设定的对象中，在实现征服对象乃至超越对象的过程中所呈现的美的形态。[③]运动美以人体的运动作为审美对象。美国学者劳伦斯·沙费曾说：“人的胡作妄为的运动不可能是美的。只有经过训练的运动才是美的，体育之运动和表演艺术均可用来说明经过训练的运动。”运动美主要表现

① 张娜.体育美学[M].北京：北京体育大学出版社，2008：27.
② 雷国樑.体育审美方略[M].北京：北京体育大学出版社，2012：102.
③ 雷国樑.体育审美方略[M].北京：北京体育大学出版社，2012：102.

为动作美、技术美和战术美。

第一，运动美表现为动作美。这里所指的动作不是简单无意的身体运动，是指经过严格运动技术规范训练的动作。这种经过严格训练的动作随时都可以表现出准确、干净、敏捷、协调、连贯、舒展而富有节奏的特点。要想使动作美，必须具备以下两个条件：①要形成规范的动作技术造型，特别是那些高、精、尖、美的运动造型，往往要经过人体在运动实践中千万次甚至是几代人的实践和探索才能成功。运动美是人体在认识—实践—再认识—再实践的循环往复中实现的。②人类在体育活动中根据自身的需要选择适合的运动项目按照美的规律和尺度塑造人体，使人的形体日臻完善。[①]优秀运动员的每个技术动作都经过了不计其数的锤炼，将力度和速度拿捏得恰到好处，可以准确、熟练而自然地完成每个动作，不多一分也不少一分。

第二，运动美还表现为技术美和战术美。运动技术是指充分发挥运动员的身体能力，合理、有效地完成动作的方法。运动战术是指在运动竞赛中，根据双方情况，正确合理地分配力量，充分发挥我方特长，克制对方特长，以争取胜利的比赛艺术。在篮球比赛中，队友间互相配合，从抢到篮板球再到突破对手防线直到投篮命中，充分展现了运动员精湛的技术和明确的战术；隔网对抗运动亦是如此，从发球到寻找机会再到成功扣杀，也体现了运动员精湛的技术和清晰的战术。比赛是一场没有硝烟的战争，它容不得运动员一点点的失误，它要求运动员有精湛技术的同时还要有明确的战术。比赛的胜利是技术和战术的完美结合，是运动之美的充分展现。

二、体育与勇气

柏拉图将勇气看作是人存在的一个本质功能。勇气是一种伦理价值，一种具有社会学意义的品质。在美德伦理学中，勇气是指行为主体在勇敢的行为中展现出的个人品质。一个勇敢的行为是指行为主体为了有价值、有意义的目的，通过克服困难、危险等，理性思考并付诸行动。

两强相遇勇者胜。在赛场上遇见强大的对手，是退缩还是亮剑迎敌，就已经决定了比赛的胜负。在2015年1月14日亚洲杯男足比赛中，中国队再遇强于自己的乌兹别克斯坦队，中国队不畏强敌，越战越勇，终以2：1逆袭乌兹别克斯坦队，以B组第一名的身份提前一轮挺进八强。“国足”这个曾经让国人揪心的名字再一次让国人看到了希望。无论是面对强敌，还是面对国人的质疑，中国国家男足都需要莫大的勇气，正是这种勇气让国足再一次迎来生机。

人类征服大自然的过程就是对勇气最好的诠释。登山运动员登山时面对的不仅是难以攀登的高山，还有险恶的自然环境。如果没有勇气，他们怎敢迈出脚步，又如何攀上让人望而生畏的高度。攀岩运动亦是如此，运动员攀爬于陡峭的岩壁上，用勇气书写着一次次传奇。

三、体育与正义

体育体现了社会生活中追求不到的公平合理。在体育的世界里，各项活动都是在规则的约束下进行的，这种约束就如同道德或法律对人的约束。各项活动的规则使人们在相同的客观条件下展开竞争，规则不允许任何人有优于他人的条件，就算是一分一秒、一分一厘，都是确定胜负的根据。

体育运动也体现了对世界和平的热爱，体现了对国家荣辱和尊严的热忱与挚爱。

四、体育与乐趣

乐趣，是使人感到快乐的情趣，是人经验与观念的真实反映。体育的乐趣之所在一是体育本身具有的趣味性，二是参与主体通过体育获得的愉悦感受。

体育之所以能从劳动、军事、宗教祭祀等活动中走出来并获得独立，其中一个关键因素就是通过体育可以求得乐趣。人们通过参与体育，展现了运动的速

① 雷国樑.体育审美方略[M].北京：北京体育大学出版社，2012：102.

度、力量和激情，或是宣泄了内心的不满，或是满足了运动的需求，在体育的世界中实现了在现实生活中难以企及的优越，这就是一种乐趣。“草根体育”诠释了体育的乐趣和无穷魅力。他们不追求名利，不追求丰厚的物质奖励，享受乐趣是唯一的目的。参与是他们最大的价值诉求，他们没有统一的管理和组织，没有外界的经济支持，甚至连稳定的运动场所都没有，草根体育越来越显示出强大的生命力。体育是纯粹的，不应该掺杂物质和利益，只有真正纯粹的体育才会带来更多的乐趣。

五、体育与荣誉

荣誉是指由于成就和地位而得到广为流传的名誉和荣耀。荣誉可分为个人荣誉和集体荣誉。

在国外，因体育而获得荣誉的事例较多。例如在英国，体育名人获封爵位已经成为一种传统，像英国足球名宿查尔顿、弗格森，以及被誉为英国形象的贝克汉姆等，都被封为爵士。马来西亚的李宗伟被封为拿督，那是只有对国家有杰出贡献的人才能受封的。

体育荣誉不是个人的追名求利，而是祖国强大的表现。当许海峰打破中国奥运会金牌零的突破，作为中国人谁不为之动容。当五星红旗一次次升起，中国人的血液无不为之沸腾。当刘翔翻开中国田径史上新的一页，谁不为之欢欣鼓舞。如今，随着中国的强大，中国体育健儿在世界上出人头地，作为中国人莫不感到扬眉吐气。

体育的荣誉，不是获得第一，更是永不言败、顽强拼搏的精神。在更多人的眼中，人们只记得第一，少有人想起，在这个第一的背后，有多少个第二、第三在默默付出。正是这些人的默默付出和不懈努力，才衬托出第一名的伟岸。他们没有战胜各自的对手，但他们是成功的，是他们的不懈追求让对手也不断进步，让整个运动项目的水平有所提高。有多少个类似李宗伟、王皓这样的运动员，他们没有获得第一，但他们都是成功的。

本章小结

通过本章的学习，学习者了解了关于体育起源的几种学说，从体育的起源重新认识体育；学习了体育的多元化发展，从体育发展的多元性感受了灿烂的体育文化，认识了奥林匹克运动的理念和思想体系，初步了解了职业体育及职业体育带来的巨大经济效益，正确认识学校体育的重要性和参与体育课的重要意义，树立健康的生活方式和“终身体育”的观念；此外，学习者还应理解体育的丰富内涵，从思想和行动上感受体育的独特魅力，以对体育有更深刻的理解。

拓展阅读

1. 任海. 奥林匹克运动读本 [M]. 北京：人民体育出版社，2005.

2. 元文学. 体育修养 [M]. 大连：大连理工大学出版社，2011.

3. 张娜. 体育美学 [M]. 北京：北京体育大学出版社，2008.

4. 雷国梁. 体育审美方略 [M]. 北京：北京体育大学出版社，2012.

5. 谭华. 体育史 [M]. 北京：高等教育出版社，2009.

6. 刘涛. 奥林匹克运动 [M]. 桂林：广西师范大学出版社，2010.

7. 熊晓正. 中华人民共和国体育的历史基础 [J]. 体育文史，1999.

8. 梁海丹. 如何使快乐体育走向终身体育 [J]. 湖北体育科技，2006 (25).

在线学习

新浪体育网

测测你的基础

1. ______________的成立标志着奥林匹克运动的诞生。

2. ______________是声望最高、最庄严、最隆重的国际体育盛会，也是比赛规模最大、水平最高和影响最深远的综合性运动会。

3. 从学校体育的目标看，近现代世界学校体育的发展经历了三个阶段，分别是“______________”“______________”和“______________”时代。

4. 世界卫生组织将健康定义为：“健康不仅是免于______________，而是要保持躯体方面、______________方面和______________方面的完美状态”。

5. 简述体育起源的几种学说。

6. 简述体育的概念。

第二章

体育的价值

本章概述

本章将带领大家一起从体育的社会价值、教育价值和健康价值三个角度去认识体育的价值。通过本章的学习，学习者要深刻地认识体育的价值，并积极主动地参与体育运动。

章结构图

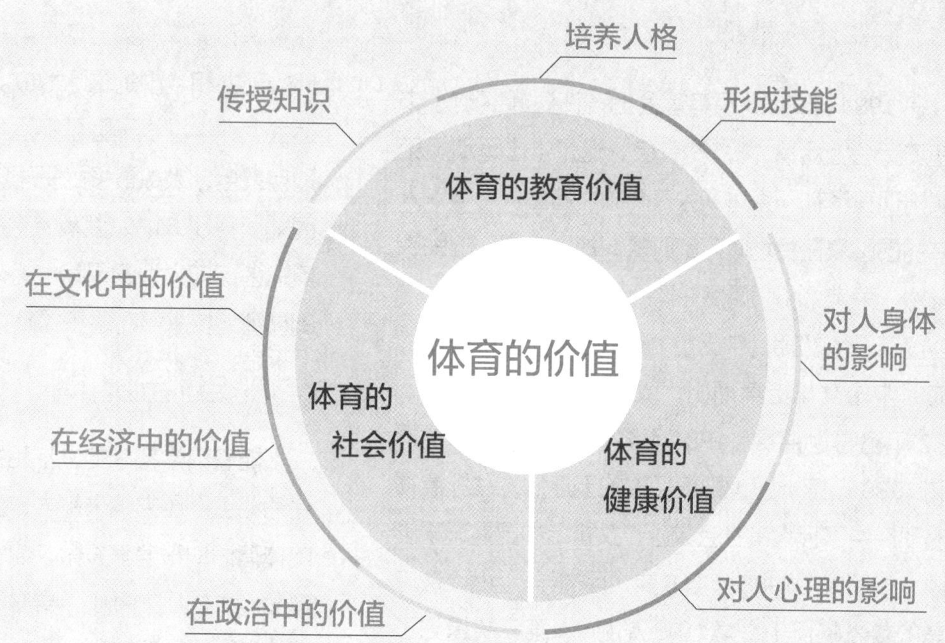

学习目标

通过本章的学习，你应该能够做到：

1. 了解体育带给我们的社会价值。
2. 深刻认识体育带给我们的教育价值和健康价值。
3. 树立正确的体育价值观，积极主动地参与体育锻炼。

第一节 体育的社会价值

扫一扫 看一看

体育本是以身体运动为基本手段促进身心发展的文化活动，当体育融入社会后它就被赋予了其他的本质，如政治功能、经济功能这样的功能[①]。随着社会的不断发展，体育的地位也越来越明显，体育能够为政治、经济和文化服务。

一、在政治中的价值

（一）振奋民族精神

在 1984 年第 23 届奥运会上，许海峰实现了中国在奥运会上金牌“零”的突破，这是中国运动员第一次出现在奥林匹克运动会最高领奖台上。当中华人民共和国国歌在赛场响起的时候，每个中国人的民族自豪感、荣誉感和归属感油然而生。

改革开放初期，中国整个社会都处于百废待兴的状态，中国女排挺身而出，取得了 1981 年世界杯、1982 年秘鲁世锦赛、1984 年洛杉矶、1985 年世界杯和 1986 年第十届世界锦标赛的五连冠，女排精神的出现产生了极大的社会效应，女排精神更是深深影响了一整代人。1985 年第 5 期人民文学《当代》杂志刊登的鲁光的报告文学《中国姑娘》，第一次提到了“女排精神”这个名词，随后《人民日报》号召社会上各行各业的人学习女排精神。这些事件都表明女排精神对当时社会及对于当时中国都产生了极其重要和深远的影响。

1990 年我国在举办第十一届亚洲运动会时，火炬传递被称为“亚运之光”。这束亚运之光在喜马拉雅山被采集之后，由江泽民总书记分为四把主火炬，分别从中国的最西、最南、最东和最北点开始传递，最终汇聚于北京。在这届亚运会上，636 名运动健儿为中国夺得了 183 枚金牌、107 枚银牌、51 枚铜牌，在金牌和奖牌总数上均居第一，在当时大大增强了民族凝聚力和我国的国际地位。2008 年，在第 29 届奥运会上，中国终于圆了奥运梦，是中国奥运史上参与项目最全，人数最多的一届，在这届奥运会上，中国健儿获得了 51 枚金牌。这说明中国已经有能力举办奥运会这样大型的国际化的体育活动，也体现了我国的体育竞技水平在逐步提高，国人无不为此骄傲。

（二）促进社会和谐

随着科学技术的进步和生产的现代化，劳动者的生活和工作压力越来越大，但人们可以通过丰富多彩的体育活动来消除疲劳、愉悦身心，满足人们的精神享受。人们压力减小、身心愉悦，最直接地就会减少违法犯罪事件的发生。

① 杨文轩，杨霆.体育概论[M].北京：高等教育出版社，2005：43.

二、在经济中的价值

（一）创造巨额经济效益

随着时代的发展、社会的进步，体育产业也日渐成熟。体育产业的发展势必带动经济的发展。体育经济分为直接经济效益和间接经济效益。其中，直接经济效益包括：体育赛事门票、体育用品、体育广告、电视转播、体育纪念品、体育场馆收费等。间接经济效益是指由于体育活动及其相应的社会影响力而表现为其他部门和行业所得的经济效益，如体育广告效益、旅游业收入等。

随着社会的发展、经济的增长，人们精神的需求逐渐超过了物质的需求，体育本身所蕴含的巨大经济功能和价值越来越被人们所认同。在发达国家，体育产业已成为扩大就业、提升产业附加值和文化输出的重要工具。目前，我国体育用品的产值已达 300 多亿元，年出口上亿美元。据专家预测，到 22 世纪中叶，体育产业将与石油、汽车、钢铁成为世界四大产业。特别是我国成功举办 2008 年北京奥运会、亚运会和全运会后，大大刺激了体育产业的发展，体育经济在国民经济中的地位越来越受到人们的重视与关注，体育经济已经慢慢成为现代社会国民经济发展最具活力的新增长点，体育产业在国民生产总值中的比重越来越大。

（二）创造更多的就业岗位

20 世纪 90 年代以来，在许多国家经济发展缓慢、劳动就业成为社会主要问题时，体育产业在增加社会就业机会方面的作用日益明显。1995 年，美国体育产业提供了 230 万个直接就业机会、521 亿美元的收入及 233.2 万个间接就业机会和 750 亿美元的家庭收入。美国体育产业所支撑的经济活动为美国家庭带来 1270 亿美元的收入，容纳 460 万就业人口（就业人口增加 2%）。1996 年，澳大利亚在体育行业工作的人员达到 95 万人。有些国家的体育产业为人们提供的就业机会与农业、铁路、管道服务、交通服务业和纺织业相当或稍高。各种盛大的体育赛事也为社会提供了较多的就业岗位。据统计，洛杉矶奥运会为洛杉矶市的 2.5 万人创造了就业机会；汉城奥运会给 3.4 万人提供了就业机会；亚特兰大奥运会给该州带来了 7.7 万个就业机会；2008 年的北京奥运会给北京市增加接近 10 万个就业机会。由此看出，体育产业的蓬勃发展在带来巨额收入的同时还为社会提供了更多的就业岗位。

三、在文化中的价值

体育文化从广义来讲，指体育运动本身所蕴含的、围绕体育运动所形成的一切物质文明与精神文明的总和。几百年来，体育作为人类发展中最有影响力的文化之一，在促进人的“全面发展”“协调发展”“完善发展”中起到了重要作用[①]。体育文化的价值主要体现在两个方面：传承体育文化和创造体育文化。传承体育文化主要体现在古现代的奥林匹克运动精神文化和民族传统体育的民族特色文化上；创造体育文化是指在原有体育文化基础上的延伸和发展。

（一）传承体育文化

传承体育文化最鲜明地体现奥林匹克运动会上。奥林匹克运动生生不息地传承下来的最主要的一点就是奥林匹克精神。作为体育文化的一部分，体育精神具有十分重要的地位。大家对奥林匹克最耳熟能详的两句话可能就是“更快、更高、更强”和“参与比取胜更重要”。第一句作为顾拜旦设计的奥林匹克格言，它体现了一种敢于拼搏、不断进取、永远奋发向上的精神。[②]而“参与比取胜更重要”在 1968 年墨西哥运动会上体现得淋漓尽致。约翰·艾哈瓦里参加 10 月 20 日马拉松比赛时，在跑到 19 公里处因为眩晕把膝盖严重摔伤，教练劝其放弃比赛，但他仍坚持一瘸一拐地完成整个比赛。当他回到体育场时已经晚上 7 点多了，缠着绷带流着血的约翰·艾哈瓦里成为最后一

① 樊花梅.当代体育文化的价值回归[J].山东体育学院学报，2010.
② 熊斗寅.顾拜旦体育思想研究[J].体育与科学，2003.

个完成马拉松比赛的选手，可是赢得了所有观众热烈的掌声。在接受记者采访时他哽咽地说道："我的祖国从 7 000 英里（1 英里约等于 1.6 千米）以外把我送到这里来，不是让我开始比赛的，而是让我完成比赛的。"约翰·艾哈瓦里用自己的行动，弘扬了现代奥林匹克"参与比取胜更重要"的内涵。这种体育精神文化值得我们传承。

体育文化的传承也体现在民族传统体育上。民族传统体育指的是世界各族人民在不同历史时期所创造的以满足人们在不同历史时期身心发展的体育活动方式。中华民族传统体育是指在中国历史上一个或多个民族内流传或继承的体育活动的总称，主要是指我国各民族传统祛病、健身、习武和娱乐的活动项目。民族传统体育的民族性主要体现在民族文化上。民族传统体育的运动项目来自特定的民族，展现的是该民族的文化传统和民俗习惯，为该民族的广大民众所喜好。同样，民族传统的体育项目具有历史继承性，传承下来的是本民族的精华，具有的是该民族的民族气派和民族风格。例如，侗族的抢花炮是侗族民众的文娱体育活动，一方面是因为它能锻炼身体、增强体质、培养集体主义精神；另一方面它也是侗族人民表达对美好生活愿望的一种形式。土族的传统体育活动与该民族的节庆习俗和宗教文化有着密切的关系。在正月初一，土族人常常相聚跳"安昭舞"，正月初三则跳祭祀驱魔的舞蹈，各种活动一直延续到正月十五。土族的二月初二则举办跳神会，会前一般举行赛马活动。在参加这些传统活动时，人们既受到本民族传统文化的熏陶，加深对传统文化的了解，又受到本民族传统文化的教化，从而使民族文化得以传承。[①]因此，民族传统体育不仅仅是一些体育项目，更是一种对传统体育文化的传承。

（二）创造体育文化

对于体育文化创造的价值，首先在古奥林匹克运动会上是不允许女性参加和观看的，直到 1900 年第二届巴黎奥运会才首次有女子参赛，可以看出体育文化对于维护女性权益的作用。现代奥运会都有吉祥物，吉祥物的图像、图腾是非常古老的、奇特的文化现象，它承载着人类早期的图腾崇拜和对自然的崇拜。但在不同的时代，根据各个国家的特点，我们可以在原有的文化特质之上，在吉祥物和会徽中加入新的元素，创造出新的体育文化。

体育文化还衍生出许多新的体育运动方式，如广场舞、夜跑、暴走等。随着社会的进步、时代的发展，人们工作、生活的压力越来越大，需要通过不同的方式发泄、释放自己，于是广场舞、夜跑等运动方式出现。新的体育运动方式为体育赋予了更加广泛的文化意义。体育运动作为一种文化形态，不管在人身体、物质方面的作用还是在精神、思想方面都是密切联系的，体育在生成体育文化的同时也在影响改造着体育。

扫一扫 看一看

第二节 体育的教育价值

一、传授知识

（一）传授体育文化知识

通过体育的教育，教导孩子简单的健康行为，如幼儿时期在起跳落地时要弯曲膝盖，从而保护膝关节；摔倒的时候不要用手去支撑，要用翻滚的方式保护自己；剧烈运动后及时保暖及补充水分等。通过体育对人种种健康行为的传授和指导，让人们生活、学习、工作更加得心应手。

现代社会生活节奏和工作压力越来越大，人们的作息时间和饮食也越来越没有规律，这样长时间下去，对人身心健康都是极不利的。这时，合理的饮食习惯就显得越发重要。例如，每天早上起来都要喝一杯白开水，身体工作了一晚上，各个细胞器官都需要水来进行激活调动；饮食金字塔也准确地给出了我们每日不同食物的摄入量及何时吃早中晚餐、何时不应该再进食。这些与我们日常生活息息相关的知识对我们形成良好的生活习惯有着重要的作用。从了解体育和学习体育到参与体育的整个过程也是文化知识的学习过程，有利于向人们传授关于身体健康的知识，传授各种运动项目的规则和方法，培养青少年正确的体育观和体育意识，养成终身体育的习惯。

（二）教导社会规范

人不但有自然属性，还具有社会属性。人只有通过教育来完成社会化过程，而社会的行为规范、社会的价值观念都可以通过体育教育、活动来进行宣传和传播。例如，我们在进行体育游戏或某项运动比赛时必须明确游戏规则，每个参与者必须无条件服从规则，延伸到社会就是遵纪守法。体育比赛要求公平公正，生活中的延伸就是要求平等、反对特权。体育的种种非法律条文的文化强制会使人们逐渐习惯正确的行为规范，从而完成社会的部分内容。体育活动，特别是带有比赛性质的体育活动，总会有胜利者和失败者。但是很多国际比赛中胜负不只是两个人或两个队伍之间的事情，而是代表两个群体，那么这两个队伍的比赛就牵动着两个群体的情绪；如果他们代表的是两个国家，又潜含着两个国家的较量，对大众来说，不仅仅是观看比赛的技战术水平的高低，更是在进行一次生动的民族主义、爱国主义教育①。

二、培养人格

人格是人在社会化过程中形成的道德品质和行为习惯。一个人的人格不是一成不变的，它具有可塑性，同时受生活环境、教育、社会实践等外部因素的影响，其中教育的影响最大。

（一）培养良好的意志品质和积极向上的价值观

要进行体育运动必须身体力行地去参与，在享受运动所带来的满足愉悦的同时，也要承受生理和心理上的刺激。例如，在足球比赛中，通常都会说一句口号：“输球不输人”，意思是我们这场比赛可以输，但是我们的精神、斗志不能被对手打败；而且大多数的体育运动要承受肉体上所带来的痛苦煎熬，体验真正的“劳其筋骨，苦其心志”之后，享受“苦尽甘来”。所以体育能使人在遇到困难时，敢于直接面对问题，找出解决问题的方法；在其困惑厌战时鼓励他们要锲而不舍，直至最终取得成功。在这不断的磨炼过程中，促进人某些积极向上的性格特质的养成，如自信、独立、谨慎、果断、勇敢、自我控制等，让人以积极的心态对待困难和挫折，去迎接新的挑战，从而为树立健康的人生观奠定基础。

（二）提高社会适应能力

我们作为社会中的人，是离不开社会的。我们的社会中有规则、法律、竞争与合作，而社会中所包含的一些特质在体育赛场上都是有所体现的。所有的体育项目都有各自不同的规则，要参与就必须遵守这些游戏规则，否则你将受到“游戏的惩罚”。这就要求我们在体育运动中接受规则的约束，不能“随心所欲，为所欲为”。在法治社会，我们每个人都要遵守法律法规，而通过体育运动可以让我们更清楚明白地遵守规则、约束自己。

同时，体育运动不但可以让现代人释放压力，而且体育就是要求人们去不断提高自己，在与对手的比赛竞争中获得胜利、战胜自己。例如，足球比赛是由22人一起完成的项目，双方各11人，每个人在团队中都有自己的位置和作用，缺一不可。所有人都置身于集体中，与队友一起分享胜利带来的喜悦，也要一起承担失利带来的沮丧。体育会让人们深刻地理解个

---

① 杨文轩，杨霆.体育概论［M］.北京：高等教育出版社，2005：51.

人的力量是有限的，当把个人力量汇集成集体力量的时候，会了解团队的强大及每一个小个体与整个团体是辩证统一的。所以，体育可以让我们树立良好的团队合作意识、竞争意识，最终融入社会，提高人们的社会适应能力。

（三）树立健康的人生价值观

现代社会，独生子女的比重越来越高，大部分学生在家庭中都娇生惯养，被父母视为“心头肉”这也造成了独生子女一些不好的个性特点和不健康的价值观，如以自我为中心、固执己见、争强好胜、有强烈的优越感、过分追求自我价值的体现等。同时，他们又会受社会上不良风气的影响，从而对于他们的人格塑造和价值取向的形成产生影响。而体育运动在锻炼身体的同时又锻炼了学生的意志品质，加强了其组织纪律性。

三、形成技能

人在社会上立足靠的就是各自的技能。技能有很多，如生存技能、运动技能、才艺技能等。但是大部分技能并不是与生俱来的，而是通过后天学习得到的。比如，走、跑、跳等基本生存能力都是在后天规范和改进的。例如，在孩子小的时候教育他们如何行走，一步一步循序渐进；到幼儿园、小学，老师教导孩子抬头挺胸、走路要自然，运动跳跃时注意落地缓冲等，这就是在发挥体育教导人们基本生存技能的功能。在运动技能方面，这些技能不断帮助孩子成长的同时，他们自身的身体素质也在日益增强，不仅提升了身体健康程度，还降低了伤病的概率，这对个人以后的生活、学习、工作等都会产生巨大的影响。在才艺技能方面，每个人都会根据自己的想法决定是否学习才艺技能，而才艺技能的学习与身体也是密切相关的，不论是足球、武术、舞蹈等都离不开对身体的控制。

第三节　体育的健康价值

扫一扫 看一看

一、对人身体的影响

（一）对神经系统的影响

人的一切行为、动作都是在大脑中枢神经系统的控制下完成的，经常参加体育锻炼的人，其脑电图上有明显的 α 波，且振幅较大。这说明：运动有助于提高大脑神经细胞的灵活性，对刺激频率和发放冲动频率能很快地产生节律同化作用。例如，一个优秀的乒乓球选手在面对一次又一次频率快、速度快且变化多端的来球时能做出敏捷、准确的反应。

人的大重量虽然只占人体重量的 2%，但是大的需氧量却占人体的 20%，由此可见，进行长时间脑力劳动的人的消耗从某种意义上讲不低于体力劳动者，而进行体育运动首先可以让大脑放松休息，改善神经系统机能，使对外界的刺激做出的反应更加快速和准确；其次，可以更好地改善大脑的供血量，使血液循环增快、血流量增多，让脑细胞得到更多的养料和氧气，最后保持大脑正常工作的能力。不仅如此，随着年龄的增长，人的机体会不断衰老，脑细胞也是如此，从而大脑功能下降、反应迟钝。而经常参与体育运动则可以减缓衰老速度。可见，体育运动在提高了神经系统强度和能力的同时，对机体的均衡性和灵活性也会有所影响，从而提高机体对外界的适应能力。

（二）对运动系统的影响

人的运动器官是由肌肉、骨骼、关节和韧带等共同组成的，在大脑的协调下进行复杂而精细的身体运动。人的生长是由骨骼的骺软骨不断增生直到骨化而完成的，经常进行适当的体育运动，能够刺激骺软骨的增生和分裂，从而刺激人的生长，而且体育运动可以刺激骨骼性能发展、骨密度增厚、骨骼变粗，增强骨骼的抗压、抗折能力。实验证明，普通人的股骨可以承受 300 千克压力，而经常参加体育运动的人可以承受 350 千克。

体育对肌肉的影响更是显而易见的。体育运动可以增加肌肉中氧化酶的浓度，促进脂肪和碳水化合物的分解；增加线粒体的数量，从而增大肌肉横截面积；增加肌肉中的蛋白质含量，使肌肉的工作能力得到增强。

人的一切身体动作都是在关节参与活动的情况下完成的，体育运动可以提高各个关节的灵活性、增强稳定性，关节的弹性、柔韧性也将得到发展。同时，经常的体育运动对关节的运动损伤和关节的疾病有很好的预防作用。

（三）对呼吸系统的影响

人体的供能主要以有氧呼吸为主，由此可见呼吸系统对人体的重要性。现代社会生活、工作压力的增大，生活、工作环境变差，人体的呼吸系统越来越需要加强。体育运动可以增强呼吸肌的收缩力，使肺活量增大；使呼吸深度增加、呼吸次数减少，从而使呼吸效率得到提高。我们对比一下经常锻炼的人与不经常锻炼的人的差异：

不经常锻炼的人：

60 升/分钟=30 呼吸次数 ×2 升/呼吸

经常锻炼的人：

60 升/分钟=20 呼吸次数 ×3 升/呼吸

由此可以看出，经常锻炼可以提高肺的工作效率，提高氧从肺进入血液的能力，而且为其他组织提高了氧气量①。

（四）对心血管系统的影响

美国的一项研究表明，每年近一百万人的死亡是由心血管系统疾病导致的。1993 年美国心脏病协会就声称：“心血管系统疾病发展的主要原因之一就是不活动。”随着人类生产力水平的提高，机械化、自动化程度的发展，人们的体力活动较祖先大大减少，直到出现了所谓的“文明病”，而文明病中对人类健康威胁最大的就是心血管系统疾病。由于缺少体育运动，动脉粥样硬化，使动脉变窄堵塞流向心脏的血液。经研究表明，体育活动可以降低人们心血管系统疾病的发病率，增强心脏的功能，使心脏容量增大、血管弹性增强。从美国、芬兰等学者对积极运动与不运动的人的对比跟踪调查发现，不参加体育运动的人比积极参加体育运动的人的死亡率高出3倍②。这表明体育锻炼不仅可以降低心血管系统疾病的发病率，还可以增加心脏泵血能力，改善心血管系统，增强心脏功能。

二、对人心理的影响

体育对调节情绪有积极的作用。身体活动是使神经中枢系统得到适当的激活并使人感到愉快的重要途径，适度负荷的体育运动能促使人体释放一种多肽物质——内啡肽，从而使人们在进行运动后感受到满足、舒适、愉快。所以体育运动可以缓解疲劳，降低生活工作中的焦虑情绪。

健康是现在都市化生活的人们追求的生活目标之一，然而对于我们而言，什么是健康？我们期望有一个健康的身体和健康的心理，我们期望以健康的身心积极参与并适应这个社会，那我们可以选择合适且感兴趣的体育项目，采取正确的锻炼方法，从而达到健康的目标。

---

① 杨文轩，杨霆.体育概论［M］.北京：高等教育出版社，2005：48.
② 杨文轩，杨霆.体育概论［M］.北京：高等教育出版社，2005：45.

本章小结

通过本章的学习，我们了解了体育独有的价值，包含社会价值、教育价值和健康价值。体育对于一个国家而言，能够振奋民族精神，促进社会和谐；体育还能够创造巨大的经济价值，为社会创造更多的就业岗位；体育也是民族文化的组成部分，它构建并传承了体育文化，随着社会的进步也创造了新的体育文化。就学习体育及参与体育锻炼而言，体育富有积极的教育价值，学习体育的过程就是形成健康行为和规范饮食的过程；参与体育运动能够使我们形成独有的技能，培养我们积极向上的人格；体育带给我们最直接的价值是合适的体育运动对人的身心健康的积极作用，“每天锻炼一小时，健康工作五十年，幸福生活一辈子”。通过对体育价值的学习和认识，我们应该发挥自己的主观能动性，积极主动地参与体育运动，将体育的价值最大化。

拓展阅读

1. 梁强.现代奥林匹克运动会的文化创意：历史演进与价值创新[M].北京：人民邮电出版社，2013.

2. 张选惠，李传国，文善恬.民族传统体育概论[M].成都：电子科技大学出版社，2013.

3. 夏思永，等.民族传统文化与民族和谐建设关系研究[M].重庆：西南大学出版社，2011.

4. 任海.奥林匹克运动读本[M].北京：人民体育出版社，2005.

5. 杨文轩，杨霆.体育概论[M].北京：高等教育出版社，2005.

在线学习

1. 体育价值
2. 大学生体育价值观
3. 顾拜旦
4. 体育精神

测测你的基础

1. 人格是人社会化过程中形成的____________和____________。

2. 人的运动器官是由____________、____________、____________和韧带等共同组成的，在大脑的协调下进行复杂而精细的身体运动。

第三章
体育与大学生的发展

本章概述

在谈到体育与大学生发展的关系时，人们常常以为体育的作用就是促进大学生的身体健康，而忽视了体育对大学生心理和社会适应的促进作用。因此，本章将着重介绍体育对大学生身体发展、心理健康和社会适应三方面的作用，以全面阐述体育与大学生发展的关系。

章节结构

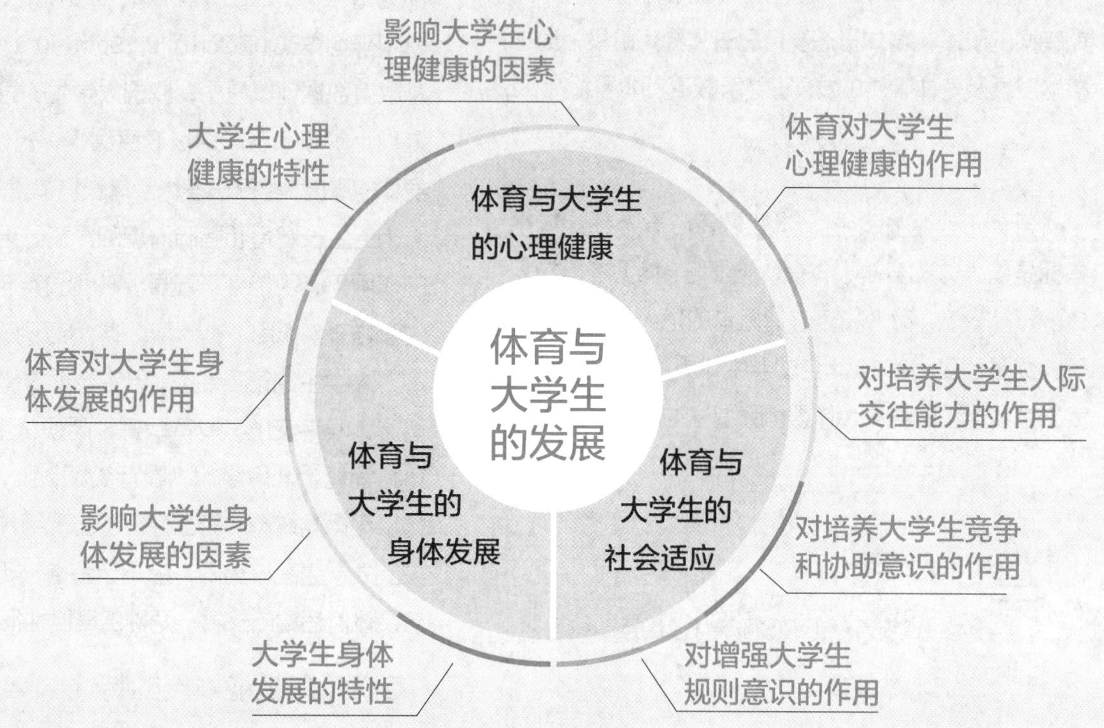

学习目标

通过本章的学习，你应该能够做到：

1. 理解什么是健康。
2. 知道体育对大学生身体健康、心理健康和社会适应的影响。
3. 明确体育对大学生身体健康、心理健康和社会适应的作用。

第一节 体育与大学生的身体发展

扫一扫 看一看

一、大学生身体发展的特性

人的身体发展具有明显的年龄阶段特性，按身体增长的速度可分为匀速增长阶段（男 7~11 岁，女 7~9 岁）、快速增长阶段（男 12~15 岁，女 10~12 岁）、缓慢增长阶段（男 16~18 岁，女 13~7 岁）和稳定增长阶段（男 19~22 岁，女 18~21 岁）。我国大学生的年龄一般在 17~23 岁，已进入青春期后期向青年时期转换的阶段，身体形态发育已进入稳定阶段，身体机能发展及身体素质的发展已达到较高的水平。

（一）身体形态发育的特性

身体形态包括体格、体型及姿态等指标。体格指标是指人体的身高、体重、维度等；体型指标指人体的整体指数与比例；姿态指标指的是人坐、立、行等的优雅程度。2010 年全国学生体质测试报告显示，我国城乡学生的身高、体重和胸围等生长发育水平继续呈现增长趋势。例如，与 2005 年相比，城市男生、城市女生、乡村男生、多村女生 7~18 岁年龄组身高分别平均增长 1.01 cm、0.79cm、1.55cm、1.12cm，体重分别平均增长 1.35kg、0.80kg、2.02kg、1.15kg，胸围分别平均增长 0.71 cm、0.59cm、1.26cm、0.94cm；19~22 岁年龄组身高分别平均增长 0.84cm、0.55cm、1.34cm、0.64cm，体重分别平均增长 1.52kg、0.27kg、2.07kg、0.34kg，胸围分别平均增长 0.63cm、0.29cm、0.97cm、0.43cm。从以上数据可以看出，我国大学生的身体形态发育进入稳定阶段，身高增长速度缓慢，但体重增长较快，身体的厚度、维度也在稳步增长。体重的增加受骨骼、肌肉的生长发育和脂肪增加的影响。男生在雄性激素的作用下，肌肉继续发展，体型显得粗壮结实；而女生在雌激素作用下，体型丰满，皮下脂肪增多。

名人语录

身体的健康因静止不动而破坏，因运动练习而长期保持。

——苏格拉底

大学生的第二性征：男生表现为体型魁梧，肩部增宽，喉结突出，发音低沉，胡须丛生；女生表现为身材窈窕，乳房隆起，嗓音尖细，肢体柔软而丰满，臀部和骨盆增宽。第二性征的出现与性腺发育密切相关。大学生在校期间，由于年龄增长和营养状况的改善及体育活动的开展，两性的第二性征更趋成熟。

（二）身体机能发展的特性

身体机能发展可以从神经系统、呼吸系统及心血管系统等指标来考察。大学阶段是神经系统最活跃的时期，也是接受教育的最佳时期，对人生发展起着决定作用。人体第二信号系统（语言文字处理系统）高度发展，抽象思维能力提高，第一信号系统（感觉器官直接从外部刺激接收信号的系统）和第二信号系统的协调程度更为完善，人体神经系统的兴奋与抑制过程趋于平衡，分析与综合能力提高明显。由于神经反应过程的灵活性高，神经细胞物质代谢机能旺盛，表现为注意力集中，观察力强，记忆力好，易出现疲劳，但恢复较快。根据大学生这一时期的机能特点，在大学体育运动中，要采用启发式与引导式的教学方法，充分利用大学生精力旺盛和智能良好的特点，激发大学生的想象力、创造力和自主学习的能力。随着大学生生理功能的成熟，肺脏的横径和纵径都继续增大，肺泡体积也随之增大，表现为胸廓增大，男生尤为明显。由于呼吸肌增强，频率减慢，深度加大，肺活量增大，呼吸系统发育日益完善，肺活量、最大吸氧量均接近人生最佳水平。因此，在这个年龄阶段，可进行适当的耐力练习，以增强心肺功能。心血管系统是人体发育成熟最晚的系统，大学生的心血管系统发育已经接近成人水平，心肌纤维逐步增粗、收缩能力加强，脉搏输出量增加，心率逐渐减慢，血管壁弹性较好，这些生理特征都显示着大学生的心血管系统正接近发育完善。这个时期他们可以承受一定的运动负荷，但强度不宜过大；随着年龄的增长，可以逐渐增加运动负荷和强度。

（三）身体素质发展的特性

身体素质是大学生生理特征的重要组成部分，身体素质包括力量素质、柔韧素质、耐力素质、灵敏素质及速度素质等指标。身体素质水平建立在身体结构、生理机能和健康水平的基础之上。处于青春期末期的大学生，虽然体型结构不会发生大的改变，但是他们的身体素质却有极大的可塑性。在大学期间，男生的身体素质特征表现在：速度素质无明显变化，力量素质、耐力素质增长明显，而身体的柔韧性和灵敏性下降。女生的身体素质特性表现在：力量素质、耐力素质有所增加，但没有男生增长明显，速度素质及身体的柔韧性和灵敏性无太大的变化。根据 2010 年全国第三次学生体质测试报告显示，我国大学生身体素质总体呈现缓慢下降趋势，但下降幅度明显减小。

二、影响大学生身体发展的因素

身体发展是许多因素相互交叉、渗透、影响、制约和作用的结果。人类的健康与寿命取决于三大方面：生活方式与行为占 60%，遗传因素占 15%，环境因素占 25%。其中，占 60% 的生活方式完全是我们自己可以掌握的，而遗传因素在遵循优生优育的原则下也是可以改善的，环境因素经过全人类的共同努力也是可以控制的。世界卫生组织 2014 年公布的最新资料表明：缺乏身体活动是全球第四大死亡风险因素，每年约有 320 万人因缺乏身体活动而死亡。

（一）遗传因素

遗传是指自然生物通过一定的生殖方式，将遗传物质从上一代传给下一代的生物现象。在个体的生长发育过程中，遗传因素是构成机体潜在特征的重要因素，人体的形态结构、相貌、肤色、性格等都受遗传因素的影响，特别是人的身高。但遗传程度又取决于后天环境的影响。因此遗传因素对人的身体形态、身体机能、身体素质的发展并不起决定性的作用。虽然人体的身体形态、身体机能系统和身体素质水平的高低是客观存在的，但它可以通过后天良好的环境、健康的生活方式及科学的运动锻炼得到一定程度的改良。根据达尔文遗传定律中“物竞天择，适者生存”的生存法则，个体的遗传是可以在后天得到优化的。养成健康的行为和生活方式、良好的生活环境都会促进遗传变异向好的方面转化。

（二）生活方式

生活方式是指人们长期受一定文化、民族、经济、社会、风俗、道德及家庭等因素影响而形成的一系列生活意识、生活习惯和生活态度，包括人的“衣、食、住、行”等各种活动方式。生活方式对健康影响很大，并具有潜习性、累积性和广泛性的特点。1993 年 4 月在北京召开的世界卫生组织（WHO）慢性非传染病控制综合规划中心主任会议预计，到2015年死于生活方式病的人数占发展中国家总死亡人数的60%，发达国家将达到总死亡人数的75%，生活方式病将成为人类的头号杀手。青年大学生要重视培养良好的行为和生活方式，避免不良生活方式的危害，其中最重要的危险因素就是缺少运动、作息时间不规律、膳食结构不合理、吸烟、酗酒及性滥交等。因此，学校应与家庭及医疗卫生部门紧密配合，采取必要的措施，创造良好的环境条件，帮助大学生养成良好的生活习惯，杜绝不良行为，使他们健康成长。

（三）环境因素

环境根据是否被人类改造，分为自然环境和社会环境。人类生活在自然环境和社会环境中，人类所有的活动都与环境有着直接的关系。环境的构成及其状态的任何异常变化，都会不同程度地影响到人体的正常生理活动。

自然环境是指人类生存和发展所依赖的各种自然条件的总和。优雅的校园环境能促进学生的健康发展，大学生要加强环保意识，爱护一草一木，为营造良好的校园自然环境做出贡献，也为自己的健康发展创造好的环境。

社会环境是在自然环境的基础上，人类通过长期有意识的社会劳动，加工和改造了的自然物质、创造的物质生产体系、积累的物质文化等所形成的环境体系，它是与自然环境相对的概念。人们生活在社会大家庭中，主要与社会的组织结构和社会意识结构发生联系，如果教室脏乱，学生寝室拥挤不卫生，体育活动场所少，则会导致各种疾病的发生，严重影响学生的学习和身体健康。创造良好的学校卫生环境和营造班集体讲究卫生清洁的风气，有助于培养学生良好的生活卫生习惯。

三、体育对大学生身体发展的作用

体育是以身体运动的方式给器官以一定强度和量的刺激，对身体各个系统、组织、器官起到积极有效的影响。大学生正处于身体发育的末期，各项生理指标正在稳定地逐步增长且日趋完善，科学地进行体育活动可以促进身体的全面发展，如促进身体形态的发育、身体机能的改善及提高个体的身体素质。

（一）对身体形态发展的作用

人的身体形态发展包括体格、体型及姿态等指标。体格指标包括人的身高、体重、维度等。人体的身高主要与骨骼的发育水平有关，反映的是骨骼的生长发育状况。大学生经历了青春发育的高峰期后，骨骼发展进入了缓慢增长阶段，但骨化过程尚未结束，身高的变化仍存在着相当大的可塑性。研究表明，经常参加体育锻炼的学生与其他同龄人比身高平均增长4~7厘米。体重反映骨骼、肌肉、脂肪等重量的综合变化情况，也是大学生生活中非常关心的一个词，尤其是女生，常常会因为体重的增加而感到忧伤。参加体育运动无疑是控制体重最好的办法。人体所有运动都需要能量供应，而能量主要是由糖、磷酸盐、脂肪来提供的，通过适量的体育运动可以消耗掉身体里多余的脂肪，从而达到减轻体重的效果。目前国际上常用BMI指数衡量人体胖瘦程度及是否健康。我国成年人最理想的BMI指数值是22。维度反映的是身体的充盈度，它包括胸围、腰围、臀围等指标。处于青春期末期的大学生，身体的维度本身就随着身体的发育而不断增厚，通过适量的体育运动对胸部、腰部、臀部进行专门锻炼，可以使这几个部位的肌肉得到更好的锻炼，从而达到丰胸、瘦腰、翘臀的效果，使身体的发育更加完善。

世上没有比结实的肌肉和新鲜的皮肤更美丽的衣裳。

——马雅可夫斯基

体型是指身体各部分的比例，决定体型的主要因素是骨骼与肌肉的状况，著名画家达·芬奇说过：“美感完全建立在各部分之间神圣的比例关系上。”体型的主要指标包括：躯干上、下之间的比例，身高与肩宽的比例，胸围、腰围、臀围之间的比例等。虽然身体各个部位的比例关系受遗传因素影响很大，但是可以通过科学的体育运动来控制身体各个部位肌肉的大小、形状，从而改变身体各个部位之间的比例关系。

姿态是指人坐、立、行走等各种基本活动的姿势，人体的姿势主要通过脊柱弯曲的程度、四肢、手足及头的部位来体现。经有关研究证明，经常参加体育运动的大学生身体匀称、肌肉结实、步伐矫健、精神饱满，具有一种阳光、向上的精神面貌与气质。

（二）对身体机能发展的作用

身体机能是指人的整体及其组成的各器官系统所表现的生命活动，它包括神经系统、呼吸系统及心血管系统等组成的人体内环境。进入大学阶段，虽然身体形态发育接近完善，但却是大学生身体机能发育完善的重要时期。因此科学地进行体育运动对大学生的身体机能发展有着重要作用。

神经系统是人体中一个十分复杂和重要的功能系统，它由中枢神经（脑和脊髓）及与之相连的周围神经所组成。人体的一切活动，其本质都是神经的反射活动，都是经过感知、分析、判断做出反应的过程来完成的。大学阶段正是年轻气盛的年龄段，同学间经常进行相互的比拼，对于相互间的反应能力是一个重要考虑。经常参加体育活动可以改善和提高神经系统的反应能力，使之更加灵活、准确、协调。

呼吸系统由交换气体的肺和输送气体的呼吸道组成，呼吸道由鼻、咽、喉、气管和支气管组成并以骨或软骨为支架，使管道通畅，以利于呼吸进行。在体育活动中，肌肉活动要消耗大量的养料和氧气，以供应运动所需的能量，同时产生大量的二氧化碳并排出体外，这就需要呼吸器官加倍工作，而经常从事体育活动可以促进呼吸系统机能的不断提高。大学生的呼吸系统正处于完善阶段，经常参加体育运动能促进呼吸肌发达有力、耐久，胸廓活动范围增加，肺活量、最大肺通气量增加，使机体能承受大强度、大运动量的活动。经常从事体育运动还能预防和消除呼吸系统的疾病。体育运动使人体新陈代谢旺盛、心肺功能增强、抵抗能力提高，同时还能促使呼吸道毛细血管更加丰富，上皮细胞的纤毛活动和肺内白细胞的吞噬能力得到加强，这样就能及时消除呼吸道的病原微生物，减少感染的机会，防止呼吸道疾病。

心血管系统由心脏、血管和血液组成。血管是血液流通的渠道，血液的主要机能是运输营养物质和氧气，排出代谢物质和二氧化碳。机能良好的心血管系统是一个体魄强健者所必须具备的条件。大学生的心脏在形态和功能上均已接近成年人的水平，体育活动能促进心肌增厚，增加心肌纤维中收缩蛋白和肌红蛋白的含量，使心肌中毛细血管大量增生，心脏的重量、容量、横断面积等有所增大；体育锻炼能促进心肌粗壮有力，心搏徐缓，心缩力增大和每搏出血液量增多，使心脏机能得到增强。经常参加体育锻炼能改善血液成分，增加白细胞分类中淋巴细胞的数量。一般人每毫升血液中，红细胞含量男子约 450~550 万个，女子约 380~460 万个，而经常进行体育活动的人可达到 600~650 万个。

（三）对身体素质发展的作用

身体素质是指人体肌肉活动的基本能力，是人体各器官系统的机能在肌肉工作中的综合反应，它包括力量素质、耐力素质、速度素质、柔韧素质及灵敏素质等。身体素质水平的高低与遗传因素有关，但决定因素是后天的营养和体育锻炼。通过正确的方法和恰当的体育锻炼可以从各个方面提高人体的身体素质水平。

力量素质是人体完成所有活动的基础，是人身体素质的重要组成部分。经常运动的人，除肌肉外在形态变得更大、线条更加明显外，肌肉力量也不断增强。经常从事力量练习的人，它的肌肉纤维呈现出数量多和横切面大的特点，而且在身体活动中，用力时肌肉所募集的肌纤维更多。

耐力素质是指人体尽可能长时间进行肌肉活动的能力，也可看作肌肉抵抗疲劳的能力。耐力素质是健康身体的必备条件。经常从事耐力性体育运动，可以使大脑皮层长时间保持兴奋与抑制的有节律转换，使大脑皮层神经过程的均衡得到改善，神经系统的工作能力得到提高，支配肌肉活动的各运动中枢之间的协调得到改善；使心脏增大而心率降低，提高心脏输出血量，从而增加血液量，提高心血管系统循环能力；增强呼吸肌的力量和耐力，并使肺内容积增大，实现更多气体交换，从而提高机体的呼吸系统能力。12分钟跑是当前国际上流行的一种运动方式，对于发展有氧耐力，提高心血管功能的效果较好。

速度素质是指人体进行快速运动的一种能力，其表现有动作速度、反应速度及位移速度。体育运动促进大脑皮层神经过程的转换，使神经系统有较高的灵活性，从而使肌肉的收缩和放松迅速交替，加快了动作频率，提高了反应速度，缩短了完成单个动作的时间，从而提高了动作速度。体育运动还可以使体内能量物质储备增加，无氧代谢过程加快，从而提高人体快速完成运动的能力。

柔韧素质是指身体各个关节的活动幅度及跨过关节的韧带、肌腱、肌肉、皮肤和其他组织的弹性和伸展能力。柔韧性包括两方面的含义：一是关节活动幅度的大小，二是跨过关节的韧带、肌腱和肌肉等软组织的伸展性。经常从事柔韧素质发展的个体，能使动作学习轻巧自如，做动作也更加协调和准确，动作姿势更加优美。发展柔韧素质还可以减少肌肉等软组织损伤，防止伤害事故的发生。柔韧素质的提高还能增强身体的适应能力，更好地发挥力量、速度、灵敏等素质，提高运动技能和技术。

灵敏素质是指在变化的条件下表现出来的对动作的准确、协调、机敏、易变的操纵能力和迅速改变身体或某一部位运动方向的能力。灵敏素质是运动机能和各种素质在运动过程中的综合表现。一个人的年龄、性别、体重及速度、力量、柔韧等素质水平及身体的疲劳程度对动作的灵敏性有直接影响。经常从事体育运动的人，在完成身体动作时，敏捷程度更高，而且能更快地做出身体反应。这对日常生活劳动、各种职业技能训练、运动训练均有重要的意义。

第二节　体育与大学生的心理健康

扫一扫 看一看

一、大学生心理健康的特性

大学阶段是大学生身体和心理由幼稚向成熟发展的黄金时期：生理变化高峰期，是身体发育成熟和定型的阶段；智力发育高峰期，是一生中平均智力达到最高的阶段；需要高峰期，包括事业、理性、爱情、生活等需要；创造高峰期，最容易接受新鲜事物且思维活跃。这些变化也引起大学生一系列的心理变化，形成了大学生一些独特的心理特性。

（一）自我意识增强

大学生自我意识增强体现在：①自我认识和自我评价水平大为提高，表现在自我认识的自觉性和主动性较强，能根据周围人对自己的态度来认识和评价自己，也将自己与别人进行对比来评价自己，自我评价的客观性有所提高。②大学生有一定的自我教育的能力，善于根据社会、学校和集体对自己的要求来不断教育自己、改善自己。③自我体验得到提升。大学生要求深入了解和关心自己的发展，常常进行独立思考，并进行自我设计和实践。④大学生的自尊心增强，表现为对真诚的赞扬和尊重，嘲笑是让他们难以忍受的。⑤大学生的自我控制能力得到了一定程度的提高，但是由于自身的修养、阅历和年轻气盛，他们并不能完全把控自己的情绪。⑥自我监督水平明显提高。他们能自觉主动并逐渐以社会标准、社会期望、社会条件为转移来不断审视自己的行为是否恰当。

流动的术语

自我意识是指人对于自身及其周围环境的认识，包括自我认识、自我体验、自我监督、自我评价、自我教育及自我控制等因素。

（二）情感丰富而强烈

处于体力和精力旺盛阶段的大学生们，他们的情感丰富多彩，而且又带有瞬息万变的特点。大学生的情感体验以肯定、乐观和振奋为主，对美的体验表现得很直接，爱憎分明。大学生的情绪体验来得快而强烈，情境性强，感染力大，由此导致的情绪两极化突出，极易出现高度的兴奋、激动、热情或是极端的愤怒、绝望、冲动。例如，在大学阶段谈恋爱是正常现象，常常有大学生因为失恋而感到人生灰暗、精神不振，甚至出现绝望的情绪。

（三）思维提升

随着大学阶段知识的积累，大学生的思维得到了显着提高，思维方式有很大的变化，辩证逻辑思维占优势。他们能运用科学要领对某些事物和现象进行抽象性和理论性思维，他们喜欢独立地提出问题和寻找解决问题的办法，对事物的认识开始有自己的独立见解，开始用怀疑和批判的眼光看待周围的事物，喜欢争议、辩驳和提出一些新奇的想法。他们不满足于现象罗列和现成的结论，喜欢创造，敢提出大胆的设想和新颖的见解；喜欢思考，追求完美而要求揭露事物的本质和规律，要求有理论的深度，希望对事物的因果关系做规律性的探索。

二、影响大学生心理健康的因素

大学生的心理正处于迅速走向成熟而又未完全成熟的过程中。心理发展的不成熟很容易引起适应不良甚至影响心理健康，而影响心理健康、导致心理疾病的因素很复杂，除了受学生自身个性影响外，其中最有影响力的是家庭、学校和社会三个方面。

（一）自身因素

1. 生理因素

大学生处于青春期后期，生理的发育还在进行，身高体形的变化、第二性征的继续加强都是大学生特有心理问题的生理基础。根据天津医科大学大学生心理咨询门诊统计，相当一部分大学生的心理问题都与青春期的生理变化有着密切联系。如有的学生因身材矮小而自卑，因身体过于肥胖而产生烦恼、痛苦心理；有的大学生由于性格有缺陷或胆小拘谨、多疑、冷漠而导致他们意志消沉、情绪过度紧张、动机冲突等，积压到一定程度便会诱发心理疾病。同时，大学生对于社会道德习俗、法律和纪律还不能深刻理解。因此，这种心理方面和思想方面的不成熟常常使大学生产生压抑、紧张、恐惧和羞涩的情绪，久而久之便会影响心理健康。

2. 个性因素

人格缺陷是产生心理疾患的重要原因。由于每个大学生成长的环境、条件、父母的遗传和教育方式不同，个性也千差万别。同样的环境，有的大学生能适应，有的大学生则格格不入；有的大学生能与人合作，有的大学生却独来独往，这些都与个性有关。个性决定了一个人的心理承受能力，决定了一个人待人接物的方式，决定了一个人的思维方式和行为方式，所以它对一个人的心理健康的影响特别大。那些在个性发展中存在严重缺陷的大学生，如自我中心、自私、骄横、懒惰、自卑、脆弱、狭窄、固执多疑、爱慕虚荣的人，特别容易产生心理疾病。

3. 情绪因素

现代心理学、生理学和医学的研究成果表明，情绪对人的心理健康具有直接的作用，可以说情绪主宰着健康。大学生的情绪处在最动荡和最复杂的时期，情绪特征具有明显的两极性：情绪情感丰富强烈并且复杂，年轻气盛，情绪多变，但控制和调节情绪的能力比较弱，心境易受环境变化的影响；在激情的状态下，往往缺乏冷静的思考，容易走向极端；有强烈的交往需求，渴望获得知己和友情，但缺乏交往的主动性，总希望他人先主动与自己接近，处于“守株待兔”的状态，从而导致内心闭锁。这些矛盾和冲突持续过长、强度过大，必然会破坏心理平衡而引发各种心理障碍，阻碍个体的发展和成功。

（二）学校因素

学校是大学生生活学习的主要场所，学校的环境和教育对大学生的心理状态有着更直接、更深刻的影响。在大学，来自四面八方的学生汇成一个群体，他们各自的生活习惯、性格、兴趣有所不同，在人际交往过程中，有些同学很难适应。由于中小学只注重智育，对学生其他的基本社会实践和基本生活能力缺乏必要的培养和磨炼，致使不少大学生缺乏独立和自理生活能力。

（三）家庭因素

家庭对于塑造学生个性、养成生活习惯和行为方式都有重要的影响。“望子成龙，望女成凤”是中国家长期望值的代号。期望值过高或过低，对孩子的成长都不利。家庭对大学生心理健康的影响主要包括：不完整的家庭对于孩子的心理健康十分不利，往往使其产生孤僻、冷漠、粗暴的人格特点；父母关系不良、紧张或冲突，经常吵架甚至相互敌视，孩子在人际交往中往往表现出自私、敌视等心理和道德方面的缺欠；家庭教育方式的“态度不一致”“溺爱”又会造成孩子懦弱、虚荣和随心所欲的毛病；严峻冷漠、家长的经常打骂、缺乏人情温暖的家庭会使孩子迟钝、犹豫不决、具有凶犯暴力的倾向。总之，现在的大学中，独生子女越来越多，由于大多数家庭对他们的教育方式都是过分溺爱、包办、放纵，进入大学后，他们首先要培养生活自理能力、学会与别人相处、矫正各种不良个性，这些问题解决不好，便会诱发心理疾病。

（四）社会因素

大学生的思想观念和价值目标常受到社会正在流行、大众传媒当前推崇的事物的影响，以及新兴网络文化的影响。社会正处于激烈的变革之中，各种矛盾对大学生的思想观念、心理和行为都会产生强烈的影响和冲击。尤其是市场经济带来的负面影响，使一些大学生产生拜金主义、享乐主义和个人主义的思想。他们崇尚及时行乐，追求感官刺激，缺乏精神支柱，产生消极厌世的心理，导致身心疾病。

三、体育对大学生心理健康的作用

体育活动在促进大学生身体健康发展的过程中必然对其心理健康产生积极影响。研究表明，体育活动能有效地调节学生的情绪，使学生表现出积极向上、乐观进取的心理状态。

（一）对发展智力的作用

经常参加体育活动能改善人体中枢神经系统，提高大脑皮层的兴奋和抑制的协调作用，使大脑思维的灵活性、协调性、反应速度等得以改善和提高。经常参加体育活动还能使人在空间和运动感知能力等方面得到发展，使人体感觉、重力觉、触觉、速度和高度觉更为准确，从而提高了脑细胞的耐受能力。体育活动还能缓解肌肉紧张和日常生活的紧张，降低焦虑水平。

（二）对形成和谐人际关系的作用

个体主动参加体育活动一般都会促进积极的自我知觉。同时，个体参加体育活动的内容绝大多数是根据自我兴趣、能力等选择的，他们一般都能很好地胜任健身的内容，这有利于增强个体的自信心和自尊心，并能在体育活动中寻求到安慰和满足。大学阶段都通过分专业教学，要想结交不同专业的同学，通过参加体育活动来增加社会交往无疑是一个很好的方式。体育活动可使人与人之间互相产生亲近感，使个体社会交往的需要得到满足，丰富和发展人们的生活方式，这有利于个体忘却烦恼、消除精神压力和孤独感，并在体育活动中找到志趣相投的知音，从而给个体带来心理上的益处，有利于形成和改善人际关系。

（三）对协调和控制情绪的作用

体育运动能使不良情绪得到合理形式的宣泄，使精神状态达到平衡，从而消除心理上的疲劳，促进心理健康。国外报道，学者基恩的一项调查显示，在1 750名心理医生中有60%的人认为应将体育运动作为一种治疗手段来消除焦虑症；80%的人则认为体育运动是治疗抑郁症的有效手段之一。现代心理学研究也表明，焦虑和紧张的心理状态会随着身体运动的加强而逐步降低，激烈的情绪往往在体能的消耗中逐渐减弱，最后会平静下来。慢跑、散步等中低强度的有氧体育运动对治疗抑郁症和抗抑郁效能十分明显，而中等强度的体育锻炼对调节情绪、保持良好的心境有积极的作用。

（四）对形成良好意志品质的作用

意志品质是指一个人的自觉性、果断性、坚韧性和自制力及顽强和独立主动的精神，是个人行为特点稳定因素的总和。体育常常存在着竞争，要达到某一种水平后才能与人竞争，而要达到一定的运动水平必须经过努力、艰辛和坚持的过程，参与者必须承受一定的生理和心理负荷，这有利于磨炼人的意志。同时，从事体育锻炼和进行体育运动竞赛的过程中也必定会遇到失败、困难、挫折等不同程度的考验，这有利于培养积极进取、勇于探索和克服困难的精神。

第三节 体育与大学生的社会适应

扫一扫 看一看

大学生的社会适应包括学习适应、人际适应、环境适应和职业发展适应。影响大学生社会适应的因素包括：自身素质、家庭、学校和社会四方面。而体育对大学生社会适应培养的作用表现在如下三个方面。

一、对培养大学生人际交往能力的作用

社会适应最重要的就是对人际交往和人际关系的适应。现代社会是人际交往频繁的社会，处处需要与他人建立关系。美国卡内基工业大学曾对千名被试者进行分析，发现“智慧”“专门技术”“经验”只占人成功因素的15%，其余85%决定于人的良好的人际关系。在大学体育活动中，无论是体育课还是课余体育活动，都是在教师与学生或学生与学生的相互交往、沟通、交流中进行的，大多数体育活动是在群体中展开的，人际间的互动十分频繁，这为大学生发展人际关系提供了交流平台和交往空间。在多种形式、内容的活动中人们通过语言、行动、情绪相互作用、相互影响。再加上体育活动中的人际互动是在开放环境中，在非功利性、平等、友好的情境下进行的，因而它更能促进学生间的沟通和交流，在相互学习、合作、竞争的气氛中建立友好关系，增强人际交往的情感体验，培养与人和谐相处的意识和能力。所以，体育活动在培养学生人际交往能力方面具有其他一些活动所无法替代的特殊作用。

二、对培养大学生竞争和协作意识的作用

由于现代社会生产力的发展，社会化大生产的进程要求人们相互协作。竞争与协作是有机的统一整体，竞争是在协作基础上进行的，若一味寻求个人价值而忽视整体协作的竞争，最终只会影响个人能力的有效发挥。体育运动以其丰富多彩的内容和鲜明的竞争性受到广大青少年的喜爱。体育教育与运动竞赛的全过程始终贯穿着竞争与奋发向上的精神，就是在简单的体育游戏中，也充满着你追我赶、争强取胜的竞争意味。随着现代社会竞争的越演越烈，竞争意识已日益成为现代人的一种重要的基本素质，而经常从事体育竞赛与游戏可增强人们的竞争意识和进取精神。一些集体性的体育竞赛，由于抗争激烈、集体配合性

强，在比赛中不仅要充分发挥场上队员的身体机能、技术、战术和心理能力，而且需要大家同心协力、默契配合、相互谅解，这样才能夺取比赛的胜利。因此，通过体育竞赛活动可有效地培养大学生在竞争中善于与人协作共事的团队意识。

三、对增强大学生规则意识的作用

在社会生活中，人们必须适应各种各样的规章制度、法律法规。因此为了适应社会生活的需要，在大学生心中形成一种遵守规则的意识很有必要。体育活动特殊的“规则效应”可使学生在潜移默化中学会自律和自控。体育教学中的课堂常规、各种集体活动、游戏和竞赛都有其特定的规则与要求，即使是很调皮的学生在从事体育活动时也会遵守这些规则，甚至在没有教师或裁判的情况下，他们也会自觉地用规则来约束自己。如果某人违反了规则，就会遭到其他练习者的责备，甚至可能遭到同学的排斥。因此，在比赛中，约束他们的是那种无形的力量——规则。这种特殊的“规则效应”使学生在活动中逐渐学会遵守纪律、尊重裁判，学会约束自我、公平竞争，懂得必须克制越轨行为，服从体育道德规范，必须在规则的约束下与他人竞争或协作。所有这些体育活动中的规则，对于培养学生的自控、自律能力，养成遵纪守法，倡导社会道德规范的好习惯有着良好的作用。

本章小结

本章主要从体育对大学生身体发展、心理健康和社会适应三方面介绍了体育对大学生发展的作用。通过对本章的学习，学习者不仅掌握了体育对大学生具有塑造完美身体形态、促进身体机能发展、提高身体素质的作用；还知道了体育具有促进大学生智力发展、形成和谐人际关系、协调和控制情绪及促进良好意志品质形成的作用；同时，体育还具有培养大学生人际交往能力、大学生竞争和协助意识、增强大学生规则意识的作用。

拓展阅读

1. 邓树勋，王健，乔德才. 运动生理学 [M]. 北京：高等教育出版社，2009：321.

2. 胡红，夏思永. 大学体育 [M]. 重庆：重庆大学出版社，2004：35—43.

3. 肖丽琴. 体育运动与大学生社会适应能力的关系 [J]. 体育学刊，2007（14）.

4. 李建英，王黎明. 大学体育与健康教程 [M]. 北京：人民体育出版社，2002：21—24.

5. 姚鸿恩. 体育保健学：第 4 版 [M]. 北京：高等教育出版社，2007：130.

6. 方从慧. 当代大学生社会适应现状调查研究 [D]. 重庆：西南大学社会与公共管理学院，2008.

7. 季浏. 体育心理学教与学指导 [M]. 北京：高等教育出版社，2006.

在线学习

1. BMI指数知识连接
2.12 分钟跑知识连接
3. 国民体质监测中心
4. 世界卫生组织
5. 中国知网
6. 国家学生体质健康标准（2014 年修订）
7.2010 全国学生体质与健康调研结果
8. 2013 年世界卫生报告

测测你的基础

1. 体育意识的概念是什么？

2. 人的身体发展具有明显的年龄阶段特性，按身体增长的速度可分为__________________增长阶段、__________________增长阶段、缓慢增长阶段和__________________增长阶段。

3. 身体机能发展可以从__________________系统、__________________系统及心血管系统等指标来考察。

4. 简述影响大学生身体发展的因素。

5. 试论述大学生心理健康的特性。

第二篇　运动学习篇

第四章

足球运动与比赛观赏

本章概述

本章重点介绍了足球运动的常用技术和战术。足球技术主要包括传球、射门、接球、运球和运球过人、头顶球和抢断球等；足球战术主要包括局部和整体的一些常用战术。通过对本章的学习，学习者应该掌握各个技术动作的动作过程和动作方法，掌握足球比赛中的常用战术，进而提高自己的足球运动技能。

章结构图

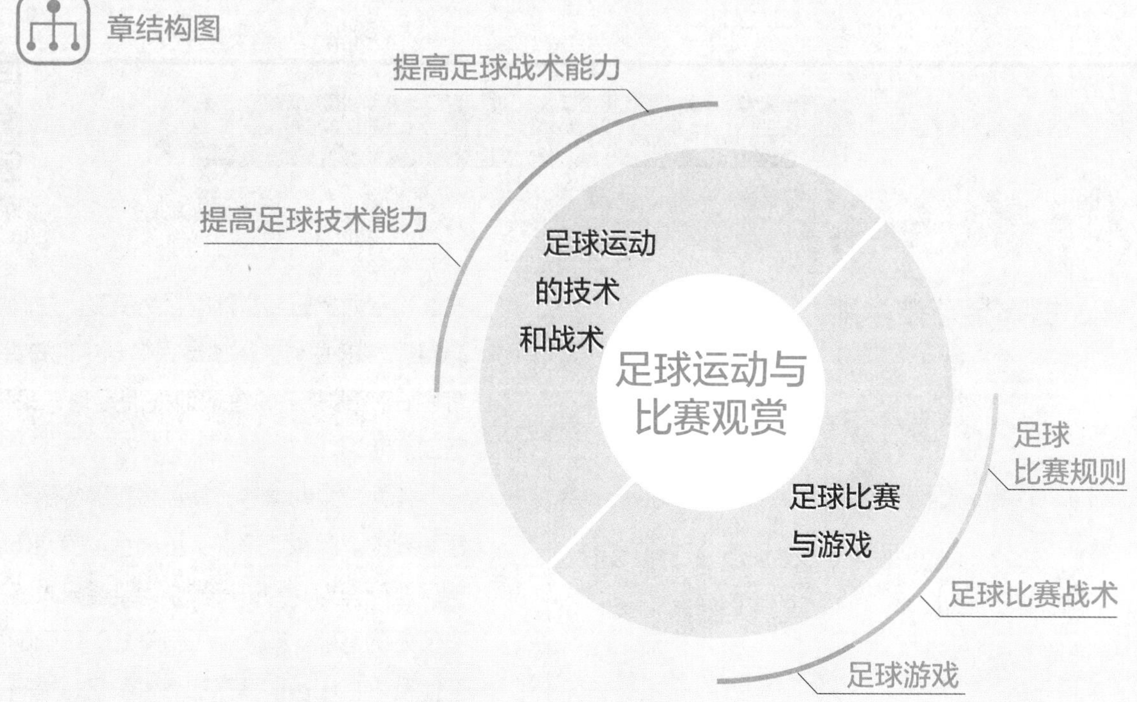

学习目标

通过本章的学习，你应该能够做到：

1. 学习足球技术动作要领。
2. 掌握足球基本技术动作。
3. 学习足球比赛中的常用战术。
4. 运用足球技术进行足球比赛。

运动起源

现代足球起源于英国。据史料记载，在中世纪英国便有了类似今天的足球运动。当时的足球比赛在街道上进行，对参加的人数、犯规等无规则限制。1580 年，足球只作为学校内部的一种体育活动在英国的大学校园内进行。1862 年 J.C. 思林制定出“最简的比赛”规则，共 10 条。1863 年 10 月 26 日，由伦敦 11 个最主要的俱乐部和学校创立了英格兰足球协会，同时制定出了世界上第一个统一的足球规则，共 14 条，这一天被世界公认为现代足球诞生日。

随着现代足球的发展，足球运动已成为公认的世界第一大运动。这是因为足球运动有着与众不同的特点和多方面的价值。足球运动是一项对抗激烈、富有战斗性的项目，其技术动作多、战术复杂，比赛场地大、时间长、参与人数多，结果具有不确定性。经常从事足球运动能够增加人体肌肉、骨骼力量和强度，并有效地提高身体的血液循环、呼吸系统和神经系统功能，促进人体健康。经常参加足球运动对心理健康也有着积极的作用。通过参加足球运动，可以扩大我们的人际交往圈，结交新的朋友，对我们个人的长远发展都有一定的促进作用。

第一节　足球运动的技术和战术

扫一扫 看一看

一、提高足球技术能力

名人语录

运动太多和太少同样损伤体力，饮食过多和过少同样损害健康，唯有适度可以产生、增进、保持体力和健康。

——亚里士多德

足球技术是指运动员在足球运动中所采用的合理动作的总称，如传球、运球、射门和假动作等。经历了一个多世纪的发展，足球比赛向着攻守速度日益加快、攻守对抗日益激烈的趋势演变。为此，球队要想赢得比赛的胜利，运动员只有熟练地掌握足球技术，才能在比赛中正确合理地处理足球，采取有目的的行动。

作为一个初学者，掌握好正确的足球技术也是非常重要的。就踢球来说，正确合理的动作才能使踢出的球准确有力，为进一步学习难度较大的技术动作打下良好的基础。同时，只有掌握了正确的技术，才能在比赛中打出各种漂亮的战术配合，提高进攻和防守的成功率，并且防止不必要的伤害。

足球运动是一项技术复杂的运动项目。根据场上位置可分为锋卫队员技术和守门员技术，根据有无球的控制可分为有球技术和无球技术，具体分类如下（图 4–1）。

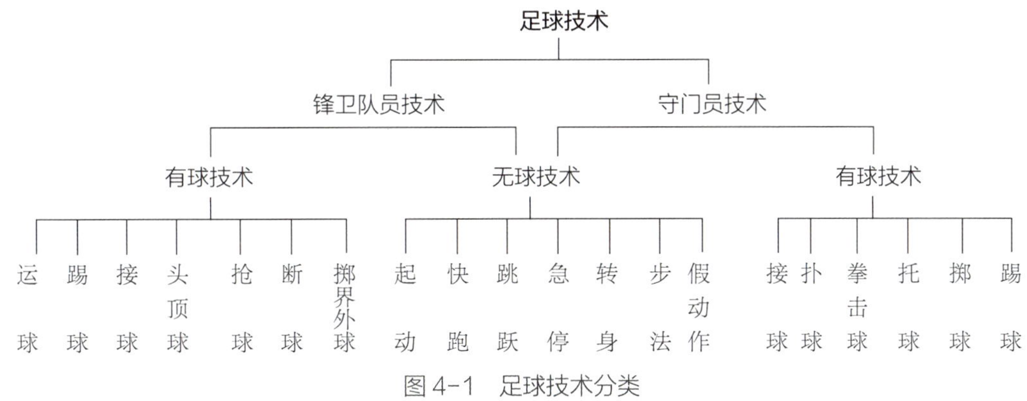

图 4-1　足球技术分类

为了方便初学者学习，我们具体介绍以下最常用的几种有球技术。

（一）传球技术

传球是运动员有目的地用脚的某一部位将球踢到预定目标的技术动作，它是足球运动中最主要、运用最多的技术之一。通常，传球技术的好坏是衡量一个球员足球技能水平高低的标志之一。

1. 动作环节分析

初学者在练习传球技术时，首先要明白传球技术的动作结构和环节，这有利于提高动作的准确性和练习质量。传球脚法很多，动作要领和方法也不尽相同，但无论哪种传球技术，其完整动作按顺序都包括助跑、支撑脚站位、踢球腿的摆动、脚击球和随前动作五个技术环节。

（1）助跑。助跑是传球前的几步跑动。助跑有两个方面的作用：第一，调整人与球之间的相对位置，使传球时有一个理想的支撑点。因为比赛中球大都在运动状态，球可能从任何一个方向过来，这样我们就要调整人和球的相对位置，保证支撑脚选位的合理性和踢球方向的准确性。第二，通过助跑使我们的身体获得一定速度，使传球前获得一定的前移力量，通过力量传递增加摆腿击球的力量。

（2）支撑脚站位。支撑脚站位的主要作用是维持身体平衡，保证摆腿发力动作的顺利完成。一般支撑脚都是踏在球的侧方或后侧方，膝关节微屈。

（3）踢球腿的摆动。踢球腿的摆动是传球的主要力量来源。球的运行速度取决于踢球腿的摆幅和摆速，摆幅大、摆速快，传出的球力量就大，运行速度也快。踢球腿的摆动是以髋关节为轴，大腿带动小腿，小腿加速前摆。

（4）脚击球。脚击球是传球技术的核心，它决定了传出球的性质和形式（地滚球、半高球、高球、旋转等）。不同形式的球，脚和球接触的部位不同，我们应该保证脚和球接触部位的正确性。

（5）随前动作。传球后的随前动作是指脚击球后的一段随球摆动过程。这种随前动作可以对尚未达到最高速度的球进一步加速，同时有助于控制出球方向的稳定性。

2. 常用传球技术动作要领

（1）脚内侧传球（又叫脚弓踢球）。脚内侧传球是足球比赛中运用最多的踢球技术之一，它触球部位比其他部位都大，传出的球准确性较强，比较好控制。它常用于近距离传球及短距离传球配合。

动作要领：传地滚球时，支撑脚踏在球的侧后方，脚与球的距离大概 15cm，膝关节稍弯曲，脚趾指向出球方向；踢球腿膝踝关节外展，脚尖稍翘，由后向前摆动，脚内侧对准足球，当膝关节摆至足球上方时，小腿加速前摆，脚内侧击球的中上部；击球瞬间，脚踝应紧张，脚型固定。传弧线球时小腿摆动时略向内旋转，用脚内侧踢球的侧面。

（2）脚背内侧传球。脚背内侧传球的特点是踢球腿的摆幅大，传出的球力量大、速度快，并且能传出各种高球和弧线球，在比赛中常用于中远距离的传球和罚角球等。

动作要领：45°斜线助跑，支撑脚踏在球的斜后方，脚尖指向出球方向，膝关节微屈，重心略偏向支撑脚方向；支撑脚踏地的同时，踢球腿以髋关节为轴，大腿带动小腿由后向前摆动，膝踝关节稍外展，脚背绷直，脚趾紧扣，脚尖斜指前下方；击球时，脚背内侧击球的后中下部，踢球后，腿顺势向前摆动。在传过顶球时，踢球脚不必过于绷直，踢球的后下部，有下切的动作，踢球后为控制球速脚也可以不往前摆送。脚背内侧传弧线球时，助跑、支撑脚站位与脚背内侧踢球动作相同，只是在击球的瞬间，用脚背内侧击球的侧中下部，踝关节内旋发力，脚尖微向上翘。

（3）脚背正面传球。脚背正面因其踢球腿的摆幅大，摆踢动作顺畅快速，便于发力，常用于远距离传球。

动作要领：选用直线助跑，支撑脚站在球侧，脚尖指向出球方向，膝关节微屈；踢球腿大腿带动小腿由后向前摆动，当膝关节摆至接近球体上方时，小腿加速前摆，脚背绷直，脚趾紧扣，以脚背正面击球的后中部。击球后，踢球腿顺势前摆。

（4）脚背外侧传球。与前几种传球方法相比，脚背外侧传球难度相对较大，不过脚背外侧传球能够充分利用脚踝的灵活性，传出的球具有较强的隐蔽性。

动作要领：脚背外侧传球动作要点跟脚背正面传球基本相同，只是踢球脚的膝关节和脚尖向内转，脚面绷直，脚趾向下扣紧，以脚背外侧部位触球。传弧线球时，支撑脚站在球侧后方，踢球腿成弧线摆击，踢球腿偏后方部位（偏支撑脚一侧），踢球后踢球脚向支撑脚侧斜摆。

（二）射门技术

射门技术是足球运动中最重要的技术之一，因为足球比赛是以进球得分来分胜负的。在比赛中，我们可以用除手之外的任何部位将球打进球门，不过最多的进球手段还是用脚将球射进对方球门。在此，我们主要学习脚背内侧、正脚背（脚背正面）及外脚背（脚背外侧）射门技术。

1. 动作环节分析

射门技术的动作结构和传球的技术动作类似，也是由助跑、支撑脚站位、踢球腿摆动、脚触球和随前动作 5 个环节构成。

2. 常用射门技术动作要领

（1）脚背内侧射门：脚背内侧射门准确度高，能踢出各种弧线球。

动作要领：助跑，最后一步跨步要大，踢球腿自然后摆，支撑腿微屈，踢球一瞬间以大腿带动小腿或以小腿为主快速摆踢，脚跟稍提起。用脚背内侧踢球的中后部，踢球后，踢球腿随球前摆。若踢弧线球，触球时用脚背内侧削踢球的侧面，踢球腿内旋摆腿，使球侧旋转沿弧线飞行。

（2）脚背正面射门：正脚背射门力量大，准确性也较强，常用来进行远距离射门。

动作要领：助跑时最后一步要跨大，支撑脚踏在球旁，微屈膝，脚尖指向球门，踢球腿后摆。踢球时，大腿带动小腿向前摆动，脚尖伸直，用脚背正面击球的中后部，击球后，踢球腿随球向前摆动。

（3）脚背外侧射门：脚背外侧射门具有隐蔽性，常令门将措手不及。

动作要领：踢球时主动迎球，助跑的最后一步要跨大，踢球腿自然后摆，支撑腿微屈。脚尖指向球门，踢球时大腿带动小腿摆动，脚尖伸直，内收，用脚背外侧击球中后部，踢球腿随球摆出。

（三）接球技术

接球技术是指运动员运用身体的有效部位，将运行中的球有目的地接控在所需位置上的动作方法，这是运动员获得球的主要手段。

良好的接球技术对运动员比赛中控球权的获得非常重要，它也是球队进攻战术顺畅的重要因素。接球的方法很多，常用的有脚底、脚内侧、脚背正面、脚背外侧、胸部及头部接球。在比赛中接球时，我们既要观察场上的球员位置，又要注意球的路线。

1. 动作环节与要求

虽然接球的方法多种多样，但无论哪种方法，从其技术动作分析，一个完整的接球动作都包括移动与选择接球方法—触球动作—随球移动三个环节。

接球的一般要求：①及时移动到位，正确判断来球，合理的接球方式。②接球前和接球瞬间，触球部位的肌肉放松，同时做后撤和下压动作，缓和来球力量，把球接到需要的位置。③接球前观察场上情况，将球停在下一个动作需要的位置上，接球后迅速随球移动。

2. 常用接球动作要领

（1）脚内侧接球：脚内侧触球面积大，接球平稳、准确性强、动作简单，比赛中常用于接地滚球、反弹球和空中球。

动作要领：①接地滚球：判断来球的速度和方向，调整身体正对来球，支撑腿膝关节微屈，接球腿提膝大腿外展，脚底与地面平行，脚尖翘起，脚内侧正对来球，触球瞬间，接球部位相应地迎撤或变相接球，将球控在所需位置上。②接反弹球：判断来球落点，迅速移动到位，支撑脚位于来球落点、的侧前方，膝关节微屈，身体重心跟上来球，接球腿提起，脚内侧对准来球与地面形成一定夹角，当球离地反弹瞬间，大腿向停球方向摆动，脚内侧推击球的中上部。③接空中球：判断来球移动到位，支撑脚膝关节微屈，接球腿大腿抬起，小腿放松，脚尖微翘，脚内侧部位对准来球前迎，在触球瞬间后撤缓冲来球力量，将球接在所需位置。如果来球较高，可跳起完成上述动作。

（2）脚背正面接球：脚背正面接球缓冲距离较长，能有效缓解来球力量，比较适合接下落球。

动作要领：判断来球的落点，身体正对来球，接球腿屈膝提起，以脚背正面对球迎出，触球瞬间，接球腿引撤下放，踝关节相应放松，将球接到所需位置。

（3）脚掌接球：脚掌接球是以前脚掌为主，其动作简单易学，接球稳定可靠，多用于接地滚球和反弹球。

动作要领：判断来球路线和落点，选好接球位置，接球腿屈膝提起，脚尖上翘，使脚掌和地面成一定仰角，球临近落地或落地反弹的瞬间，接球腿有控制地下放，用前脚掌部位触压球的后中部，将球控在脚下。采用脚掌接球时，根据接球的目的，通常在脚掌触压球后连带一个拉引或推送的动作，将球接到需要的位置。

（4）脚背外侧接球：脚背外侧接球动作幅度小，比较灵活，具有一定的隐蔽性，常伴随着一些假动作，多用于接地滚球和反弹球。

动作要领：①接地滚球：判断好来球和方向，选好支撑脚的位置。接球腿屈膝提起，踝关节内翻，以脚背外侧对准来球，触球的瞬间用脚背外侧推拨球的相应位置，我们可以运用假动作和合理的转体将球控在所需位置。②接反弹球：判断好来球落点，接球脚膝关节微曲提起，接球小腿与地面形成一定夹角，球在落地反弹的瞬间，以膝关节领先用脚背外侧做扣压动作，触球的中上部，将球控制在需要的位置。

（5）胸部接球：胸部接球触球点高、面积大、缓冲好，适用于接胸部以上的高空球。胸部接球包括挺胸式接球和缩胸式接球两种方法。

动作要领：①挺胸式接球：判断球的落点，选择适当的接球位置。接球时，身体正对来球，两腿自然张开，膝部微屈，两臂自然张开放在体侧，上体稍后仰。触球瞬间，胸部主动挺送，使球触胸后向前上方弹起落于体前。②缩胸式接球：适用于接齐胸的平直球。接球时两脚站立，两臂微屈张开。当胸触球时，迅速收腹缩胸，缓冲来球力量，同时臂部后移或加以转体，将球停在所需位置。

（6）大腿接球：主要是用大腿的股四头肌群，因其接触面积大且缓冲力较好，常用于接一定弧度的高球和一些低平球。

动作要领：①接下落高球：面对来球方向，选好支撑脚位置。接球腿大腿抬起，以大腿股四头肌群迎球的底部，当大腿接触球的瞬间，积极引撤下放，将球停于体前。②接低平球：面对来球方向，接球腿大腿微抬，以大腿中段迎球中下部，当大腿接触球的瞬间，大腿肌肉放松后撤，顺势下落小腿将球停在需要位置。

（7）头部接球：头部接球是用头部的前额接落点高于胸部的高球。

动作要领：选择好接球位置，面对来球，两脚自然开立，脚跟提起，下额微抬，用头部前额接球中下部，触球瞬间，稍屈膝下蹲，颈部略放松，缓冲来球力量，将球停在所需位置。

（四）运球和运球过人技术

在足球比赛中，除了精彩的传球和射门得分之外，漂亮的个人运球也能得到球迷的热烈掌声。在比赛中，运球和运球过人是运动员个人控制能力和个人进攻能力的集中体现，熟练掌握和运用运球及运球过人技术对调控比赛节奏、丰富战术、突破密集防守、创造射门得分都有积极的作用。

1. 运球

运球是指运动员在跑动中为将球控制在自身的范围内，有目的地用脚连续推拨球的动作。

（1）动作分析：运球的种类很多，有脚背正面、脚背外侧、脚背内侧和脚内侧运球等。运球技术包括跑动和触球两个要素。完成一个完整的运球动作都要经历以下三个阶段。①支撑脚的踏地蹬送：这一阶段是推动人体重心前移，维持身体平衡，保证运球脚顺利完成触球动作。②运球脚前摆触球：在支撑脚蹬送的同时，运球脚前摆触球给球以推力。③运球脚踏地支撑：运球脚触球后落地支撑，并随之过渡到蹬送动作，以保证重心移动的连续性。

（2）动作要领。①脚背外侧运球：直线运球时，跑动时身体自然放松，步幅要小，上体稍前倾。运球脚屈膝，脚跟提起，踝关节内旋，脚趾内斜下指，用脚背外侧推送球的中后部，重心随球跟进。变相运球时，应根据变向角度的大小，调整支撑脚的位置、运球脚触球的部位和用力方向，保证蹬摆用力与推拨触球动作的协调一致。在比赛中，脚背外侧运球多用于直线超越对手或改变方向时使用。②脚背正面运球：运球时，上体前倾，步幅稍大，运球脚跟提起，膝关节弯曲，脚尖向下，以脚背正面推拨球前进。比赛中多在纵深距离较长的情况下使用。③脚背内侧运球：跑动时身体自然放松，上体前倾稍向运球方向转动，运球脚提起时，膝关节稍弯曲，脚跟提起，踝关节外展，脚尖斜下指，用脚背内侧部位推拨球前进。在比赛中，大多用于改变方向和护球情况下使用。④脚内侧运球：运球时，支撑脚向前跨出一步，落在球的侧前方，膝关节微屈，重心落在支撑脚上，上体向带球方向前倾，用运球脚内侧推拨球的后中部。在比赛中，主要用于身体护球。

2. 运球过人

运球过人是在运球的基础上，根据防守队员位置情况和重心变化，利用速度、方向和假动作等方法，突破对手防守的技术。运球过人从动作分析上包括逼近调动阶段—运球超越阶段—跟进保护阶段。

（1）技术方法。运球过人技术方法很多，但都是利用运球者的变速或变向，下面介绍几种典型的运球过人方法。①强行突破：指以突然推球或快速启动相结合的动作超越对手的过人方法。②运球假动作突破：运球队员利用腿部、上体等部位的晃动，或者佯装传球和射门动作迷惑对手，使防守队员产生错误判断，从而乘机运球突破。③快速拉、扣、拨球突破：以单双脚快速拉、扣、拨球，不断变换方向，使对手很难判断球的运行线路。当对手露出空当时快速运球突破。④变速运球过人：在运球过程中，利用运球速度的变化，达到摆脱对手的目的。

（2）基本动作。①拨球：拨球是用脚踝的动作，以脚背内侧或外侧触球，使球向侧方或前侧方滚动。②扣球：扣球是运动员突然转身和脚踝急转扣压动作，以脚背内侧或脚背外侧触球，使球向侧方停下或改变方向的动作。③拉球：拉球是指用脚掌将球向前、向后或向左、向右做拖拉动作。④挑球：一般用脚背部位与脚尖翘起上挑的动作使球向上改变方向，球从对手身侧或头部越过。

（五）头顶球技术

头顶球技术是指运动员有目的地用前额将球击向预定目标的动作方法。头顶球击球位置高是比赛中争取时间和空间的主要技术手段。头顶球在传球、射门、解围和抢断方面都发挥着至关重要的作用。

1. 动作分析

（1）判断选位：运动员首先要判断来球的路线、速度和落点，并据此进行相应的移动站位，使自己处于最佳的位置。

（2）蹬地与摆动：蹬地是在跳起顶球时，利用下蹬反作用力，起跳腾空，使身体达到顶球位置。摆动是顶球的主要力量来源。摆动的效果主要取决于腰腹部肌肉的力量与协调性。

（3）头触球：头触球主要保证顶击球的效果，常用前额正面和前额侧面触球。

2. 动作要领

（1）前额正面顶球：原地顶球时，正对来球，两腿自然开立，两臂自然张开，上体后仰，当球运行到头前上方时，蹬地收腹，颈部绷直，用前额顶球的后中部。

跳起顶球时，起跳脚积极蹬地发力，手臂向上提摆。跳起后，挺胸展腹，形成背弓，跳至最高点时，收腹摆体，下颌收紧，前额积极迎球顶送，顶球后屈膝缓冲落地。

（2）前额侧面顶球：原地顶球时，身体稍侧对来球，两脚开立同肩宽，击球一侧的支撑腿在前，身体稍向侧后微屈，重心落在后腿上，两臂自然张开，眼睛注视来球。顶球时，后脚向击球方向蹬伸，身体随之向出球方向转动侧摆，同时颈部发力，用额侧部将球击出。

跳起顶球时，类似额正面的跳顶，只是在起跳上升阶段，上体迎向出球的相反方向侧屈转体。跳至最高点时，上体向出球一侧加速转动，摆体侧甩，用前额侧面将球顶出。

（六）抢断球技术

名人语录

“上帝之手”是指马拉多纳 1986 年 6 月 22 日在墨西哥城阿兹台克体育场进行的 1986 年世界杯足球赛四强决赛中，在阿根廷对英格兰的比赛中用手攻入的进球。由于赛前不久才爆发过英阿马岛战争，两国的关系在当时处于非常紧张的状态。因此这个入球在当时造成了大规模的争议，亦成为足球史上最著名的进球之一。赛后记者采访马拉多纳该进球是否是手球时，马拉多纳妙答，称该进球为“上帝之手”。

抢断球技术用于防守中，是指运动员用身体的合理部位，把对手控制的球或对方运、传、射的球抢下、截住或破坏掉的技术动作。现在足球比赛攻防节奏变快，拥有良好的抢断球技术也是一个队员和球队提高比赛竞技能力的综合要求。比赛中常用的抢断球技术包括正面抢截、侧面抢截和侧后抢截等。

1. 动作分析

抢断球技术包括抢球和断球两个不同的技术动作，从技术动作过程分析，包括判断选位—上步抢断—衔接动作。

（1）判断选位：抢球时要根据控球对手和你的距离及他的意图来选取合理的防守位置。一般站位在对手与本方球门线中点的连线上。当对手背对球门时，防守队员可以选择近身逼抢，若对手面对进攻方则应选择“守内放外”的站位原则。

（2）上步抢断：包含抢断时机和抢断动作。抢断时机一般出现在球飞行距离较长，对手注意力在上空的时候，或者是对手刚触球，球暂时失去控制，这时要抢先伸脚将球抢断。抢断动作有很多，在做抢断动作时都应突然、迅猛、准确，让对手出乎意料和反应不及。

（3）衔接动作：除了危机情况下我们将球破坏掉外，多数情况还是要获得对球的控制。所以在抢断后要马上做衔接动作，重心快速向球的方向移动，保证对球权的控制，将球做下一步处理。

2. 动作要领

（1）正面跨步抢球：两脚前后站立，重心下降，两膝微屈，面对对手。在对手运球脚触球即将着地或刚着地时支撑脚用力后蹬，抢球脚以脚内侧对着球跨出，上体前倾，身体重心移至抢球脚上，另一只脚立即前跨。离球稍远抢不到的球可用脚尖进行捅抢。

（2）正面倒地铲球：两脚前后开立，重心下降，两膝弯曲，面向对手。在对手运球脚触球即将着地或刚着地时，一脚立即用力后蹬，另一只脚沿地面向前滑铲，同时上体侧转后仰倒地，接着蹬地脚迅速沿地面成弧形扫踢球，屈肘用手扶地。

（3）侧面合理冲撞抢球：当与对手并肩跑动时，身体重心稍下降，同对手接触一侧的臂贴着自己身体。当对手靠近自己一侧的脚离地时，用肘关节以上部位冲撞对手相应部位，使其失去平衡将球抢断。

（4）侧面倒地铲球：当用同侧脚铲球时，抢球者异侧脚（后脚）用力后蹬成跨步，同侧脚（前脚）以脚外侧沿地面向前外侧滑出，用脚背或脚尖将球踢出，然后小腿、大腿和臀部依次着地。当用异侧脚铲球时，抢球者同侧脚（后脚）用力蹬地成跨步，异侧脚（前脚）以脚外侧沿地面向前内侧滑出，用脚底蹬球，然后小腿、大腿和臀部依次着地。

（5）侧后抢球：侧后抢球多是防守队员在对手身后回追反抢的技术。因为位置上处于劣势。因此要靠铲抢动作争取主动，铲球动作类似侧面倒地铲球，只是特别要注意铲球的时机，不能造成先铲到人犯规。

3. 断球技术

断球通常是在对方队员之间传球时采用的一种断截球技术，其并无身体上的接触。比赛中，断球动作主要有踢断、顶断、铲断和接断等。如果需要将球进行破坏或直接传给同伴的断球，就采用踢断、顶断和铲断动作来完成。如果需要自己将球控制住，往往采用接断技术（同接球技术）。防守队员要根据比赛中场上情况进行判断选择。

绝活儿

无影脚

效力于罗马队的巴西人罗德里戈·塔代伊拥有充足的场上经验，还有个技惊四座的花招——无影脚。塔代伊技术娴熟，身体协调性出众，喜欢做一些杂耍动作。特别是运球过人时，“踩单车”式假动作速率快、动作逼真，令对手难以分辨，堪称“无影脚”。

二、提高足球战术能力

战术是足球比赛的重要组成部分，是球员基本技术与足球意识的综合体现。战术安排是否得当是影响比赛结果的重要因素。在此，我们主要学习比赛中常用阵型和一些进攻防守原则。

（一）比赛常用阵型

比赛阵型是指场上队员的位置排列、攻防力量搭配和职责分工的表现形式。阵型的序列一般是从后卫排向前锋，守门员的人数不计算在内。如“四四二”阵型指的是四名后卫、四名中场和两名前锋。

流动的术语

当守方采用“制造越位”战术，后卫线集体向前压出时，攻方传球队员突然把球传向异侧，由埋伏在第二线的队员突然插上控球突破，威胁球门，使对手猝不及防，称为“反越位战术”。

1. “四三三”阵型

“四三三”阵型是 4 名后卫队员、3 名中场队员、3 名前锋队员。该阵型的特点是攻守相对平衡，攻防机动性较大，前、中、后 3 个区域的人员比较均衡。

2. “四四二”阵型

该阵型指 4 名后卫队员、4 名中场队员和 2 名前锋队员。该阵型的主要特点是防守优势更加明显，加强了中后场的防守，中场的防守更加坚固，减少了后场的防守压力。进攻灵活，边后卫助攻更为犀利，快速反击也更加锐利。

3. “四五一”阵型

该阵型指 4 名后卫队员、5 名中场队员和 1 名前锋队员。该阵型由“四四二”阵型变化而来。边后卫与中卫的职责和打法采用区域与盯人相结合的混合防守体系。双中卫主防对手两名中锋，中锋拉边或回撤分别由边后卫和前卫看守，两名边后卫固守边路。

（二）进攻战术

1. 局部进攻战术

局部进攻战术是指进攻中两个或几个队员之间的配合方法。它是集体配合的基础。局部进攻战术的基本配合形式有：传切配合、交叉掩护配合和二过一配合。

（1）传切配合。是指控球队员将球传给切入的进攻队员的配合方法，是局部进攻战术中运用最多的方法。传切配合的形式有局部传切配合和转移长传切入。①局部传切配合：按传球路线可分为直传斜切和斜传直切。②转移长传切入：一侧进攻受阻，长传转移到另一侧，切入队员得球后展开进攻。

（2）交叉掩护配合：指在局部地区两名进攻队员在运球交叉换位时，以自己的身体掩护同伴越过防守队员的配合方法。

（3）二过一配合：是指局部地区两名进攻队员通过两次连续传球配合，越过一名防守队员的配合方法。根据传球和跑位的路线，二过一配合的形式有：斜传直插二过一、直传斜插二过一、斜传斜插二过一。①斜传直插二过一：当防守队员身后有一定空当，防守队员距插入队员较近时，采用此种配合效果好。②直传斜插二过一：当防守队员身后有较大空当或防守队员移向接应队员时，采用此配合效果好。③斜传斜插二过一（撞墙式二过一）：当防守队员身后空隙较小或采用连续二过一时，采用此种二过一配合效果好。

2. 整体进攻战术

整体进攻战术是指为了完成进攻战术任务所采用的全局性的配合方法。依据进攻区域，整体进攻可分为边路进攻、中路进攻和转移进攻。

（1）边路进攻：一般是围绕边锋进行的配合方法。因此，要求边锋速度要快，个人突破能力要强，传中技术好。边路进攻时，获球队员将球传给边锋或其他边路上的队员，经过局部配合和突破后，一般采用下底传中和回扣传中的方式将球传到中央，由其他队友包抄射门。

通过各种配合和运球突破对方防线，创造传中或切入射门的机会，通常采用的方法有：①边锋或跑到边路上的队员运球突破下底传中或带球切入中路。②边路上的队员经过局部的战术配合及个人突破再下底传中域切入中路。

（2）中路进攻：通常是指进攻发生在前场中间区域的配合。中路进攻一般来说比边路进攻更具威胁。中路进攻的方式多种多样，一般有：①运球中远距离射门，或利用自己的突破技术突破对方防线后射门。②中路防守人员密集，在对方人缝中利用二过一配合或传切配合突破防守并射门。③进攻队员利用斜线运球交叉换位，掩护同伴突破防守并射门。④中锋回撤将对方中卫拉出来再反切接球突破射门。⑤横扯插上配合，由中锋跑位扯动，拉开防守队员，制造第二空当，其他队员突然插上射门。

（3）转移进攻：是指由一个区域转移向另一个区域的进攻配合。一般由中路进攻受阻时转移到边路组织进攻，或边路进攻受阻时转移到中路组织进攻，或一侧边路转移到另一侧边路的进攻。转移进攻可以充分利用场地的宽度制造空当，从而成功地突破对方防线。转移进攻的要求有：①进攻受阻的标志是防守局部人数明显超过进攻局部人数，而且防守能力较强，此时应及时转移进攻方向。②队员视野要广，把握好转移时机。③转移进攻最好有组织者，进攻受阻时及时把球传给组织者。

（三）防守战术

1. 局部防守战术

局部防守战术是指两个或两个以上防守队员之间的配合方法。其基本形式有保护、补位和围抢。

（1）保护：指同伴逼抢持球队员时，自己选择有利的位置保护同伴，防止对手突破。在防守中，防守队员必须相互保护，要根据球在场区的位置和当时的攻防局面来选择保护的距离和角度。如对方有策应队员，保护队员也应对策应队员施加防守压力。防守时保护的要求有：①当控球队员被同伴逼向外线，内线也被同伴封堵时，应该撤到同伴的斜后方进行保护。②如果不能判断控球队员被逼向内线还是外线时，保护队员应选择与紧逼队员呈 45° 的有利位置站住。③保护队员还要通过语言指挥同伴抢截和选位，同时让同伴知道自己的保护位置，使防守配合更加协调有效。

（2）补位：指防守队员弥补同伴在防守中出现的漏洞时所采取的互相协助的战术配合。补位的形式有：①当前卫或后卫队员插上进攻退守不及时，临近队员应暂时弥补他的空位，以防对方利用这一空当进行快速反击。②当同伴被突破后，保护队员要及时补位防守。被突破的队友应及时回追或后撤选择适当位置转化为保护队员。③守门员出击时后卫队员要及时回撤到球门线附近，弥补守门员的位置，防止守门员出击失误。

（3）围抢：指两个以上的防守队员从多方位夹击对方持球队员，把球权夺回来或破坏掉的战术配合。围抢的要求有：①在围抢的局部地点防守人数要占优势，而且距离要近。②一般应在边、角球区，对方身体方向和观察角度较差时或在守方门前接球、运球、射门时，坚决展开围抢。

2. 整体防守战术

整体防守战术是指全队采取的防守战术方法。整体防守战术主要有人盯人防守、区域防守和混合防守。

（1）人盯人防守：是指进攻队员跑到哪个位置，防守队员就盯防到哪个位置。盯人防守分为全场盯人和半场盯人。这种防守方式是人盯人，分工明确，但体力消耗大，一旦突破，很难补位，使整个防线出现很大漏洞。

（2）区域防守：在防守时，根据场上位置的分布，每个防守队员负责防守一定的区域。当对方球员进入本防区时，就负责盯防，离开这个区域就不再跟踪盯防。这种战术较为省力，但是区域盯人防守要特别注意各区域间交界处的防守，因为这些交界处常常由于防守职责不明确而给进攻者带来可乘之机。

（3）混合防守：指人盯人防守和区域防守相结合的防守方法。此防守战术是目前比赛中普遍采用的一种防守战术。在防守时，通常是选择体力好、个人作战能力强的队员以人盯人的方式防守对方的核心球员，其他队员采用区域防守的方法。

足球运动之所以被称为世界第一大运动，主要是因为参与足球运动乐趣不断，有很强的吸引力。足球运动对技战术运用能力要求较高，这就要求足球运动参与者具备更好的身体素质。跑动是参与比赛的基本竞技能力，它是速度、力量、柔韧、灵敏、协调性等综合素质的集中表现。长期坚持参与足球运动，可以改善参与者的心肺功能，维持身体机能，身心愉悦的同时促进身体健康，是很好的健身项目。

第二节　足球比赛与游戏

扫一扫 看一看

一、足球比赛规则

（一）场地

足球比赛场地应为长方形，其长度不得多于120m或少于90m，而宽度不得多于90m或少于45m，国际足球比赛标准场地为105m×70m，无论在任何情况下，长度都必须超过宽度。比赛场地应按照平面图画出清晰的线条，线宽不得超过12cm。

场地中较长的两条线叫作边线，较短的线被称为球门线。场地中间画一条横穿球场的线，这条贯穿整个球场宽度的线称为中线。场地中央应当作一个明显的标记，并以此点为圆心，以9.15m为半径，画一个圆圈叫中圈，中圈一般用于上下半场时开球所用。场地四个角上应各竖一面不低于1.5m高的平顶旗杆，上系小旗一面，以旗杆为圆心，以1m为半径向场内画 1/4 圆，这个区域叫角球区。在比赛场地两端距球门柱内侧 5.5m 处的球门线上，向场内各画一条长 5.5m 与球门线垂直的线，一端与球门线相接，另一端画一条连接线与球门线平行，这三条线与球门线范围内的地区叫球门区。在比赛场地两端距球门柱内侧 16.5m 处的球门线上，这三条线与球门线范围内的地区叫罚球区，在两球门线中点垂直向场内量 11m 处各做一个清晰的标记，叫罚球点。以罚球点为圆心，以 9.15m 为半径，在罚球区外画一段弧线叫罚球弧。球门应设在每条球门线的中央，由两根相距 7.32m、与西面角旗点相等距离、直立门柱与一根下沿离地面 2.44m 的水平横木连接组成，为确保安全，无论是固定球口或可移动球门都必须稳定地固定在场地上。门柱及横木的宽度与厚度，均应对称相等，不得超过 12cm。球网附加在球门后面的门柱及横木和地上。球网应适当撑起，使守门员有充分活动的空间。（图 4–2）

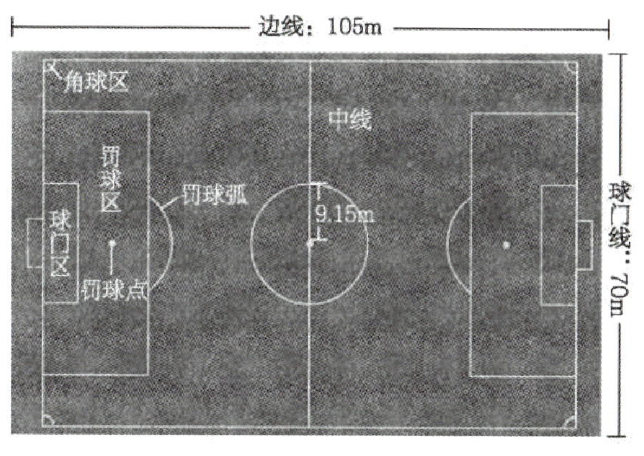

图 4–2　足球场

（二）用球

比赛用球应为圆形，它的外壳应用皮革或其他许可的材料制成，在它的结构中不得使用可能伤害运动员的材料。

球的圆周不得多于 71 cm 或少于 68cm。球的重量在比赛开始时不得多于 453g 或少于 396g。充气后其压力应相等于 0.6~1.1 个大气压力（海平面上），即相等于 600~1100g/cm。在比赛进行时，未经裁判员许可，不得更换比赛用球。

（三）人数和队员装备

在十一人制足球比赛中，上场比赛的两个队每队队员不得超过 11 人，且每队必须有一名守门员。根据比赛的不同，场地允许多名队员在经裁判员同意后，在比赛暂停时，替补上场，正式比赛中提补上场的人数为 3 人。在足球比赛中，上场比赛的运动员有几样装备是必备的，分别是：球衣、球裤、足球腿袜、护腿板、足球鞋，而守门员的服装颜色必须有别于其他上场的队员和裁判员。

（四）计胜方法

在足球比赛中，如果球的整体从门柱间及横木下越过球门线，而并非攻方队员用手掷入、带入或故意用手或臂推入球门（守门员在本方罚球区内除外），均为攻方胜一球。在比赛中，胜球较多的一队为得胜队，如双方均未胜球或胜球数目相等，则这场比赛应为“平局”。

二、足球比赛战术

（一）阵型

足球比赛战术就是比赛中为了战胜对手，根据主客观实际所采取的个人和集体配合的手段的综合表现。阵型是足球战术中最简单的一种表现形式，是指比赛场上队员的位置排列、攻守力量搭配和职责分工的形式。

早期的比赛阵型出现在 20 世纪初期，当时足球战术相对比较混乱，有人还盲目崇信 9 个前锋的打法，而另外的一批新兴力量则通过不断探索和实践将前场的 9 个前锋不断减少。到 1900 年，英格兰布利队率先奠定了“2–3–5”打法的成功（图 4–3）。他们让前锋里乍得斯、麦克鲁基和普兰特由始至终站在对方的禁区，迫使对方的前锋不得不兼顾防守，导致他们不敢贸然出击。在布利队的三个前锋的后面又有伍德和萨加两个影子前锋，他们恰恰弥补了以前阵型上的脱节，牢牢卡住对手的要害位置，迫使对手被动挨打。在中场则有佩亚、里明和罗斯，别看只有三个前卫，由于对方的前锋攻击体系被本方的阵型给破坏了，他们就像是最后一道关卡，对手根本无法突破他们就已经被拦截了。而达罗科和戴维德森及守门员托普森的后防线几乎无事可做，偶尔遇到点威胁，也可以轻松解决。这套阵容在当时经过了很多的争议和辩论后终于成功了，布利队凭借这一打法取得了当年的英国足总杯冠军。

图 4-3　2-3-5 阵型

而后“4-3-3”打法进入我们的视野。巴西队在1962 年夺取世界杯后沿用了“4-3-3”打法一直到 20 世纪 70 年代，并且通过夺取当年的冠军征明了“M-3-3”打法的多变和快速。欧洲人普遍尊重防守理论，虽然“4-3-3”已经完善了防守，但“4-3-2”又导致欧洲更多俱乐部相信防守中的反击才能创造胜利（图 4-4）。在当时的欧洲，荷兰人是为数不多的没有按照欧洲大陆思维的球队，他们坚信进攻是最好的防守这一道理，当时阿贾克斯队的教练科瓦克斯以阿贾克斯队的年轻为优势，利用他们充沛的体能为基础，根据“4-3-3”的模式打出了全攻全守的足球。这个战术到了米切尔斯后更为明显。米切尔斯坚持自己的论点，那就是球场上没有固定的职位，每个球员没有真正形式上的分工，他要求队员从跑动中创造机会，并且要求后卫也敢于进球和插上。他们表演了积极进攻的总体打法，轰动了国际足坛。这个打法后来被看成了进攻则全队集体向前压，防守则集体后撤，从前场就开展拦截的全攻全守。没有位置的约束，除了守门员，每个队员都有三个职责：防守、组织和进攻。这个基本理论必须建立在拥有 11 个全能队员的强大体能和技术素质的基础上，而米切尔斯就是如此锻炼当时的荷兰国家队的。全攻全守足球确实掀起波澜，克鲁伊夫是其中的佼佼者，他们流畅的传接穿插常常让对方不知所措，荷兰队的队员不仅仅擅长阅读球赛，更是多才多艺。

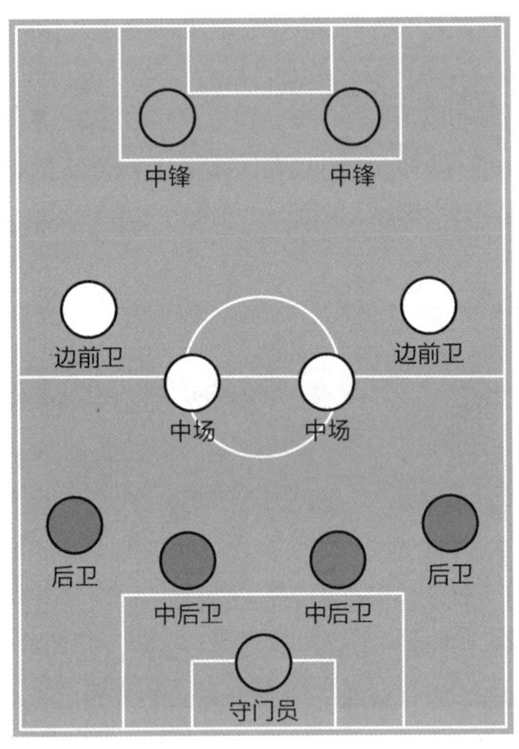

图 4-4　4-4-2 阵型

随着 20 世纪 90 年代的到来，对足球战术的研究到了极限，许多战术的微小改动都被认为是一次成功。萨基的攻势足球结合了明星战术和荷兰全攻全守战术及意大利本土“混凝土”防守战术及自由人战术，多种组合才造就了AC米兰夺取了当时的冠军。萨基没有什么真正的创造，但他总结的经验说明了足球的战术已经不可能是单一的一种手段，要想取得胜利，必须结合更多的战术。所以当时的AC米兰队能够看到 20 世纪 60 年代的“4-3-3”打法、“1-3-3-3”打法、“4-4-2”打法和 70 年代的全攻全守打法。而真正带来新思维突破的是卡佩罗。卡佩罗在接手AC米兰队后已经发现了当时俱乐部的强悍基础，不费吹灰之力地率领俱乐部称霸当时的欧洲。“荷兰三剑客”离开俱乐部后，他研究出了新的战术“4-3-2-1”，两个突前前卫有着影子前锋的作用，有人根据其形状酷似“圣诞树”而称其为“圣诞树”阵型（图4-5）。这个阵型的特色在于在后防线有巴雷西率领后，必须具有一名优秀的拖后组织者为‘球队大脑’，既能够和巴雷西协助防守，还能够参与全队的进攻。卡佩罗是防守方面的专家，他挖掘出了里杰卡尔德、德塞利和阿尔贝蒂尼这样的中场大师。而在前场，更有巴乔和萨维切维奇的组合及维阿在前锋线的鹤立鸡群。这个阵型保证了AC米兰队当时的后防线虽然整体年龄结构偏大，但仍然取得了冠军。到卡佩罗去了皇家马德里后，他又让“4-3-2-1”战术帮助马德里人战胜了垄断西班牙足坛的巴塞罗那队，其特点也是以耶罗、雷东多为主心骨。卡佩罗同时也奠定了“1：0”哲学的使用主义，在充满商业色彩的欧洲职业联赛里，这确实是非常实际的指导方针。

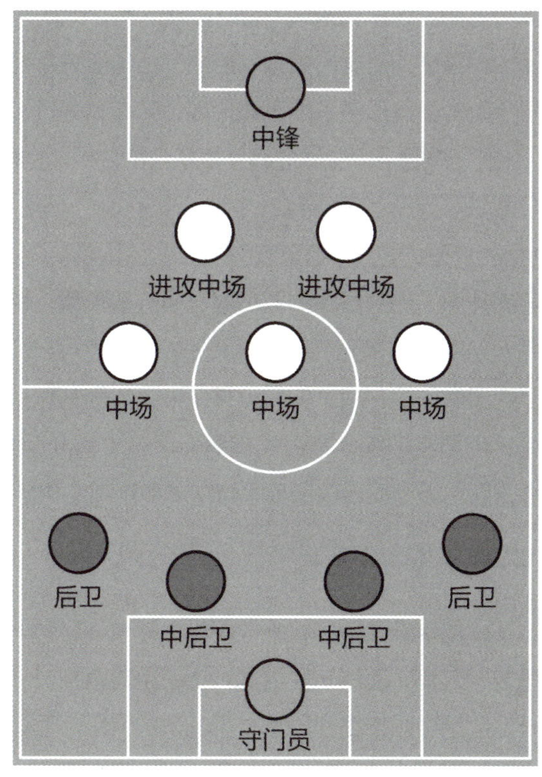

图4-5 4-3-2-1阵型

足球的战术改革仍然在继续，进入21世纪，真正意义上的大变动已经不再有可能出现了。场上能够自由调动的只有10个球员，而这10个球员的布局无非就是为了取得最后的胜利，所以将来的足球发展会朝着更加实用的战术前进。届时的足球将会拼抢更激烈，攻防转换更快速多变，而真正取得胜利的战术一定要把握防守的重点。

还有一些阵型在过去足球历史发展轨迹中有着不可磨灭的作用，比如阿森纳主教练查普曼于20世纪20年代中期创造的“WM”阵型（图4-6）。

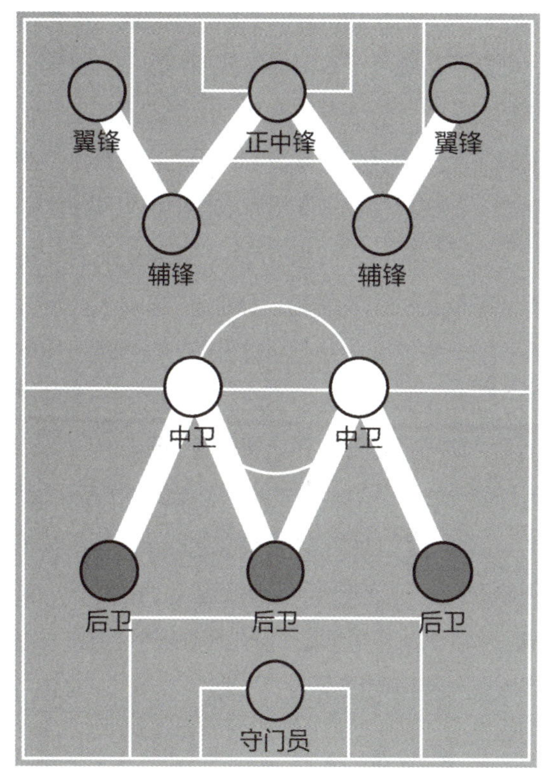

图4-6 “WM”阵型

（二）防守战术

足球比赛的获胜规则是将球攻进对方球门，而又不让球进入本方球门，攻入对方球门多者为比赛的获胜队伍。围绕这一目标的实现，两支同场竞技的比赛队伍也就成了一对鲜明的矛盾体。随着控球权的不断改变，两方交替在比赛中扮演攻、守角色，攻的目的是力求得分，守则争夺控球校从而赢得比赛的主动。在现代足球高速发展的今天，任何一支队伍为了在比赛中获得胜利总是先力求自己城口不失，在巩固自己防守的基础上寻求对方的破绽。因此在重大的足球比赛中，各个参赛队伍在强调进攻的同时更加注重自己的防守。现代足球比赛是运动员在特定的时间与空间范围内，受特定规则的制约，攻守双方围绕以争夺控球权为焦点、，以射门得分为目标，运用各冲攻防战术和全队集体配合的战术思维，展开对时间、空间的争夺和技能、体能、心理与智能等全方位的较量，力争控制攻防转换的主动权从而获得更多的射门机会，得分取胜。

在世界高水平的比赛中，为了能在比赛中获得对球的控制权，各个世界强队都加强了对防守的重视程度，把防守放在与进攻同样重要的位置上。正是由于这样的发展趋势，使得防守队员的能力不断加强，防守区域不断增大，防守队员之间相互补位意识不断合理完善，这样给予进攻队员完成各项技术动作的时间也随之越来越短、空间越来越小。根据最近几年重大赛事冠军队伍的比较可知，取胜建立在稳固防守的前提下，防守能力强的队伍比进攻能力强的队伍更多地获得了比赛的最终胜利。由此可见，防守支配着比赛的节奏，防守对足球比赛结果起着重要作用。综观现代足球防守技术、战术的发展，随着运动员身体素质、技术、战术、智力及心理素质水平的不断提高和规则的不断完善，防守经历了原始站立、消极防守、积极防守三个阶段，到目前，世界强队的防守更是已经进入了攻击性防守阶段。

（三）进攻战术

在足球比赛中，如果说防守是一个球队获胜的根本保证，那么进攻就是该球队获胜的关键所在。足球发展到今天，比赛更加的激烈，对抗也随之增强，场面也是瞬息万变，进攻与防守的转换亦更加频繁，平均每分钟就有 1.4 次。哪个球队在比赛中能更好地处理防守与进攻的关系，就能把握住全局的主动权，为胜利奠定基础。

从许多足球队的训练比赛中我们可以发现，教练都在顺应现代足球发展的趋势，全队要保持创造精神，打破传统足球观念。控制球，为便于找球必须紧缩活动区域，各条线在不断变化中要封严、封紧，也就是全攻全守战术中的全守。控制球后进攻手段要尽可能多变化，后卫中场前锋都要参与进攻；无论球运行到哪个位置，不同位置的球员都要完成进攻的职责，这正是这种风格最显着、精髓之处。队员间频繁换位是全面型足球的最重要内容。一支经验丰富的球队，应当控制比赛节奏，掌握何时需要加快或放慢，使全队成为一个整体，犹如一台机器，相互协调、有条不紊，进攻时整体给予对手压力、多点进攻，防守时全部回防、增加防守层次、缩小对方传球空间。全攻全守的进攻战术是美好的、引人入胜的，然而也是难以掌握的。因此在训练中需要做好以下几方面的准备工作：①心理方面——寻找有高度责任感和牺牲精神的队员，并培养队员遵守足球普遍规律，这是该打法的灵魂。全攻全守要求队员全力以赴，任何队员的松散都会给全队带来不堪设想的后果。②技术方面——阵容要均衡，队员技术全面，在场上任何位置都能承担其职责。③身体素质——队员速度快、耐力好，充沛的体力才能确保队员积极插上进攻和在各条线上有效完成任务。④战术方面——队伍要富有经验、成熟，有深厚的足球理论基础，真正理解全攻全守战术思想。对队员来说：围绕持球队员，跑动应尽量保持相互间的三角形关系，当旧的三角形关系被打破后，新的三角形关系要迅速形成，这样就保持了接应、传球的角度，产生随时有多点接应的效果。目前，许多教练、球队都在寻找一个最有效的攻、守战术，而全攻全守战术才是最有效的打法。上面谈到了全攻全守的特点，即队员跑动要积极、换位要频繁，特别是后卫队员助攻隐藏性强，通过这样形成多点进攻。在我们了解了这一战术的特点并做好几方面的准备工作后，还要在训练中通过长期磨合、吸收有利因素、结合球队特点组织合理的战术打法才能走向成功。

（四）裁判员

在一场足球比赛中，不仅仅包括球员，还有一名更重要的人物，那就是足球裁判员。足球裁判员从比赛开始到结束，始终对场上发生的情况保持合理有序的控制，正确引导比赛正常有序地进行是衡量一名优秀裁判员最重要的标准。

在现代足球比赛中，足球裁判员的职责包含以下几方面：①执行竞赛规程；②与助理裁判员及当有第四官员时，和他们一起控制比赛；③确保用球符合规定；④确保队员装备符合规定；⑤记录比赛时间和比赛成绩；⑥因违反规则停止、推迟或终止比赛；⑦因外界干扰停止、推迟或终止比赛；⑧如果他认为队员受伤严重，则停止比赛，并确保将其移出比赛场地；⑨如果他认为队员只受轻伤，则允许比赛继续进行直到成死球；⑩确保队员因受伤流血时离开比赛场地，该队员经护理流血停止，在得到裁判员信号后方可重回场地；⑪当一个队被犯规而根据“有利”条款能获利时，则允许比赛继续进行。如果预期的“有利”在那一时刻没有接着发生，则判罚最初的犯规；⑫当队员同时出现一冲以上的犯规时，则对较严重的犯规进行处罚；⑬裁判员不必立即向可以被警告和罚令出场的队员进行处罚，但当比赛成死球时必须这样做；⑭向对自己行为不负责任的球队官员进行处分，并可酌情将其驱逐出比赛场地及其周围地区；⑮对于自己未看到的情况，可根据助理裁判员的意见进行判罚；⑯确保未经批准的人员不得进入比赛场地；⑰比赛停止后重新开始比赛；⑱将在赛前、赛中或赛后向队员和球队官员进行的纪律处分及其他事件的情况用比赛报告提交有关部门；⑲裁判员根据与比赛相关的事实所做出的决定是最终的；⑳只有在比赛未重新开始前，裁判员可以根据自己的判断或助理裁判员的意见而改变确实不正确的决定。

在当今足球比赛中，有些裁判员的名字众所周知，如意大利著名光头裁判员科里纳。

三、足球游戏

网式足球最早起源于巴西，用于队内娱乐和训练。网式足球把队员分为两队，站在一个长方形场地的两边中间隔着一定高度的网，规则类似排球。网式足球最早出现在中国，由前中国国家男子足球队主教练米卢蒂诺维引入，他在训练中巧妙且合理地安排网式足球，不仅缓解了训练的枯燥，而且也为足球队带来了新的活力，为中国男子足球队第一次出现在世界杯赛场上奠定了精神基础。

赛事时刻

世界性足球比赛主要有奥林匹克运动会足球赛和世界杯足球赛。世界杯足球赛是最引人注目的，也是技术水平最高、争夺最激烈的足球赛。此外，还有地区性足球赛，如亚洲杯足球赛等。

奥运会足球赛：1896 年在希腊举行的第一届奥林匹克运动会上，足球是表演赛的项目。从 1900 年第二届奥运会起，足球被列为正式比赛项目。

世界杯足球赛：国际足球联合会世界杯比赛（F.I.F.A.World Cup Competition）简称世界杯足球赛（旧译世界足球锦标赛），是由国际足球联合会统一领导和组织的世界性的足球比赛。每届比赛从预赛到决赛前后历时 3 个年头，参加预选赛的国家已近 100 个。它是世界上规模最大、影响最大、水平最高的足球比赛，也是世界上观众最多的体育比赛项目。1930 年在乌拉圭举行首届世界杯足球比赛。

本章小结

通过本章的学习，应该了解足球的基本技术与基本战术，特别是脚内侧、脚背内侧踢球技术动作要领，局部传切二过一战术配合等战术。通过学习，能够看懂足球比赛并逐渐理解足球比赛的魅力，能亲自参与到足球运动或足球游戏中去，培养对足球的兴趣，学会用足球锻炼身体，养成终身体育锻炼的习惯。

拓展阅读

1. 张彩珍.中国足球运动史[M].武汉：武汉出版社，1993.

2. 美国国家足球教练协会.足球技巧与训练精要[M].北京：人民邮电出版社，2016.

3. 孙葆洁，陈小虎，于鑫.实用足球训练游戏图解100例[M].北京：清华大学出版社，2015.

在线学习

1. 中国足球协会
2. 国际足球联合会
3. 欧洲足球联合会
4. 中国奥委会
5. 中国足球学校（秦皇岛）

测测你的基础

1. 现代足球起源于______________（国家）。

2. 足球中的假动作主要是指无球状态下__________、__________、__________的技术动作。

3. 脚背外侧运球技术主要用于______________行进；脚内侧运球技术主要用于______________行进。

4. 试论述足球比赛中主要的战术阵形。

5. 试论述足球运动损伤的类型。

第五章 篮球运动与比赛观赏

本章概述

篮球运动是一项以篮球为竞赛工具，在特定条件（规则、场地、器材、设备等）下，比赛双方各出5名队员，参加比赛的个人和集体以一定的体能为基础，以掌握特定的专门技术和战术方法为手段，在比赛中争夺球权，力争在攻守交替和对抗中获得球和展开投篮得分，并以得分多少决定胜负的集体运动项目。它突出地表现为速度快、对抗性强、准确性高，注重速度与高度的统一。

本章的主要学习内容包括：篮球基本知识、基本技术、简单战术以及篮球比赛规则等，寓练于乐，以达到增进健康的目的。

章结构图

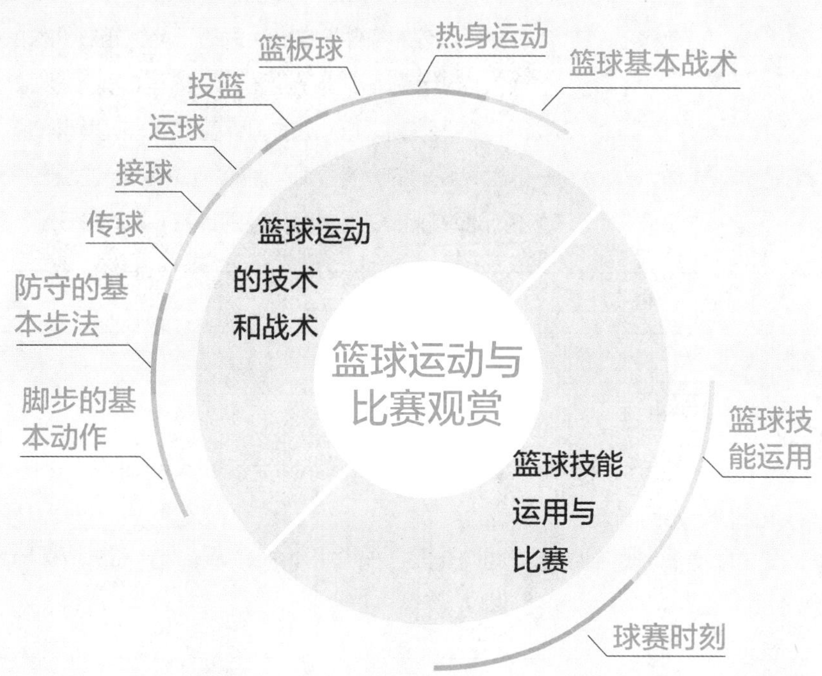

学习目标

通过本章的学习，你应该能够做到：

1. 掌握篮球运动的基本技术和战术配合，能合理运用篮球技术科学地进行锻炼，提高自己的运动能力。
2. 喜爱篮球运动，积极参与篮球活动，基本形成自觉锻炼的习惯，具有一定的欣赏篮球比赛的能力。

第一节　篮球运动的技术和战术

扫一扫 看一看

运动起源

篮球运动是 1891 年由美国马萨诸塞州斯普林菲尔德市基督教青年会训练学校体育教师詹姆士·奈史密斯博士发明的。当时在寒冷的冬季缺乏室内进行体育活动的球类竞赛项目。奈史密斯从工人和儿童用球向“桃子筐”投准的游戏中得到启发，设计将两只桃篮分别钉在健身房内两端看台的栏杆上，桃篮口水平向上，距地面 10 英尺（1 英尺≈ 0.3 米），以足球为比赛工具向篮内投掷，入篮得 1 分，按得分多少决定胜负。由于这项游戏最初使用的是桃篮和球，遂取名为篮球。

1893 年铁质球篮取代了桃篮并挂上了线网。1895 年篮筐开始固定在 4 × 6 英尺的篮板上并逐渐深入场内，到 1913 年将篮网剪开，形成了近似现代的篮板和球篮。

最初的篮球比赛规则很简单，对于场地大小、参加人数的多少、比赛时间长短均无统一规定。1892 年奈史密斯制定了第一部 13 条的原始规则，目的是使篮球游戏在公平对等的条件下进行，同时不允许粗野动作的发生。

1915 年美国制定了全国统一的篮球竞赛规则，并翻译成多种文字，向全世界发行。1932 年，刚诞生的国际篮联以美国大学使用的篮球规则为基础，制定了第一份世界统一的竞赛规则。随着篮球运动的发展，场地设备得到改进和完善，规则也不断地增删和变化，现行规则计有 61 条和 57 个手势。

名人语录

As far as carrying the torch for the years to come I don’t know, I just want to be the best basketball player I can be.

（我不知道需要多长时间才能取得辉煌，我只是想尽我所能去成为最出色的篮球运动员。）

——科比·布莱恩特

篮球运动对身体健康的作用具体表现在：①有效预防心血管疾病；②降低糖尿病 发生的危险性；③提高消化系统的功能；④控制体重与改变体形；⑤增强心脏功能。

篮球对青少年心理健康的影响主要表现在：①对心理承受能力的影响；②培养青 少年顽强拼搏的精神；③对人际关系和团队意识的影响。

赛事时刻

NBA常规赛自每年的11月初开始至次年的4月20日左右结束，季后赛从4月下旬开始直到6月中旬决出总冠军为止。

一、脚步的基本动作

在篮球运动中，无论进攻或防守均有其基本步法。进攻的基本步法有跨步急停，在快速跑动中急停时使用；跳步急停，在跳起后急停时使用；转身，持球时一足做轴心以改变方向的步法；变方向跑，用于摆脱防守或防守进攻球员。

（一）跨步急停

（1）一足着地时，脚掌用力支撑身体以减轻向前冲之动力，另膝头微曲以减轻撞击力。

（2）身体同时向后仰以减轻向前之冲力，使重心转移，稍微向后。

（3）另一足着地时亦需用力抓住地面以平衡身体，而重心在两足之间。（图5-1）

图5-1　跨步急停

（二）跳步急停

（1）双脚或单脚跳起后，上身微微向后仰以减轻向前动力。

（2）当双脚着地时，双膝同时微曲以减轻撞击力及降低重心。

（3）双足用力抓住地面以平衡身体，重心在两足之间。（图5-2）

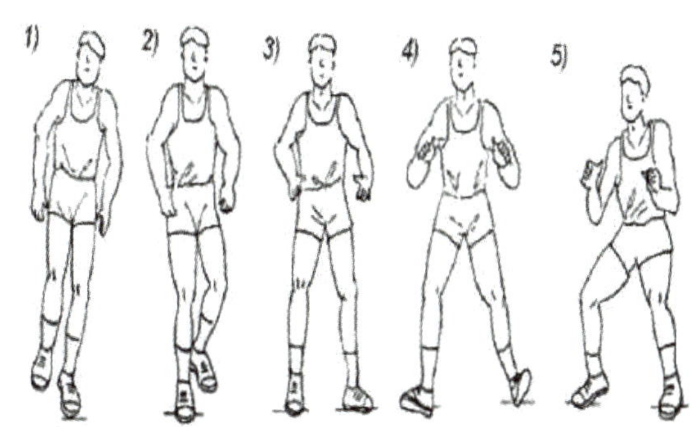

图5-2　跳步急停

（三）转身

（1）双手持球，手肘向外下方以保护球。

（2）双膝微曲以降低重心。

（3）在转身前，自由足用力向内蹬使重心移到轴足。

（4）转身时，腰部转动以带动全身跟随自由足移动，但需保持重心平稳，不要起伏。

（5）转身后，自由足着地，重心移回两足之间。

（四）变方向跑

（1）若在跑动中拟向右变方向，在左足着地时，脚尖稍微向右并用力蹬地。

（2）上身同时向右转，跟着右足迅速向右方踏进，重心即转移至右方。（图5-3）

图 5-3（1） 变方向跑

图 5-3（2） 变方向跑（摆脱敌方）

图 5-3（3） 变方向跑（撬脱敌方）

二、防守的基本步法

防守的基本步法包括滑步和交叉步。按滑动的方向而定，滑步可分为前滑步、后滑步及侧滑步，主要用于较贴身之防守；交叉步，用于长距离的防守。

图 5-4（1） 滑步

图 5-4（2） 滑步

（一）滑步

（1）双脚分开至约肩宽距离，双膝微曲，重心降低并在两足间，两肘向外抬高至胸部水平，上身稍前倾。

（2）若向右滑动，左足用力向内侧蹬地制造动力。

（3）然后右足踏右，在右足着地时，左足迅速跟随滑行。

（4）依次序重复以上动作，另在滑步时身体需保持平稳，不要起伏。（图 5-4）

（二）交叉步

（1）与滑步 1 同。

（2）若向右移动，左足用力向内侧踏地使重心移向右足。

（3）跟着左足向右踏在右足右前方，两足成交叉状（称为前交叉），上身稍向右转。（注：如左足向右踏在右足右后方则称为后交叉。）

（4）当左足着地时，右足迅速地向右跨步，动作需快，身体需保持平稳。

（5）在练习时，可只单一做前交叉或后交叉的步法，亦可交替做前交叉及后交叉的步法。（图 5-5）

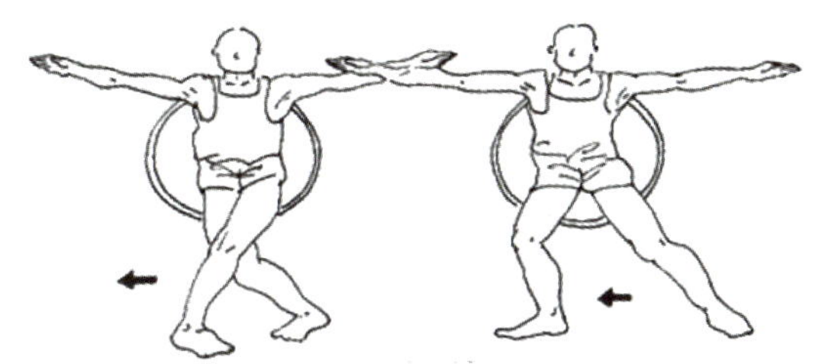

图 5-5　交叉步

三、传球

篮球的基本传球动作共有四种，分别为胸前传球、弹地传球、过头传球及单手肩上传球。而前三种持球动作相似，故先做一阐述，然后才逐一分析传球动作。基本持球动作的技术重点：双手五指自然分开，持在球的侧后方，拇指相对成八字形，虎口稍张大，双手拇指与食指形状近似三角形，用指根以上部位持球，并避免用手心持球，手肘自然屈曲并指向下方，将球置在胸前部位。（图 5-6）

图 5-6（1）　持球手势

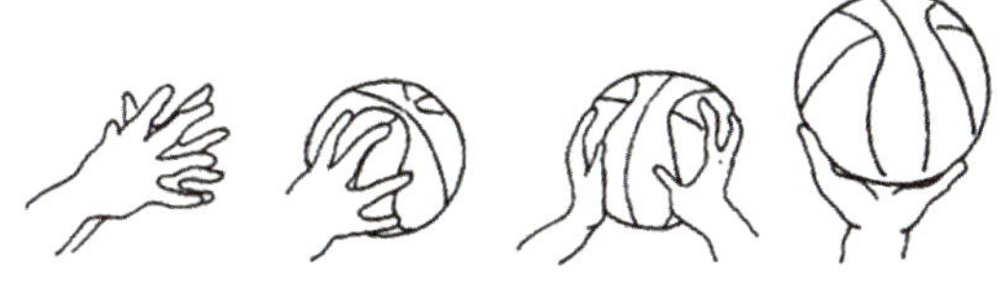

图 5-6（2）　持球手势　　图 5-6（3）单手持球

（一）胸前传球

1. 技术重点

（1）手部做上述持球动作。

（2）左足在前，右足在后，身体面向目标。

（3）右足向前踏，双手同时将球向目标直传。

（4）传球后，双手伸直，手心及拇指向下，其余四指向目标。

2. 技术分析

（1）预备动作：双手持球于胸前面向目标，手肘向下，两膝微微屈曲，左脚在前，右脚在后，上身挺直，重心偏后脚。

（2）传球动作：注视目标，然后双手将球从胸前直传向目标，同时右脚从后蹬踏前，重心前移，上身稍前倾。前臂迅速向传球方向伸出，手心从内翻向外下方，拇指、食指及中指用力将球传出，动量从脚部经手臂输送至手指。

（3）跟进动作：出球后，两手自然伸展向目标，拇指及手心向下，其余四指向目标，而两膝依然微曲成站立姿势，右脚在前，左脚在后。（图 5-7）

图 5-7　胸前传球

（二）弹地传球

1. 技术重点

（1）手部做上述持球动作。

（2）左足在前，右足在后，身体面向目标。

（3）右足向前踏，双手同时将球向自己与目标间距离三分之二处（离自己）直传。

（4）传球后，双手伸直，手心及拇指向下，其余四指向目标。

2. 技术分析

动作与胸前传球类似，区别在传向不同目标。（图 5-8）

图 5-8（1）　弹地传球

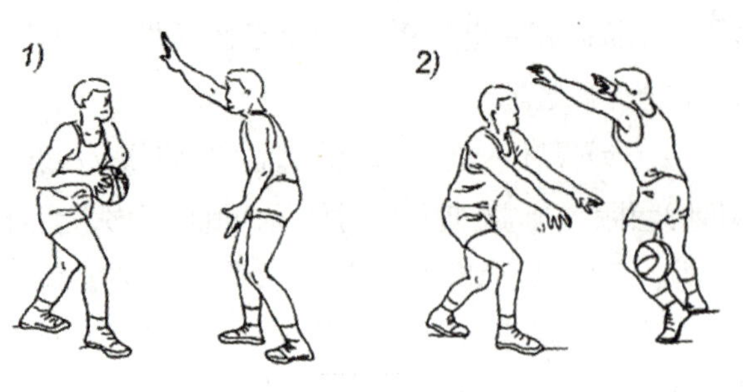

图 5-8（2） 弹地传球

图 5-9 过头传球

（三）过头传球

1. 技术重点

（1）持球动作同上，唯将球置于头上方。

（2）此后动作与胸前传球同。

2. 技术分析

（1）预备动作：与胸前传球相似，唯双手持球于头部上方，手肘向前。

（2）传球动作：与胸前传球相似，唯双手将球持于头上传向目标。

（3）跟进动作：与胸前传球同。（图 5-9）

（四）单手肩上传球

1. 技术重点

（1）预备动作与上述的基本持球动作相同。

（2）左足在前，右足在后，左肩膀指向目标。

（3）传球前，把球从胸前引至右肩后方，并以右手持球，手心向上，手肘约成 90°。

图 5-10 单手肩上传球

（4）迅速地用右手把球向目标直传。

（5）传球后，右脚踏前，右手手心及拇指向下，其余四指向目标。

2. 技术分析

（1）预备动作：与胸前传球相似，唯身体向右侧，左肩膀指向目标。

（2）传球动作：传球前，把球从胸前引至右肩上，身躯稍向右，上身稍向右边水平扭动以储备扭力在传球时用，上臂与地面约成平行，手肘约成 90°。接着迅速地由左肩带动上身向左边水平扭动，右手前臂同时向传球方向伸出，拇指、食指及中指用力将球传出。（图 5-10）

（五）技术练习

1. 二人对传方法

二人一组用一个篮球，二人相距数米站立对传，熟习了便可增加二人的距离。目的：让学员熟习传球技术及练习不同距离传球的力度。

2. 传球后走动方法

4~6 人一组，每一组分两小组，A小组面对B小组，两小组排成直线，两小组之间距离约数米。当A小组第一位学员（A1）将球传给B小组第一位学员后，A1 学员便要跑到B小组的队尾，如此循环。目的：集训练传球与体能于一身，同时亦可做组与组之间的竞赛，增加学生的投入感及运动量。

3. 三角传球方法

6~ 9 人一组，每一组分 3 小组，每一小组排成直线，而第一位学员与其他小组的第一位学员形成一个三角形。A1 学员拿着篮球跑至 A 组与 B 组距离的一半，同时 B1 亦跑到 B 组与 C 组距离之一半，A1 便把球传给 B1，之后跑到 B 组队尾，如此循环。目的：训练学员在跑动时传球和接球（与比赛情况类同）、训练体能，另可使用竞赛形式增强学生的投入感及积极性。（图 5-11）

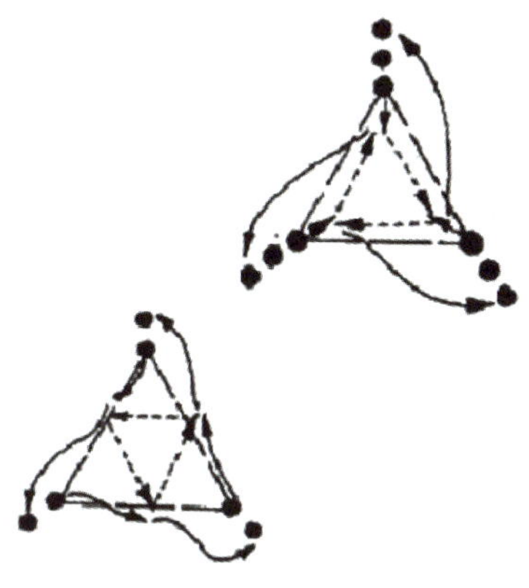

图 5-11　三角传球

四、接球

（一）技术重点

1. 右脚在前，左脚在后。
2. 双手成持球状等待接球。
3. 当球接近时，双手向球伸出把球接住。
4. 接球后把球引到胸前，右脚同时后踏。

（二）技术分析

1. 预备动作：身体朝向传球的方向，上身稍微向前倾；双膝微曲，右脚在前，左脚在后；双手屈曲，手肘向下，双手五指自然张开成持球状。
2. 接球动作：双眼注视球的动向，当球接近时双手向球的方向伸出，手心向球，手指放松把球接住。
3. 跟进动作：手臂顺势把球拉到胸前，右脚同时向后踏以减轻球的冲力。

（三）训练方法

与传球同。（图 5-12）

图 5-12　接球

五、运球

（一）技术重点

1. 双脚微曲，前后站立。
2. 运球的手屈曲，手肘向后，手心向球。
3. 运球时以手掌（手中心除外）触球并向下压，直至手肘伸直及手指向地。重复 2 和 3。
4. 非运球的手肘抬高以保护球。

（二）技术分析

1. 预备动作

身体向右侧前方，双脚分开至大约肩膀宽度，脚尖同样向右侧前方；双膝微曲，上身稍微倾斜，左手肘向侧抬至胸部与腰部间以保护球。（图 5-13）

图 5-13　原地运球

图 5-14 走动运球

2. 运球动作

右手五指自然张开，运球于身旁的位置（前后距离不超过两脚之间），主要以前臂及手腕来带动运球，并且用五指接触球并控制球的方向，两眼望前方。（图5-14）

（三）训练方法

1. 学员运球按“之”字形绕过多个雪糕筒。
2. 二个学员向着对方运球，至相遇时与对方点头及握手。

六、投篮

最基本的投篮技术分为三种：单手投篮、双手投篮及走蓝。

（一）单手投篮

1. 技术重点

（1）双脚微曲，左脚在前，右脚稍微在后。

（2）右手持球于肩前上方，左手扶球的左侧。

（3）右脚向前踏至稍微超越左脚，并以右手手指及手腕向前上方（篮筐的方向）拨球。

（4）直至手肘伸直，手指指向篮筐，全身自然伸展。

2. 技术分析

（1）预备动作：身体朝篮筐方向，右脚在后，左脚在前，重心落在两脚之间，双膝微曲，身体稍前倾，右手肘抬起并指向前方，右手五指自然张开，手腕向后屈，持球于约肩上的位置，左手扶球。

（2）投篮动作：注视篮筐，右足稍微向前踏以制造动力，腰、腹自然伸展。动量从脚经腰、腹传至右手。当动量传至右手时，右手肘自然地向前上方伸展，右手腕及手指同时向篮筐方向拨球，左手扶球直至右手快把球投出。球主要由食指、中指及无名指用力投出。投球后，右手臂自然向前上方直伸，手指指向篮筐。投球时，全身自然伸直，至投球后双膝微曲双脚着地。（图5-15）

图 5-15 单手投篮

图 5-16 双手投篮

（二）双手投篮

1. 技术重点

（1）与单手投篮（1）同。

（2）双手持球于胸前或高一些。

（3）右脚前踏，双手手指及手腕向前上方（篮筐的方向）拨球。

（4）与单手投篮（4）同。

2. 技术分析

（1）预备动作：与胸前传球之基本持球动作同，唯球可置于胸前或高一些的部位。

（2）投篮动作：注视篮筐，右足稍微向前踏以制造动力，腰、腹自然伸展，动量从脚经腰、腹传至双手。当动量传至手部，双手肘自然地向前上方伸展，双手手腕及手指同时向篮筐方向拨球。球主要由拇指、食指及中指用力投出。投球后，双手手臂自然向前上方直伸，手指指向篮筐。投球时，全身自然伸直，至投球后，双膝微曲双脚着地。（图 5-16）

（三）走篮

走篮集合了运球与投篮技术于一身，一般分为上手走篮及下手走篮，两者的区别在于出手的方法不同。

1. 下手走篮

技术重点：

（1）运球后用双手接球，同时右脚踏地。

（2）接着左脚向前踏并用力向上跳。

（3）右膝向上抬，双手同时把球向上引，并用右手托住球的下方，左手则护住球的左侧。

（4）将球升至最高点时用手指把球向篮板轻拨。

技术分析：

（1）自己运球或接别人的球均相同地用双手把球接住，同时右脚向前跨一步，这步大一点，像向前冲以增加动力。

（2）左脚踏第二步时用力蹬地使身体向上升，这一步的步幅可略为小一点。

（3）左脚蹬地后，动量由下身输送到上身。

（4）首先是右脚抬膝至大腿与躯干约成 90° 以增加向上的动量。

（5）双手同时将球向前上方升起，此时，右手手心向上，指尖向前，托着球的下方以带动球上升，而左手则护住球帮助其上升。

图 5-17（1） 下手走蓝

图 5-17（2） 下手走蓝

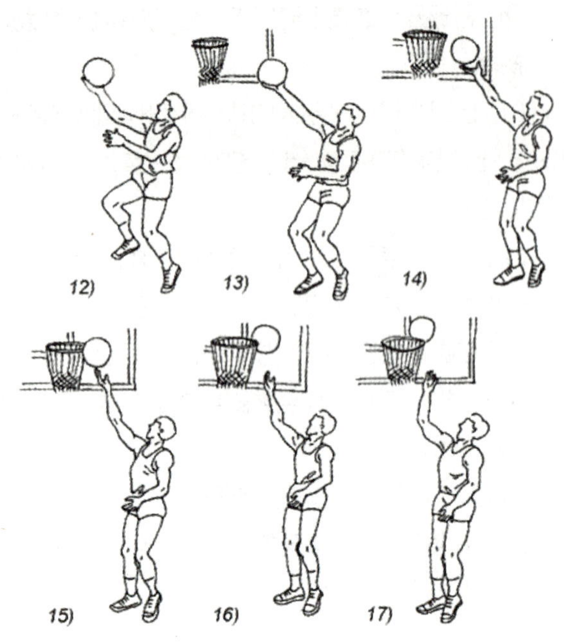
图 5-17（3） 下手走蓝

（6）当球升到接近最高点时，左手自然离开球，右脚亦自然向下伸展使全身伸展及预备着地。

（7）当球升到最高点时，右手手腕带动手指把球向篮板轻拨（擦板射球）。

（8）球最主要由食指及中指导向及拨出。

（9）着地时，双膝微曲以减轻落地的撞击力。（图5-17）

2. 上手走篮

技术重点

（1）运球后用双手接球，同时右脚踏地。

（2）接着左脚向前踏并用力向上跳。

（3）右膝向上抬，双手同时把球引至右肩前上方。

（4）当跳至最高点时，以单手投篮方法将球投出。

技术分析：

（1）自己运球或接别人的球均相同地用双手把球接住，同时右脚向前跨一步，这步大一点，像向前冲以增加动力。

（2）左脚踏第二步时用力蹬地使身体向上升，这一步的步幅可略为细一点。

（3）左脚蹬地后，动量由下身输送到上身。

（4）首先是右脚抬膝至大腿与躯干约成90。以增加向上的动量。

（5）双手同时将球升至肩上。

图 5-18（1） 上手走蓝

图 5-18（2） 上手走蓝

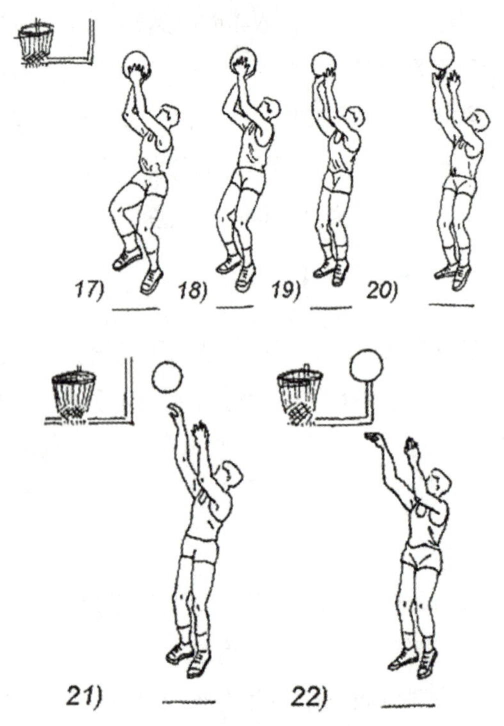
图 5-18（3） 上手走蓝

(6)此时，右手五指自然张开，手心向前上方，指尖向后上方托着球的后下方而左手则扶着球，动作与单手投篮同。

(7)当跳至最高点时，右脚已自然向下伸展以预备着地，而双手则以单手投篮方法将球投出。

(8)着地时，双膝微曲以减轻落地的撞击力。(图5-18)

七、篮板球

(一)技术重点

1. 进占篮球与对手间的有利位置。
2. 面向篮球，背向对手，并以背部阻挡对手。
3. 当球降落时，用力蹬地，并用双手或单手接球。

(二)技术分析

1. 预备动作

(1)预计球的落点，并进占篮球与对手之间的有利位置。

(2)然后面向篮球，背向对手。

(3)双脚分开至约肩宽距离，双膝微曲，重心降低，上身稍前倾，两肘向外抬高，至胸前位置以阻挡对手抢球。

2. 抢篮板球动作

(1)当球降落在你预计的位置时，以双脚用力起跳，双臂同时向上摆，前臂向球的方向上伸。

图5-19(1) 抢篮板球

图5-19(2) 抢篮板球前的挤位

(2)身体尽量伸展并保持平衡，然后以双手或单手抓住球。

(3)把球拉到胸前位置，两肘同时向外抬至胸前左右水平以保护球。

(4)双足着地时，双膝微曲，以减轻撞击力及保持平衡。(图5-19)

八、热身运动

除了一般性的拉筋热身运动外，还可做一些针对性的热身运动，使学员有效地掌握各种技术及增加球感。非持球的针对性热身运动是指在教授每一种技术前，先让学员按步骤学习该技术的动作，使他们掌握要诀及增加信心。例如，在学习传球时，先教持球动作，然后教手部动作，接着教脚步动作，最后教手和脚的配合动作。持球的针对性热身运动如下。

(一)双手互相传接球

1. 预备动作

站立，双手持球于身前。

2. 技术重点

用手指将球从一手传至另一手，而传球时双手应保持一定距离；若熟习后，随时调校传球的位置(例如，从头部的前方至脚部的前方)。(图5-20)

(二)双手互传环绕身体

1. 预备动作

双脚合并站立，双手持球于额前。

2. 技术重点

双手互相传接球，并使球顺序由上至下绕过头部、腰部及膝部，然后由下至上重复传接球。(图5-21)

（三）原地交换抬膝绕“8”字传球

1. 预备动作

一膝抬起，两手持球于两腿间，抬膝那边的手放于该腿下方，另一边的手放于站立的腿前方。

2. 技术重点

将球由抬膝的大腿下方绕至两腿间，两腿交换抬膝使传球路线形成“8”字。（图 5–22）

图 5–20 双手互相接传球

图 5–21（1） 双手互传环绕身体

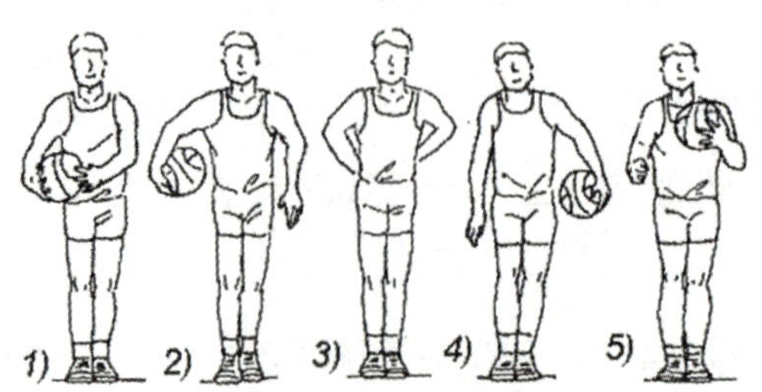

图 5–21（2） 双手互传环绕身体

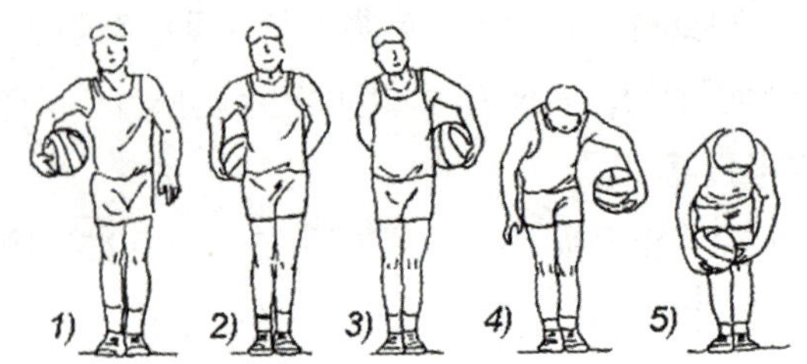

图 5–21（3） 双手互传环绕身体

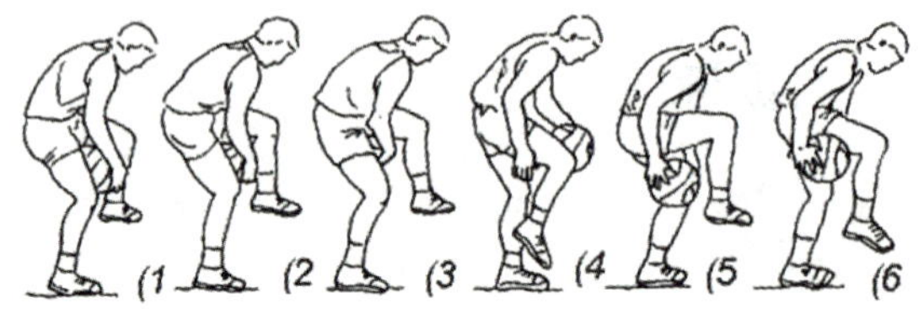

图 5–22 原地交换抬膝绕“8”字传球

动起来

手臂转球，一般人们是左手把球放到右手上再抬高手，让球顺胳膊滑下来，这时候主要是让胸把球转到左臂，主要靠胸肌的上半部球才走的平稳，到左臂上再让左臂稍微下垂球会顺势滚下去。刚开始练的时候可以左右手来回转，熟练了就可以从左手到右手连续转（手心向外指尖并到一起）；再熟练就可以让右手把球转起来再到胳膊上，这样效果会更好；稍微熟练了就可以从头后面用脖子转了。刚开始一定是会掉的，要多练先从胳膊上转一圈再在球快要到右臂根时顺势低头，只是手臂和脖子要在同一水平面上，让球自己过去再抬起头来。

九、篮球基本战术

（一）快攻战术

快攻是篮球比赛中最快及最直接的得分方法。快攻有很多模式，可由 2~5 个人组织而成。但越多人组织而成的快攻越复杂，且变化多端，故在此只介绍三种较简单的方法。

1. 二人对传快攻

二人互传同时以最快速度向前跑，最后以走篮形式射球。（图 5-23）

2. 二人组织之长传快攻

（1）如图 5-24 所示，当①取得球后即传给②，接着快速向前跑；

（2）②接球后朝①前进的方向长传；

（3）①接到长传后以走篮形式射球；

（4）②传球后随即跑前接应①或抢篮板球。

3. 三人组织快攻

（1）①抢到篮板球后②即跑到罚球线左右的位置接应①的短传，而③已快速向前跑等待接应②的传球；

（2）①传球后即向前跑，②接球后便向③前进的方向传去，接着跑向前接应；

（3）③接球后可选择自己走篮或传球于已跑上来的①走篮（这视防守位置而定）。（图 5-25）

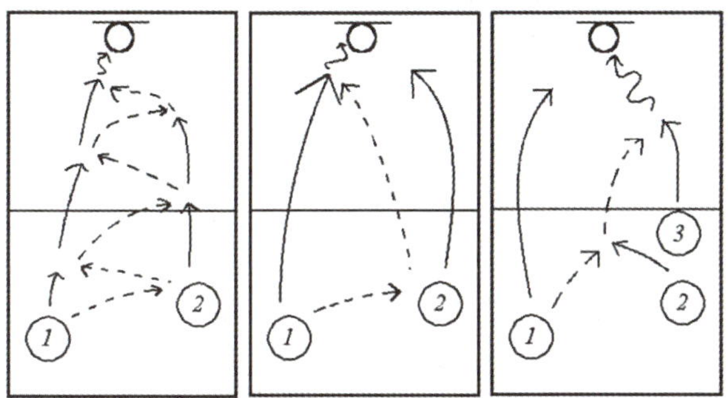

图 5-23　二人对传快攻　图 5-24　二人组织之长传快攻　图 5-25　三人组织快攻

（二）进攻战术

1. 传切配合

传球者要及时准确地将球传递给同伴；切入者要善于掌握时机，合理运用假动作诱骗对方，动作要快而直，摆脱防守后立即准备接球上篮。如图 5-26 所示，④传球给同伴⑤后，快速切入篮下，接⑤的回传投篮。

2. 掩护配合

掩护队员利用身体挡住同伴防守者的移动路线，使同伴借以摆脱防守，或利用同伴的身体和位置使自己摆脱防守的一种配合方法。侧掩护配合如图 5-27 所示：⑤传球给④后，主动跑到④侧后方做侧掩护，待⑤到掩护位后，④立即从⑤的右侧运球突破上篮。

3. 反掩护结合假掩护配合

④传球给⑤后，向相反方向去给⑥做侧掩护，⑥及时利用④的掩护切入篮下接⑤的传球投篮。如另一队的④号换防，④应及时转身把另一队的⑥号挡在身后而切入篮下接⑤的传球投篮，变换成假掩护的配合。（图 5-28）

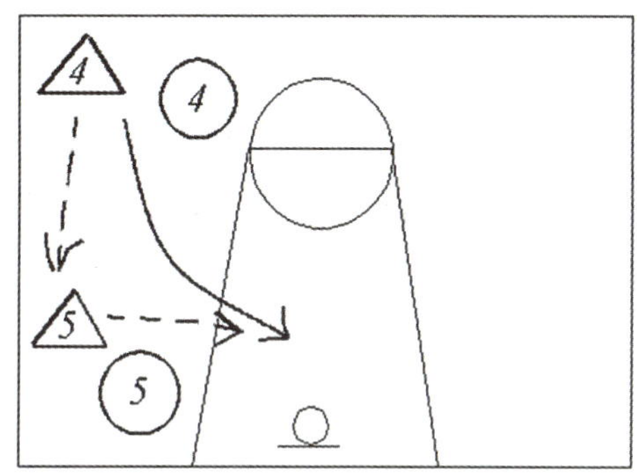

图 5-26　切传配合

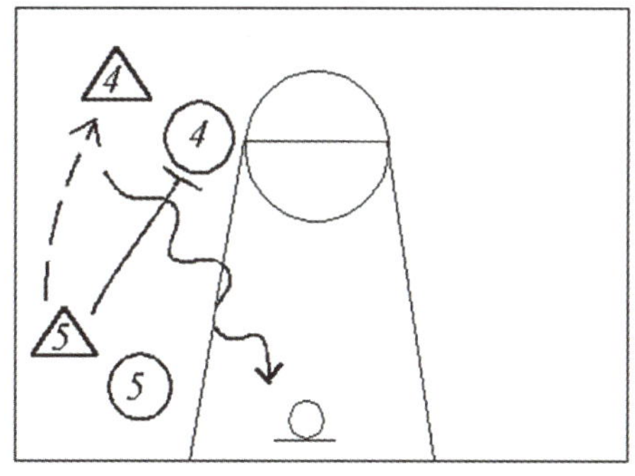

图 5-27　掩护配合

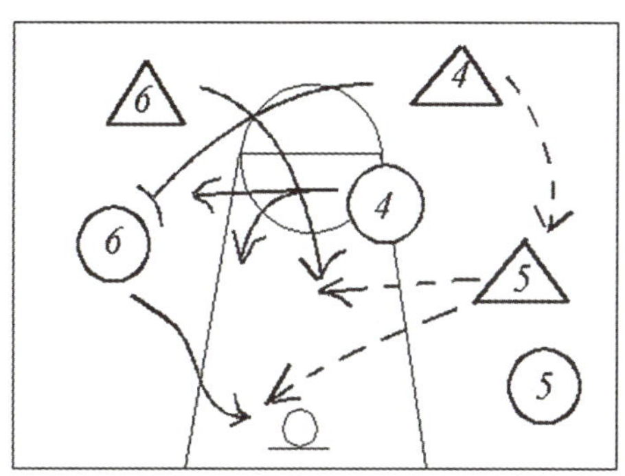

图 5-28　反掩护结合假掩护配合

（三）防守战术

1. 人盯人防守

（1）优点：分工明确，没有固定队形，根据进攻情况及时调整防守，有效地控制对方的进攻重点。

（2）缺点：容易被对方在局部地区逐个击破，且队形易受对方的调动影响，体力消耗比区域联防大，犯规亦比区域联防多。

2. “2-1-2”区域联防

（1）优点：分布均衡，移动距离近，便于相互协作，变化队形快，篮下三角区保护好，有利于抢篮板球和反击。

（2）缺点：正面和两侧及篮下底线防守薄弱，不利于防守外围三分区的中远距离投篮和追入底线篮下的防守。（图 5-29）

3. “3-2”“2-3”区域联防

（1）优点：加强了外围防守，有利于防守外围正面和两侧的中距投篮，亦有利于外围截球反击。

（2）缺点：两个底角和罚球区内防守薄弱，也不利于抢篮板球。

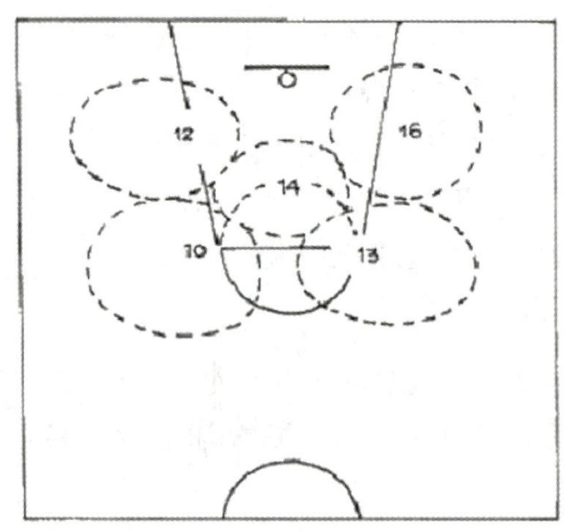

图 5-29　2-1-2 区域联防

扫一扫 看一看

第二节　篮球技能运用与比赛

一、篮球技能运用

（一）后仰跳投

后仰跳投是一个比较有难度的技术动作。后仰的目的是为了防止被盯防的人盖“火锅”，但起跳时机和后仰的角度把握需要相当的功底才能拿捏得很准确。最重要的是滞空时的平衡和落地，稍有不慎就会坐倒，甚至扭到脚踝。这种射篮技术在盯防对手较高或对手弹跳比自己优秀时经常会采用。从英语的字面意思理解，fade是隐藏，away是消失，组合起来就是说后仰跳投对于防守者来说，由于做动作者身体后倾，感觉就像从眼前消失一样。后仰跳投的代表人物有乔丹、科比和诺维茨基等。

1. 乔丹

后仰跳投是乔丹后期最强的绝招，由于乔丹自身弹跳出色，1.98m的身高在后卫位置上处于中上水平，他身体又比一般后卫强壮，故靠打后仰几乎无敌，所以即使后期乔丹脚步已不如年轻时，但每场仍可拿到28~29分。乔丹的后仰跳投命中率高得惊人，被人称作是NBA历史上最无解的进攻招式。

2. 科比

作为最接近神的人，后仰跳投这个绝技科比当然得会。科比的后仰跳投飘逸、优雅，极富观赏性，这点绝不逊于乔丹。

科比早期的突破、暴扣居多，但 2011 年以后由于年龄增大，他的中投便成为最主要的得分利器，尤其是后仰跳投、转身后仰。后仰跳投需要很强的身体协调能力和滞空能力，这两点科比完全具备，所以经常可以看到科比飘逸的后仰跳投，当然还有令人瞠目结舌的滞空后仰。

3. 诺维茨基

诺维茨基的金鸡独立要有很好的腰力和滞空能力，首先要练好普通的后仰投射，然后把动作变形到像塔维斯基一样，先把一只脚抬起（不是重心脚）然后重心向后，跳起来。练习投球弧度的话，你的手腕要有一个向上的推力，然后用手指把球扔出去，自己调整动作在头前出手。

（二）勾手

接球一般的位置都是中锋和大前锋的位置，这时你接到后卫传给你的球，背对篮筐进攻，从而一次运用勾手投篮的机会就产生了。第一步要用肩膀靠住对方，用身体压制住他；第二步就是向禁区里面大踏步地迈左腿（一般背向篮进攻的时候都是在篮筐的右边，这是习惯了右手投篮的人的方式）；第三步就是朝篮筐转身，同时高高地跳起来，用右手把球高高地举过头顶，最好是直臂。当你跳到最高点的时候，用手腕轻轻地拨球入筐。

勾手投篮是“天钩”贾巴尔的独门武器，他的勾手与常人的半曲式勾手不同，贾巴尔的手是伸到最高点，由手指划动出手，其动作优美、协调、舒展。正是由于他这招躲避税收投篮的致命绝招，他得以在 21 年的职业生涯中保持，并且至今保持着得分的历史纪录。尤其令人不可思议的是，他打了一辈子的职业篮球，却只被盖过一次帽，这绝对是一个前无古人、后无来者的纪录。

（三）抛投

抛投一般是小个子面对大个子球员时采用的一种投篮手段。抛投主要是利用自己的移动使对方也在移动而无法跳起封盖，且因为弧线高，本身就不易封盖。它主要要求手感的把握，是在长期的锻炼中养成的。抛投是一项比原地投篮更有难度的技术，掌握好抛投就要掌握好移动与出手的时机。抛投的代表人物有圣安东尼奥马刺队的帕克。

（四）三分

“投篮是从脚开始的”是绝对真理，特别是对于三分球这样的动作。对于业余队员来说，跳投（是指那种跳起以后再投篮，不是顺带跳起的）三分是太高难度的动作，建议不用去掌握。三分球对于力量要求比较高，它要求胳膊提供很大的力量及准确地运用力量。屈膝和反弹能获得很大的惯性力，有利于手上有更多的力量去瞄准。

手上动作的训练是很难用文字描述的，只有用训练才能去体会，让自己的手、胳膊能有非常稳定的感觉。三分球的瞄准点一般是篮筐的远距离点，入筐高度一般都要求高，几乎是越高越好，而且投篮的时候要有意识地去高投，当然刚开始不适应，但是训练一段时间后可能会感觉很好，特别是三分投不准的朋友可以尝试用高弧度去投，也许会给你一个惊喜。在边角发炮是比较困难的（由于眼睛瞄准的关系，没有参照物），但是这个地方往往投三分的机会最多，所以这个地方的投篮一定要注意多训练，训练是提高水平的唯一途径。在有防守的情况下，三分球的投篮要与突破结合起来（投篮和突破是不可分的）。三分球的代表人物有雷·阿伦和库里等。

二、球赛时刻

（一）NBA 经典时刻

1. 张伯伦单场 100 分

稍微对篮球有些了解的人都会知道张伯伦在一场比赛中独自获得了 100 分的事迹。那场比赛发生在 1962 年的 3 月 2 日，张伯伦率领费城勇士队挑战纽约尼克斯队。他四节分别摘下 23 分、18 分、28 分和 31 分，全场 63 投 36 中，32 个罚球进了 28 个，共计 100 分——一项被誉为 NBA 历史上最伟大的纪录在独立城偏郊一个叫作赫尔希的体育馆里诞生，一共有 4124 名观众成为见证人。

单场 100 分只是张伯伦所保持的一箩筐纪录中的一个而已，其他两项值得提及的纪录是单季平均得

50.4 分，并保持着单场抢下 55 个篮板的NBA历史纪录（1960 年 11 月 6 日对易拉丘兹国民队）。

鉴于目前比赛的对抗性加强及对防守的重视程度，张伯伦所保持的这些纪录也许再也无人能够打破。

2. 韦斯特 18.3 米外的超远投

1970 年N BA总决赛，虽然湖人队经过 7 场大战最终输给了尼克斯，但是韦斯特却制造了历史上最精彩的一次超远投。

在第三场中，蒂布斯切尔的投篮让尼克斯队在比赛还剩 3 秒时以 102 比 100 领先，可谓胜利在望。湖人队随后叫了暂停，比赛重新开始后，由张伯伦在后场端线发球，韦斯特接球后向前运了几步，然后在离篮筐 18.3 米处出手远投。只见篮球在空中划出一道漂亮的弧线后准确入网，此时部分已经提前庆祝胜利的尼克斯球员居然还没有反应过来，直到比分牌上显示出 102 比 102，他们才知道比赛还没有结束。

不过在随后的加时赛中，湖人队还是最终以 111 比 108 惜败。不过，韦斯特这记投篮仍然是总决赛历史上甚至是NBA历史上最经典的一次超远距离投篮。可惜，由于当时还没有设立三分球制度，这记投篮只能算作两分，否则，这记投篮可能会左右当年总决赛的最终结果。如果此球算作三分，它无疑是历史上含金量高的一球。

韦斯特因为自己总能在最后时刻上演绝杀而被称为“关键先生”，“关键先生”一词也由此被广为使用。

3. 两队得分和 370 分

1983 年 12 月 13 日，活塞队经过 3 次加时后以 186 比 184 击败掘金队，创下了NBA一场比赛得分和最多的纪录——370 分。

本场还诞生了另外三项纪录：186 分的球队单场得分最高纪录，活塞队投中 74 球为历史单场投中球最多纪录，双方共投进 142 球也是NBA历史最高纪录。

4. 爵士逆转 34 分

历史上最大的一场逆转发生在 1996 年 11 月 28 日。当时爵士队对阵掘金队，他们在下半场一度落后 34 分，但是最终却奇迹般地以 107 比 103 战胜了对手。这场比赛在斯托克顿退役时还被提及，这位历史上的助攻王一生荣耀不断，但是唯独对这场比赛记忆犹新，可见这场大逆转的分量。

历史上排在第二位和第三位的逆转分别是 2002 年 12 月 6 日湖人队在第四节开始时落后小牛队 27 分但最终以 105 比 103 结束小牛队的 14 连胜，当时科比在第四节独得 21 分，成为最大功臣。另外一场是 1977 年雄鹿队曾在第四节落后 28 分的劣势下，逆转击败老鹰队。

（二）中国男篮经典时刻

1. 1994 年世锦赛首进八强中国 78：西班牙 76

面对西班牙队，中国男篮在上半场落后 16 分，随后在下半场上演惊天大逆转，最终以 2 分优势战胜对手。战胜西班牙队之后，中国男篮历史上第一次杀进世界大赛前八名。

2. 1996 年奥运会首进八强中国 87：阿根廷 77

94 黄金一代第一次参加奥运会，在首场比赛战胜安哥拉队之后，第三场比赛面对强大的阿根廷队。李晓勇砍下 17 分成为本场比赛中国男篮获胜的最大奇兵，此外，胡卫东和郑武都拿到了 22 分。这场胜利之后，中国男篮在奥运会历史上第一次杀进八强。

3. 1984 年奥运会首胜中国 76：埃及 73

这是中国男篮第一次参加奥运会，而面对埃及的这场比赛则是中国男篮在奥运会历史上的第一场胜利。在这场比赛中，中国男篮上半场仅仅领先对手 1 分，全场比赛都打得非常紧张。在本届奥运会上，对埃及的胜利也是中国男篮唯一的胜利。

（三）奥运会篮球经典时刻

1. 2008 年奥运会美国 VS 西班牙

2. 2000 悉尼奥运会中国 VS 法国

（四）世界主要篮球赛事

世界篮球锦标赛（篮球世界杯）：男篮比赛始于 1950 年，每 4 年一次，参加比赛的队数和选拔办法经常变更。如 1986 年的第 10 届锦标赛共有 24 个队参加，1990 年的第 11 届锦标赛只有 16 个队参加。女篮比赛始于 1953 年，1967 年后定为每 4 年举行一届，参赛队数为 14 个。

奥运会篮球比赛：男篮 1936 年被列为奥运会正式比赛项目，40 年后，即 1976 年，女篮也被列为奥运会正式比赛项目。此项赛事随夏季奥运会每 4 年举行一次，男女参赛队各 12 个。

世界青年男女篮球锦标赛：男篮始于 1979 年，女篮始于 1955 年，均各有 14 个队参加，每 4 年举办一次。

本章小结

1. 通过本章理论知识的学习，了解篮球运动的锻炼价值，培养参加篮球运动的兴趣和爱好，形成坚持锻炼的习惯。
2. 通过篮球游戏化教学活动使学生进一步提高篮球的基本技术和简单战术水平，并能在篮球游戏和比赛中运用所学的篮球基本技术和简单战术。
3. 通过理论知识与实际运动的结合，发展学生的灵活性、机敏性及速度、力量、耐力等身体素质，促进学生身体的全面发展。
4. 在从事篮球游戏和比赛中，培养学生自尊、自信、集体合作意识，使学生形成积极进取、团结协作的良好作风。

在线学习

1. 中国篮球协会官方网站
2. 国家体育总局篮球运动管理中心

测测你的基础

1. 下列说法错误的是(　　)。

A. 篮球技术是篮球比赛中为了达到进攻与防守目的所采用的专门动作方法的总称，是篮球运动的基础

B. 当代篮球朝着团队配合、技战术丰富、高命中率发展，身体对抗减少

C. 在篮球比赛中，队员的智慧、技能、运动素质、心理品质、文化素养等都是通过了篮球技术集中表现出来的，从而也体现出运动技巧、应变能力和创造性

2. 如果两人之间有人防守的话，最佳的传球方法是(　　)。

A. 双手胸前传球　　B. 反弹传球　　C. 单手肩上传球

3. 在篮球比赛中，(　　)方法具有突然性强、出手点高和不易防守的优点。

A. 跳起投篮　　B. 原地单手肩上投篮　　C. 行进

4. 下列不包括持球突破技术动作的是(　　)。

A. 交叉步突破　　B. 侧滑步突破　　C. 后转身突破

5. 篮球进攻基本配合没有下列哪项(　　)。

A. 掩护配合　　B. 突破上篮　　C. 策应配合

6. 从界外发球的队员要在(　　)秒内发出球。

A. 3 秒　　B. 5 秒　　C. 6 秒

7. 下列(　　)不是死球状态。

A. 任何场上队员投篮或罚篮，球中篮时

B. 跳球中球被一名跳球队员合法拍击时

C. 球在飞行，裁判员鸣哨。

8. 从发球到过半场要在(　　)秒以内。

A. 5　　B. 8　　C. 10

9. 下列(　　)不是回场违例。

A. 球被防守队员打回半场后，进攻队员第一时间再次触球

B. 进攻方运球刚过半场后，脚踩中线

C. 进攻方运球被防守队员打掉后，运球回自己的半场

10. 原地单手肩上投篮球出手后，球飞行中的旋转是(　　)。

A. 前旋转　　B. 侧旋转　　C. 后旋

11. 向左侧滑步时，起动的第一步应是(　　)。

A. 右脚先移动　　B. 左脚先移动　　C. 左脚和右脚无论任何一脚移动都可以

12. 原地跳起单手肩上投篮以右手投篮为例，应该是(　　)将球投出。

A. 当身体在上升时，右臂向前上方伸直，通过食指、中指

B. 当身体接近最高点时，右臂向前上方伸直，通过食指和中指

C. 当身体下降时，右臂向前上方伸直，通过食指、中指

13. 在快速运球中，突然急停时，手按拍球的(　　)。

A. 正上方　　B. 后上方　　C. 前上方

14. 以左脚做中枢脚为例，交叉步持球突破应该是(　　)。

A. 先提起中枢脚再运球　　B. 运球时提起中枢脚同时进行　　C. 先运球再提起中枢脚

15. 投篮是靠(　　)，最后集中到手腕、手指上将球投出。

A. 身体各部的综合力量　　B. 屈膝蹬地力量　　C. 手臂力量

16. 一般而言，区域联防的最基本落位队形是(　　)，其他队形大多由此演变而来。

A. 1-3-1　　B. 2-1-2　　C. 2-3

17. 原地单手肩上投篮的正确用力顺序是(　　)

A. 投篮时手臂向前上方伸直、抬肘，使球从食、中指端投出

B. 投篮时下肢蹬地，左右手同时发力，手臂向前上方伸直，食指、中指用力拔球将球投出

C. 投篮时下肢蹬地发力，手臂向前上方伸直，手腕前屈，食指、中指用力拨球，通过指端将球投出

18. 在用右手做原地单手肩上投篮动作时，左手应扶在篮球的(　　)部位。

A. 前上方　　B. 后方　　C. 左侧方

19. 在用右手运球时，左手应处于(　　)的位置。

A. 球与防守者之间　　B. 球与自己身体之间　　C. 自己身体后面

20. 转身时，重心移向中枢脚，移动脚的脚前掌蹬地跨出的同时，(　　)向前或向后改变身体的方向。

A. 中枢脚碾地及腰胯带动上体转动

B. 中枢脚脚前掌为轴用力碾地，上体随着移动脚转动

C. 中枢脚用全脚掌或脚后跟碾地，上体随着移动脚转动

21. 在比赛中，(　　)发动快攻成功率最高。

A. 抢获后场篮板球后　　B. 抢断得球后　　C. 掷端线界外球时

22. 抢篮板球的前提是(　　)。

A. 抢球动作　　B. 抢占位置　　C. 起跳动作

23. 防守无球队员时一般应站在(　　)位置上。

A. 对手与球篮之间

B. 对手与球篮之间远离球的一侧

C. 对手与球篮之间偏向有球一侧

24. 以左脚做中枢脚为例，交叉步持球突破应该是(　　)。

A. 先提起中枢脚再运球　　B. 运球提起中枢脚同时进行　　C. 先运球再提起中枢脚

25. 运球转身的技术动作关键是(　　)要一拍完成。

A. 身体重心不得上下起伏　　B. 转身时降低重心　　C. 拉球动作和转身动作

26. 高运球时，两腿微屈、眼平视、手用力向前下方推按球，把球的落点控制在身体(　　)，使球的反弹高度在胸腹之间，手脚要协调配合。

A. 侧后方　　B. 正前方　　C. 侧前方

第六章
排球运动与比赛观赏

本章概述

本章主要介绍了排球运动的起源与发展、排球的基本技术和战术、排球的一些小游戏以及排球的基本竞赛规则。希望通过本章的学习后，学习者能对排球有更深入的了解以及更浓厚的学习兴趣。

章结构图

排球运动与比赛观赏

- 排球运动的技术和战术
  - 排球运动概述
  - 排球运动的起源与发展
  - 排球的基本技术
  - 排球的基本战术
- 排球比赛与游戏
  - 排球竞赛规则
  - 排球运动发展趋势
  - 排球小游戏

学习目标

通过本章的学习，你应该能够做到：

1. 了解排球这项运动，知晓其特点、健身价值以及起源和发展。
2. 学习并掌握排球的基本技术。
3. 了解排球的基本战术，熟悉排球的竞赛规则。
4. 了解排球运动的发展趋势。
5. 学习排球的相关游戏并尝试组织开展。

扫一扫 看一看

第一节 排球运动的技术和战术

一、排球运动概述

（一）排球运动的方法

排球属于隔网对抗性球类运动项目，比赛时，双方各 6 名队员站在排球场上，以中间球网为界，按照一定的比赛规则，运用发球、垫球、传球、扣球及拦网等技术进行攻防对抗，使球在对方场内落地从而得分获胜的一种球类运动。该运动对场地设施要求简单，比赛规则易于掌握，运动强度也可随时调节变动，因而成为大多数人喜爱的运动项目之一。

（二）排球运动的特点

1. 广泛的群众性

排球的场地设备简单，比赛规则也易于掌握，除了在球场上练习和比赛，在其余空地上也可以练习；排球运动强度的可调节性也决定了它能吸引各个年龄阶层、不同性别的人加入其中。

2. 形式多样

随着社会的发展，排球运动发展到今天，形式已经多种多样了，包括室内排球、沙滩排球、软式排球、气排球等，进一步满足了不同阶层人群的运动需要。

3. 高度的技巧性

排球比赛对时间性、技巧性要求很高。在排球比赛中，规则规定排球既不能落地，也不得在手中停留或连击，击球 3 次以内必须过网。比赛时双方比拼激烈，比赛情况瞬息万变，运动员往往是在快速、突变、连续和复杂的争夺中完成技术动作。因此决定了排球技术的高度技巧性。

4. 技术全面

在排球比赛中，场上的每个队员都要进行位置轮转，也就是说，场上 6 名队员都要参与前排进攻及后排防守。因此，每位队员必须掌握各项基本动作以适应各个位置的需要，同时避免违例。这就决定了排球技术的全面性。

5. 激烈的对抗性

排球比赛都是在激烈的对抗中进行，无论是从发球到接发球，从扣球到拦网，还是从进攻到防守，由于争夺激烈，夺取一分往往需要多个回合的交锋，越是高水平的比赛，其对抗性就越强，比赛就越具有观赏性。

6. 严密的组织性

除发球之外，在排球比赛中各个技术都是一环扣一环的，无论是接发球进攻中的一传、二传、扣球，还是扣球进攻中的拦网、防守、组织反击，任一环节配合不当，整个战术配合就无法进行，这体现了排球运动严密的组织性。

7. 攻防两重性

排球比赛中各项技术的运用很难进行严格的攻防区分，而是攻中有防、防中有攻，所以要求各项技术必须十分准确熟练。

（三）排球的运动价值

1. 强身健体

所有的运动项目都具有一定的健身作用，但又各具特点。根据排球运动的特点，经常参加这项运动能够提高力量、速度、灵敏、耐力、弹跳等身体素质和运动能力，能够改善身体各器官和神经系统的机能状况，促进青少年、儿童的生长发育，增进健康。

2. 培养良好的心理素质

排球比赛场上往往争夺激烈，每一次扣人心弦的争夺，无不包含着对人心理素质及技术动作的考验。参加排球运动能够培养人们机智、果断、沉着、冷静等心理品质，使人学会控制自己的情绪和调节心理。

3. 培养良好的品德和精神

排球比赛和训练能培养顽强拼搏的良好作风。有比赛就有输赢，谁也不能保证在赛场上是常胜将军。只有具备顽强拼搏，胜不骄、败不馁，勇敢顽强，坚持到底等良好品质，才能收获好的成绩。

4. 增强沟通、交际能力

作为一项需要队员之间配合默契的集体运动项目，排球运动可以拉近人与人之间的距离，提升人的沟通与交流能力。

赛事时刻

1. 奥运会排球比赛：在 1964 年第 18 届奥运会上，排球第一次被列为奥运会正式比赛项目。

2. 世界排球锦标赛：男子从 1949 年开始第一届，女子从 1952 年开始第一届。它是除奥运会排球比赛外水平最高、历史最长、参赛队伍最多的排球比赛，每 4 年举行一届。

3. 世界杯排球赛：由原来的欧、亚、美三大洲排球赛改变而来，男子第一届为 1965 年，女子第一届为 1973 年。从 1981 年起，夺得世界杯男子冠军的队伍可直接参加下届奥运会。

4. 沙滩排球：它由 20 世纪 30 年代出现在海滩上进行的一种娱乐性活动演变而来，其比赛规则与六人制排球大体相同。

5. 国内甲级排球联赛：每年都会举行，分男、女甲A（8 个队）和甲B（8 个队）两大组。实行升降级制度，各组的后两名下一年度降级，B 组的前两名下一年度升级。1996 年开始实行比赛的主客场制。

二、排球运动的起源与发展

（一）排球运动的起源与传播

排球运动起源于美国。19 世纪末，美国在体育方面较为发达，美式足球、篮球、网球和橄榄球很是盛行，但由于网球规定的参加人数少，而其余几个项目的比赛活动过于激烈，人们便希望找到一种参加人数多、运动负荷适当、男女老少都可参加的富有趣味性的活动。1895 年，时任美国马萨诸塞州霍利约克市基督教青年会体育干事的威廉·基·莫根一直为此冥思苦想。不久后他从网球运动中受到启发，构思改造网球的运动形式，使其成为一种多人参加的、隔网的、直接用手拍球的游戏性活动。他先是将网球网增高到 5~ 6 英尺，随后用网球和篮球及篮球胆进行了实验，几经周折，他制作出了外表皮制、内装橡胶球胆、重约 9~ 12 盎司、周长 25~ 27 英寸的历史上第一个排球。1896 年开始，美国有了排球比赛，并被命名为 “volleyball”，即 “空中截击” 之意，并一直沿用至今。1897 年 7 月，美国体育杂志上公开介绍了排球的比赛规则及打法。最初对排球场上的人数并没有规定，只要双方人数对等即可。排球比赛很快受到各界人士的欢迎，得到美国各学校、教会和社会的广泛重视，还被列为美国的军事体育项目。

通过美国军队的军事活动和教会的传播，排球运动逐渐传播到世界各地。在美洲，1900 年首先传入加拿大，5 年后再传入古巴，1912 年传入乌拉圭，时隔两年又传入墨西哥；在亚洲，1900 年传入印度，5 年后传入中国，1908 年传入日本，同样时隔两年传入了菲律宾。排球运动传入欧洲的时间晚于美洲和亚洲，最晚传入非洲。在亚洲，排球运动先后经历了 16 人制、12 人制、9 人制的比赛形式，6 人制是 20 世纪 50 年代才正式开展的。

（二）排球运动的发展

纵观排球运动发展的一百多年历史，它主要经历了从娱乐转向竞技、竞技发展、竞技排球多元化和娱乐排球再兴起三个阶段。

1. 从娱乐转向竞技阶段

最初，排球运动只是一种娱乐性的游戏活动。最开始的排球运动，双方只是争取用手一次性让球过网，在游戏的过程中大家慢慢发现，不将球一次击过网更能增加对方接球难度。因此出现了多次击球的打法，形成了集体战术的雏形。后来发现，一方无休止地击球也不合适，于是产生 3 次过网的规定。随着排球规则的不断改进与日趋完善，促进了各项排球技术的产生与发展。20 世纪 30 年代末，为了应对集体拦网，打、吊结合的打法及保护拦网跟进的战术已初步形成。这一阶段，排球运动由娱乐游戏性向竞技性过渡。

2. 竞技发展阶段

随着排球竞技化趋势的不断增加，一些国家相继成立了排球协会，同时人们希望国际上能有一个统一的组织。1946 年，法国、捷克斯洛伐克、波兰三国倡议成立国际排球联合会。1947 年，国际排联在巴黎成立，保尔·黎伯为第一任主席，同时，通用排球规则出版问世。由此，排球摆脱娱乐游戏性质进入竞赛排球新阶段。20 世纪 60 年代至 70 年代是排球技战术快速发展的时代，其中 70 年代最为突出，各种快变战术应运而生、争奇斗艳，把竞技排球装扮得更加绚丽多彩。

3. 竞技排球的多元化和娱乐排球的再兴起

排球运动起源于娱乐游戏，后来逐渐为竞技性取代，但随着现代经济的发展，健身娱乐逐渐成为人们消除疲劳的有效手段，排球运动本身的高度技巧性使人望而生畏。因此人们希望能有大众都能参加的排球运动出现，于是，全球性的娱乐排球应运而生。

排球运动可以提高能量代谢水平和心肺功能。进行较长时间的排球运动可以看作一项有氧运动，同时排球运动的技术是瞬间完成的。因此又与无氧供能密切相关，可以说排球是一项有氧和无氧两种供能方式相结合的运动。

三、排球的基本技术

在排球规则允许的前提下，排球运动员采用合理的击球与配合动作总称为排球基本技术。排球技术包括有球技术和无球技术：无球技术是指准备姿势、移动、各种掩护动作及起跳等；有球技术则包括发球、垫球、传球、扣球及拦网等。

（一）准备姿势和移动

准备姿势是为了便于完成其余各种技术动作而采取的合理的身体姿势，它和移动一起对其余各项有球技术的运用起串联和纽带作用。移动是从起动到制动的过程，其目的主要是使人及时接近球，保持良好的人、球位置关系以便击球。准备姿势和移动是相辅相成的，前者主要是为了移动，而要快速移动又必须先做好准备姿势。

1. 准备姿势

准备姿势可分为稍蹲、半蹲和低蹲准备姿势三种，其差异主要在于身体重心的高低不同。

（1）半蹲准备姿势：两脚左右自然开立约肩宽，一脚稍在前，另一脚脚跟略提起，两脚尖稍内收。膝关节保持一定弯曲度使膝关节的投影超过脚尖，上体微微前倾，重心靠前。两臂放松保持自然弯曲，双手置于腹前。两眼注视来球方向，两腿始终保持微动，全身肌肉适当放松。

半蹲准备姿势要点：①脚跟略提起和膝关节保持一定弯曲度便于向各个方向及时蹬地启动，也有利于及时下蹲、起跳和倒地。②上体前倾便于向前和侧前方移动。③两臂置于胸腹之间便于摆臂和伸臂做各种击球动作。④两脚保持微动，能使神经系统处于适当的兴奋状态，克服静止的惯性，从而移动更迅速。⑤场上防守位置所在半区不同，其准备姿势及双脚站立方法也不同。在左半区时应左脚在前，身体稍向右转；在右半区时则反之，右脚在前，身体稍向左转。

半蹲准备姿势多用于接发球、拦网和各种传球。

（2）稍蹲准备姿势：与半蹲准备姿势动作方法相同，但重心稍高，膝关节的弯曲程度减小。

稍蹲准备姿势一般用于扣球助跑前、不需要快速反应起动的时候。

（3）低蹲准备姿势：比半蹲准备姿势重心更低、更靠前，膝部弯曲程度更大，两脚前、后、左、右间距也更宽，肩部投影要求过膝。

低蹲准备姿势主要用于防守及各种保护动作时。

2. 移动

迅速的移动能在赛场上占据有利位置，争取时间与空间。队员能否及时移动到位，则直接影响了技战术的开展与质量。移动基本步法的熟练运用是快速移动的前提与保障。

（1）并步与滑步：前脚向来球方向跨出一步，后脚迅速跟上的移动动作称为并步，连续的并步又称为滑步。使用并步容易保持平衡，便于做各冲击球动作。

（2）交叉步：以向右交叉步为例，上体微向右转，左脚从右脚前向右交叉迈出一步，随后右脚再向右跨出一大步并转身向来球方向。

（3）跨步和跨跳步：以向前跨步为例，后脚用力蹬地，前脚向前跨出一大步，膝部弯曲同时上体前倾，身体重心移至前腿上。跨步比交叉步移动距离近，因而便于接 1~2 米处低球。

（4）跑步：一般用于球离身体较远时，跑步移动时要注意逐渐降低重心。

（5）综合步：即以上各种步法的综合运用。在实际练习和比赛中，大家看到的多为综合步法。

3. 易犯错误及纠正方法

在初学准备姿势和移动的教学训练中，易犯错误及纠正方法见表 6-1。

表 6-1　排球准备姿势和移动中的易犯错误及纠正方法

	准备姿势	移动
易犯错误	全脚掌着地、直腿弯腰未屈膝、臀部后坐	移动时身体起伏大，重心高
纠正方法	提醒提脚跟，两脚前后站的距离大些，反复练习低姿势移动，提醒要重心靠前、双膝投影超过脚尖	多做穿越网下的往返练习

（二）发球

发球是既不需要同伴配合也不受对方干扰的自我完成动作。发球是一场比赛的开始，攻击性发球可以破坏对方的进攻甚至直接得分，使对方情绪波动、阵脚混乱以致其处于被动局面，减轻本方拦网压力，从而为本方反攻得分创造有利条件。

从站位方式来区分，有正面发球和侧面发球；从性能区分，有旋转球和飘球；从击球挥臂来区分有上手发球和下手发球。发球主要的常用技术是上手飘球、上手大力发球、跳发球及下手发球等。但无论采取哪种发球技术，其主要的动作过程都是相同的：站位和持球准备—抛球和引臂—发力和挥臂—击球的手形、点和部位—击球后的动作。

1. 正面下手发球

（1）准备姿势：发球者面对球网，两脚前后开立，一脚在前，两膝微屈，上体微微前倾，重心放在后脚，一手持球于腹前。

（2）抛球：一手将球垂直抛于体前另一侧高约 20cm 处。在抛球的同时，另一手臂伸直，以肩为轴向后摆动。

（3）击球：借后脚蹬地的力量，身体重心随着手臂向前摆动击球而移至前脚，在腹前以全手掌击打球的后下方。

2. 侧面下手发球

（1）准备姿势：发球者左肩对网，两脚左右自然开立约肩宽，两膝微屈，上体稍前倾，重心落在两脚间，左手持球于腹前。

（2）抛球：左手持球平稳、垂直抛至胸前距身体约一臂远处。

在实际运用中，考虑到大多数女生的力量问题，下手发球多用于女生排球发球的初级教学，且以侧面下手发球为主。而男生的发球教学主要以正面上手发球为主。

（3）击球：抛球的同时，右臂摆至右后方，接着利用右脚蹬地向右转体的力量带动右臂向前上方摆动，于腹前用全手掌击球的右下方。

3. 正面上手发球

（1）准备姿势：面对球网，两脚自然开立站立，左脚在前，左手持球于体前。

（2）抛球：左手将球平稳地、垂直地抛于右肩前上方，高度适宜。抛球的同时右臂抬起，屈肘后引，肘与肩平行，手掌自然张开，上体稍向右侧转动，抬头、挺胸、展腹，身体的重心移至右脚。

（3）击球：击球时，利用蹬地力量上体向左转动，迅速收腹带动手臂向前上方挥动，伸直手臂在右肩前上方的最高点，用全手掌击球的后中部。

4. 正面上手飘球

（1）准备姿势：同正面上手发球。

（2）抛球：同正面上手发球，但抛球的高度稍低并靠前。

（3）击球：右脚蹬地，上体向左转动发力带动手臂挥动。挥动时手臂要伸直，在右肩的左上方用掌根击打球的中下部，身体重心随之从右脚过渡到左脚。击球前要突然加速挥臂，手的挥动轨迹保持一段直线运动。击球瞬间，五指并拢，手腕后仰，并保持紧张，用掌根平面击球的后中下部。击球结束，手臂挥动有突停动作。

5. 跳发球

（1）准备姿势：队员面对球网，距端线 3~4 米处站立。

（2）抛球：以右手或双手持球于体前做准备。

（3）助跑起跳：抛球的同时向前助跑（二步或三步）起跳，同时，两臂要协调摆动，摆幅要大。

（4）挥臂击球：挥臂动作似正面上手发球。击球时，利用收腹转体动作带动手臂挥动，在身体升至最高点时以全手掌击球的中下部，击球时，手腕要有推压的动作。

（5）落地：击球后双脚落地，两膝顺势弯曲缓冲。

6. 高吊球

（1）准备姿势：右肩对网，两脚开立与肩同宽，左脚稍站前，两膝微屈，上体稍前倾，重心落于右脚上。

（2）抛球：左手将球抛在右肩前方，离身约一臂之距，垂直起落为宜。

（3）击球：在抛球同时，右臂向后下方摆动，然后借助蹬地展腹动作，右臂猛烈向上挥动。击球前瞬间，突然屈肘，使小臂加带向上提起，在腹前高展用虎口击球的下部偏左的部位，使球带有上旋地向右侧上方飞起。击球后，迅速转身入场。

7. 侧旋球

（1）准备姿势：同正面上手发球。

（2）挥臂动作：同正面上手发球。

（3）击球：击球时，以全手掌击球的右（左）部，从右（左）向左（右）带腕，做旋内（外）的动作，使球向左（右）侧旋飞行。

8. 侧面勾手飘球

（1）准备姿势：体侧对网，两脚自然开立，左手持球于胸前。

（2）抛球与摆臂：在抛球的同时，右臂向右侧下方摆动，上体顺势向右倾斜和转动，身体重心落在右脚上。左手采用托送动作，将球平稳地抛在左肩前上方约一臂的高度。

（3）击球：击球时，右脚蹬地上体向左转动发力，带动手臂挥动。挥动时，手臂伸直，手腕保持紧张，以掌根的坚硬平面或以半握拳、拇指根等部分击球的中下部。触球后，手臂挥动有突停动作。

9. 易犯错误及纠正方法

发球技术的种类繁多，各自动作的难易程度大相径庭，所以在实际教学时要结合教学对象的性别、实际水平来选择教学内容及确定教学的顺序。在此列举两个常用于排球发球基础教学的发球技术，总结其易犯错误及纠正方法。（见表 6-2）

表 6-2　排球发球易犯错误及纠正方法

	正面上手发球	侧面下手发球
易犯错误	抛球不稳、全身用力不协调、没有推压带腕动作、找不准击球点	抛球过高、无转体摆臂动作
纠正方法	多练习抛球直至抛出的球稳定且高度适宜；练习上手抛实心球，注意抛和挥的配合；对墙近距离发球练习；学会用手包住球，先练习抛球，球抛稳定后再练习发球	牢记腹前低抛球：多加练习，先徒手练习转体摆臂动作，熟练后再拿球练习

10. 发球技术的练习方法

（1）原地练习发球的抛球动作，直至能将球平稳、垂直地抛到适宜的高度。

（2）徒手原地练习发球的挥臂动作。

（3）固定吊球，练习摆臂击球动作。

（4）对墙发球练习，体会发球用力及身体协调动作。

（5）在场地内练习发球过网。

（6）在发球区内练习发球过网。

（三）垫球

垫球主要用于接发球、接扣球及接网前的拦回球，是排球技术中最基础、最易学的技术。（见表6-3）通过手臂或身体其他部位的迎击动作使球从垫击面反弹出去的击球动作称为垫球。垫球的动作结构简单，并臂后抬臂迎击就算完成，但要做到垫球稳、准且控制好落点就不是易事了。除此之外，垫球是一项消退快、提高慢的技术，短期的突击并不能有效地提高垫球水平，经常保持一定时间和量的训练才能保证垫球技术水平的不退步或提升。在此，我们主要讲解正面双手垫球、背垫、单手垫球、挡球及鱼跃垫球。

1. 正面双手垫球

（1）垫球手形：正面双手垫球的基本手形有抱拳式、互靠式和叠掌式，但无论采用哪种手形都应该注意手腕下压，两臂外翻。

① 抱拳式：两手掌根相靠，手指重叠，合掌互握，两拇指平行前伸，手腕下压。

② 互靠式：两手腕部紧靠，两手自然放松。

③ 叠掌式：两手掌根紧靠，两手手指重叠，合掌互握，手腕稍向下压，两臂外翻形成一个平面。

（2）击球部位：正确的击球部位在从前臂腕关节开始到上方约 10cm处的这段部位。

（3）手臂角度：垫球手臂与地面所成的夹角对控制球的方向、弧度、落点有很大影响。来球弧度高时，手臂与地面的角度应小些；来球弧度较平时，手臂与地面的角度应大些。

表 6-3　垫球的基本分类（按力量大小区分）

垫轻球	垫一般球（中等力度）	垫重球
采用半蹲准备姿势，当球飞来时，双手成垫球手型，手腕下压，两臂外翻形成一个平面，当球飞到腹前一臂距离时，两臂夹紧前伸，插到球下，向前上方蹬地抬臂，迎击来球，利用腕关节以上 10cm左右处的桡骨内侧平面击球的后下部，身体重心随击球动作前移，击球点保持在腹前一臂距离	动作方法与垫轻球相同，由于来球有一定力量。因此击球动作要小，速度要慢，手臂适当放松	要根据来球的高低和角度，采用半蹲或低蹲准备姿势，击球时采用含胸、收腹的动作，帮助手臂随球屈肘后撤，适当放松，以缓冲来球力量；在撤臂缓冲的同时，用微小的小臂和手腕动作控制垫球方向和角度

2. 背垫

背对出球方向的垫球方法叫背垫。背垫大多用于接应同伴垫飞的球或将球处理过网。由于是背对着出球方向，击出去的球的方向和落点就很不好控制。所以，要完成好一次背垫，先要判断来球的速度、方向和离网的距离，再迅速移动到球的落点处，背对出球方向两臂夹紧直插到球下击球。击球时蹬地、抬头挺胸、展腹，直臂向后上方摆动击球。

3. 单手垫球

在比赛中，有时来不及移动到位用双手垫球就可采用单手垫球的方法。单手垫球技术的优点是可以起到扩大防守和保护范围的作用，缺点是由于手臂击球面积小，便不容易控制球。单手垫球的击球手形很多，根据情况，可用前臂内侧、掌跟、虎口、手背、拳头等部位击球。

4. 挡球

当来球较高不便于用手臂垫击时，就可用双手或单手在胸部以上挡击来球。挡球分为单手、双手挡球两种。双手挡球多用于挡击胸部以上、力量大、速度快的来球；单手挡球多用于来球较高、力量较轻、在头部上方或侧上方的来球。挡球也可以起到扩大防守和保护范围的作用。

（1）双手挡球。①手形：抱拳式，两肘弯曲，一手半握拳，另一手外包；并掌式，两肘弯曲，两虎口交叉，两臂外侧朝前，合并成钩形。②方法：手臂屈肘上举，肘部向前，手腕后仰，用双手平掌外侧和掌根所组成的平面挡击球的后下部，击球瞬间手腕要紧张，用力适度。

（2）单手挡球：挡球时，手臂屈肘上举，肘部向前；手腕后仰，用掌根或拳心平面击球的后下部；击球瞬间手腕要紧张，如球较高还可跳起挡球。

5. 鱼跃垫球

当来球低而远时，可采用防守中难度较大的鱼跃垫球技术。其特点是跃得远，控制范围大，但动作难度也大。采用半蹲准备姿势，上体前倾，重心前移，向前做一两步助跑或原地用力蹬地，使身体向来球方向腾空跃出，手臂向前伸展，插到球下，用单手或双手击球的后下部。击球后，双手在体前身体重心运动的方向线上着地支撑，两肘缓慢弯曲，同时抬头、挺胸、展腹，两腿自然弯曲，使身体成反弓形，手、胸、腹、大腿依次着地。如前冲力大时，可在两手着地支撑后立即向后做推撑动作，使胸、腹着地后贴着地面顺势向前滑行。

为了防止受伤，鱼跃在空中击球后要有一个潜入式动作。手的支撑点要在身体重心运动的方向线上。支撑点靠后容易造成身体前翻折腰；支撑点太靠前容易造成身体平落使腹部或膝部碰地。

6. 垫球技术的练习方法

（1）徒手模仿垫球动作练习，体会身体的协调用力。

（2）2 人一球，1 人双手持球，1 人做固定垫球练习，垫球者体会击球部位和动作。

（3）2 人一球，1 人抛球，1 人垫球。

（4）原地自垫练习。

（5）对墙连续垫球练习。

（6）2 人相距 3~ 4 米对垫球练习。

（四）传球

传球是排球比赛中防守和反攻的衔接技术，传球的好坏直接影响着战术配合质量，关系到扣球效果。良好的传球技术是比赛取得胜利的保证。

传球的技术动作细腻，对手指手腕力量、手指手腕的控制能力和协调性要求较高。传球大多是将同伴送来的球传出，并改变来球的方向、弧度和速度。传球质量的好坏，既取决于传球者的手上功夫，也受同伴给球质量的影响。

传球一直以来都是运用广泛的一项重要技术，从传球技术出现至今，其技术动作方法基本未变。传球技术基本可分为正传、背传、侧传、跳传四种，后面三种传球方式都是在正面传球的基础上变化而来的。

1. 正传

（1）准备姿势：两脚左右自然开立约肩宽，一脚在前，两脚尖适当内收，脚跟稍提起，膝关节稍弯曲。上体伸直重心靠前，身体要稳定，抬头看球，双手自然抬起置于脸前。

（2）迎球：当球下降近额前时，蹬地伸膝，伸展，两手向前上方迎击来球。

（3）击球：击球点在额前上方约一个球的距离处，这样便于看清传球的目标，有利于对准球和控制传球方向。同时，手在触球时肘关节尚未伸直，也便于继续伸臂发力。

（4）手形：当手触球时，两手自然张开成半球形，手指与球吻合，手腕稍后仰，以拇指、食指、中指托住球的后下部，手指手腕保持适当的紧张，以承担球的压力。两拇指相对，接近“一”字形，两手间的距离可因手的大小而定。用拇指的内侧，食指的全部，中指的 2、3 关节触球，无名指和小指在两侧辅助控制传球方向。两肘适当分开，两前臂之间要有一定距离。

（5）用力：传球动作是全身协调用力。传球用力的顺序是：蹬地、伸膝、伸腰、伸肘、伸臂、手指手腕屈伸。传球最重要的是利用伸臂和手腕手指的紧张用力和球压在手指上产生的反弹力将球传出。要根据来球的速度、弧度、力量适当地控制伸臂和手腕手指的紧张程度，以加强或缓冲出球速度，控制好传球的弧度和距离，提高准确性。瞬间控制球速和力量主要是靠手臂、手腕、手指对球本体感觉的敏锐程度。

（6）正传的常见错误及纠正方法见表 6-4。

表 6-4　正传常见错误及纠正方法

常见错误	纠正方法
手型不正确，形不成半球状	一抛一接轻实心球：自抛自接，接住后自我检查手型；距墙 40cm 左右连续传球，并不断检查和纠正手型
击球点过前或过高	击球点过前，多做自传；击球点过后多做平传或平传转自传
传球时臀部后坐，使不上蹬地力量	讲解协调用力的重要性；一人手压球，另一人做传球的模仿练习
传球时上体后仰	两人对传中，一传出球，立即用双手触及地面
传球时有推压或拍手动作	多做原地自传或对墙传球，增加指腕力量，体会触球感觉

2. 背传

向后上方传球，称为背传。背传是传球基本方法之一。比赛中采用背传可以变化传球路线，迷惑对方，组成多变的战术配合。

（1）准备姿势：上体比正面传球时稍直立，身体重心稳定在两脚之间，双手自然抬起，放松置于脸前。

（2）迎球：双手上举，挺胸，掌心稍向上，手腕稍后仰。

（3）击球点：保持在额上方。

（4）手型：与正面传球相同，拇指托球的后下部。

（5）用力：利用蹬地、上体后仰、挺胸、展腹、抬臂及手腕手指的弹力将球向身体后下方传出。

3. 侧传

身体侧对传球目标，并将球向体侧方向传出的传球动作叫侧传。侧传有一定的隐蔽性。

（1）准备姿势：与正面传球相同。

（2）迎球：与正面传球相同。

（3）击球点：保持在脸前或稍偏于出球方向的一侧。

（4）手形：与正面传球相同，但倾向出球一侧的手臂要低一些，另一则要高一些。

（5）用力：蹬地后上体要向出球方向倾斜，双臂向传出一侧用力伸展，异侧手臂动作幅度较大，伸展较快。

4. 跳传

跳起在空中做传球的动作叫跳传。跳传有原地跳、助跑跳、双足跳、单足跳等动作。起跳最好是向上垂直起跳，不宜向前或向侧冲跳。起跳的关键是掌握好起跳时机，起跳过早或过晚都会影响传球质量。起跳在空中后，双臂上摆至脸前，身体在空中保持平衡。当身体上升到最高点时，靠伸臂动作和手腕手指的弹力将球传出。

5. 传球技术的练习方法

首先应学习正面传球，先正确掌握最基本的正面传球技术，再学习其他的传球方法。

（1）正面传球的练习方法：①每人一球，向自己头顶上方抛球，然后用传球手形接住，自我检查手形正确与否。②连续自传，传球高度不低于 40cm，传球时尽量固定在一个区域内。③距墙 50cm，对墙连续传球，以建立正确的手形，体会手指手腕的发力。

（2）顺网传球的练习方法：①二人一球，一人自抛后做背传传球给另一人，另一人做正面传球将球传回。②三人一组练习：各相距 3m 左右，中间一人做背传，另外两人做正面传球，传一会儿后大家交换位置，轮流练习。③四人一组练习：中间两人做背传。④后排来球，然后在网边进行背传，将球传至 4 号或 2、3 号位，也可由后排移动到网前进行背传。

（3）二传的练习方法：①两人顺网传球：两人在网前做近距离、中距离、远距离对传。②两人顺网传球加一次自传：在上面练习基础上加一次自传。自传后还可做正传、侧传、背传及跳传动作，加大难度和次数。

（五）扣球

1. 技术分析

（1）准备姿势：一般站在距离球网 3m 左右的位置，两臂自然下垂，稍蹲，脚步不要站死，眼睛观察来球，做好助跑起跳的准备。

（2）助跑：助跑的目的是为了接近球、选择适宜的起跳地点，同时也起到增加弹跳高度的作用。助跑的方向、速度和步数根据二传来球的方向、速度和弧度决定。根据二传球情况和个人特点，可采用一步、两步、三步或多步助跑。

① 一步法适合于扣球队员距球较近时采用。以右手扣球为例，助跑前，两脚前后开立，左脚在前；助跑时，右脚向前跨出一步，左脚迅速并上，立即起跳。

② 两步助跑时，先左脚放松而自然地向起跳方向迈出第一步，紧接着跨出右脚，支撑点落在身体重心之前，并以脚跟先着地，两臂由体前经体侧摆至体后下方，上体前倾，重心前移，着地的右脚迅速由脚跟过渡到脚掌，同时左脚随即在右脚的前方着地，身体重心下降，两膝弯曲，上体稍向右转，准备起跳。

③ 三步助跑则在两步助跑之前，右脚迈出一步，步幅要比第二步小些。

④ 多步助跑的最后一步通常应大些，以便于接近来球，同时使身体后仰，便于制动。

（3）助跑要求：助跑总的要求是连贯、轻松、自然，由慢到快、由小到大，只要脚一动就要有相应的手臂协同动作。助跑过程的身体重心应平稳下降，减少起伏，以提高助跑的速度和减少能量的损耗。

小贴士

助跑四要素包括：助跑节奏、助跑时机、助跑路线和助跑制动。

（4）起跳：助跑最后一步脚的落地就是起跳的开始。起跳的目的不仅是获得高度，还为了选择适当的扣球时机和击球位置。跳起的高度与起跳前膝、踝和髋关节的弯曲程度有关，在一定范围内，弯曲程度越大，越有利于提高跳起高度。但下肢各关节的弯曲程度与个人的腿部力量和腰腹力量有关，腿部和腰部力量大的运动员，下蹲可深些；腿部和腰部力量小的运动员，下蹲可浅些。常用的起跳方法主要有两种：一是并步法；二是跨步法。不论用哪种方法起跳，当踏跳脚着地的瞬间，手臂摆至身体侧后方并开始向前摆动。当两腿弯曲至最深时，手臂摆至体侧，而后随蹬直两腿向上划弧上摆，两脚迅速趴地，双膝猛伸，向上跳起。

（5）空中击球：起跳后，挺胸展腹，上体稍向右转，右臂向上方抬起，身体成反弓形。挥臂时，以迅速转体、收腹动作发力，依次带动肩、肘、腕各关节成鞭甩动作向前上方弧形挥动，在右肩前上方最高点击球。击球时，提肩、伸臂，五指微张呈钩形，以全掌包满球，击中球的后中部，力量通过球中心，手腕有推压动作，使球向前下方旋转飞行。

（6）落地：空中完成击球动作后，身体自然下落，尽量用双脚的前脚掌先着地，以缓冲身体与地面的撞击力。落下时保持平衡，以便落地后能及时完成下一个动作。

2. 易犯错误与纠正方法

扣球的易犯错误和纠正方法见表 6–5。

表 6–5　扣球的易犯错误和纠正方法

易犯错误	纠正方法
助跑起跳时间不准	开始时轻拍扣球者的背，或给予语言信号
起跳前冲，击球点偏后	练习助跑，最后一步跨大，在网前起跳接抛球或扣固定球
击球时手臂下压	徒手甩臂，体会手臂放松动作或手握轻物（棒球、石子）甩臂。距墙 2m 用中等力量连续反弹球
屈肘击球，击球点偏低	降低球网，原地隔网甩小网球；连续甩臂击高度适中的树叶
手包不住球	把球固定在击球高度上反复挥臂击球，练习击球手法；原地对墙自抛自扣

3. 练习方法

（1）徒手模仿扣球练习：学生随教师的示范与口令做徒手扣球练习，并注意节奏和手臂放松有鞭甩动作。

（2）扣固定球练习：扣吊球或同伴单手扣球于高处（以扣球者击球臂伸直的最高点为宜），进行练习。

（3）自抛自扣练习：距墙 5~ 6m 扣长线或连续对墙扣球练习。

（4）一抛一扣练习：1 人站在扣球者右侧来左右抛接近垂直的高球，另 1 人对墙或低网扣球。

（5）4 号位扣球练习：先练习扣抛出的高球，后扣二传传出的高球。

（6）4、2、3 号位扣球练习：正面扣球掌握后再练扣各种快球。

（六）拦网

拦网是防反的第一道防线和得分的重要手段。拦网不仅能拦死、拦回、拦起对方的扣球，还可以削弱对方进攻的锐气，动摇扣手信心。随着排球运动的发展及比赛规则的变化，拦网技术也在不断发展和变化。目前，为了能跟上进攻速度的变化，要求拦网人移动快、起跳快，能连续跳跃、空中拦击手形能根据扣球情况灵活变化。

拦网是一项比较复杂的技术，拦网队员往往要在瞬间从防守转为进攻、从被动转为主动。而完成这些都要在空中进行，所以难度较大。优秀拦网运动员拦网时积极主动、判断准、起动快、跳得高、下手狠。根据参与拦网的人数，拦网分为单人拦网和多人拦网。

1. 技术分析

拦网的技术动作包括：准备姿势和取位、移动、起跳、空中击球和落地五个互相衔接的部分。

（1）准备姿势和取位：面对球网两脚平行开立约肩宽，距网 30~40cm，两膝微屈，两手自然弯曲置于胸前，随时做好起跳准备和向两侧迅速移动的准备。

（2）移动：根据不同情况可灵活运用并步、跨步、滑步、交叉步、跑步等各种移动步法，将身体重心移动到拦网位置，取好起跳点，准备起跳。

（3）起跳：移动后立即制动，使身体正对球网后起跳，或在起跳过程中在空中使身体转向球网。如是原地起跳则从拦网准备姿势开始，两脚用力蹬地，两臂在体侧划小弧用力上摆，带动身体向上垂直起跳。高大队员由于不用太借助摆臂力量带动身体上跳，因而准备姿势时便双手上举，起跳时主要用下肢力量，这样便于上手迅速伸出球网拦击扣球。起跳时膝关节的弯曲深度可因人而异，可因来球不同而异，但腰、膝、踝关节的形成角度大体上各为 90°、100°~110°、80°~90°为宜。

（4）空中击球：起跳后稍收腹，控制好身体的平衡。同时，两手从额前贴近并平行于网向网上沿前上方伸出，两手自然张开，屈指屈腕呈勾型，两臂伸直，两肩尽量上提。拦击时，两手尽量伸向对方上空接近球，当手触球时要抖腕用力捂盖球的前上方。根据对方扣球线路变化，两手在空中向球变线方向伸出，对侧手掌心在拦击球时内转包球，以防止被打手出界。

（5）落地：拦网后自然落回地面，落地时屈膝缓冲，落地后准备做下一动作。

空中移臂拦截

手臂空中移动拦截是为了提高拦网成功率，有以下几种情况：

（1）随球转移拦截：两手臂由直臂改为侧倒斜向拦网。如向左拦截，左臂伸直斜向横放在网口上方，右臂屈 肘，前臂在额部上方与网口平行，两手间距离不大于球体直径，增大拦网的宽度，以手掌、手指堵截路线。

（2）声东击西拦截：拦网者有意对准球站位，准备让出_条扣球路线空当；但当对方向这条空当路线扣球时，两臂突然伸向空当，阻拦对方扣球。

（3）两臂夹击拦截：拦网前，两臂分开上举，扣球队员可能从两臂中间空当扣球，但当对方扣球队员击球时，拦网队员两手突然由外向内汇合，使两臂夹击阻拦对方扣球。

2. 易犯错误及纠正方法

拦网的易犯错误及纠正方法见表 6-6。

表 6-6　拦网的易犯错误及纠正方法

易犯错误	纠正方法
起跳过早	按照拦网节奏给予起跳信号；起跳前深蹲慢跳
手下压触网	一对一原地扣拦练习；结合矮网，提肩屈腕把球拦下
拦网时低头闭眼睛	隔网拦对方抛来的球，逐步过渡到拦轻扣球
身体前扑触网	多练顺网移动起跳

3. 练习方法

（1）徒手原地体会手型。

（2）网前做徒手并步、交叉步移动起跳拦网练习。

（3）跳起拦对方固定路线的扣球。

（4）在扣球路线固定的情况下移动后拦网。

（5）双人原地起跳配合拦网。

（6）根据第二传的各种战术变化，练习移动后的 2、3 或 3、4 号位队员的集体拦网配合。

绝活儿

排球的绝活儿包括：大力跳发球、短平快、背飞进攻和鱼跃救球等。

四、排球的基本战术

（一）战术分类

战术是进行战斗的原则和方法。排球战术是指队员在比赛中，根据排球规则要求、排球运动规律和比赛双方情况，合理运用技术所采用的有意识、有目的、有组织的个人和集体配合行动。全面、准确、熟练和实用的技术是组织战术的基础，而合理地运用战术又能更加充分地发挥技术的威力。排球的战术分类如图 6-1 所示。

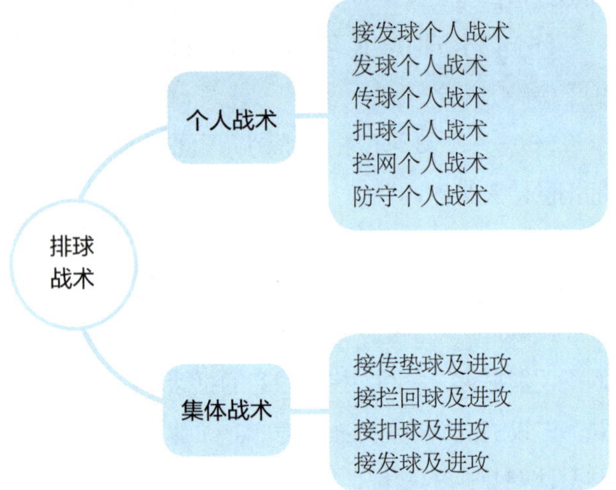

图 6-1　排球战术的分类

（二）阵容配备

阵容配备指比赛时场上人员的搭配布置。阵容配备的目的是合理地把全队的力量搭配好，以更有效地发挥每一个队员的特长和作用。为此，在组织阵容时要充分考虑队员的身体素质、技术水平，以合理安排其在阵容中的位置。进攻力量强和防守技术好的队员要搭配开，以保证每一轮次都有较强的进攻和防守能力；主攻手、副攻手和二传手分别安插在对称的位置上，以便在轮转时保持比较均匀的攻防力量；平时配合较好的进攻队员和二传队员安排在相邻的位置上；扣球好的主攻手一开始站在 4 号位，防守好的队员则首先站在后排；本方发球时，发球好的队员站在 1 号位；对方发球时，发球好的队员则站在 2 号位；一传较差的队员尽可能不要安排在相邻的位置上，避免形成薄弱地区。

根据各队不同的技术水平和战术特点，一般有三种阵容配备：“五一”“四二”和“三三”。

1. “五一”配备

即场上一个二传队员和五个进攻队员。为了弥补有时主要二传队员来不及传球所出现的被动局面，通常在二传队员的对角位置上配备一名有进攻能力的接应二传队员。二传队员在前排时采用两点、进攻，二传队员在后排时采用插上传球的三点进攻。由于前排三个都是攻手，可以加强进攻和拦网的力量。在“五一”配备中，全队进攻队员只需适应一名二传队员传球的习惯、特点，容易建立配合间的默契。但防反时，一传队员如果在后排，要插上传球，难度较大。

2. “四二”配备

即场上两个二传手、四个攻手（其中两个主攻手、两个副攻手），安排在对称的位置上。每一轮次前排都有一个二传队员和两个进攻队员，便于组织前排二传传球的两点进攻和后排二传插上传球的三点进攻。但每个进攻队员必须熟悉两个二传队员的传球特点，配合比较困难。

3. “三三”配备

即三名能攻的队员与三名能传的队员间隔站位，使次都有传有扣，是初学者常用的一种阵容配备。

（三）场上位置交换

根据排球规则，发球以后，队员在场上可任意交换位置。根据这一规则，出现了专位进攻、专位防守的方法。如在前排时，主攻手一直换在4号位；在后排时，主攻队员换到5号位，副攻队员换到6号位，二传队员换到1号位。（图6-2）这种位置交换使队员专位化，便于发挥每个队员的特长，有利于让队员集中学习训练掌握某项实用技术。在换位时要特别注意，换位前，应按规则的要求站位，防止出现“位置错误”违例。队员应在发球队员击球后，再迅速换到预定位置。

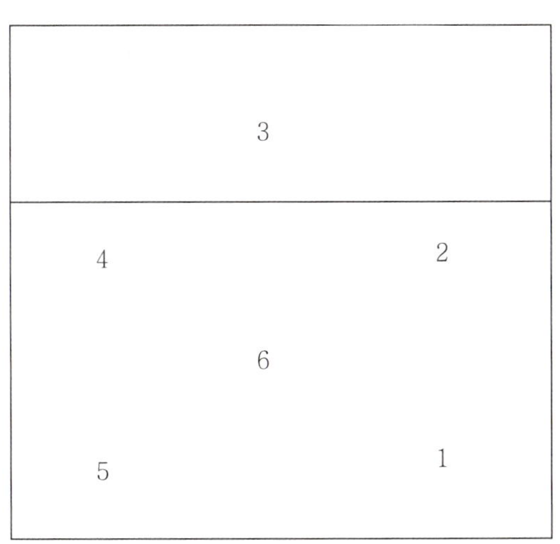

图6-2 排球场上位置示意图

（四）进攻战术

1. 阵形

（1）“中一二”进攻战术阵形：是指3号位队员做二传，将球传给4号、2号位队员进攻的组织形式。其优点是一传向网中3号位垫球比较容易，因而有利于组成进攻，适合初学者采用；二传队员在网前接应一传的移动距离近，向2号、4号位传球的距离较短，容易传准。缺点是战术变化少，对方容易识破进攻意图。

（2）“边一二”进攻战术阵形：是指2号位队员做二传，将球传给3号、4号位队员进攻的组织形式。其优点是右手扣球者在3号、4号位扣球比较顺手，战术变化较多。缺点是5号位接一传时，向2号位垫球距离较远；一传垫到4号位时，二传传球较为困难。

（3）“插上-进攻战术阵形：是指二传队员由后排插上到前排做二传，把球传给前排4号、3号、2号位队员进攻的组织形式。其优点是能保持前排三点进攻，战术配合变化多，并能利用网的全长组织进攻。缺点是对插上二传队员的要求较高。

2. 打法

进攻战术打法是指二传队员与扣球队员之间组织的各种进攻配合，包括强攻、快攻和两次球进攻三种基本打法。

（1）强攻：指在没有同伴掩护的情况下，在对方有准备的拦防情况下，强行突破的进攻。强攻的二传球较高，后排队员的高球进攻也属于强攻的打法。

（2）快攻：指扣二传传出的各种平快球及用这些平快球做掩护所组成的各种战术配合。快攻可以分为平快球进攻、自我掩护进攻、快球掩护进攻三类。平快球进攻常用的有前快、背快、短平快、平拉开、背溜、调整快、远网快、后排快、单脚起跳快等；自我掩护进攻包括时间差、位置差、空间差的进攻；快球掩护进攻包括各种交叉进攻、夹塞进攻、梯次进攻、前排快攻掩护后排进攻的本位进攻等。

（3）两次球进攻：指一传来球较高，又在网前适合扣球的位置上，前排队员跳起来直接进行扣球，如遇拦网，就在空中改做二传，把球转移给其他前排队员进攻。

（五）防守战术

1. 接发球防守站位

（1）五人接发球站位阵形：除二传队员站在网前或从后排插上准备二传不接发球外，其余5名队员都担负一传任务的接发球站位阵形。其优点是队员均衡分布，每人接发球的范围相对减小；接发球时，已站成了基本的进攻阵形，组织进攻比较方便，适合接发球水平不太高的球队。

（2）四人接发球站位阵形：后排插上二传队员与同列的前排队员均站在网前不接发球，其余4人站成弧形接发球的站位阵形。其优点是便于后排插上和不接发球的前排队员及时换位。

2. 接扣球的防守站位

（1）无拦网的防守阵形。对方无进攻或进攻较弱时，可以采用不拦网的防守阵形。这种阵形与5入接发球站位阵形相似：二传队员留在网前，准备接吊到网前的球和组织进攻；前排进攻队员要撤到进攻线后，准备防守和防守后的反攻；后排队员后退，准备防后场球。

（2）单人拦网的防守阵形：当对方进攻威胁不大时，可以采用单人拦网的防守阵形。拦网队员拦其主要进攻路线，不拦网队员及时后撤到防守前区或进行拦网保护，后排队员后撤加强后场防守。

（3）双人拦网的防守阵形：对方进攻威胁较大时，多采用这种防守阵形，即双人拦网4人防守接球。它通常分为“边跟进”和“心跟进”两冲：①“边跟进”多在对方进攻较强、吊球较少时采用。当对方4号位队员进攻时，我方2号、3号位队员拦网，其他4个队员组成半圆弧形防守。如遇对方吊前区，由边上1号位队员跟进防守。②“心跟进”在本方拦网能力强，对方采取打吊结合时采用。当对方4号位队员进攻时，我方2号、3号位队员拦网，后排中心的6号位队员在本方拦网时跟在拦网队员之后进行保护，其余3名队员组成后排弧形防守。

（4）三人拦网时的防守阵形：对方主要扣球手进攻实力很强，不善吊球的情况下可采用3人拦网、3人后排接球的防守阵形。

3. 接拦回球防守战术

以本方4号位队员进攻，其他5人保护为例：5号位队员向前移动和向左后方移动的3号位队员形成第一道防线，6号位队员向前移动和内撤的2号位队员形成第二道防线，1号位队员保护后场，为第三道防线。

4. 接传、垫球防守战术

当对方无法组织进攻，被迫用传、垫球将球击入本方时，我方的防守便称之为接传、垫球的防守。由于来球的攻击性小，我方的防守阵形与不拦网情况下的防守阵形相同。

第二节　排球比赛与游戏

扫一扫 看一看

一、排球竞赛规则

（一）比赛场地简介

排球比赛场地的地面必须平坦、水平，不得存在丽安全隐患。粗糙、湿或滑的场地上不得进行比赛。排球比赛场地的区域图示如图6-3所示。

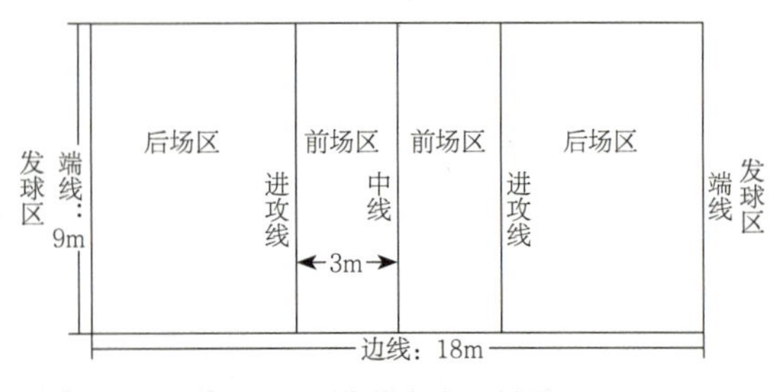

图6-3　排球比赛场地图示

排球的比赛场区为长18m宽9米的长方形，中线把它分为相等的两个场区。两条长线是边线，两条短线为端线，两边距网3m处均有一进攻线，以区分前、后排进攻。所有界线的宽为5cm，线的宽度均包括在场区内。中线与进攻线构成前场区，前场区向边线外的无障碍区无限延长，进攻线与端线构成后场区，端线外为发球区。

中线垂直面上方架有球网，为黑色，长约9.5m、宽1m。球网上沿缝有5cm宽的双层白帆布带，用一根柔韧的钢丝从中穿过，将球网固定在两边的网柱上。在国际比赛中，男子球网的高度为2.43m，女子球网的高度为2.24m。少年比赛中，一般为男子网高2.35m，女子网高2.15m。

国际排联规定：世界性排球比赛、各大洲和各国锦标赛和联赛的用球必须是国际排联批准的用球。排球的比赛用球颜色可是一色的浅色或国际排联批准的多色球，圆周为65~67cm，重量为260~280g，气压为0.30~0.325kg/cm2。比赛中所用的球，其特性包括圆周、重量、气压、牌号及颜色等都必须是统一的。

（二）比赛规则简介

1. 基本规则

排球比赛规则规定，每支参赛队最多可有12名队员，其中6名场上队员，6名替补队员。比赛从发球开始，以球落地、出界或是某一队伍不能合法（如击球次数超过3次、连击等）地将球击回对方场区为该球的结束。

排球正式比赛采用5局3胜制，一般娱乐性质的比赛也可采用3局2胜制。比赛时，胜一球即胜1分。比赛的前4局先得25分，并同时超出对方2分的队为胜1局。当比分为24：24时，比赛继续进行至某队领先2分为胜1局（如29：27，26：24）。决胜局先得15分，并同时超出对方2分的队获胜。当比分为14：14时，比赛则继续进行至某队领先2分为止（如17：15、16：14）。

2. 常见违例与判罚

（1）发球违例包括发球击球时的违例和发球击球后的违例。发球击球时的违例包括：发球次序错误；发球击球时踩线；裁判鸣哨允许发球后8s内未将球抛起发出；单手将球抛出或推出，双手击球；将球抛离手却未击球。发球击球后违例包括：发出界和球未过网。以上情况一经发现，主裁鸣牌示意并判其失分或失掉本轮次发球权。

（2）击球违例包括连击违例，指一名队员（拦网除外）连续击球两次或球连续触及其身体的不同部位；持球违例，指球在触及队员时不是被击出，而是被接住或抛出；四次击球违例，指一个队连续触球四次（拦网除外）；借助击球违例，指队员在比赛场地内借助同伴或任何物体的支持进行接球。以上情况一经发现，主裁鸣哨示意并判其失分，对方发球。

（3）拦网犯规包括过网拦网违例，指在对方进攻性击球前或击球时，在对方空间拦网触球；后排队员拦网违例，指后排队员、自由人完成拦网或是参加完成了集体拦网；拦发球违例，指拦对方的发球；标志杆外拦网违例，指从标志杆外伸入对方空间并触球。以上情况一经发现，主裁鸣哨示意并判其失分，对方发球。

（4）球网附近的违例包括过网击球违例，指对方进攻性击球前或击球时，在对方空间触及球；过中线违例，指比赛进行时队员的整只脚、手或身体其他部位越过中线并接触对方场区；触网犯规，指击球时触及球网上沿白色帆布袋；网下穿越违例，指从网下穿越进入对方空间并干扰对方比赛。以上情况一经发现，主裁鸣哨示意并判其失分，对方发球。

（5）排球规则规定，当发球队员击球时，如果场上队员不在其正确位置上，则为位置错误违例。位置错误违例主要包括：发球击球时，场上其余队员没有完全站在本场区内；发球击球时，场上队员前后、左右位置关系发生错误，未按照“每一名前排队员/左边队员至少有一只脚的一部分比同列后排队员/同排中间队员的双脚距中线/左边线更近”的规定站位。以上情况一经发现，主裁鸣哨示意并判其失分，对方发球。

3. 关于“自由防守队员”的一些规定

（1）各队可选择一名队员作为“自由人”上场参

赛，并在其姓名旁注明“L”字样，与其他6名上场队员一同登记在第一局的位置表上。

（2）“自由人”的穿着必须与其他队员区分开来（颜色或样式不同均可）。

（3）“自由人”可以在比赛中断和裁判员鸣哨发球之前，从进攻线和端线之间的边线处自由进出，换下任一后排队员，不需经过换人过程，也不计在正常换人次数内，其上下次数不限，但在其上下2次之间必须经过一次发球比赛过程。

（4）“自由人”不得参与发球、拦网和试图拦网。

（5）“自由人”在任何地方都不得将高过于球网上沿的球直接击入对方场区。

二、排球运动发展趋势

（一）技术更加全面

技术更加全面主要是指攻防技术更加全面。高水平的排球队伍要能拦能扣、能攻善防，既能快攻也能强攻、既能前排攻也能后排攻，实现“队员有特长，队伍有特点”。这就要求运动员在身体素质、心理品质、战术意识、比赛经验、文化水平等各个方面都全面发展。

（二）局度越来越局

这主要是从运动员的身高臂长和弹跳能力两个方面来考虑的。排球比赛的关键竞争是网上的扣球和拦网，这就要求场上的队员有足够的高度，除了自身的身高，运动员的弹跳能力也是一大网上制胜因素。身材低矮、弹跳差的运动员已经不适应运动选材的要求。

（三）速度越来越快

首先是组织进攻的节奏越来越快，包括一传、二传的速度及扣球队员起跳和挥臂扣球的速度。如经常出现的单脚起跳已明显提高了快攻的节奏，跳发球已普遍运用于男子和女子比赛中，后排快攻的出现也明显加快了比赛的节奏。

（四）战术越来越多变

从目前世界排球技战术发展状况看，个人进攻能力和集体战术变化多端，发球和后排进攻也越来越受到重视，正朝着高度加速度、强攻加快攻、力量加技巧、前沿加纵深、女排男子化的方向发展。

三、排球小游戏

在学习了排球的基本技术后，我们为大家准备了一些有趣的排球小游戏。通过这些小游戏，大家既能提高球感和个人排球技术，还能增加学习排球的兴趣。

（一）接力球

规则：将学生平均分成两队，站在排球端线，排头同学拿球，利用排球技术进行传垫，把球送到对面端线，注意不能落地，落地从头来，而且人要从网下经过，过半场继续进行，直到对面端线，然后上手发球一个，注意不能踩线，而且要把球发给同伴（如果失败加时3秒），然后快速从原路跑回，跟第二个同学击掌，继续进行比赛，直到比赛结束。按用时多少判定比赛胜负。

要求：比赛中需传、垫球相结合。

（二）穿越球网

方法：将学生分成人数相同的小组，各小组站成1列纵队后全体蹲立，两手扶住前面人的腰，听口令后出发，采取集体同节奏蹲跳的方式，穿过中间的球网直到对面端线。

要求：排尾先过端线的队伍胜出，队伍不能断开，队员不能站立起来。

（三）发球比赛

方法：将两个半场各划分为6个区域，在各个区域写上数字，将学生分成两个人数相等的队伍，成横队站在端线后。游戏开始，各队学生依次每人发一次，并按球的落点记分（如落在1区得1分），失误为0分，得分多者获胜。（图6-4）

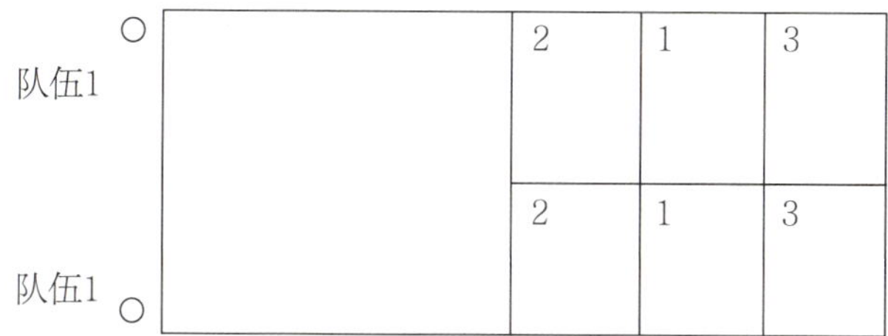

图 6-4　发球比赛用场地图

要求：用正确的发球方法发球，压线球算好球，球落在分区线交叉上记最高分区的分数。

（四）接球击人

方法：以整个排球场作为游戏区，学生分散站在场地区。游戏开始时，教师将一个排球向场内空中抛出，谁接到球后就可以站在原地用球去击中其他人，无球学生则跑开躲避，被击中者退出游戏场地。如果球未击中人，则接球人出局，退出游戏场地，老师继续抛球；若接球人抛球击打对象将球接住了，则击打人的权利转移给被击打对象。抛起的球若滚出排球场地，可跑出场外接球，但接到球后不能进入场内击人，只能站在场外抛击场内的人，击出后才进入场地。游戏一直进行，直至剩下一人为止。

要求：不许用球击打头部，打中无效；任何人在接到球或捡到球之后就不能再移动位置，只能站在原地掷球击人，如得球之后再移动位置，则击中无效。

（五）紧急集合

方法：画一个直径约 15 m的圆圈（也可利用排球场地），全体同学先在圈外围站立，然后全体学生跟随老师（老师为提高课堂气氛也可融入游戏）绕圈做慢跑的准备活动，教师也可站在圆圈中心指挥。当教师突然叫数字（尽量要叫小于学生人数的数字）时，学生根据教师所叫的数字紧急向就近的同学靠拢，靠拢的人数要与教师所叫的数字一致，不相等的同学出局。

规则：紧急靠拢时，不能采用将已集合完的同学推或拉出的方法；靠拢的人数应与教师所叫的数相同，人数少于该数或多于该数都应出局。

赛事时刻

国际排联的主要赛事有：奥运会排球赛、奥运会沙滩排球赛、世界锦标赛和世界杯赛，均为4年一届。此外还有各大洲的锦标赛和地区运动会中的排球比赛。

本章小结

兴趣是学习最好的老师，文化课的学习如此，排球技能的练习与训练亦是如此。希望在本章节理论学习的基础上，学习者及广大排球爱好者能习得排球的基本技术，学会并应用排球的基本战术，遵守排球竞赛规则，尽快投入到排球运动中来。

拓展阅读

气排球

气排球是我国一项新兴起的运动。其最早的雏形为 1984 年内蒙古呼和浩特铁路局集宁分局开展的一项在排球场地打气球的老年活动。由于气球易爆，后又改为儿童玩耍的软塑料球。最早的气排球比赛规则是参照 6 人制排球规则制定的，后逐年不断变化改进，但大体上是相似的。

由于气排球球质软、球网低、场地小、运动量适宜、娱乐性强而且简单易懂，越来越受到广大老年运动爱好者的喜爱，甚至很多年轻入也加入其中，享受运动的乐趣。下面对气排球这项运动进行简单介绍。

1. 球

气排球由软塑料制成，球体与室内排球相比，重量约轻一半，而周长加长 15~18cm，球体呈橙黄色。气排球具有重量轻、体积大、球体柔软弹性好等优点，但球的质量相比之下就差些，且容易受天气的影响。

2. 场地

气排球对场地的要求没那么严格，可以在羽毛球场地上进行，也可在 18m x 9m的标准 6 人制排球场地上进行。

3. 参赛人数

一支气排球参赛队伍由 10 人组成，其中上场队员可有 5~ 8 人，没有自由人。气排球比赛对参与者的年龄、性别无限制，可以男女混合比赛，并且比赛也没年龄的区别。

4. 赛制

气排球一般采用 3 局 2 胜制，前两局先得 21 分为胜，决胜局先得 15 分为胜，不需要领先 2 分，谁先到规定分数判谁赢。这与 6 人制排球赛制有所不同。

另外，气排球在发球、进攻性击球、拦网及比赛的间断延误等方面也有不同于 6 人制排球的规定，感兴趣的同学可阅读相关书籍进行学习。

在线学习

1. 中国排球协会
2. 排球在线
3. 中国排球队
4. 国际排联

测测你的基础

1. 排球运动诞生于______________（国家）。

2. 排球的基本技术包括：准备姿势、移动、___________、___________、传球、扣球和______________六大类。

3. 传球分为正面传、背传、侧传、跳传、吊传和晃传等，各种各样的传球都是以______________为传球基础的。

4. 简述正面双手垫球的组织练习顺序。

5. 试论述排球的主要阵容配备。

第七章

高尔夫球运动与比赛观赏

本章概述

本章主要介绍了高尔夫球的起源、文化内涵、高尔夫球基本技术和比赛常用的专业术语以及如何欣赏高尔夫球赛事。

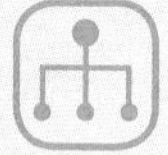

章节结构图

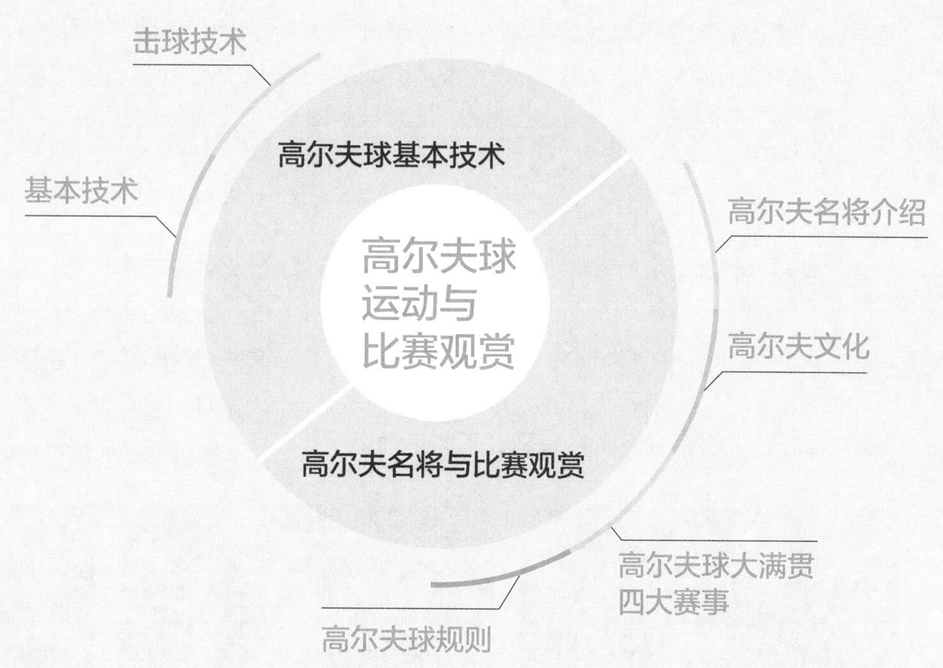

学习目标

通过本章的学习，你应该能够做到：

1. 了解高尔夫球的文化礼仪与基本技术。
2. 学会欣赏高尔夫球比赛并感知高尔夫球比赛的魅力。

运动起源

高尔夫球是一项古老的贵族运动，它的起源众说纷纭。现在广为流传的说法是，它起源于 15 世纪的苏格兰，迄今为止已有 500 多年的历史。现如今，高尔夫球是世界上最为风行的运动项目之一。

1896 年，高尔夫球运动进入中国，此后的一百年间，呈现出蓬勃发展的趋势：截至 2011 年底，中国约有 600 个 18 洞高尔夫球场，遍布 29 个省、自治区、直辖市，参与高尔夫运动的人数约为 300 万，职业运动员约 300 人。另外，全球 80% 的中、低端高尔夫球用品产自中国。

第一节　高尔夫球基本技术

扫一扫 看一看

流动的术语

“高尔夫”是GOLF的音译，由四个英文词汇的首字母缩写构成。它们分别是：G代表Green（绿色），O代表Oxygen（氧气），L代表Light（阳光），F代表Foot/Friendship（步履/友谊），意思是“绿色，氧气，阳光，友谊”。它是一种把享受大自然的乐趣、体育锻炼和游戏集于一身的运动。高尔夫球运动是指参与者通过使用不同的球杆，按照比赛的规定，在 9~18 洞的场地上，以棒击球依次入穴（球洞），以杆数最少者为优胜的球类运动。

一、基本技术

（一）握杆

传奇球手本·霍很的经典名言是：“不能正确握杆的球手根本不想击球成功。”有三种基本的握杆方式：互锁式握杆（图 7–1），手指相对较短的球手更愿意选择这种方式；重叠式握杆（图 7–2），这是最流行的握杆方式；双手式握杆（图 7–3）也叫棒球式握杆法，这是初学者或患有关节炎的球手的理想选择。

图 7–1　互锁式握杆

图 7–2　重叠式握杆

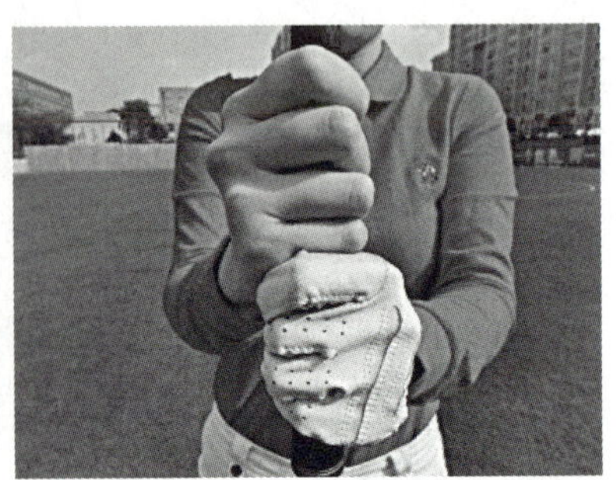

图 7–3　双手式握杆

（二）准备姿势

球手握好球杆后，双手自然前伸，球杆底部轻轻着地，两脚分开约同肩宽，身体重心落于两脚。身体从髓部前倾，背部挺直。头自然略向下俯视，以恰好看到杆头为好。双膝关节稍弯曲，稍屈髋，身体左侧朝向目标方向。（图 7–4）

图 7–4 准备姿势

（三）瞄球

瞄球时，脚趾、膝部、臀部、肩膀和双眼都要平行于目标线。其中，臀部和肩膀位置最为重要。由于右手握杆位置较低，所以很容易会将右肩或右臀向前拉，右肩和臀部一定要与目标线平行，这样才能正确做出上杆动作。如果把球手设想在铁路的一条轨道上，而球放在另一条轨道上，然后放一根球杆在地上标出目标线的方向，将球杆击球面对准目标，抬起下颌用眼睛看球的后部，这样能更有效地完成挥杆，正确击中球。

（四）挥杆击球

1. 引杆

引杆是指将杆头从击球准备时的状态开始，向身体的后上方摆动的动作。引杆包括后引和上挥两个动作部分，其目的是为了使球手获得最有利的肌肉工作状态。[图 7–5（1）]

2. 下挥杆

下挥杆指球杆上挥到顶点时，稍微制动即开始向下挥杆。下挥时，使重心有意识地从右脚移到左脚，左膝在下挥动作时基本保持伸直。[图 7–5（2）]

图 7–5（1） 引杆

图 7–5（2） 下挥杆

3. 击球

击球动作是下挥杆的组成部分。挥杆击球应该是球杆的杆头通过球，而不是打向球。[图 7–5（3）]

图 7–5（3） 击球

4. 顺摆

顺摆动作指挥杆击球后球杆杆头继续向击球方向挥动的过程。顺摆动作是触球动作的延续，由于惯性，触球后球杆必须顺势挥动，身体重心也逐步过渡到完全由左腿支撑。[图 7–5（4）]

图 7–5（4） 顺摆

（五）常用的练习方法

1. 平面转肩

双手持一支球杆将杆置于肩后，向后转体，然后转回。确定转动时，球杆末端在上杆和下杆都在同一平面上，而不是向下指着球。15~20 次为一组，每次练习 3~4 组。（图 7–6）

图 7–6 平面转肩

2. 单手挥杆练习

用一只手做挥杆练习，有助于分别体会两只手臂击球的动作感觉，掌握身体平衡和挥杆节奏。左手练习可强化左手、左臂和身体左侧的肌肉，并体会挥杆过程中如何使用腿部动作[图 7–7（1）]；右手练习可加强挥杆的感觉[图 7–7（2）]。10~15 次为一组，每次练习 3~4 组。

图 7–7（1） 单手挥杆一

图 7–7（2） 单手挥杆二

（六）常见错误动作

1. 挥杆过程中握杆松弛

在挥杆过程中如果感觉到是在用手挥杆，那么你犯了一个非常严重的错误。手部的松弛在任何挥杆阶段都会导致你需要重新握杆，从而破坏了击球前球杆杆头面的方向线。除非你运气好，否则你将击不到球的任何部位。

2. 站位过宽

现实中采用过宽站位的球员要多于站位过窄的球员。一个可能的解释是许多球员认为过宽站位会带来更大的稳定性和更大的力量，那是错误的。过宽站位反而会限制身体的自由转动和重心转移，更糟糕的是会造成下半身紧张，结果是上半身过度参与击球。简言之，使双脚、腿、胳膊和躯干之间不和谐，造成硬击球而不是通过流畅的挥杆动作来触击球。

3. 不充分的身体转动

在任何一次挥杆中，强有力的身体旋转是非常重要的因素，充分的身体旋转、重心的转移与强壮的身体旋转轴形成的扭角对打出扎实的击球十分必要。

运动价值

高尔夫球运动是最接近大自然的运动之一。在高尔夫的世界里，我们可以尽情地享受蓝天、白云、阳光、草地及新鲜的空气等。打高尔夫球不仅能对颈、肩、肘、腕、髋、膝、踝等全身各关节和肌肉加以锻炼，还能够使人在大自然中愉悦身心、开阔胸怀，真正体现了从健身到“健心”的跨越。

二、击球技术

（一）切高球

切高球是使球超越障碍区的难度较高的技术，也是高尔夫球手必须掌握的基本技术。击球时一般选用短铁杆或劈起杆，采用开脚位站立，依靠双脚和身体的稳定可以减少挥杆失误，打出高质量的球。

（二）切低球

切低球时可使用短铁杆或中铁杆，采用反重叠式握杆法，挥杆时以肩膀摆动来带动双手和球杆，上挥不能太高、太长，双手和手腕在整个击球过程中保持固定。

（三）沙坑球技术

沙坑是高尔夫球场中专为球手击球时设置的障碍区。沙坑有大有小，沙质也有粗细、深浅、干湿之分。击球时选用沙坑杆、劈起杆或9号铁杆，采用开脚位站立，挥杆类型主要有U型和V型两种。

（四）推杆技术

在高尔夫球比赛中，推杆的杆数可占标准杆的一半。一般情况下，每一洞都由推杆击球入洞。推杆的基本技术由握杆、击球准备姿势、瞄准、推拨、送杆动作组成，在进行推杆之前，要对果岭进行研究。要想掌握推杆技术绝非易事，初学者需要耐心练习，反复琢磨并不断重复练习。推杆技术也最能体现出高尔夫运动耐心细致、精神集中、技巧平衡的特点。

绝活儿

握杆要像握着一只小鸟，既不能让它飞走又不能使它窒息。

挥杆要放松，要充分感觉杆头的重量，自然地转体、自然地随挥，只有身体放松了才能实现“其实闭眼也能打到球”。

第二节 高尔夫名将与比赛观赏

扫一扫 看一看

一、高尔夫名将介绍

（一）泰格·伍兹

泰格·伍兹是美国著名的高尔夫球手，1975年12月30日出生，被公认为史上最成功的高尔夫球手之一。1996年10月6日，他赢得职业生涯第一个美巡赛冠军。1999年末时，他排名世界第一，并以21项赛事夺得6 616 585美元的佳绩荣登PGA巡回赛奖金榜首位。经历了大大小小10多个赛季，泰格·伍兹一共获得62个职业赛事冠军，其中46个来自美巡赛，10个为大满贯头衔。在30岁以前就能赢得这么多大满贯赛事的高尔选手他还是第一个。

（二）冯珊珊

冯珊珊是中国高尔夫球女运动员，广州人，1989年8月5日出生，获得第三届全国体育大会高尔夫球个人及团体冠军。2012年6月11日，她成为女子职业高尔夫球史上第一位夺得四大满贯赛的中国高尔夫球协会注册球手。2013年10月6日，她在华彬LPGA中国精英赛上成为第一个在中国本土夺得LPGA冠军的中国运动员。2013年11月，冯珊珊当选“首届世界广府人十大杰出青年”，获美国女子职业高尔夫球巡回赛CME冠军赛冠军。2014年10月12日，她在马来西亚获得第四个LPGA冠军，奖金30万美元。

二、高尔夫文化

（一）服饰文化

高尔夫球不仅是一项体育运动，也是一种高雅的社交活动。早期的球手要穿燕尾服，着长筒靴。随着社会的发展，服饰规定没有那么严格了，但保留了一些基本传统，形成了现代高尔夫球运动着装的基本守则：不要穿着没有领子的衬衫、运动衫、T恤、无松紧带的休闲裤或牛仔裤；击球时应该穿钉鞋或软钉鞋，穿着有腰带环扣的裤子，并系上腰带；男性若穿着短裤则短裤不可短于膝盖，并穿着长袜；女性裙子不可过短或过长等。无论在国内还是国外，如果是第一次去某个球场打球，最好先打电话咨询一下俱乐部对于球员下场打球的服装是否有特殊规定。这些细节之处体现了一个高尔夫球爱好者的个人修养。

高尔夫球鞋一般用皮革制成，鞋底上带有鞋钉或小的橡胶头。高尔夫球鞋不仅可以增强击球站位的稳定性、雨天防滑、节省体力，还可起到保护草皮的作用。在高尔夫球场打球，要选择一双适合自己的高尔夫球鞋。

高尔夫球手套比较柔软，可以起到防汗、防滑和保持手掌干燥的作用；帽子是高尔夫球运动不可缺少的用品之一。在太阳下打球可以选择太阳帽，而在雨天打球应该带防雨帽。

（二）礼仪文化

高尔夫礼仪并不只是简单的握手，它包括一整套关于与同伴相处及球场方面的规则。在踏入球场前，我们应该懂得一些简单的礼仪规则。

1. 先练技术后上场

高尔夫球对挥杆技术要求较高，不会正确握杆、没有掌握正确的挥杆技术是不允许上场打球的。由于没有掌握正确的挥杆技术，第一，会铲起大块草皮，对球场造成破坏；第二，浪费很多时间，造成堵塞，影响别人打球。所以练习好基本的技术再去球场打球，这既是礼貌，也是文明的体现。

2. 注重球场礼仪

安全：打高尔夫球很容易分心。因此，当别人准备击球时，要站在他们后方（在击球者视线之外）。在击球或练习挥杆之前，球手应确认球可能击打的地方及其附近有无人站立。在前组球手未走出球的射程及范围之前，任何球手不得打球。

礼让：这是高尔夫运动的传统，也是高尔夫球规则中的一部分。高尔夫球最重要的精神就是礼让，礼让是一冲美德。上发球台互相礼让，球道上让年长的、近的人先打，果岭上让离球洞较远的人先推杆，打得慢的一组让打得快的一组先打等。

3. 爱护场地

自觉爱护场地是一种文明，也是每一个球手的义务和责任。挥杆练习应注意避免削起大块草皮而对球场造成损坏；假如球进了沙坑，球手要从离沙坑最近的边缘进入沙坑打球，离开沙坑之前要仔细平整好沙坑内的坑穴和足迹；打完一洞后，因各种原因对果岭造成的损坏应由球手修复等。

4. 尊重他人，保持肃静

当球手准备打球时，谁都不可以发出声响，以免影响球手击球，甚至在球会或餐厅内都不可以大声喧哗，要养成轻声细语的习惯。

（三）球场文化

1. 球场组成

高尔夫球场一般建在丘陵地带开阔的缓坡草坪上，经过人工绿化和独具匠心的点缀，自然景观与现代建筑融为一体。高尔夫球场占地广阔，风格各异。由于高尔夫球场是依据原场址地形、地貌而设计建造的。因此，世界上不存在完全相同的高尔夫球场。高尔夫球场的设计和建造不单单是一门技术，更是一门艺术，体现了高尔夫运动独特的文化内涵。

一个标准的高尔夫球场占地面积一般为 80~ 120 公顷。随着高尔夫相关产业的发展，现代高尔夫球场设施和运动条件不断趋于完善，功能也更趋于多元化。现代高尔夫球场一般可分为四个主要功能区：会馆区、球道区、球场管理区和度假房产区。各功能区在管理上相对独立，在功能上相辅相成。因此，高尔夫球场不但是运动场所，也是度假休闲的好去处。

2. 球场类型

由于投资种类、球场风格、功能及服务对象不同，根据不同的评价标准可将高尔夫球场划分为多种类型。

（1）根据球道长度和杆数不同可将高尔夫球场分为标准球场和非标准球场。标准球场具有 18 个洞，标准杆数为 72 杆。以 18 个洞作为标准球场源于英国皇家古代高尔夫球俱乐部。某些标准球场经评定符合国际比赛要求的亦称为锦标赛球场。非标准球场指不足 18 洞或总杆数低于 68 杆、球道长度较短的球场。非标准球场主要有商务球场、三杆洞球场、小型球场和 9 洞球场等形式。这些球场主要是为了满足时间不充裕的球手打球和观光、娱乐及培训等。

（2）根据场地利用目的不同，球场可分为比赛型球场和娱乐观光型球场。

（3）根据球场的产权和服务对象可划分为：大众化私有球场、乡村俱乐部球场、公共球场、私人俱乐部球场、私人球场等。

此外，还有以下几种球场类型："凯曼" 高尔夫球场、高尔夫球练习场、微型高尔夫球场和高尔夫球模似系统。

三、高尔夫球大满贯四大赛事

在高尔夫球所有职业比赛中，级别最高、影响力最大、人气最旺的比赛即：美国名人赛（Masters Tournament）、美国公开赛（U.S.Open Championship）、英国公开赛（The Open Championship）和美国PGA锦标赛（PGA Championship）。这四项赛事被称为四大满贯赛。

（一）4 月大师赛（名人赛）

4 月大师赛于 1934 年创设，每年在乔治亚州的奥古斯塔球场（Augusta National Golf Club）举行邀请赛。美国名人赛可谓是世界高尔夫球比赛的第一。它具有特殊的参赛规定，其总奖金和冠军奖金是四大赛中最高的。它是四大赛中唯一场地固定的比赛，美国名人赛获胜次数最多的球员是 Jack Nicklaus，他共获得 6 次。

（二）6 月美国高尔夫球公开赛

它于 1895 年设立，由美国高尔夫球协会主办，是高尔夫球界最具权威且最难获胜的赛会。职业与业余球员皆可参加。它于每年 6 月在美国的不同球场举行比赛，比赛分四天进行，每天打 18 洞，共 72 洞。

（三）7 月英国高尔夫球公开赛

它的全称是英国公开锦标赛，由皇家古代高尔夫球俱乐部主办。它是世界高尔夫球史上最古老也是最负声望的大赛，首届比赛于 1860 年举办，当时只有 8 人参加。但如今从规模来看，它是四大赛中参赛人数最多的一个，1993 年参赛人数达 1 827 人。比赛为分四天进行的比杆赛，共打 72 洞。Haivy Vardon6 次获胜，是该项比赛获胜次数最多的球员。

（四）8 月 PGA（美国职业高尔夫球锦标赛）

它由美国职业高尔夫球协会主办，非会员无资格参加。1916 年开始比赛，优胜者终其一生可以不经预赛即参加PGA主办的比赛。1957 年以前采用match play（比洞赛，以进洞数决胜负），1958 年以后改采stroke play（以总杆数决胜负）。PGA锦标赛在四大赛中奖金总额位列第二，冠军奖金额仅次于美国名人赛，位列第二。PGA锦标赛于每年 8 月举行，是四大赛的最后一项。Walter Hagen和Jack Nicklaus分别赢得 5 次冠军，是此项赛事获胜次数最多的球员。

四、高尔夫球规则

高尔夫球比赛是指球手之间从发球区击球开始，直到球在果岭被击入球洞为止的竞赛。它一般分为单打赛和团体赛两种。高尔夫球比赛有比洞赛和比杆赛两种最基本的形式。比洞赛是以一轮比赛结束后，所胜洞数多少来决定胜负，每个洞都要决出胜负，每个洞杆数最少者为该洞胜者。比杆赛是以规定洞数的总杆数来决定胜负的，竞赛者在完成比赛后，统计所打球洞的总杆数，总杆数最少者为优胜者。

（一）发球台规则

迟到：迟到 5 分钟以内，要加罚两杆。

击球：正式挥杆没打到球，应算一杆。

球出界：第一次打的球出界了，可以待大家打完后补打，但算为第三杆。

（二）球道规则

击球顺序：应由距离球洞较远的人先打球。

错打：错打了别人的球要被罚两杆。

换球：球坏了可向同伴说明换球；没有说明的换球要罚一杆。

找球：5 分钟内找不到球，视为球遗失，重新回到原位置去打球，并加罚一杆。

（三）障碍区规则

击沙坑球：在沙坑中准备打球时，球杆碰到了沙子要加罚两杆。

水域障碍区击球：球进入水域障碍区要罚一杆，然后在进水切点的水域障碍区外面抛球。如果坚持水中击球，不罚杆。

（四）果岭规则

击球顺序：谁的球离洞远谁先打。

入洞：在正式比杆赛中，每一洞都需要击球入洞，否则将失去参赛资格。

擦球：球打上球洞区可以擦球，但必须做好球位标记，没有做标记要罚一杆。

观赛须知

标准杆（Par）：球场设定的各洞一轮打球入洞的杆数。

小鸟球（Birdie）：以少于标准杆 1 杆的杆数打完一洞，如以 3 杆打完标准杆为 4 杆的洞。

老鹰（Eagle）：以少于标准杆 2 杆的杆数打完一洞。

信天翁（Albatross）：以少于标准杆 3 杆的杆数打完一洞，即以 2 杆打完标准杆为 5 杆的洞，又称金鹰（Golden eagle）和双鹰（Double eagle）。

一杆进洞（Hole in one）：在发球区将球打出后球直接入洞，即以一次击球打完一洞。

长洞（Long hole）：标准杆为 5 杆的洞。

搏基（Bogey）：以多于标准杆 1 杆的成绩打完一洞。

双搏基（Double bogey）：以多于标准杆 2 杆的杆数打完一洞。

三搏基（Triple bogey）：以多于标准杆 3 杆的杆数打完一洞。

荷包蛋（Fried egg）：球几乎直线下落，进入沙坑后因为冲击力使球的一部分或大部分埋在沙中的状态，同煎蛋球（Plugged lie）。

削头球（Topped shot）：打在球的顶部造成球飞得很低，在地面上滚动的球。

罚杆（Penalty stroke）：按照相应规则条款对球员或一方的分数施加的杆数。

果岭（Green）：又称球洞区（Putting green），指为了进行推击而将草修剪得短而整齐的区域。

长草区（Rough）：球场上的草或其他植物明显长于球道上的草的区域。

攻果岭（Approach）：将球击向果岭的一杆。

球道（Fairway）：位于发球区和球洞区之间修剪得十分整齐的草地区域，是相对长草区而言的球场的一部分，在规则上都属于“球洞区通道”。

果岭外推杆（Off-green putting）：从果岭外用推杆推球而不是打切滚球。

切滚球（Chip-and-run）：切击出的球落地后滚动一段距离的击球方式，是在球洞区附近打出的一种低飞球。

切击击球（Chip shot）：握杆短、挥杆幅度小、低弹道、球略带倒旋的近距离击球。

切击入洞（Chip in）：直接从球洞区外将球击入洞中。

界外（Out of bound，OB）：球位于界外。

弹道（Trajectory）：球飞行中的高度和角度。

码数（Yardage）：用来表示球场的距离。

赛事时刻

2014 年 8 月 10 日，美国圣路易斯维尔 PGA 锦标赛。

动起来

打高尔夫球并不是一天两天就可以速成的，要有恒心与毅力。平时可做许多无杆练习，比如用毛巾体会挥杆动作、将头项在墙上练习转肩，双手握一瓶矿泉水沿挥杆轨迹向地上砸体会击球瞬间的发力等。

本章小结

通过本章的学习，学习者能对高尔夫球产生兴趣并且初步了解高尔夫球的文化内涵、服饰及基本技术，理解高尔夫球的基本专业术语，在课余时间能够欣赏高尔夫球比赛，领略高尔夫名将的精彩表演，从而参与到高尔夫球运动中。

拓展阅读

1. 史蒂夫·内维尔，等.高尔夫完全手册[M].刘丽，译.哈尔滨：黑龙江科学技术出版社，2007.

2. 袁运平，凌奕.高尔夫运动手册[M].北京：人民体育出版社，2001.

在线学习

1. 中国高尔夫球协会
2. 高尔夫球初学者园地

测测你的基础

1. 高尔夫球运动基本的握杆方式包括：_____握杆、_____握杆和_____握杆。

2. 高尔夫挥杆击球动作包括：______、______、______和______四步骤。

3. 高尔夫球大满贯四大赛事分别是_____、_____、______和______。

4. 简述高尔夫球运动的基本概念。

5. 简述高尔夫球运动的主要击球技术。

第八章
网球运动与比赛观赏

本章概述

本章主要介绍了网球基本技术、实战攻略、运动防护、比赛规则及网球比赛欣赏方面的知识。网球基本技术分为有球技术和无球技术两大类。有球技术包括正手击球、反手击球、发球和截击技术等。正手击球是网球技术体系中最基础、最重要的技术，是学习的重点，本章对其进行了详细的介绍。网球实战攻略分为单打战术和双打战术。运动防护介绍了网球运动中最常见的运动损伤的预防与治疗。比赛观赏中介绍了“中国金花”李娜，并重点分析了她职业生涯中经典的比赛。

章节结构图

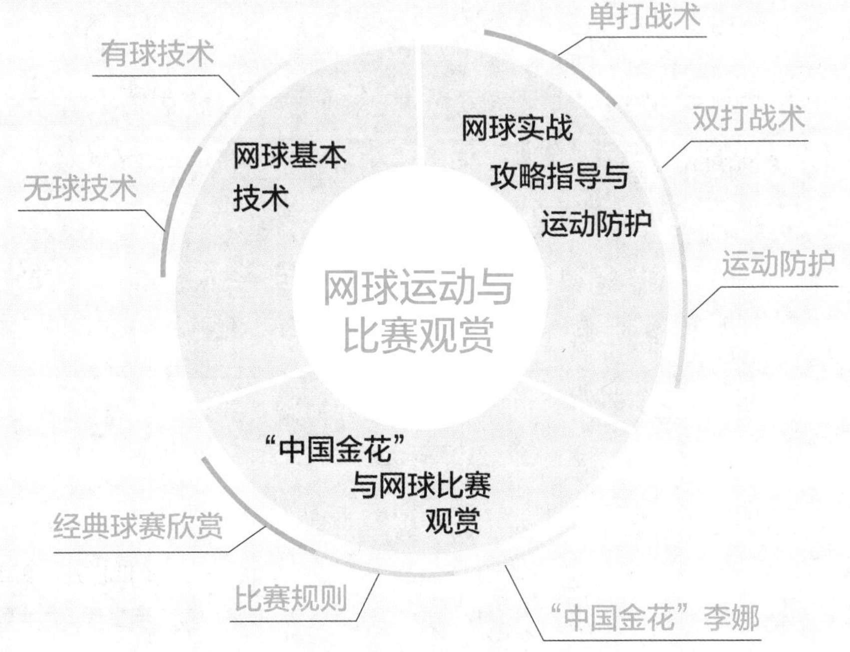

学习目标

通过本章的学习，你应该能够做到：

1. 了解网球运动的基本技术和基本战术。
2. 能够看懂网球比赛并逐渐理解网球比赛的魅力，最好能亲自参与到网球运动中去。

运动起源

网球运动起源于法国，而现代网球运动则是1877年在英国温布尔顿开始的。十二三世纪，法国的传教士常用手掌击打一种类似小球的物体，后来传入宫中，成为贵族的娱乐方式。14世纪，游戏传入英国，因为这种游戏用球的表皮是使用埃及坦尼镇所产的绒面制成的，所以英国人把这种球称为"tennis”。随着社会的发展，网球由单纯的娱乐发展成为比赛，也由宫廷中流行到社会上。19世纪，网球才真正在欧美盛行起来。1873年，英国人菲茨尔改进了网球打法，出版了一本《草地网球》的书，很接近现代网球。1877年7月，英国板球俱乐部组织举办了第一届温布尔顿草地网球锦标赛，经过对规则的一系列修改，终于形成了现代网球运动。1890年，网球单双打被列入第一届奥林匹克运动会正式比赛项目。如今，网球是一项国际化体育运动，非常普及，已有200个国家级别的网球组织在国际网球协会（ITF）注册。

第一节　网球基本技术

扫一扫 看一看

知识窗

国际网球名人堂（International Tennis Hall of Fame）位于美国罗得岛州纽波特，是一座非盈利的网球名人纪念馆和博物馆。国际网球名人堂于1954年由美国人詹姆斯·范艾伦创立，同年获美国网球协会授权，1986年获国际网球联合会承认。国际网球名人堂目前是世界上最大的网球博物馆。

一、无球技术

（一）握拍

正手握拍最常见的有东方式、西方式和大陆式三种。

1. 东方式握拍法

拍面与地面垂直，握拍手虎口正对拍柄右上侧棱，手掌根与拍柄右斜面紧贴，拇指握住拍柄的左垂直面，食指稍离中指压住拍柄右垂直面，五指自然握住拍柄。（图8-1）

2. 西方式握拍法

拍面与地面平行，用手从拍上面抓住拍柄，手掌根贴在拍柄右下斜面，拇指和食指下关节握住拍柄右下斜面。（图 8–2）西方式握拍最简单的方法是：将球拍平放在地面上，正手自然将拍子抓起来。

图 8–1 东方式握拍法　　图 8–2 西方式握拍法

3. 大陆式握拍法

握拍手虎口对准拍柄上面棱面正中间，手掌根抵住拍柄上部的小平面，拇指直伸围住拍柄，食指紧贴拍柄右上斜面，无名指和小指都紧贴拍柄。（图 8–3）

4. 双手握拍法

左手东方式正手握拍，右手东方式反手握拍，双手重叠，左手在右手之上，这是双手反拍握拍方法；双手正拍握拍方法基本与之相同，只是左手在下，右手在上。该握拍方法的特点是更容易打出上旋球，击球力量大。（图 8–4）

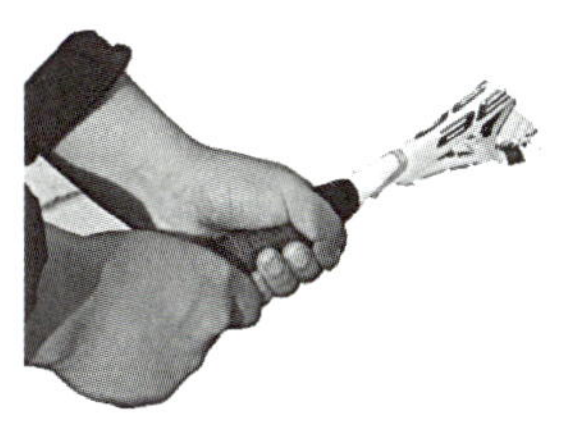

图 8–3 大陆式握拍法　　图 8–4 双手握拍法

（二）准备姿势

两脚开立稍宽于肩，脚掌着地，身体重心落在前脚掌。两膝微屈，保持膝关节良好弹性。上体放松稍前倾，两眼目视对方和来球。球拍置于身体前，双手握拍，左手握拍柄上部，拍头高于手腕。（图 8–5）

1. 封闭式站位

以脚掌为轴，一脚向前 90° 跨步形成的击球姿势。（图 8–6）

图 8–5 准备姿势　　图 8–6 封闭式站位

2. 开放式站位

两脚平行站立，以右脚为轴，转髋、转体形成击球姿势。（图 8–7）

3. 半开放式站位

以脚掌为轴，一脚向前 45° 跨步形成的击球姿势。（图 8–8）

图 8–7 开放式站位　　图 8–8 半开放式站位

（三）移动步法

1. 滑步

两脚平行站立，向左滑步时左脚先向左迈出一步，右脚同时迅速跟上。

2. 跨步

前膝弯曲，上体前倾，身体重心移至跨出脚上，然后一腿用力蹬地，另一腿向来球方向跨出一大步，后腿随重心前移自然跟上。

3. 垫步

垫步时两脚同时落地，身体重心下降，两手持拍于体前，为下一步击球做准备。

4. 跑步

跑步时一脚蹬地启动，另一脚迅速向前跟上，两脚交替进行，两臂配合摆动，保持击球前姿势，随时准备击球。

5. 交叉步

以右侧的交叉步为例，两脚左右开立，移动时身体稍向右转，左脚从右脚向后交叉迈出一步，然后右脚再向右侧方迈出一大步，重心移至右脚，身体保持击球前的姿势。

小贴士

赢得网球比赛的技巧

一是预判。预判球的落地点和深浅。这需要很强的技术积累，特别是脚步、引拍等基本技术。

二是反手控制力。多数人的反手控制力很难与正手匹敌，在比赛相持阶段，加大对对方反手的轰击力度、提高自身的反手控制力在比赛中具有重要作用。

三是变线战术。突然大幅度改变球的方向可以抢占主动权，调动对手，在适当的时机加力予以致命一击。

二、有球技术

（一）正手击球

1. 准备

面对来球，两脚左右开立稍宽于肩，双膝委屈，上体微微前倾，重心落两腿之间。右手握拍，左手轻抚拍颈，拍头略高于手腕，拍面垂直于地面并指向前方。

2. 上步拉拍

当球离开对方球拍时，预判来球落点及时调整步法，准确到达击球位置，根据习惯选择站位姿势（以封闭式站位姿势为例）。边移动边转肩拉拍，左脚上步 90°，双脚成前后站立姿势，身体重心移到右脚。左臂抬起，跟随右肩移动，两手如同带了一副手铐一样同时移动。拉拍结束后，左肩朝向击球方向，右手持拍指向身后，拍头略高于手腕。

3. 击球随挥

击球点在右脚的侧前方，高度大致与腰部齐平。击球发力顺序为：右脚先蹬地，之后转髋转肩带动挥臂。击球瞬间，拍面垂直于地面，拍头略低于拍柄。击球后，拍头继续向前、向上挥动，右肩随之向前转动。拍头挥至左肩上方时，左手扶住拍颈，完成击球动作，随即恢复到准备姿势。（图 8–9）

（二）反手击球

1. 准备

采用东方式反手或大陆式握拍方式。面对来球，

图 8–9 正手击球

两脚左右开立稍宽于肩，双膝微屈，上体微微前倾，重心落在两腿之间。右手握拍，左手轻抚拍颈，拍头略高于手腕，拍面垂直于地面并指向前方。

2. 上步拉拍

当球离开对方球拍，判断要用反手击球时，要立即向非持拍手的另一侧转体、转肩，持拍手同侧的脚同时向另一侧前方跨步，非持拍手轻抚拍颈，帮助持拍手调整拍面角度，并助持拍手把球拍拉向非持拍手

一侧后方，拍柄底部朝向击球方向，对准来球，双膝弯曲，身体重心落在后脚。

3. 击球随挥

后脚蹬地，转髋带肩，同时带动手臂，由后向前挥动，身体重心开始前移。击球瞬间，拍面垂直地面，击球高度大致与腰部齐平（或略低），向前、向上挥拍，重心前移，拍头随挥到右肩后面。完成击球后迅速恢复到准备姿势。（图 8-10）

图 8-10　反手击球

（三）发球

采用大陆式握拍方式。侧对球网站立，前脚与端线约成 45° 指向右侧网柱，身体重心放于左脚，左手托住球拍的拍颈，手臂放松，稍微弯曲并保持胸部高度。双臂同时稍向下，在其最低点抛球手臂与击球手臂分开，但以不同的速度向上摆动；在眼睛的高度将球抛出，击球臂向后、向下、向上引拍，身体重心移至右脚；当手臂伸展到最高点时，身体重心放在左腿，髋关节前移以降低身体重心；左腿支撑身体向前、向上运动。击球肩转向前面，前臂旋内，充分向前、向上伸展击球手臂。在最高点击球，击球时拍面几乎垂直于地面。击球后右前臂继续向外转动，球拍随挥至身体左侧，左臂在体前协调配合相反运动。（图 8-11）

图 8-11　发球

（四）截击

截击技术是网前技术中的一种攻击性击球方法，是攻击性打法重要的技术组成部分。

1. 正手截击（图 8-12）

握拍：采用大陆式握拍方式可以保证在网前击球时无论是正手截击还是反手截击都不用变换握拍，可以有效减少变换握拍的时间。

准备姿势：两腿开立略比肩宽，双膝弯曲重心下降，上体前倾，双手持拍于体前，拍头高于手腕，时关节前伸，目视前方来球。

引拍：身体重心移至右脚，上体同时跟着向右侧转动，保持身体侧对来球，右手顺势向右、向后引拍，不要超过耳朵位置。

击球：左脚向右前跨步的同时，右臂前伸，挥拍迎击来球，拍头始终高于手腕，手腕适度紧张，拍面从后上方向前下方挥动击球。

随挥：击球动作幅度小，一般不要超过身体中轴线，击球结束后，拍面指向击球方向。

图 8-12 正手截击

2. 反手截击

握拍：采用大陆式握拍方式。

准备姿势：两腿开立略比肩宽，双膝弯曲重心下降，上体前倾，双手持拍于体前，拍头高于手腕，时关节前伸，目视对方来球。

引拍：身体重心移至左脚，上体同时跟着向左转动，保持身体侧对来球，左手扶住拍颈，向后上方引拍，至击球点的后上方，左腿弯曲并向前伸展，目视来球。

击球：右脚向前跨步的同时，持拍手臂从后上方向前下方挥出迎击来球，同时左手向后上方移动，手腕适度紧张固定，拍头高于手腕，用肩和前臂协调向下切球，击球点在身体左侧前方。

随挥：击球后，身体重心前移，拍头顺势前移，幅度要小。

（五）高压球

高压球与截击球一样，属于网球击球技术。高压球与发球技术动作相似，因为击球在场地内完成，所以相对于发球技术较容易。根据击球方式，高压球可分为正手高压球和反手高压球。

当对方的高球挑的较低而富有进攻性时，快速侧身后退，身体朝着球飞行路线左边让开一些，目视来球，边移动边举拍，左手指向来球。球拍后摆动作要简单，拉过肩，垂下拍头，同时翘起手腕，不要把球拍下垂到很深的挠背状态。迅速抬肘、扣腕、收腹、挥臂，在最高点击球，使球拍前挥通过手腕的扣击使拍头加速击球，顺势随挥。

（六）削球

反手削球适应范围广，常常令对手防不胜防。和上旋球相比，反手削球打出的球的旋转是反向的。所以球落地后，有一种弹不起来的黏滞感，在红土场上这一点尤为突出。

1. 握拍方法

采用大陆式握拍方式。

2. 准备姿势

两脚开立与肩同宽，重心落在前脚掌。膝关节弯曲，上体前倾。双手持拍于体前，非持拍手扶住拍颈，头部保持正直，目视来球。

3. 后摆引拍

为了能削出旋转球，引拍方法实际上比击球时的挥拍更重要。能否正确地完成后摆引拍，做好削球准备，决定着削球的成功与否。当球离开对方球拍时，立即向非持拍手的一侧转体、转肩带动手臂转动，使背部对准来球；持拍手同侧的脚同时向来球方向前跨半步或一步；非持拍手轻抚拍颈，帮助持拍手调整拍面角度，保持拍面微微打开，拍头上翘；持拍手臂靠近肩部并保持适度弯曲；目视来球，双膝弯曲，身体重心落在后脚上。

4. 挥拍击球

双脚蹬地，髋向前顶，身体重心前移，肩关节不要过早打开，同时持拍手臂由后上方向前下方挥出，左手向后上方移动，击球的后下部。击球时手腕保持紧张，拍面固定，击球点尽量保持在持拍手一侧脚尖前方，眼睛紧盯来球，双肩保持水平。

5. 随挥

击球后身体重心前移，手臂、球拍继续向前。

绝活儿

大力发球

身高达 1.96m 的克罗地亚网球选手西里奇的发球技术极为出色。他发球力量大、速度快、落点刁钻，一发成功率极高。他凭借出色的发球及扎实的底线技术获得了 2014 年美国网球公开赛男单冠军。他的发球技术继承了其前辈伊万尼塞维奇发球的特点，成为技术体系中最有力、最有效的武器，堪称绝活儿。

第二节　网球实战攻略指导与运动防护

扫一扫 看一看

网球比赛的战术是指参赛队员在比赛中依据网球竞赛规则、网球运动的规律、参赛双方的具体情况、临场的变化及场地的自然条件，合理运用个人战术或两人配合以取得比赛胜利为目的所采取的有目的、有组织的行动。根据网球运动规则和基本特点，网球战术可分为单打战术和双打战术两大类。

一、单打战术

（一）发球战术

1. 发球站位

单打发球的站位一般距中点较近，以便于前后左右移动准备下次击球。但应根据比赛情况、自身特点及对手站位等因素合理选择站位。

2. 第一次发球

多用大力平击发球，使对方难以接好发球，造成接发球失误；或用切削发球、上旋球增加对方的接球难度。

3. 第二次发球

注重准确性和落点。发球落点：发球的落点通常取决于球的旋转类型和飞行路线。发球落点大致有内角、外角和中路三种落点。在二区采用平击球发对手的外角，用切削球发对手内角，用上旋球发对手的中路、追身或外角；在一区采用平击球发对手的内角，用切削球发对手的外角，用上旋球发对手中路、追身或外角。同时还可以将不同性质的球发向对手发球区任何一点，或发不同性质的球以打乱对手的节奏。

4. 发球方式

观察对手站位。如果对手站在端线里接发球，应大力发向中路，使其来不及决定接发球的握拍方法；如果对手站在端线外接球，应发切削球，使对方离位救球；如果对手习惯快速还击，应该尽量变化发球方式以打乱其接球节奏。

（二）接发球战术

1. 接发球站位

站在对方可能把球发到的角度的分角线上，使正、反手都有 50% 接球的机会。如果个人正、反手技术有明显差异时，可适当偏向自己相对弱势的一侧；接球前后位置的确定应根据对手的发球水平及特点确定；如果对手发球速度快，则要向端线外 2m 左右处站位；如果对手发球速度慢，应积极前移接球。

2. 接发球击球方法

可采用平击抽球将球回击到对方底线两角；也可采用旋转球拉动对方，使对手左右大范围移动；或采用切削球打到近网两个角附近。

3. 针对发球者接发球

针对底线型发球者，当对方的切削很强劲时，应急向前踏步迎击，在球尚未改变方向时击球，并且尽可能打深的大对角线球，尽量打压底对角线，为打穿越球创造条件。

（三）上网战术

1. 上网时机

发上旋球后，借球在空中飞行时间长、对方难以回击之机上网截击。如果抽击球后上网，则出球要有角度、要打深。

2. 上网站位

一般站在网前约 2m 处。近网截击威力大，封网角度小，防守控制面积大。因此，站位应该选择对方可能打出角度的分角线。

3. 接发球上网战术

（1）接 1 区二发上网：接 1 区外角二发时，可用正手抽击或推切球，回击直线上网；当对手把 1 区二发发至内角时，可用反拍抽击或推切回直线球，打对方的反手并上网。

（2）接 2 区二发上网：接 2 区外角二发时，结合对方技术情况，利用反手抽击或推切球回击对方弱点上网，建议打直线上网。接 2 区外角二发时，如果对方二发质量不高，可提前侧身进攻，回击对方的斜线或直线上网。

（3）接对方 2 区内角二发战术：可用正手抽击或推切球，回击对方左右两点上网，尽量打深球。

（4）用削球接发球后上网战术：先用反手打一个落点较深的直线球，调动对方后上网抢攻，然后将对方的回球截击到另一侧空当，尽量将球打深，伺机截击。

（四）底线战术

1. 对攻战术

运动员利用底线正、反手抽击球具有强大的攻击能力，以配合速度和落点、变化与对方展开阵地战，力争主动攻击对方和控制对方。

2. 拉攻战术

利用底线正、反手拉上旋球或正手拉上旋、反手切削，调动对方左右跑动，一旦出现机会，打出制胜球。

3. 侧身攻战术

用强有力的正手攻击对方反手位，判断准确、移动迅速，一旦对方回球较浅，上步侧身正手攻击，争取打出制胜球。

4. 防守反击战术

这是初级水平运动员较为实用的战术。不主动进攻，不主动失误失分，多打回合与对方周旋，利用对方失误或出现明显制胜机会时主动出击。

5. 紧逼战术

底线型打法的紧逼战术是以其快节奏对对方进行攻击的一种重要手段，也是当今世界上优秀选手常用的一种战术。紧逼战术从接发球开始就对对方施加压力，连续进攻对手的反手位，突击正拍，伺机上网。紧逼对手底线两个角，使其被动或回球失误，并伺机上网。

流动的术语

ACE 球：发球员的发球有效，而接发球员在接发时未能接触到这个发球，此发球被称为 ACE 球。

破发点（Break Point）：接发球员只要赢取该分便能赢取该局（打破对方的发球局），这一分被称为破发点。

二、双打战术

双打战术是两人合作进行的比赛。两人配合的默契程度、技战术执行效果决定比赛成绩。

（一）发球战术

1. 保证一发成功率

一发成功率对于比赛起着关键作用。一发首先保证速度要快，其次选好落点。大力发球能给对方造成较大压力，使对方回接球质量稍下降，本方网前选手制胜机会大增。最后，一发应该将球发到对方接发球选手反手位，这样接球选手移动受限，接球质量不高。因此，提高一发成功率对于双打比赛起着关键作用。

名人语录

当你面临困境，你不能逃避——你只有去面对他。否则，你就输定了。

——张德培

当你笑的时候，所有人都陪你笑；当你哭的时候，只有你一个人哭。

——李娜

It's nice to be important，but it's more important to be nice！

（占有一个重要的位置是很好的，但是更重要的是要做得好！）

——罗杰 · 费德勒

2. 变化发球落点

速度再快的发球，一旦对方适应，就要改变发球方式。发球者可以通过发球落点变化及变换发球方式造成对方“不适应”，为本方队员创造机会。对于发球方式及战术的调整都要和本方队员协调好，双打比赛是两个人的比赛，比赛的默契程度影响比赛结果。

3.变换站位，弥补本方反手位缺陷

“澳式”站位是弥补本方队员反手位缺陷的有效站位方式。发球时，发球队员与自己同伴同时站在场地一侧，发完球后再根据各自分工选择站位，进行进攻。

（二）接发球战术

双打接发球与单打接发球完全不一样，因为对方网前会有一名队员，增加了接球的难度，质量稍下降就会遭到对方选手的截击。

首先，早准备、合理站位，要有预见性。接球时，拉拍幅度小，尽量绕开对方网球队员。

其次，回球路线要清晰，随机应变。尽量绕开对方网前队员，注意观察对方网前队员移动动向，伺机穿越，打出制胜分。

最后，当对方发球质量不高时，接发球队员应主动加力，变被动为主动。选择对方队员的交叉地带或直接打网球队员脚下，争取得分。

（三）网前战术

双打比赛，网前技术至关重要。我们观看双打比赛时，经常会看到双方队员都进入场地内，网前相互截击。这是因为高水平双打比赛，双方实力都很接近，在底线很难取得优势。为了获胜，网前截击是得分获胜的好手段。因为网前截击威力大，一旦运用熟练，对方很难应对，这也对队员截击技术提出了很高的要求。

1. 发球

如果对方接发球员没上网，发球上网后的第一次截击应打到接发球队员处，之后继续向前跟进。如果对方接发球上网，发球上网后的中场第一拦击应拦至对方上网者的脚下或两条边线区域内。发球方同伴应根据发球队员的发球质量及对方接发球质量进行抢网截击，干扰对方接发球。

2. 接发球

接发球上网后的网前截击应根据对方发球后的拦网质量，迎上截击或控制球截击，将球截至对方脚下或二人之间的空位或两条边线区域内。

如果发球方发球质量较高，发球上网二次球较高

时，接发球员的同伴立即抢网截击，动作要突然，击球要果断。

在双打比赛中，网前决定主动权，控制网前就是控制了比赛，所以打好网前球至关重要。同时，应该注意以下几点：一是站位要科学合理，如果站位错误，对方很容易找到漏洞，进而失分；二是要有信心，必胜的信念。上网要坚决果断，不能犹豫，一但上网不到位，就有可能被穿越或失分。三是要确定主动进攻的打法。双打比赛和单打比赛有本质区别，不能把求稳放在第一位。因为，四个人在场地内，场地空间大大被压缩，只靠防守难以取得胜利，要主动进攻，没有机会要主动创造机会。四是要乘胜追击。注意重复落点，一旦确立优势，要紧追着同一个人打，争取得到这一分。

（四）挑高球战术

在双打比赛中，如果处于被动局面，挑出高而落点、深的球可以打乱对方进攻节奏。挑高球动作要力求隐蔽，出手要快，尽量挑网前队员一侧后场。时机要选择对方上网截击后靠近网前的位置时，突然挑后场。挑高球后，注意快速调整防守位置，重新组织防守，伺机进攻。

（五）高压球战术

高压球要干脆果断，尽量压对方两人中间地带或双打边线，注意落点与角度。

如果对方两名队员都在底线位置，球应该压在场地底端，落点要深，选择两人交叉地带或大角度边线；如果对方有一名队员在前场，高压球向该名队员脚下；如果对方挑高球挑得深，应该先保征压球的成功率，把球打深；如果对方挑的很浅，争取一拍高压制胜。

（六）底线抽击战术

在双打比赛中，当双方在底线僵持阶段，要充分发挥正手优势，将球打深、角度打开，通过僵持寻找机会。正手大力抽球目的在于把对方压到底线附近，并为队员创造得分机会。需要注意的是：要保证击球的成功率，尽量保证每个球过网，避免主动失误；底线抽击球要善于观察对方站位情况，审时度势巧妙应对，重复落点与穿越相结合。

三、运动防护

网球项目属于技能主导类隔网对抗项目。虽然没有直接身体对抗，但是长时间从事网球运动，运动伤害事故发生频率还是很高。特别是高水平职业选手因为伤病而退赛或退役的案例并不少见。因此，预防网球运动伤害是保障参加网球运动的首要问题。网球常见运动损伤主要有以下几种。

（一）擦伤

擦伤是最常见的一种伤害，是由于皮肤受到急剧的摩擦所致。出现擦伤后先清洗创面，再以无黏性的绷带包扎即可。夏天消毒后，轻涂碘酒即可。

（二）水泡

水泡是由于挤压、摩擦和湿气等造成的皮下淤水水泡。水泡常见于手上和脚上，所以球拍手柄皮要经常更换、要选择柔软舒适的鞋子。

（三）挫伤

挫历多是由剧烈碰撞引起的。出现挫伤时，应先抬高患肢、冷敷、加压包扎，尽快止血。24 小时后，对挫伤处进行热敷或按摩。

（四）扭伤

动作幅度较大或剧烈运动会造成关节扭伤。扭伤出现后，立即平坐，保持扭伤部位固定，尽快就医。

（五）跟腱炎

跟腱炎是由于运动强度过大或时间过长，造成跟腱负担过重而引起的各种炎症。跟腱炎主要症状表现为抬脚时会感到疼痛，脚跟肿胀。快速移动时脚着地部位不对、扁平足、足部韧带脆弱、鞋子不合脚、场地地面太硬等都是造成跟腱炎的原因。有炎症后，可用冰块冷敷或使用消炎注射剂，包扎医疗绷带，严重者需要手术治疗。预防方法是：网球运动前充分做准备活动，特别是跟腱拉伸。

（六）跟腱断裂

跟腱断裂是网球运动常见损伤，近年来发生率呈上升趋势。跟腱断裂的主要原因是准备活动不充分，没有完全热身直接进行剧烈运动。另外，跟腱韧带疲劳过度是跟腱断裂的另一重要原因。一旦发生跟腱断裂，立即用冷水冷敷患处，固定踝关节，抬高患肢及时就医。预防方法是：网球运动前充分做准备活动，特别是跟腱拉伸。

（七）腰伤

腰历主要表现为腰部僵直，有严重的刺痛，简单转体较困难。如果腰椎突出，严重压迫坐骨神经，会使下肢麻木甚至失去知觉。腰伤的主要原因是脊柱负荷过重，腰部肌肉过度劳损；脊柱畸形或腰椎间盘突出。预防方法是：经常进行腰部肌肉锻炼，增强腹部和背部肌肉力量训练。损伤出现后应及时做热敷处理、按摩及椎骨复位。

（八）网球肘

网球肘主要表现为肘部疼痛，特别是打球发力过程中。出现网球肘的主要原因是正手击球技术动作不合理，突然过分伸展肘关节附近的肌腱，使其嵌入肱骨外上踝引起损伤。预防方法是：纠正错误技术动作，减轻肘部过度用力状况，加强臂力练习。

（九）肩关节痛

肩关节疼痛主要表现为在发球、发高压球、击球的过程中出现疼痛，严重时出现手臂痉挛。肩关节痛的主要原因是肩关节的屈伸肌、固定关节的韧带及关节囊等软组织运动负荷量过大，多是由于发球、发高压球技术不合理，用力过猛造成。预防方法是：正确使用发球、发高压球的技术动作；加强肩部肌肉训练；运动前做充分的准备活动。

（十）肌肉痉挛

肌肉痉挛主要表现为肌肉突然强直性收缩，疼痛僵硬无法控制。它的主要原因是运动量过大，出汗过多而使盐分流失过多；气温过低，冷刺激过强而引发肌肉僵直、抽搐。预防方法是：运动前做充分的准备活动，补水、补充运动饮料。

（十一）肌肉拉伤

肌肉拉伤的症状主要表现为肌肉疼痛，有轻微的撕裂感。这多是因为下蹲击球或转体造成的。腹肌损伤多是发球、发高压球用力过猛所致；肱三头肌损伤是因肘关节突然伸直或食指和拇指握拍太紧，阻碍手腕活动幅度，肘关节快速伸直所致。预防方法是：做好热身运动，全身肌肉放松。拉伤后用冷水或冰块冷敷。

（十二）踝关节扭伤

它的主要症状表现为脚踝剧烈疼痛并伴有肿胀，主要原因是运动前做准备活动不充分，运动中突然变向，场地不平整等造成的。预防方法是：运动前做充分的准备活动，适应场地。出现扭伤后用冷水或冰块冷敷。

（十三）膝关节痛

它的主要症状为剧烈运动或负荷过重时疼痛并伴有水肿。膝关节痛主要是因为运动中膝关节韧带过度负荷所致。预防方法是：准备活动充分，加强膝关节部位肌肉力量训练，合理运用滑步等移动步法，运动前带好护膝。

（十四）半月板损伤

它的主要症状为半月板突出、变形、疼痛剧烈。这主要是因为膝关节屈膝制动击球，变向而膝关节同时完成快速伸膝并伴随旋内、旋外动作。

网球运动在欧美被称为“贵族运动”。早年只有皇室贵族身份的人才能打网球，有很高的娱乐性与高贵性。隔网对抗虽然没有直接接触身体，但彼此隔网对打，需要高超的技术与体能做支撑，实质上对抗激烈而不失高雅。当代网球运动已经很普及，民间网球高手同样受到人们的尊重。因此，打好网球是网球技能与自身修养的外在表现。常年坚持网球运动对保持身体机能、促进身体健康有显著作用，你会真正体验到快乐运动的内涵。

第三节 “中国金花”与网球比赛观赏

扫一扫 看一看

一、“中国金花”李娜

李娜在中国网坛被誉为“中国金花”。李娜1982年2月26日出生在湖北省武汉市。她6岁开始练习网球，1999年转为职业选手。2002年末，李娜前往华中科技大学新闻专业就读。2004年，在丈夫姜山的鼓励和支持下她选择了复出。2008年，在北京奥运会上，李娜获得女子单打第四名。2011年，李娜在澳大利亚网球公开赛上个人第一次打进大满贯单打决赛并夺得亚军。同年，在法国网球公开赛女单比赛中获得冠军。2013年，在WTA年终总决赛中获得亚军。2014年1月25日，她第三次晋升澳大利亚网球公开赛决赛并最终收获女单冠军。2014年9月19日，李娜退役。

二、比赛规则

（一）场地

1. 场地类型

网球场分为室外场和室内场。球场表面一般为丙烯酸合成地、沙土地、硬地等。

2. 场地规格

（1）场地线宽度。场地两端的线叫端线，最大宽度可达10cm，其他线的宽度应为2.5~5cm，而且所有的线都包括在场地有效区内。

（2）场地线长度。场地两边的线叫边线，长23.774m；端线长8.23m（单打）或10.973m（双打）。

（二）器材

1. 球拍

网球拍主要以碳素为主要复合材料。国际网球联合会规定：球拍的总长不得超过81.28cm，拍框长度不得超过31.75cm，内沿总长不得超过39.37cm，总宽不超过29.21 cm。

2. 球的识别

网球由橡胶化学合成物质制成内胆，外表覆盖毛质纤维。国际网联规定：在1个大气压和20°C~60°C的条件下，网球应符合下列条件：重量56.7g~58.8g，直径65.4mm ~68.6mm，球从2.54m高处落下反弹应在1.35m ~1.47m。

（三）规则

1. 胜负

（1）胜1场。男子比赛采用5盘3胜制，女子比赛和混合双打比赛均采用3盘2胜制。

（2）胜 1 盘。一方先胜 6 局为一盘。若双方各得 5 局，一方净胜 2 局算胜 1 盘。决胜局计分制是平局时长盘的变通方法，比赛前须提前宣布。

（3）胜 1 局。运动员每胜 1 球得 1 分，第一分记分为 15，第二分记分为 30，第三记分为 40，先得 4 分者胜 1 局。若双方各得 3 分时为“平分”，“平分”后先一方得一分，记为“该运动员占先”。“占先”后再得 1 分算胜 1 局。

（4）失分。发生下列任何一种情况均判失分：在球第二次落地前未能还击过网；击球出界；过网击球；活球期间运动员身体、球拍或穿戴的其他对象触及球网、网柱、绳、中心带或对方场区以内的地面；抛拍击球；在球落地前被球击中身体或穿戴的物件。

2. 发球

（1）发球员和接发球员。运动员应各自站在球网的一边，先发球的运动员叫发球员，另一边的运动员叫接发球员。发球员必须站在端线后，接发球员可以自己选择位置。

（2）发球方法。第一局比赛开始前用掷硬币的方法决定场区和发球权。胜者先选择或要求对方先选择。

（3）脚误。发球员在发球时应该站在规定的区域（即端线后，中点和边线的假定延长线之间区域）发球，发球前脚触及端线即为脚误。

（4）发球失误。下列情况均为发球失误：发球员未按规定将球抛起并击球；未击中球，但如果抛起球后，又决定不击球并将球接住，不算失误；发出的球在落地前触及固定物。

（5）第二次发球。发球员第一次发球失误后，应在原发球位置进行第二次发球。如果第一次发球失误后，发觉发球位置错误时，应按规定在另一区发球，但是只能再发 1 次球。

（6）重发球和重赛。出现下列情况应是发球无效并重发球，原先的第一次发球失误不予取消：接球员尚未准备好时，不论该次发球成功与否，都要重发球；发出的球触击球网、中心带、网边白布后落入对方发球区域地面又触及接球员；当比赛受到干扰时，意外阻碍和阻碍击球；运动员遇到不能控制的意外阻碍，妨碍其击球时该分应重赛。

（7）发球次序。第一局比赛结束，接球员成为发球员，发球员成为接球员，以后每局依次交换直至比赛结束。如发球次序错误时，发现后应立即纠正，应由轮到的球员发球。错误前双方发球有效。如发觉前已经有一次发球失误则不予计算，如一局比赛结束才发现错误，则以后的发球次序应以该局为准按规定轮换。

3. 有效还击

（1）球触球网、网柱，单打网柱、绳或钢丝绳、重心带、网边白布后从网上越过落入对方场区。

（2）对方击出的球落到本方场区内又反弹回去时，本方运动员挥拍过网击球，落入对方场区，并且未触及球网及附属物和对方场区地面。

（3）球从网柱或单打支柱以外还击至对方场区。

（4）合法击球后，球拍随球过网。

4. 比赛间断

一般情况下，网球比赛应连续进行，但是如下的间断是被允许的。

（1）分与分之间在任何时候的间歇时间都不超过 25 秒。

（2）运动员受伤，裁判员可允许 1 次暂停（3 分钟）。

（3）运动员的服装、鞋或器材因为料理不当而无法继续比赛时，裁判员可暂停比赛直到料理好。

（4）男子比赛在打完第三盘之后，女子比赛在打完第二盘之后，双方球员可以有不超过 10 分钟的休息时间。

（5）局与局之间的休息时间最多 1 分 30 秒。

5. 双打

单打的比赛规则都适用于双打比赛。另外，在双打比赛中，发球与接发球顺序由每盘一局开始时，由本方决定哪一位队员发球与先接发球。以后轮到本方发球局，则由另一名队员发球；轮到本方接发球局，则由同一名队员先接发球。

三、经典球赛欣赏

李娜在 2013 年美国网球公开赛 1/8 比赛中对阵老对手扬科维奇，此前对阵扬科维奇的成绩是三连败，比赛前李娜倍感压力，但做了充分准备，最终以2：0 战胜对手，顺利进入 8 强。比赛中李娜充分发挥了正手优势，速度快、落点准，脚步移动灵活，战术运用得当，全面压制对手，最终胜出。下面具体分析李娜在比赛中的技战术运用情况。

在第一盘第三局中李娜首先通过大力发球将球发至对方接球区外角，球速快、角度大，将扬科维奇拉到场外接球。勉强接到球后，扬科维奇回球质量不高，回球较浅、速度慢，李娜迎上双反手将球打向对方空当。扬科维奇没有及时回位，李娜顺利拿下这一分。（图 8–13）

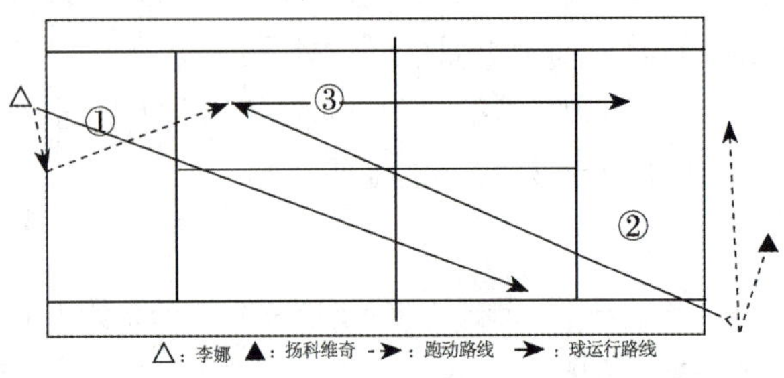

图 8–13　第一盘第三局比赛

同样在第一盘第四局比赛中，李娜接发球。通过快速移动及正确的回击路线，李娜由防转攻，顶住扬科维奇的强势进攻，最终拿下这一分。扬科维奇将球发向李娜中间位置，李娜侧身正手拉上旋，将球回击到扬科维奇近身。由于上旋旋转强烈，反弹很高，给对方回击造成一定困难，扬科维奇正手大力回击到李娜正手位，但李娜准备充分，脚步迅速到位，将球大角度回击到扬科维奇正手空当处。由于角度大，扬科维奇勉强接到球，回到李娜反手位。李娜迅速回位，反手直线重复落点，此时扬科维奇失去身体重心，已经接不到这个球了。（图 8–14）

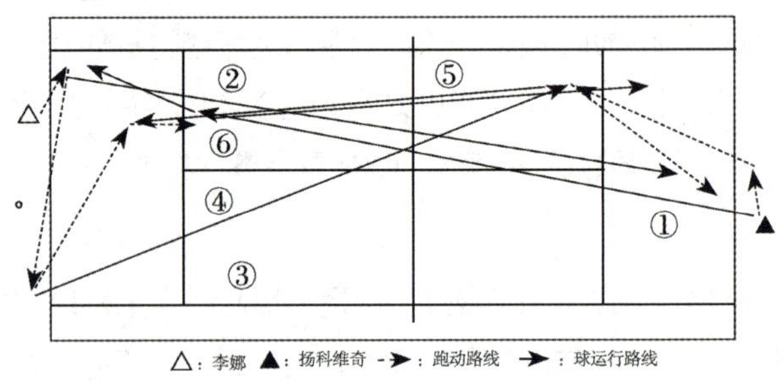

图 8–14　第一盘第四局比赛

整场比赛李娜战术运用得当，技巧娴熟，始终压制扬科维奇，最终完胜对手，一扫三连败颓势，昂首挺进八强。本场比赛是李娜职业生涯中的经典比赛之一。

赛事时刻

1. 网球四大满贯

网球四大满贯是澳大利亚网球公开赛、温布尔登网球公开赛、法国网球公开赛、美国网球公开赛的简称。历史上首位网球四大满贯的得主是唐纳德·布吉，他于 1938 年获得。

网球运动中的“大满贯”指选手在一个赛季（一年）中取得澳网、法网、温网和美网四项赛事中的一项或几项冠军。

四大网球公开赛一览表

四大网球公开赛	地点	比赛月份	起始时间		场地
			男	女	
温布尔登网球公开赛	伦敦温布尔登	6~7 月	1877 年	1884 年	草地
美国网球公开赛	纽约林山	8~9 月	1881 年	1887 年	人工塑胶场
法国网球公开赛	巴黎奥太伊	5~6 月	1891 年	1897 年	红土场
澳大利亚网球公开赛	墨尔本	1~2 月	1905 年	1922 年	人工塑胶场

2. 团体赛

网球团体赛包括戴维斯杯男子团体赛、联合会杯女子团体赛和霍普曼杯世界混合团体赛，这些团体赛每年举行一次。

3. ATP1000

自2009年起，ATP九站大师赛改为八站，并重新命名为“ATP1000”赛事（冠军可以获得1000分的排名积分，且排名世界前20位的选手必须参加）。这八站赛事分别由印第安维尔斯、迈阿密、罗马、马德里、辛辛那提、加拿大（蒙特利尔和多伦多轮流举办）、上海及巴黎举办。其中，新设立的上海站比赛取代了原汉堡站。此外，原先的蒙特卡洛大师赛也将仍然保留“1000赛事”的待遇，即拥有等同于“1000分”赛事的积分，但是并不强制顶尖选手参加。因此，ATP全年共拥有9个“1000分”赛事，8个强制参加赛事和1个选择参加赛事就此组成了“8+1”的赛事系统。

4. 奥运会网球赛

四年举行一次。

本章小结

通过本章学习，学习者能够初步掌握网球基本技战术要点，懂得比赛规则，能够看懂网球比赛，具备参加初级比赛的能力。

拓展阅读

1. 李海，史芙英.网球入门教程[M].北京：人民体育出版社，2007.

2. 卡罗尔·马萨斯基.学习基本技术的最佳方法[M].北京：北京体育大学出版社，2007.

3. 周海雄.网球技战术训练手册[M].北京：人民体育出版社，2007.

4. 中国网球协会.网球竞赛规则[M].北京：人民体育出版社，2009.

在线学习

1. 中国网球协会
2. 网球网
3. ATP中文
4. 澳网公开赛
5. 法网公开赛
6. 温网公开赛
7. 美网公开赛

测测你的基础

1. 网球运动起源于__________（国家）。
2. 网球运动正手击球的主要技术动作包括：准备、_______和_______。
3. 什么是网球运动中的ACE球？
4. 简述网球运动防护中防止手上或脚上磨出水泡的方法。
5. 试论述网球肘的成因及预防方法。

第九章

羽毛球运动与比赛观赏

本章概述

本章主要介绍大众参与度较高的羽毛球运动，通过学习，学习者应该能够基本掌握羽毛球运动的基本技术和比赛中的一些基本战术，了解羽毛球运动简单的自我训练方法及运动中常见损伤的预防与处理方法。

章节结构图

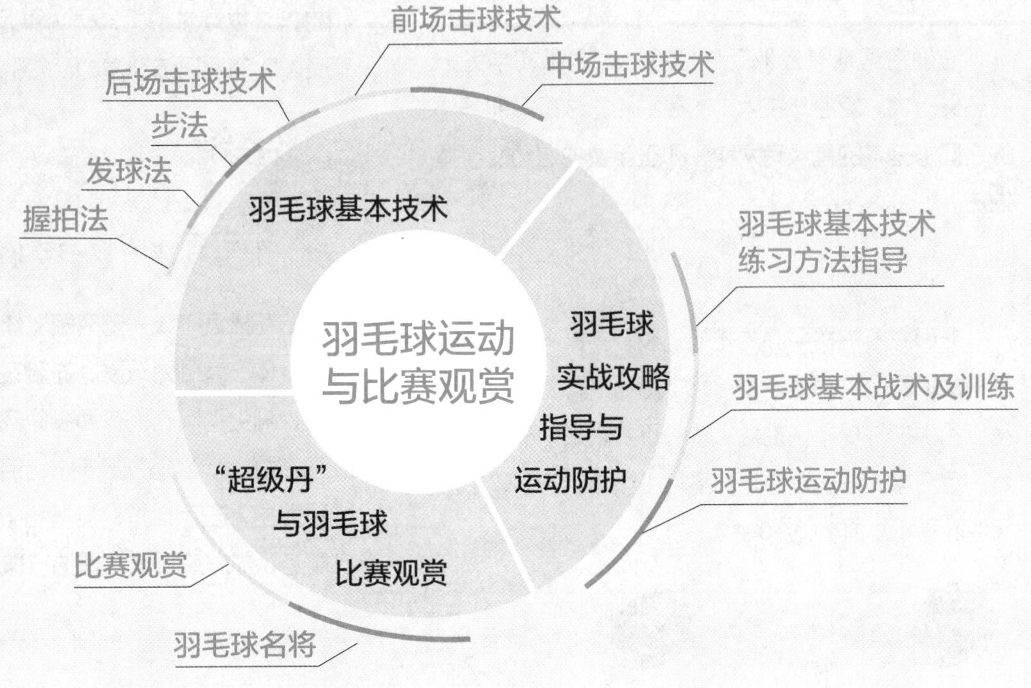

学习目标

通过本章的学习，你应该能够做到：

1. 掌握羽毛球的后场、前场、中场等基本技术及练习方法。
2. 了解羽毛球比赛的基本战术打法及基本的防护知识。
3. 知道如何欣赏羽毛球比赛，并积极参加比赛。

运动起源

现代羽毛球运动诞生于英国。1870 年出现了用羽毛、软木做成的球和穿弦的球拍。1873 年在英国伯明顿镇的庄园里举行了一次羽毛球游戏表演，人们便以“伯明顿”命名此项活动。“伯明顿”（Badminton）即成为英文羽毛球的名字。1875 年世界上第一部羽毛球比赛规则出现在印度的普那。1893 年，英国羽毛球协会成为世界上最早的羽毛球协会。1934 年成立了国际羽毛球联合会，总部设在伦敦。首届世界男子团体锦标赛（汤姆斯杯）和世界女子团体锦标赛（尤伯杯）分别于 1948 年和 1956 年举办。20 世纪初，羽毛球运动传入我国。1981 年 5 月国际羽联恢复了我国的合法席位。1982年中国首次参加“汤姆斯杯”比赛（第十二届）即获得冠军。

第一节　羽毛球基本技术

扫一扫 看一看

一、握拍法

准确合理地掌握羽毛球握拍技术对于初学者来说意义重大。羽毛球技术中的握拍和指法是多种多样的，但是基本的握法有两种，即正手握拍法和反手握拍法。

（一）正手握拍法

虎口对着拍柄窄面内侧的小棱边，拇指和食指贴在拍柄的两个宽面上，食指和中指稍分开，中指、无名指和小指并提握住拍柄。掌心不要紧贴拍柄，要留有一定空隙。拍柄端与近腕部的小鱼际肌齐平，拍面与地面基本垂直。（图 9–1）

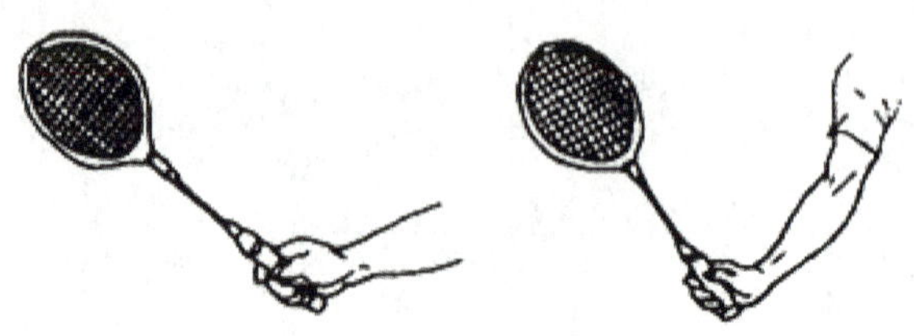

图 9–1　正手握拍　　　图 9–2　反手握拍

（二）反手握拍法

在正手握拍的基础上，拇指和食指将拍柄稍向外转，拇指自然贴在拍柄内侧的宽面上，中指、无名指和小指并拢握住拍柄，柄端靠近小指根部，使掌心留有空隙，有利于击球发力。（图 9–2）

二、发球法

（一）正手发球（以右手握拍为例，下同）

站在靠近中线一侧离前发球线约 1 m左右的位置上。身体左肩侧对球网，左脚在前，脚尖向网，右脚在后，脚尖稍向右侧，两脚距离与肩同宽，身体重心放在右脚上。准备发球时，右手握拍向右后侧举起，肘部微屈，左手拇指、食指和中指夹住球，举在腹部右前方，然后放开球，挥拍击球。击球时，身体重心

流动的术语

羽毛球发球可分为正手发球和反手发球两种。按球在空中飞行的弧线又可分为高远球、平高球、平快球和网前球等。

由右脚移至左脚上。用正手发不同的弧线球时，击球前的准备和前期动作是基本一致的，只是击球时及其后的动作有所不同。

1. 发高远球

当球下落时，右手转拍由上臂带动前臂，自右后方沿身体向左前上方挥动。当球落到右臂向前下方伸直能够接触到球的刹那，紧握球拍，并利用手腕屈收的力量向前上方发力击球，使球向对方的后场上方飞行，球在空中飞行时与地面形成的角度（仰角）要大于45°，然后球拍顺势向左上方挥动缓冲。（图9-3）

图9-3　发高远球

2. 发平高球

动作过程大致与发高远球相同，只是在击球的一刹那，前臂加速带动手腕向前上方挥动，拍面要向前上方倾，以向前用力为主。球在空中飞行时与地面形成的仰角大约是45°.

3. 发平快球

要充分利用前臂带动屈腕的爆发力向前方用力击球。球在空中飞行时与地面形成的仰角不超过30°。

4. 发网前球

握拍要放松，上臂动作要小，主要靠前臂带动手腕向前切送，球的弧线要贴网而过，落点在前发球区附近。

（二）反手发球（发网前球）

发球时，站位靠近前发球线，左脚或右脚在前均可，上体稍前倾，身体重心在前脚掌上。右手臂屈肘，用反手握拍将球拍横举在腰间，拍面在身体左侧腰下，左手持球在球拍前方。击球时，前臂带动手腕朝前横切推送，使球的飞行弧线略高于网顶，落到对方前发球线附近。

三、步法

羽毛球步法有基本步法和场上移动步法。基本步法指跨步、蹬步、并步、垫步、跳步等。场上步法是在场区移动的方法，一般都是从场地中心位置开始，按移动方向分为上网、后退和两侧步法。场上步法的结构由起动、移动、到位击球（制动）和回位几个基本环节组成。右手持拍者，到位击球时的最后一步一般都是右脚在前，而左脚总是靠近中心位置向着场地中心。

四、后场击球技术

一般将羽毛球场地后半场的击球技术统称为后场击球技术。后场击球技术在整个羽毛球技术中是极为重要的部分。后场击球可分为正手和反手击高远球、吊网前球和正手杀球。

（一）后场正手击高远球

首先准确判断来球的方向和落点，向右后方转体侧身后退，使球处在自己头部前上方的位置，左肩对网，左脚在前，右脚在后，重心在右脚上。左臂屈肘，左手自然高举，右手挥拍，手臂自然弯曲，将球拍举在右肩上方，手腕、拍面稍内旋，两眼注视来球。击球时，由准备动作开始上臂后引，随之肘关节上提，明显高于肩部，然后在后脚蹬地、转体收腹的协调用力下以肩为轴，上臂带动前臂快速向前上方甩腕，在手臂伸直的最高点击球。击球后，持拍手臂顺惯性往前下方挥动并收拍至体前。（图9-4）

图 9-4 后场正手击高远球

（二）后场正手吊网前球

击球准备和前期动作同正手击高远球，只是击球时击球点比击高远球稍前，拍面向内倾斜，手指、手腕发力做快速切削压动作，击球托的后部和侧后部；若吊斜线则球拍切削球托的右侧并向左下方发力；若吊直线，则拍面正对前下方切削。（图 9-5）

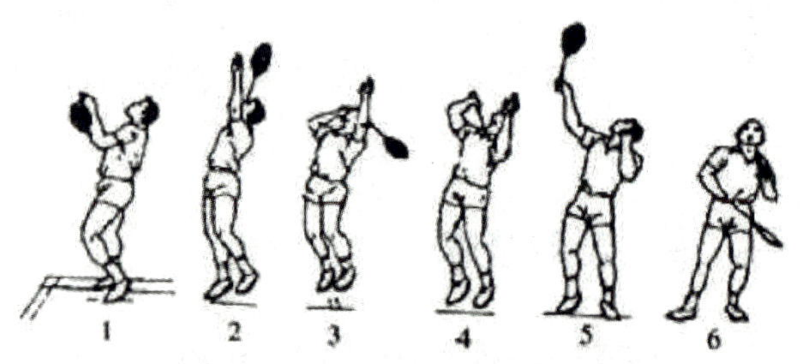

图 9-5 后场正手吊网前球

（三）后场正手杀球

步子到位后，屈膝下降重心，做好起跳击球准备。起跳后，身体右转同时后仰，挺胸成反“弓”形。右上臂往右后上方摆起，前臂自然后摆，手腕后伸，前臂带动球拍由上往后下挥动，这时握拍要松。随后腾空转体，收腹带动右上臂往右上摆起，肘部领先，前臂全速往前上挥动，带动球拍高速前挥。当击球点在肩的前上方时，前臂内旋，腕前屈微收，扣腕发力杀球，这时手指突然抓紧拍柄，球拍和击球方向水平间的夹角小于 90°，球拍正面击球托的后部，使球直线下行。杀球后，前臂带动球拍随惯性往体前收。（图 9-6）

图 9-6 后场正手杀球

五、前场击球技术

前场击球技术包括网前的放、搓、推、勾、扑、挑球等。其中，搓、推、勾、扑属进攻技术，要求击球前期动作有一致性，击球刹那产生突变。握拍要活，动作细腻，手腕、手指要灵巧，以控制好球的落点。

（一）正手放网前球

侧对球网，右脚跨成弓箭步，重心要提高，前臂伸向来球，举向前上方，球拍稍后仰，斜对网。击球时，前臂稍外旋，握拍放松稍收腕，使球拍在手腕和手指的挥摆用力下轻击球托把球轻送过网。挥拍的力量、速度和拍面角度的大小主要取决于来球离网的远近和速度的快慢。来球离网远、速度快，则放球时的力量要大些；反之则力量小些。放球后，身体还原至准备姿势。

（二）反手放网前球

击球前的动作要领同正手放网前球动作，只是方向相反，反手握拍、反面迎球。击球时，主要靠前臂的前伸、外旋和手腕由内收至外展的合力，轻击球托底部把

球轻松过网。击球后，整个动作还原成准备姿势。

（三）正手网前搓球

准备姿势同前。击球前，前臂稍外旋，手腕由后伸至腰侧内收转动，击球时在正手放网前球动作的基础上，加快挥拍速度，搓切来球的右下底部，使球旋转翻滚过网。

（四）反手网前搓球

准备姿势同前。击球前，主要靠前臂的前伸外旋和手腕由内收至外展的合力，搓击球的右侧后底部，使球侧旋滚动过网。另外，还可以前臂稍伸直，手腕由内收到外展，带动球拍向前切送，击球托的后底部，使球下旋滚动过网。

（五）正手推球

准备姿势同前。推球时身体稍往前移，右前臂往前伸，并稍内旋，手腕和手指控制拍面角度，手腕由后伸至伸直并闪腕，食指向前压，小指、无名指突然握紧拍柄，拍子急速地由右往前至左地挥拍推球，使球沿边线飞向对方后场底角。

（六）反手推球

准备姿势同前。击球时，前臂往前伸，稍外旋，手腕由外展到伸直闪腕，中指、无名指、小指突然握紧拍柄，拇指、中指、食指捻动发力。

六、中场击球技术

中场击球技术主要包括中场平抽快挡球和接杀球两种。它要求判断反应快，出手击球快，引拍预摆动作的弧度小及防转攻或攻转防的意识要强。

（一）正手平抽快挡球

两脚与肩同宽自然分开，右脚稍向右侧迈出一小步，右臂向右侧上摆，球拍随着上举。击球时手臂迅速向前内旋，肘关节后摆，带动手腕屈收发力，向前推压击球为平抽球。挡球的击球点较平抽球低一些，击球时发力预摆动作小，向前推进发力击球。击球后惯性动作小，应迅速收拍，做好回击下一个球的准备。

（二）接杀球

把对方扣杀过来的球还击回去称为接杀球。接杀球可分为正手接杀和反手接杀，并可在不同的位置上打出挡直线、勾对角、反抽后场等技术。接杀球是防守技术，但只要反应快、判断准、手法娴熟、回球落点和线路运用得当，在防守中体现出快的特点，就往往能创造由守转攻的条件。接杀球的站位一般在中场或偏于后场，如果能根据战术需要，适当地运用各种接杀球技术，调动和削弱对方的进攻能力，往往仍能掌握制控权。

赛事时刻

汤姆斯杯即世界男子团体羽毛球锦标赛，两年一届，比赛由三场单打两场双打组成。

尤伯杯即世界女子团体羽毛球锦标赛，两年一届，比赛由三场单打两场双打组成。

世界羽毛球锦标赛即世界羽毛球单项锦标赛，设有男女单打、双打和混合双打五个比赛项目。2005 年改为每年一届，但奥运年不举办。

苏迪曼杯即世界羽毛球混合团体比赛，两年一届，比赛由五个单项组成。

第二节　羽毛球实战攻略指导与运动防护

扫一扫 看一看

一、羽毛球基本技术练习方法指导

（一）羽毛球学练提示

从事羽毛球运动时首先要搞清楚是打球还是练球，建议把每次打羽毛球的时间分为两段，第一阶段为练球，第二阶段为打球。

（二）自我练习方法

1. 球感适应性练习

球感适应性练习是一种简单有效的练习手段。球感适应性练习方法种类繁多，教师或教练员也可以自己创编一些简单、有趣的球感练习方法。

（1）正手颠球：采用正手握拍法握住球拍，用球拍向上颠球。

绝活儿

腾空突击扣杀：是在对手击出弧度较低的平高球时，跳起后上体后仰成反弓形，高速向前下击球。

头项扣杀球：其准备姿势与头项击高球类似，不同之处在挥拍击球时要靠腰腹带动大臂，协调小臂、手腕的综合力量形成鞭击动作，全力往下方击球。

反手扣杀球：准备动作与反手击高球相同，不同之处是击球前的挥拍用力要大，可向对方的直或对角线的下方用力，击球瞬间球拍与扣杀球方向的水平夹角应小于 90°。

（2）反手颠球：采用正手握拍法握住球拍，用反拍面向上颠球。

（3）正、反手颠球：采用正手握拍法握住球拍，用正、反拍面交替向上颠球。

（4）运动中颠球：在走、跑、坐等不同姿势下进行颠球。

（5）向上击高球：用正、反拍面，运用手腕闪动的爆发力向上击球。

（6）地面接球：用正、反拍面从地面把球接起。

（7）空中接球：用正、反拍面接住空中下落的来球。

（8）打墙：练习者距墙 2~3m，利用墙体的反弹，用正、反手来回向墙击打球。

2. 发球技术练习

（1）根据动作要领徒手挥拍，挥拍动作由慢逐渐过渡到正常发球速度。

（2）对墙进行发球练习。

（3）用多球在正规比赛场地上反复练习。

（4）击打目标练习。

3. 击高远球练习

（1）原地徒手挥拍练习加起跳挥拍。

（2）多球练习（原地逐渐过渡到移动中击球）。

（3）单球对练。

4. 吊网前球练习

（1）原地徒手挥拍练习加起跳挥拍。

（2）多球练习（原地逐渐过渡到移动中击球）。

（3）单球对练：两人一挑一吊，挑球一方尽量将球到位，目标后场边角尽量高些；吊球方的练习开始要追求质量，熟练后逐步加速。二人交替进行。

5. 杀球、接杀球的练习

（1）用持拍手的拇指、食指和中指捏住球，手臂向上举起伸直，用手腕由后向前下闪动，将球抛向前下方，练习手腕下压动作。

（2）在没有球网的场地上，将球发到练习者的前上方（杀球的正确位置处），让练习者练习杀球。

（3）在球场上用多球将球发送到练习者球场的前发球线附近，练习者练习近网杀球。

（4）在球场上用多球将球发送到中场附近，练习者练习中场杀球。

（5）在球场上用多球将球发送到后场任何位置，练习者练习移动中杀球。

（6）接杀方可进行挡垫网和绷后场的练习。挡垫网时注意拍面的控制，要追求质量，同时手臂不要过于紧张。绷后场球时，击球点要尽量靠前一些，绷球时挥拍幅度不宜过大。

6. 前场技术练习

（1）同伴抛球于网前，练习者用正、反手将球挑起至对方底线。

（2）同伴发球至网前，练习者用正、反手将球挑起至对方底线。

（3）同伴从后场吊网前球，练习者用正、反手挑高球到对方后场。

（4）同伴杀球至练习者中场，练习者用正、反手将球挑起至对方底线。

（5）同伴用手抛球至网前，练习者用正、反手搓、勾球回过网。

（6）同伴用正手搓球过网，练习者用正、反手将球搓回过网。

（7）两名练习者分别站在本方场地的左、右侧网前，做向对角勾球练习。

7. 羽毛球步法练习

（1）一人指挥一人练习。

（2）二控一练习：两人方的一人站在网前，只挡放网，不得扣杀球。为保证对面练习者跑动时的连续性，不要求回球质量过高。另一个人在后场，打各冲球给对方，尽量多利用曲线。

二、羽毛球基本战术及训练

（一）羽毛球单打战术

战术与技术打法是紧密相连的，在实际中，战术要根据双方的打法和场上的具体情况而定，要以己之长攻彼之短。

名人语录

教育上的秘诀便是使身心两种锻炼可以互相调剂。

——卢梭

1. 发球抢攻战术

从发球起，利用发球的变化，争取主动控制对方，取得主动，创造进攻机会。这种战术，网前低球结合平快球、平高球，争取第三拍脏动进攻。

2. 接发球战术

接发球一般来说处于被动，但由于发球时受到规则的限制，接发球时，如果能利用好接发球的技术，就多了一些主动进攻的机会。

3. 攻后场战术

运用打高远球和平高球技术，打到对方后场两角，把对方紧压在底线，致使对方被动接球。当对方回击半场高球时，就可以扣杀进攻。

4. 拉、吊结合杀球战术

运用快速、准确的平高球、吊球，把球打到对方场区的四个角上，使对方在场上来回奔跑，当回球质量下降时进攻杀球。

5. 吊、杀上网战术

运用后场轻杀、点杀、劈杀配合吊球。

6. 防守反攻战术

先以高球诱使对方进攻，消耗其体力，当对方体力下降、速度减慢时，发起主动进攻，扭转被动局面。

（二）双打战术

1. 攻直线战术

攻直线战术是指杀球路线和落点都是直线，主要杀直线（中线或边线）球，靠杀球的力量和落点来取得主动，没有固定的目标和对象。当对方的来球靠边线时，攻球的落点在边线上；当对方的来球在中间时，就朝中路进攻。

2. 攻后场战术

攻后场战术是当对方后场扣杀能力差时，可采用平高球、推平球、接杀球挑底线等方法，把对方逼在底线两角移动击球，当对方还击出半高球或网前高球时，抓住机会大力扣杀。

3. 攻中路战术

攻中路战术是力争把球都集中在对方两人之间的结合部，并靠近防守能力较差者一边。

4. 攻人战术

攻人战术也称二打一战术，是两人集中攻击对方技术或心理较弱的人。当发现对方有一个人失误率比较高或防守时球路单调，就可以集中力量打他，打乱对方防守站位，使自己主动或得分。

5. 后攻前封战术

后攻前封战术是后场一人见高球就大力扣杀创造机会，前场另一人以扑球、搓球、勾球、推球等控制网前或拦截吊、扑杀封住前半场，使整个攻防连贯而又有节奏地变化。

6. 防守反攻战术

防守反攻战术是在积极防守中寻找反攻的机会。

（三）固定线路的简单战术练习方法

1. 单一技术练习

（1）两人一组，在场地两边，做打直线或斜线对角高远球练习。

（2）两人一组，在场地两边，做吊直线、挑高直线、吊对角线和挑对角线练习。

（3）两人一组，在场地两边，做网前推、放直线球练习。

2. 技术组合练习

（1）正手一点对两点练习：甲在指定位置原地起跳击乙发来的高球到对方场区两底角，乙底角移动击高球到甲站的指定位置。

（2）挑一点吊两点、练习：甲站在后场指定位置吊直线球，乙挑球到甲站的位置，甲再吊网前对角线，乙再将球挑到指定位置。

（3）吊上网练习：吊直线上网搓球练习，甲站在底线，将来球直线吊至对方网前，乙将来球回到甲的前场区，甲移动上网把球搓回对方网前。

（4）杀上网练习：①头顶杀、上网搓：甲在左底线，用头顶杀向对方后场对角线，乙将球回至甲前场，甲上网将球搓向对方网前。②头顶杀、上网勾：甲在左底线，用头顶杀向对方后场对角线，乙将球回至甲前场，甲上网将球勾向对方对角网前。

三、羽毛球运动防护

当我们进行任何一项体育运动时，如果锻炼的方法和运动技术不当，可能会给身体带来一些不必要的损伤，羽毛球运动也不例外。由于羽毛球运动是隔网项目，竞赛双方的身体不发生直接碰撞，所以羽毛球运动损伤发生的概率与其他运动项目比较并不算太高。但是，由于羽毛球运动强度大、比赛时间长，运动中身体局部负担较大，在这种情况下，如果我们运动时思想上不重视，或技术动作不正确，或运动方法不当，运动损伤也会不可避免。

（一）羽毛球运动中常见的运动损伤

羽毛球运动中常见的运动损伤大致有以下七类。

1. 肩关节损伤

症状是挥臂击球时肩关节感到明显疼痛，不能够做大力发球动作。这主要是由于高手击球的技术动作不合理或练习中局部负担过重造成，如过多地长时间进行大力扣杀。

2. 肘关节损伤

症状是肘部静止时没有疼感，但击球一发力即痛，肘关节活动范围受到限制。这主要是由于技术动作不合理或局部练习负担过重造成。

3. 手腕损伤

症状是击球发力时手腕无力或疼痛。

4. 腰肌损伤

症状是在运动中，当腰部前屈或后伸时即出现疼痛，特别是后仰接头顶区域的球很吃力。

5. 大腿肌肉损伤

症状为运动中涉及大腿肌肉收缩或拉长时，这部分肌肉出现疼痛。

6. 膝关节损伤，特别是髌骨劳损

在羽毛球运动中此类损伤比率很高，症状是膝关节酸痛无力或活动时膝部稍一弯曲就疼痛。

7. 跟腱、踝关节损伤

一般表现为跟腱部位疼痛，尤其是跳起后着地、后腿支撑或做蹬地动作时。

（二）运动损伤的原因及防范

如果运动中注意自我保护，加强损伤的防范意识，可以有效地避免一些不必要的运动损伤，或将运动损伤的发生减小到最低程度。在运动中要注意以下七个方面：①运动前要进行充分的准备活动；②运动后要进行积极的整理放松活动，促进肌肉的恢复；③合理掌握运动量，防止运动量过大；④掌握正确的技术动作；⑤加强力量素质的训练；⑥运动时保持良好的身体状态；⑦注意运动环境因素对损伤的影响。

（三）改善运动损伤的措施

1. 肩关节损伤的改善措施

加强肩部力量训练及肩部的柔韧伸展训练。

2. 肘关节损伤的改善措施

可采用俯卧静力支撑方法加强该部位力量。手腕损伤的改善措施：可用小哑铃或沙瓶负重做腕部伸屈练习，增加腕部力量。

3. 腹部或背部损伤的改善措施

腹部或背部负重做静力支撑，3~ 5 分钟一组，每次 6 组，间歇时腰部做绕环、放松等伸展性练习。

4. 大腿肌肉损伤的改善措施

增加大腿肌肉力量训练的同时增加肌肉伸展度的训练。

5. 膝关节损伤的改善措施

采用静力半蹲或负重静力半蹲来增加该部位的力量。

6. 预防跟腱和踝关节损伤的措施

负重跳绳或负重提踵。

无论是进行比赛还是作为一般性的健身活动，羽毛球运动都要在场地上不停地进行脚步移动、跳跃、转体、挥拍，合理地运用各种击球技术和步法将球在场上往返对击，从而增大了上肢、下肢和腰部肌肉的力量，加快了锻炼者全身的血液循环，增强了心血管系统和呼吸系统的功能，对放松肩部、颈部效果好。同时，羽毛球运动也是一种减压的方式，有利于放松和调整心态。

第三节 “超级丹”与羽毛球比赛观赏

扫一扫 看一看

一、羽毛球名将

林丹（1983 年 10 月 14 日—），福建省龙岩上杭县人，中国羽毛球队单打运动员，世界排名第一（截至 2012 年 9 月）。他球风凶悍、个性鲜明，被称“超级丹”。他 12 岁进入福州八一体工队，18 岁进入国家队。他赢得 2008 年和 2012 年奥运会羽毛球的男单冠军，成为第一位蝉联奥运会羽毛球冠军的男子选手，也是羽毛球史上唯一一位四度夺得世界羽毛球锦标赛男单冠军的运动员。2014 年 9 月仁川亚运会，林丹胜谌龙获得冠军。至今他共获全国冠军 5 个，洲际冠军 7 个，世界羽联公开赛男单冠军 39 个，世界冠军 17 个。

名人语录

任何时候不要怀疑自己或羡慕别人，做好自己，全力以赴地把握好每一天，不要太计较最终的结果。这个过程只是迟早和长短而已，最终都会有属于自己的天地和展现自己价值的一天。

——林丹

二、比赛观赏

（一）羽毛球竞赛规则

1. 比赛规则

（1）计分方法：①除非另有商定，一场比赛应以三局两胜定胜负；②除④和⑤的情况外，先得 21 分的一方胜一局；③对方“违例”或球触及对方场区内的地面成死球，则该方胜这一回合并得 1 分；④ 20 平后，连续得 2 分的一方胜该局；⑤ 29 平后，先到 30 分的一方胜该局；⑥一局的胜方在下一局首先发球。

（2）交换场区：①第一局结束；②第二局结束（如果有第三局）；③在第三局比赛中，一方先得 11 分时；④如果运动员未按①②和③的规定交换场区，一经发现，在死球时立即交换，已得比分有效。

（3）发球：球员和接发球员做好准备，任何一方都不得延误发球。①发球时发球员球拍的拍头做完后摆，任何迟滞都是延误发球。发球员的球拍应首先击中球托；②发球员和接发球员应站在斜对角的发球区内，脚不触及发球区和接发球区的界线；③从发球开始至发球结束前，发球员和接发球员的两脚必须都有一部分与球场地面接触，不得移动。发球员发球时，应击中球；④在发球员球拍击中球的瞬间，整个球应低于发球员的腰部。腰指的是发球员最低肋骨下缘的水平切线；⑤在发球员球拍击中球的瞬间，球拍杆应指向下方。发球开始后，发球员必须连续向前挥拍，直至将球发出；⑥发出的球向上飞行过网，如果未被拦截，球应落在规定的发球区内（落在线上或界内）；⑦一旦运动员站好位置准备发球，发球员的球拍头第一次向前挥动，即为发球开始；⑧一旦发球开始，发球员的球拍击中球或未能击中球，均为发球结束；⑨发球员应在接发球员准备好后才能发球，如果接发球员已试图接发球，即被视为已做好准备；⑩双打比赛发球时，发球员和接发球员的同伴应在各自的场区内，其站位不限，但不得阻挡对方发球员或接发球员的视线。

（4）违例：①从网孔或网下穿过，球不过网，球触及运动员的身体和衣服，球触及球场外其他物体或人；②比赛中，球拍与球的最初接触点不在击球者网的这一边（击球者在击中球后，球拍可以随球过网）；③击球时，球停滞在球拍上，紧接着被拖带抛出；④同一运动员两次挥拍，连续两次击中球；⑤比赛时，运动员的球拍、身体或衣服触及球网或球网的支撑物；⑥运动员的球拍或身体从网上侵入对方场区；⑦运动员的球拍或身体从网下侵入对方场区导致妨碍对方或分散对方注意力；⑧比赛时，运动员故意分散对方注意力的任何举动，如喊叫、故作姿态等；⑨同方两名运动员连续击中球；⑩球触及运动员球拍后继续向其后场飞行。发球时球挂在网上、停在网顶或过网后挂在网上。

（5）重发球：①发球员在接发球员未做好准备时发球；②在发球过程中，发球员和接发球员都被判违例；③发球被击出，球过网后挂在网上或停在网顶；④比赛中，球托与球的其他部分完全分离；⑤裁判员认为比赛被干扰或教练干扰了对方运动员的比赛；⑥司线员未看清，裁判员不能做出裁决时；⑦不能预见或意外的情况；⑧“重发球”时，该次发球无效。

（6）死球：球撞网或网柱后开始向击球者网的这一方地面落下，球触及地面，宣告“违例”或“重发球”。

（7）原发球员重新发球：①一局中，发球员的分数为 0 或双数时，双方运动员均应在各自的右发球区发球或接发球；②一局中，发球员的分数为单数时，双方运动员均应在各自的左发球区发球或接发球。

2. “违例”的判罚

（1）发球方“违例”则失去发球权，接球方得一分。

（2）接球方“违例”则发球方得一分。

本章小结

本章主要介绍了羽毛球的基本技术、战术及练习方法、羽毛球运动防护及比赛观赏。为了让初学者能尽快参与到羽毛球运动中来，本章精心选择了多种学练方法，所列内容注重解决常见问题和练习，易于学习和掌握。

拓展阅读

1. 国家体育总局青少年体育司，国家体育总局乒乓球羽毛球运动管理中心．中国青少年体育运动项目训练教学系列大纲：中国青少年羽毛球训练教学大纲［M］．北京：北京体育大学出版社，2012.

2. 惠程俊．跟我学羽毛球［M］．成都：成都时代出版社，2009.

在线学习

1. 羽毛球单打打法的必胜绝技
2. 如何发力及正确的击球姿势
3. 中羽在线
4. 中国羽毛球协会

测测你的基础

1. 现代羽毛球运动诞生于__________（国家）。

2. 羽毛球技术中球拍的基本握法有两种，即__________握拍法和__________握拍法。

3. 羽毛球技术中的发球，按球在空中飞行的弧线，可分为__________球、__________球、平快球和__________球等。

4. 羽毛球的场上步法由起动、__________到位击球（制动）和__________四个基本环节组成。

5. 试论述羽毛球运动损伤的主要注意事项。

第十章

乒乓球运动

本章概述

乒乓球运动的特点是球小、速度快、变化多、落点准、趣味性强，具有较强的观赏价值。它使用的设备比较简单，不受参加者年龄、性别和身体条件限制。经常参加乒乓球运动，可以发展人的灵活性、协调性和快速反应能力，改善人体心血管系统机能和大脑神经系统机能；有利于培养人的机智、果断、沉着、冷静、进取等优秀品质。

本章主要介绍乒乓球运动的相关知识，通过学习，学习者应该能够掌握乒乓球的基本技术和战术，并了解乒乓球的竞赛规则。

章节结构图

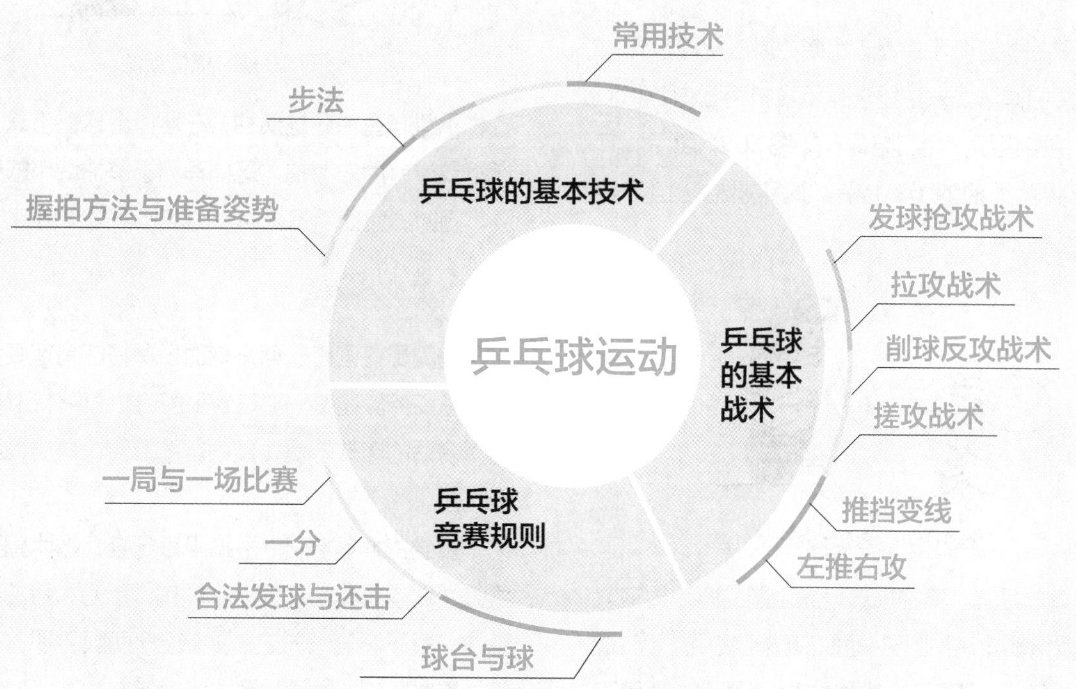

学习目标

通过本章的学习，你应该能够做到：

1. 熟悉乒乓球运动的基本技术和战术。
2. 了解乒乓球比赛的基本竞赛规则。

运动起源

乒乓球运动是由两名选手或两队选手，用球拍在中间隔一个球网的球台两端轮流击球的一项室内运动。因为球击在木拍和桌面上发出“PingPong”的声音而得名，在中国以“乒乓球”作为它的官方名称。乒乓球起源于英国，由“桌上网球”游戏派生而来。

第一节　乒乓球的基本技术

扫一扫 看一看

一、握拍方法与准备姿势

（一）握拍方法

乒乓球的握法有直拍握法和横拍握法两种方式。

（1）直拍握法。直拍握法是用食指第二指节和拇指中段扣拍的正面，虎口贴柄，如图 10-1 所示。其他三指弯曲贴于拍的 1/3 上端，这种握拍法也称中钳式。

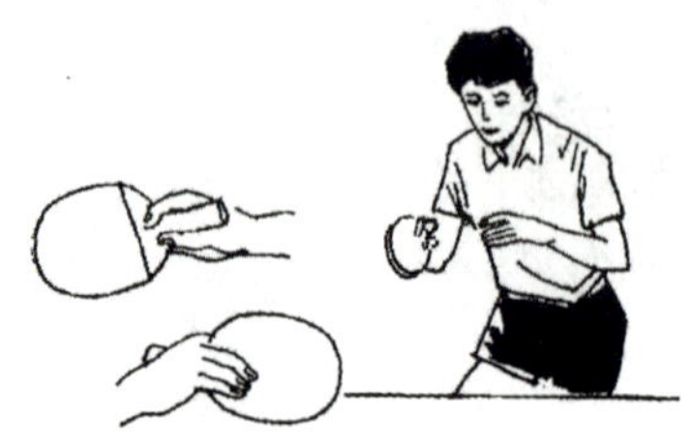

图 10-1　直拍握法

（2）横拍握法。横拍握法是虎口贴拍肩，拇指紧捏拍面，食指斜伸在拍的另一面。此握法称为八字式，如图 10-2 所示。正手攻球时食指向上移动，反手攻球时拇指向上移动。

图 10-2　横拍握法

不管是直拍还是横拍，在准备击球或击球后，手指不要过分用力握拍，这样有利于挥拍动作的迅速还原。同时，应使手臂肌肉及时放松，减少疲劳。

（二）准备姿势

运动员在回击任何来球时所保持的合理姿势，就是准备姿势。在每一个球到来前，应使身体迅速移动，选择合适的击球位置，然后才能及时、准确地把球回击过去。

正确的准备姿势：两脚平行开立，约比肩宽，两膝微屈稍内扣，站在近台中间偏弱手方，持拍手自然弯曲，置于腹前。总之，要做到“两眼平视，上体放松，重心居中，屈膝提踵，脚有弹力”。

二、步法

乒乓球的步法有很多种，常用的基本步法有下面几种：

（1）单步。击球时以一脚为轴心，另一脚向前、后、左、右移动一步。常在打定点球时采用。

（2）换步（跟步）。击球时以一脚向来球的方向跨一步，另一脚紧跟上去；或一脚前、后、左、右跳动，另一脚迅速跟上，应付小角度的来球常用这种步法，左推右攻时也使用这种步法。

（3）跨步。来球距原来位置很远时，一脚先向来球方向跨一步，另一脚再向同一方向跨一步。跨步要灵活，在扑救险球时或正手打回头球时常用此种步法。

（4）侧身步。左推右攻是运动员的常用打法，如果来球离身较远，侧身位置不需很大，击球时可以以左脚为轴，右脚向左后方移动，微收腹，腾出空隙来击球。来球追身时，侧身较大，右脚蹬地发力，左脚向球台外跨一步，然后右脚靠腰部扭动后撤跟上。

可以通过如图 10-3 所示的练习方法，熟悉握拍方式和基本步法。

（a）对墙击球

（b）双人对击球

图 10-3　练习方法

三、常用技术

（一）发球

发球是乒乓球的基本技术之一，在比赛中占有很重要的地位。每局比赛，双方各有 15 ～ 20 次发球机会。发球多变并且质量好，不仅能使对方回接失误，自己直接得分，而且可以为进攻创造更多的机会。发球是比赛开局的第一板球，它不受对方的干扰，可以任意在各种方位（双打除外）按自己的战术意图，将球发到对方任何位置，先发制人，争取主动权。

发球种类较多，基本方法有：正反手平击发球、正反手发左右侧上（下）旋球。正手平击发球的技术动作为：左脚在前，身体稍右转，左手掌心托球，抛球后，待下落时前臂向后向前挥动，拍面稍前倾，击球中部。4 种发球方法如图 10-4 所示。

（a）正手平击发球

（b）反手平击发球

（c）正手发左侧上（下）旋球

（d）反手发左侧上（下）旋球

图 10-4　发球

（二）接发球

在一局比赛中，接发球的机会和发球相同。如果接发球能力较差，不仅给对方较多的得分机会，而且在处理关键球时，会延误战机，影响全局。

接发球常用推、搓、削、拉、抽等方法来回击。

推、搓、削是用旋转和变化落点去抑制对方攻势，并带有一定的防御性质。拉球和抢攻时可以直接破坏对方的攻势，打法上较积极主动。所以，在接发球时，应根据不同的情况做到时搓时拉，忽攻忽守，充分掌握比赛的主动权。一般情况下，接上旋球时，用搓或攻的方法；接下旋球时，用搓、拉、削的方法；接不旋转球时，用推或攻的方法。回接球的旋转和回球方法如图 10-5 所示。

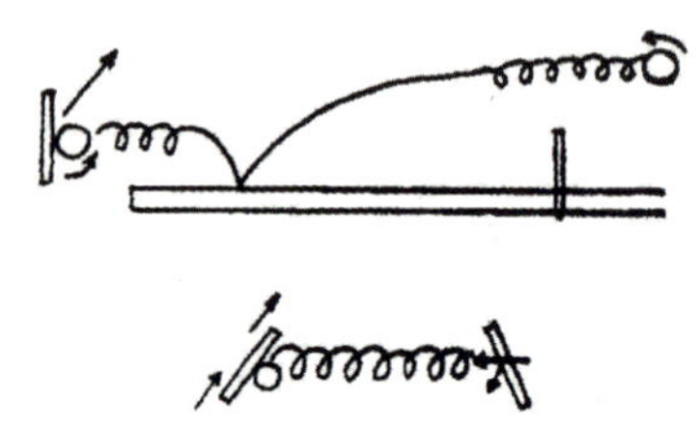

（a）上旋球：要压拍回球

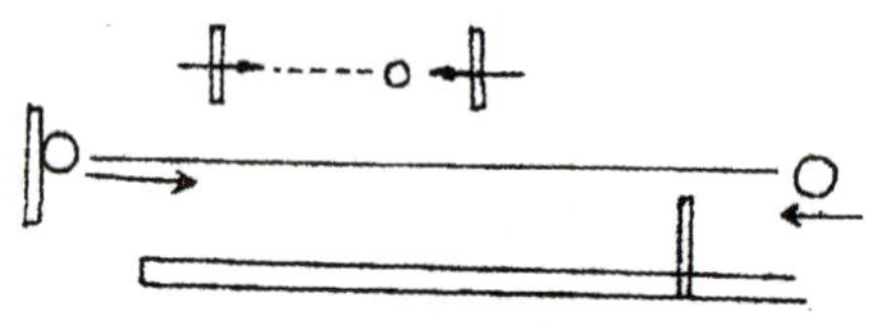

（b）不旋转球：直拍回球

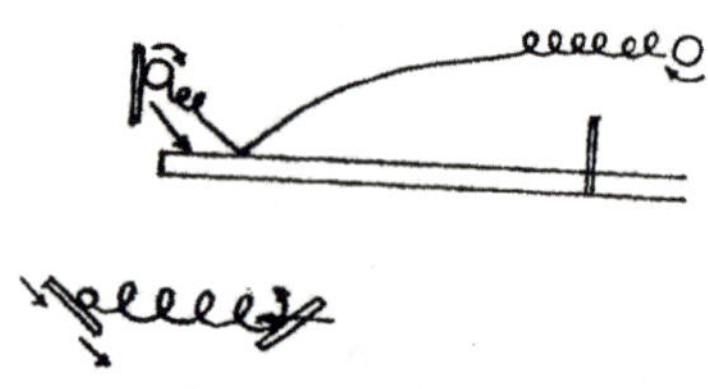

（c）下旋转球：要切拍回球

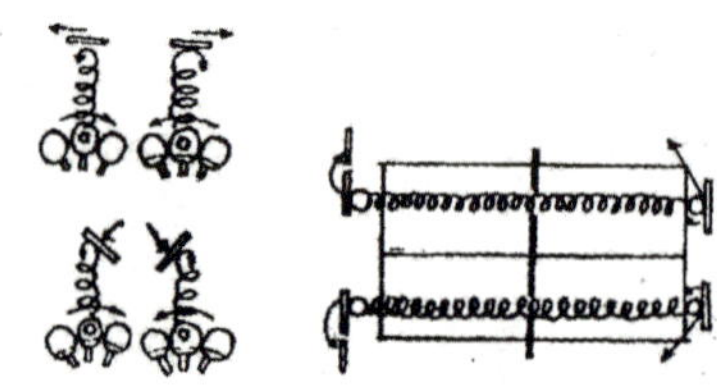

（d）横向旋转球：向与发球搓球的反向挥拍回球

图 10-5 接发球

接发球时，站位应根据对方发球时的位置来决定。如：对方在左后面正手发球，接发球者的站位应在中间靠右；对方在左面反手发球，则站位应中间靠左。同时，接发球时，还要密切注意对方发球的挥拍动作、球拍移动方向以及触球瞬间用力的大小，来正确地判断对方发球的性质和落点，及时用相应的、正确的方法回击。例如：在接上旋球时，用快速推挡或加力快抽，击球的中上部；接下旋球时，球拍后仰，搓击或拉抽球的中下部；而接左、右侧旋球时，则必须将球回击到对方球拍移动的相反方向。如：对左侧上旋球，应将球拍向左前下方击球；对左侧下旋球，应用提拉向左前上方挥动击球。

（三）推挡球

推挡球以反手推挡球为主，其中又分为平挡球、快推、加力推和减力挡等。

（1）平挡球。拍形呈半横状，小臂前伸主动迎球，在球上升期击球的中部，借来球反弹力击回。

（2）快推。两脚离台约 30 ～ 40 cm 平行站立，屈臂持拍于腹前，击球时前臂向前伸出，手腕外旋并使球拍前倾，在球上升期击球中上部，击球后，手臂继续前送，如图 10-6 所示。

图 10-6 快推

（3）加力推。加力推球的回球力量重、速度快、击球点较高，充分发挥手臂的推压力量。比赛中运用加力推可迫使对方离台，陷于被动局面（如侧身正手攻前一板，加力推底线或大角度），与减力挡搭配使用，能有效地调动对方，获得主动权。它适用于对付速度较慢、旋转较弱的上旋球，或力量较轻、着台后弹起比网稍高的来球。在推球过程中，球拍后撤上引是为了增大用力距离，击球点适当离身体远一点，击球时间不宜过早或过迟，要有效地把身体各部分的力集中在击球的一瞬间。

（4）减力挡。减力挡球的回球弧线低、落点低、力量轻，回接对方的大力扣杀或加力推挡时能减弱回球的力量，如与加力推结合运用，可以前后调动对方，是对付中台两面拉或两面攻打的有效战术。它还常用于接加转弧圈球，在挡球过程中，击球前身体重心略升高，稍屈前臂，球拍保持合适的前倾角度，触球瞬间，有意识地做手臂和手腕的后收动作，削弱来球反弹力的同时，借来球的力量将球挡过去，回球速度快。

（四）攻球

攻球也是一项重要的基本技术，是最具有威慑力的得分手段。攻球一般可分为正手攻球和反手攻球。按站位，可分为近台、中台和远台攻球；按击球点和

击球的时间，可分为拉、抽、拨、带、扣、杀等。这里只介绍正手攻球。

（1）正手快抽。左脚在前，持拍呈半横状并向前倾，当球弹起上升时，手臂和手腕向前上方挥动，同时内旋转腕击球中上部，击球后挥拍至头部，如图10-7（a）所示。

（2）正手拉抽。左脚在前，身体离台稍远，击球前，向右后引拍使拍稍后仰，当球下落时，上臂由后向前加速挥动提拉，同时配合手腕动作向上摩擦击球中下部，击球后挥拍至前额，如图10-7（b）所示。

（a）正手快抽

（b）正手拉抽

图10-7　正手攻球

（五）搓球

搓球是近台和台内回击下旋球的一种比较稳定的技术。它与削球的主要区别是站位近、动作小。由于具有旋转多、速度慢、落点变化多的优点，常用于接发球或搓球过渡，为进攻创造机会。

搓球常用技术有快搓、慢搓、搓侧旋、扣加转球。下面主要介绍快搓、慢搓球技术：

（1）快搓。身体靠近球台，来球在身体左侧时，用反手在球上升期击球中下部；来球在身体右侧时，用正手搓球，手臂向右前上方行拍；球在上升期中，手臂手腕向前下方用力击球中下部。

（2）反手慢搓。左脚在前，持拍臂向左上方引拍，击球时，向前下方用力转腕，拍形后仰，在球下降期击球中下部，如图10-8所示。

图10-8　反手慢搓

（3）正手慢搓。左脚在前，身体稍向右转，手臂向右上方引拍，待球下降期，向左前方用力击球中下部。

（六）削球

削球是削攻型打法的一项主要技术。它是通过旋转变化和落点的变化来控制对方，使对方直接失误或为自己创造进攻机会。削攻型打法是争取主动的关键，削扣杀球、追身球和弧圈球是削球手应该掌握的重要技术。

和攻球一样，削球也有正手削球和反手削球两

种。按照距离球台远近，可以分为近削、远削。从基本打法上区分，又分削追身球、扑救网前短球、接突击球、削逼球、削转球与不转球等。

削球是用球拍摩擦来球的中下部或者下部。练习者可以以最普遍的正手削球、反手削球这两种方法为基础，结合球的旋转原理，在实践中不断琢磨，提高削球技术。

（七）弧圈球

（1）加转弧圈球。击球前，左脚在前，右脚稍后，两膝微屈，球拍贴近臀部。当来球从桌面弹起时，前臂先向前迎球，然后上臂和前臂同时由下向上垂直挥动摩擦球的中部，腰部由右后方急剧向上扭转，在触球的一刹那，加速用力，使球沿较高弧线飞出。如图10–9所示。

（2）前冲弧圈球。躯体与桌面成75°角，球拍拉至身后，约与桌面齐高，拍形前倾。当来球着台后，手臂向前上方迅速挥出，手腕使球拍前倾，摩擦球的上部。腰部向前上方扭转，协助球拍加速摆动，使球沿低弧线落于对方台面，如图10–10所示。

图10–9 加转弧圈球

图10–10 前冲弧圈球

扫一扫 看一看

第二节 乒乓球的基本战术

所谓乒乓球运动的战术，即乒乓球运动员在比赛中为战胜对手所采取的计谋和行动。

技术是战术的基础，只有掌握了全面和实用的技术，才有可能运用多变的战术。同样，在比赛中，只有合理地运用战术，才能使技术得以充分发挥。在训练中，只有带着战术意识去练技术，才能练就真正实用的技术。

名人语录

学战术以前，你必须先学会控球。

——孔令辉

一、发球抢攻战术

发球抢攻是我国乒乓球运动员的重要战术之一。近年来，世界各种类型打法的运动员都越来越重视这一战术，使之有了很大发展。

发球抢攻主要注意发球与抢攻的配合。发球应与自己的技术特点紧密结合。擅长侧身抢攻的选手，可以侧身发高、低抛左侧旋球为主；擅长反手攻球的选手，可以反手发右侧旋球为主。发球时，应明确对方有可能怎样回接、接到什么位置、自己怎样抢攻等。

例如：用反手发右侧上（下）旋球至对方中路或靠右近网区，伺机攻对方左区，如图10–11（a）（b）所示；发近身急球，侧身抢攻对方中路或两角，如图10–11（c）（d）所示；发急下旋球至对方两角，侧身抢攻，如图 10–11（e）所示。

还要注意发球抢攻与其他战术的配合。现在乒乓球运动员的接发球水平越来越高，接过来的球很难抢攻。此时，可先轻打一板，争取下板球再发力抢攻；亦可先控制一板，争取下一板抢攻。战术意识强的选手，往往还需考虑到对方第四板球抢拉或抢攻过来，我方如何防中转攻的问题。不能一心只想发球后就抢攻，一旦无机会或盲目抢攻，或显得无计可施，都会形成相持球的被动情况。

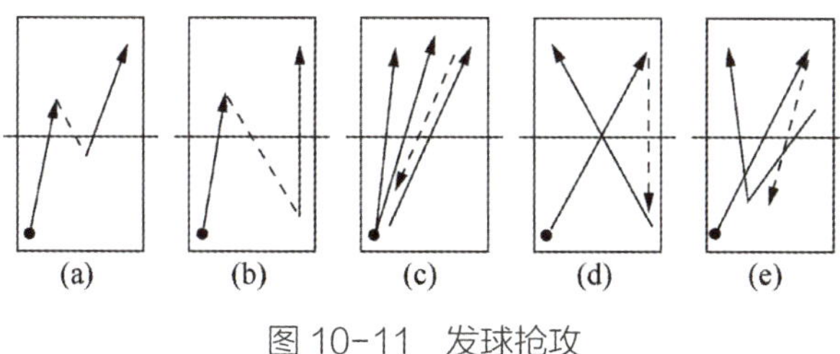

图 10–11 发球抢攻

二、拉攻战术

拉攻是进攻型打法对付削球的主要战术，即用拉球找机会，然后伺机突击。战胜削球，必须要用重板。攻球力量不足者，在与削球选手比赛时，往往难占上风。两名进攻型选手相遇，应力争抢攻在先，抢先发力，理由很简单，你不打他，他就会打你。而对付削球则不必如此，削球打法尽管有时也会抢攻，但从战略上讲，它最基本的打法是防守。所以，进攻型打法的选手对付削球打法的选手时，正确的战术指导思想应是：能突击时就突击，能扣球时即扣球，不能突击或扣球时则应找机会后再突击，切忌急躁。

三、削球反攻战术

削球选手用尽量相似的动作削出强烈下旋和近似不转的球，迫使进攻型选手直接失误或为削球者提供反攻机会。实战中，一般是先削加转球为主，以限制对方抢攻，然后再配合不转球。为增加旋转变化的战术效果，削球选手还常配以落点变化。

四、搓攻战术

随着弧圈球技术的发展，搓攻战术变得越来越简单，你多搓一板，对方就会抢攻在先。所以，搓攻的正确战术指导思想应是尽量少搓，力争抢攻在前。

五、推挡变线

推挡变线是指用推挡压向对方左角时，变推直线袭击空当或两角。

六、左推右攻

左推右攻战术是推挡稍占主动或侧身抢攻时，如对方变线到正手，应用正手回击攻球，在推挡中主动变线，当对方回斜线时，用正手反击对方空当。

第三节 乒乓球竞赛规则

扫一扫 看一看

一、球台与球

（一）球台

（1）球台的上层表面叫作比赛台面，应为与水平面平行的长方形，长 2.74 m，宽 1.525 m，离地面高 76 cm。

（2）比赛台面不包括与球台台面垂直的侧面。

（3）比赛台面由一个与端线平行的垂直的球网划分为两个相等的台区，各台区的整个面应是一个整体，球网的顶端距离比赛台面 15.25 cm。

（4）双打时，各台区应由一条 0.3 cm宽的白色中线划分为两个相等的“半区”，中线与边线平行，并应视为右半区的一部分。

（二）球

（1）球应为圆球体，直径为 4 cm（原来是直径为 3.8 cm的小球，从 2000 年 10 月 1 日起乒乓球开始走进“大球”时代）。

（2）球重 2.7 g。

（3）球应用塑料或类似的材料制成，白色或橙色，且无光泽。

二、合法发球与还击

（一）合法发球

（1）发球时，球应放在不执拍手的手掌上，手掌张开并平展。球应是静止的，在发球方的端线之后，比赛台面的水平面之上。

（2）发球员须用手把球几乎垂直地向上抛，不得使球旋转，并使球在离开不执拍手的手掌之后上升不少于 16 cm，球下降到被击出前不能碰到任何物体。

（3）当球从抛起的最高点下降时，发球员方可击球，使球首先触及本方台区，然后越过或绕过球网装置，再触及接发球员的台区。在双打中，球应先后触及发球员和接发球员的右半区。

（4）从抛球前球静止的最后一瞬间到击球时，球和球拍应在比赛台面的水平面之上。

（5）击球时，球应在发球方的端线之后，但不能超过发球员身体（手臂、头或腿除外）离端线最远的部分。

（二）合法还击

对方发球或还击后，本方运动员必须击球，使球直接越过或绕过球网装置，或触及球网装置后，再触及对方台区。

三、一分

除被判重发球的回合，下列情况运动员得一分。

（1）对方运动员未能合法发球。

（2）对方运动员未能合法还击。

（3）运动员在发球或还击后，对方运动员在击球前，球触及了球网装置以外的任何东西。

（4）对方运动员或他穿戴的任何东西触及球网装置。

（5）对方运动员不执拍的手触及比赛台面。

（6）双打时，对方运动员击球次序错误。

（7）连续两次击球，或者球连续两次触及本方球台区。

四、一局与一场比赛

（一）一局比赛

在一局比赛中，先得 11 分的一方为胜方（2001 年 9 月 1 日前，21 分制），每过 2 分互换发球。10 平后，双方互换发球，先多得 2 分的一方为胜方。

（二）一场比赛

一场比赛由单数局组成，例如采用三局二胜或五局三胜制。

本章小结

本章主要介绍了乒乓球的基本技术、战术及竞赛规则。为了让初学者能尽快参与到乒乓球运动中来，本章精心选择了多种技术和战术，所列内容注重解决常见问题和练习，易于学习和掌握。

拓展阅读

1. 朱国顺，李宁. 小球大乾坤[M]. 上海：文汇出版社，2019.

2. 田崎俊雄. 乒乓球基础与实战：击球、攻防与战术：全彩图解版[M]. 王爽威，译. 北京：人民邮电出版社，2016.

在线学习

1. 唐建军乒乓球教学
2. 全民乒乓网
3. 中国乒乓球协会

测测你的基础

1. 乒乓球起源于______（国家）。

2. 接发球常用______、______、削、拉、抽等方法来回击。

3. 推挡球以反手推挡球为主，其中又分为平挡球、________、加力推和减力挡等。

4. 乒乓球比赛为_________分制。

5. 试论述乒乓球运动的合法发球与合法还击的规则。

第十一章

田径运动

本章概述

田径运动是人类在长期社会实践中发展起来的，是增强人民体质和对广大青少年进行精神文明教育的重要手段之一，在各级学校体育课中占有比重。经常系统地、科学地参加田径运动，能够改善人体健康水平和提高工作能力。通过田径运动的教学和训练，能培养人的勇敢、果断、坚韧、顽强的意志品质。

本章主要介绍田径运动的相关知识，通过学习，学习者应该能够了解田径运动的分类及常见项目，掌握奔跑、跳跃、投掷相关项目的运动要点，并了解田径的竞赛规则。

章节结构图

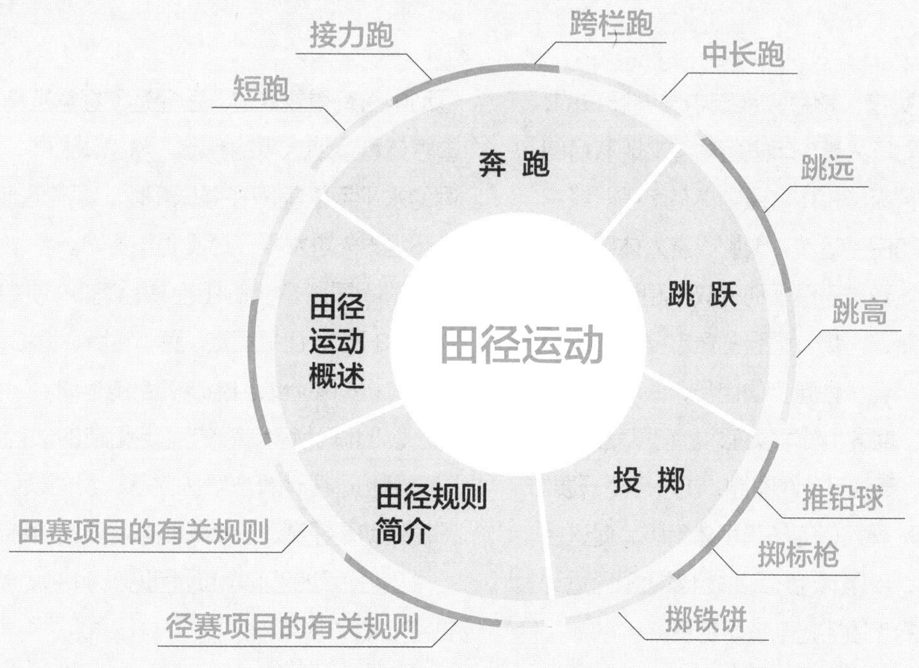

学习目标

通过本章的学习，你应该能够做到：

1. 了解田径项目的分类及常见项目。
2. 掌握奔跑、跳跃、投掷相关项目的运动要点。
3. 了解田径竞赛的基本规则。

运动起源

在远古时代，人类本身所具有走、跑、跳、投等身体基本活动技能，是应付艰苦自然环境及支撑生活所必不可少的。由于生存的需要，人类必须不断提高身体活动能力，并向后代传授生活技能。原始教育通过游戏方式组织练习，逐渐演变成一种定期的比赛活动，由此形成了古代田径运动的雏形。随着阶级的产生和战争的出现，跑、跳、投又变成一种军事技能和身体训练的主要内容，它最早起源于古希腊，是极具竞争和对抗性质的“操练”，在发展成以比速度、力量和灵敏度为目的的“轻竞技”后，为现代田径运动奠定了社会基础。

田径运动这个名称起源于英国。在跑道上举行的比赛项目称作径赛，在跑道围绕成的中间地面上举行的比赛项目称作田赛。现在许多国家采用这个名称，也有些国家称之为“轻竞技”，日本则称之为“陆上竞技”。

第一节　田径运动概述

扫一扫 看一看

田径运动是人类在长期社会实践中发展起来的，是增强人民体质和对广大青少年进行精神文明教育的重要手段之一，在各级学校体育课中占有比重。经常系统地、科学地参加田径运动，能够改善人体健康水平和提高工作能力。通过田径运动的教学和训练，能培养人的勇敢、果断、坚韧、顽强的意志品质。田径运动的运动强度大，竞争性强，项目多，锻炼形式多样，在空地、广场、道路上都可以练习。它不受人数、年龄、性别、季节、气候等条件限制，便于广泛开展。田径运动能全面地发展人体的各项身体素质，促进各项运动技能的形成，所以其他运动项目都把田径运动作为发展专项素质的手段与提高技术的基础。

世界各国都很重视发展田径运动，它在国际体育运动中占有重要地位。田径运动经常被作为衡量一个国家体育运动水平的标志。从总体上看，我国的田径运动水平与欧美田径强国相比，还存在较大的差距，赶超世界先进水平，还需更加努力。

国际田联承认的田径项目有 59 项（男子 36 项、女子 23 项），包括竞走、跑、跳跃、投掷，以及由跑、跳跃、投掷部分项目组成的全能运动。

以时间计算成绩的竞走和跑的项目叫“径赛”。以高度和远度计算成绩的跳跃、投掷项目叫“田赛”。田径运动是径赛、田赛和全能比赛的合称。

田径运动的分类和项目见表 11–1、表 11–2、表 11–3、表 11–4。

表 11-1　径赛运动的分类

项目	组别					
	成年		少年			
	男子组	女子组	男子甲组	男子乙组	女子甲组	女子乙组
竞走	20 km 50 km	5 km 10 km	—	—	—	—
短距离跑	100 m 200 m 400 m	100 m 200 m 400 m	100 m 200 m 400 m	60 m 100 m 200 m	100 m 200 m 400 m	60 m 100 m 200 m
中距离跑	800 m 1 500 m 3 000 m	800 m 1 500 m	800 m 1 500 m 3 000 m	400 m 800 m	800 m 1 500 m	400 m 800 m
长距离跑	5 000 m 10 000 m	3 000 m 5 000 m 10 000 m	—	—	3 000 m	—
跨栏跑	110 米栏 （1.067 m） 400 米栏 （0.914 m）	110 米栏 （0.84 m） 400 米栏 （0.672 m）	110 米栏 （0.914 m）	110 米栏 （0.914 m）	100 米栏 （0.762 m）	100 米栏 （0.762 m）

表 11-2　跳跃运动

距离	男子组	女子组	备注
高度	跳高	跳高	少年男、女甲组与成年男、女组项目相同
	撑竿跳	撑竿跳	
远度	跳远	跳远	
	三级跳远	三级跳远	

表 11-3　投掷运动

项目	成年		少年			
	男子组	女子组	男子甲组	男子乙组	女子甲组	女子乙组
铅球	7.26 kg	4 kg	6 kg	5 kg	4 kg	3 kg
标枪	800 g	600 g	700 g	600 g	600 g	500 g
铁饼	2 kg	1 kg	1.75 kg	1.50 kg	1 kg	1 kg
链球	7.26 kg	4.0 kg	6.0 kg	5.0 kg	4.0 kg	3.0 kg

表 11-4　全能运动

组别	项目	内容和比赛顺序
成年男子	十项全能	第一天：100 m、跳远、铅球、跳高、400 m 第二天：110 米栏、铁饼、撑竿跳高、标枪、1 500 m
成年女子	七项全能	第一天：100 米栏、铅球、跳高、200 m 第二天：跳远、标枪、1 500 m
少年男甲	五项全能	跳远、标枪、200 m、铁饼、1 500 m
少年女甲	五项全能	第一天：100 米栏、铅球、跳高 第二天：跳远、800 m
少年男乙	三项全能	100 m、铅球、跳高
少年女乙		

第二节 奔 跑

奔跑是由单脚支撑与腾空相交替，摆臂、摆腿、扒地缓冲与后蹬密切配合的周期性运动。跑的一个周期就是两个复步，在一个复步中，人体要经过两次单脚支撑和两次腾空。一个复步包括两个单步，在每一个复步的下肢动作中可分为两个时期：支撑时期即从脚着地到脚离地；腾空时期即从脚离地到另一脚着地。在一个周期中，运动员身体重心移动轨迹会产生上下波动，这是腾空与着地缓冲的必然结果。但在跑进时，应防止身体重心的左右晃动，注意跑的直线性。

奔跑的项目包括在跑道上进行的短距离赛跑、中距离赛跑、长距离赛跑、接力赛跑、跨栏跑、障碍跑和在公路上进行的马拉松。跑步可以更有效地发展各种身体素质和意志品质，是增强体质的有效手段。

一、短跑

短跑属极限强度运动，短跑比赛项目包括 60 米、100 米、200 米、400 米，是发展速度素质最有效的手段，短跑的整个过程是有机联系的统一体。短跑各部分不是孤立存在，也不能把它们截然分开。为了便于分析，可把短跑的全程分为起跑、起跑后的加速跑、途中跑和终点跑，如图 11–1 所示。

图 11–1 短跑

下面结合 100 米跑，简单介绍短跑的技术，其他短跑项目大体相同。

（一）起跑

田径规则规定，在短跑比赛中运动员必须采用蹲踞式起跑，并使用起跑器。运动员要按发令员的口令完成起跑动作。起跑器的安装方法有普通式、接近式和拉长式三种，如图 11–2 所示。运动员采用哪种起跑器和安装方法应根据个人的身高、体型、身体素质和技术水平等情况来选择，其目的是使运动员能充分发挥肌肉的最大力量，以获得最大初始速度，有助于加速跑的完成。

起跑过程包括“各就位”“预备”和鸣枪三个阶段。

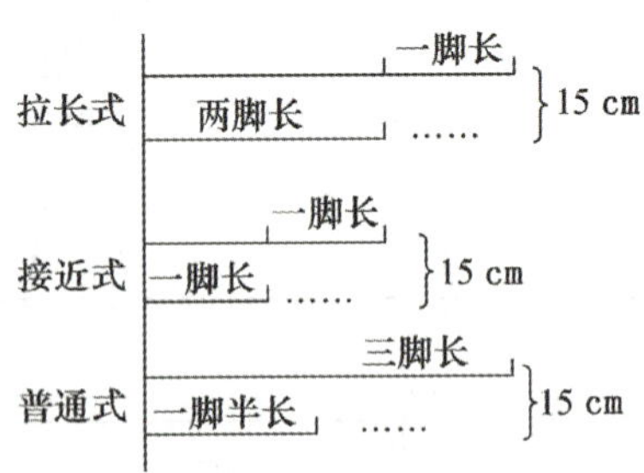

图 11–2 起跑器的安装方法

听到“各就位”口令后，运动员稳定一下自己的情绪，走到起跑器前，俯身，两手撑地，两脚依次踏在前后起跑器的抵足板上，将有力脚放在前面，后腿跪地，然后两手收回到起跑线后，两臂伸直，两手间距离与肩同宽或比肩稍宽，四指并拢或稍分开和拇指呈“人”字形，身体重心稍前倾，肩约与起跑线齐平，颈部自然放松，注意听“预备”口令。

听到“预备”口令后，逐渐抬起臀部，身体重心落在两臂和前腿上，两脚贴紧在前后起跑器抵足板上，集中注意力听枪声。

听到枪声后，两手迅速推离地面，屈肘做有力的前后摆，同时两腿快速用力蹬起跑器。后腿快速蹬离起跑器后，便迅速屈膝向前上方摆出。摆出时腿不应离地面过高，这有利于摆动腿迅速着地并过渡到下一步，如图 11–3 所示。

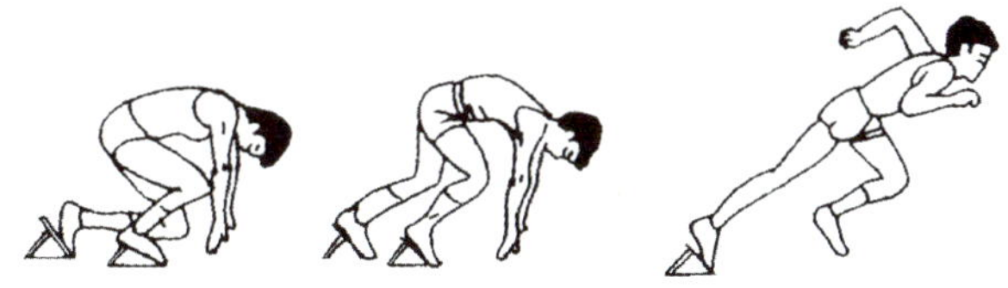

图 11–3 起跑

（二）起跑后的加速跑

起跑后的加速跑是从蹬离起跑器到途中跑开始的一个跑段，一般为 30 m左右，其任务是尽快加速达到自己的最高速度。起跑后第一步约三脚半长，第二步约为四脚长至四脚半长，以后逐渐增大，直至途中跑的步长。

（三）途中跑

途中跑的任务是继续发挥和保持最高跑速。加速跑结束后即进入途中跑，一个单步由后蹬、腾空、着地和缓冲几个部分组成。

（四）终点跑

终点跑是全程跑的最后一段，要求运动员在离终点线 15 m ～ 20 m处时，尽力加快两臂摆动速度和力量，保持身体前倾角度。当运动员离终点线前一步距离时，上体急速前倾，双手后摆，用胸部或肩部撞终点线，跑过终点后，运动员要逐渐减速。

二、接力跑

接力跑是田径运动中以集体形式出现的竞赛项目，是田径场上最具吸引力的项目之一。接力跑设置的项目一般为男、女 4×100 米接力跑和男、女 4×400 米接力跑。规则要求必须在 20 m长的接力区内完成传接棒动作。

接力跑的途中跑技术基本上与短跑相同，只是要求各棒队员之间协调配合保证在快速跑进中完成传棒、接棒。

（一）起跑

第一棒运动员采用蹲踞式起跑，一般用右手握棒；第二、第三、第四棒运动员多采用半蹲式或站立式起跑，并且头转向左后方。接棒运动员起跑姿势的选择，主要取决于能否快速起跑，并能清晰地看到传棒选手以及设定的起动标志。

（二）传棒、接棒方法

传棒在接力跑项目中非常重要，是影响成绩的关键点。传接棒方法一般分上挑式、下压式和混合式三种。

上挑式是接棒人手臂自然后伸，掌心向下，传棒人将棒由下向前上方“挑”送到接棒人手中；下压式是接棒人手臂后伸，但掌心向上，传棒人将棒的前端由上向下“压”送到接棒人手中；混合式是在一次接力跑中综合使用了前面两种方式。

接力跑是由四个人密切配合、奋力拼搏完成全程跑的，在安排各棒队员时，特别是 4×100 米比赛，必须考虑发挥每名队员的特长与优势。在 4×100 米项目中，第一棒安排起跑快、跑弯道技术好者；第二棒是直线快速跑、速度耐力好、传接技术好者；第三棒必须善于跑弯道；第四棒是全队实力最强的主力。

三、跨栏跑

跨栏跑是技术较为复杂的田径项目，也是一种特殊的快速跨越障碍的方法。田径比赛的跨栏跑项目有：女子 100 米栏、男子 110 米栏和男子、女子 400 米栏。每个项目都设十个栏架，但栏高和栏距不同。

跨栏跑比赛必须使用起跑器和蹲踞式起跑。跨越栏架这一步叫作“跨栏步”，包括起跨、过栏和下栏三个部分，如图 11–4 所示。

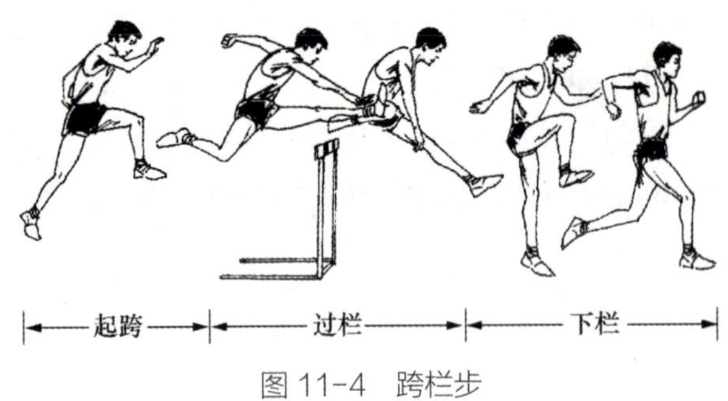

图 11-4 跨栏步

起跨时躯干应保持适宜的前倾，摆动腿大腿迅速高抬，起跨腿充分蹬伸，摆动腿异侧臂前伸，眼看栏板，起跨角度约为 60° ~ 70°。起跨完成后，摆动腿小腿向栏板上方前伸，前伸臂继续前伸，躯干前倾。

当摆动腿到达栏板上方时，标志着"过栏"动作开始，摆动腿下压，起跨腿外展前伸臂后摆，完成过栏动作。

下栏时用脚掌牢固地支撑在跑道上，起跨腿向前高抬，躯干保持前倾。

栏间跑最好跑三步，这三步的大约长度比例是 1.6 ∶ 2 ∶ 1.9。栏间跑主要有三点技术要领：前掌着地、保持较高的身体姿势、频率要快。

名人语录

中国有我，亚洲有我

没有对手就没有动力，我永远感谢对手

——刘翔

四、中长跑

中长跑包括中距离跑和长距离跑。中距离跑对速度和耐力都要求较高，而长距离跑以耐力为主。现代中长跑技术的特征为：身体重心位移平稳，如图 11-5 所示，动作实效、经济、轻松、自然，并保持良好的节奏、高步频，积极有效地伸髋和快速有力地摆动。

图 11-5 身体重心平稳

中长跑时，应注意呼吸的节奏。呼吸的节奏取决于个人特点和跑的速度。一般是跑两步或三步一呼气，跑两步或三步一吸气，随着跑速的提高，呼吸频率也相应加大。在强度大、竞争激烈的情况下，应采用半张口与鼻同时呼吸来最大限度地满足机体对氧气的需要。中长跑时，由于内脏器官机能的惰性，氧气的供应暂时落后于肌肉活动的需要，跑一段距离后会不同程度地出现胸部发闷、呼吸困难、动作无力等现象，迫使跑速降低，甚至有难以坚持下去的感觉。这种生理现象叫"极点"，它与准备活动、训练水平有关，训练水平高，内脏器官的适应能力强，极点出现就缓和、短暂。当极点出现时，可适当降低速度，注意加深呼吸，同时要以顽强的意志坚持下去。

流动的术语

跑休：一般而言是指彻底休息，不跑也不做其他任何运动，或者安排低强度的交叉训练，如瑜伽或游泳。如果之后是难度大的练习，跑休可以让身体得以适应和改善。

大米原则（RICE 法）：指休息（Rest）、冰敷（Ice）、压迫（Compression）和抬高（Elevation）。这些措施可以缓解疼痛、消除肿胀、保护受损组织，从而加快康复。

跑步经济性：衡量在给定的最大配速下人体所需的氧气量，它是衡量身体用氧效率以及跑步效率的标准。

扫一扫 看一看

第三节　跳　跃

跳跃包括跳远和跳高。跳远有立定跳远、急行跳远、三级跳远等项目；跳高分为剪式跳高、跨越式跳高、背越式跳高等项目。

一、跳远

（一）急行跳远

急行跳远是助跑跳跃的一种方法，也是人越过障碍物的实用技能。从事跳远运动可以有效地发展弹跳力、速度和提高控制身体的能力。

跳远由助跑、起跳、空中姿势和落地四个部分组成，如图 11-6 所示。

助跑的任务是准备前冲力。助跑要提高重心、高抬腿、富有弹性、节奏明显，最后几步要有积极向踏板进攻的意识。快速、准确是助跑技术的要点，节奏是完成这一要点的关键。一般说来，助跑距离和步数男子为 35 m ～ 45 m，大约跑 18 ～ 24 步；女子为 30 m ～ 40 m，大约跑 16 ～ 18 步。

在助跑时，一般采用两个标志：第一个标志是助跑的起跑线；第二个标志是在距起跳板 6 m ～ 8 m的地方。

起跳是跳远的关键环节。起跳时用全脚掌踏板，躯干呈正直姿势，身体迅速前移，并迅速充分地伸展起跳腿，摆动腿大腿约与跑道平行，两臂用力上摆。

跳远的空中姿势有蹲踞式、挺身式如图 11-7 所示，走步式如图 11-8 所示。但起跳动作是基本相同的。在三种空中姿势中“蹲踞式”比较简单，它的技术要点是：起跳进入腾空步后，摆动腿大腿继续高抬，躯干正直，两臂向前上方摆动，随后起跳腿向摆动腿靠拢，呈蹲踞姿势。

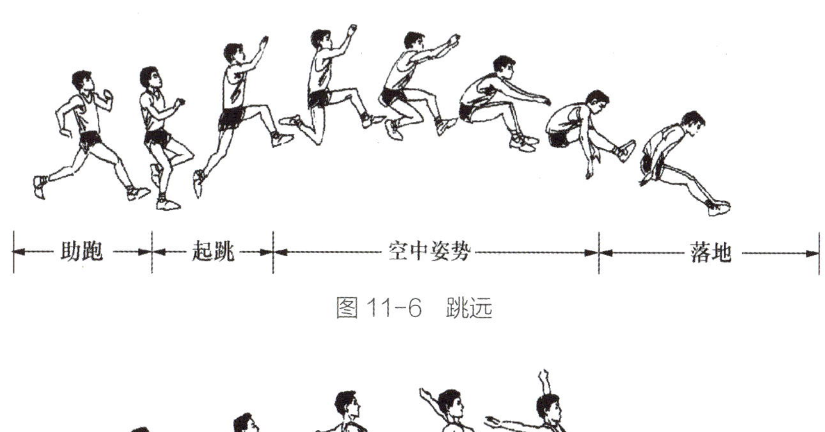

图 11-6　跳远

图 11-7　挺身式

图 11-8 走步式

落地动作要点是：小腿前伸，两臂向体后摆动，脚接触沙面后屈膝，上体前倾。也可以采用落地侧倒的方法。

（二）三级跳远

三级跳远是一种连续跳远的项目，是助跑之后直线连续进行三次跳跃。它潇洒、飘逸，可以充分展示运动者的矫健，可以有效地发展人的协调性。三级跳远技术由助跑起跳、单足跳、跨步跳和第三跳四部分组成。其中，第一跳（单足跳）须用起跳腿落地，第二跳（跨步跳）须用摆动腿落地，第三跳（跳跃）用双脚落入沙坑，如图 11-9 所示。

图 11-9 三级跳远

三级跳的助跑与急行跳远的助跑基本相同，一般跑 16 ～ 24 步。与急行跳远助跑的不同是，助跑倒数第二步重心几乎不下降，最后几步长度没有明显变化。

第一跳（单足跳）是有力腿起跳，在空中做交换腿动作，有力腿落地。要点是尽量保持水平速度，起跳蹬地角约为 60°，身体重心轨迹长而平。

第二跳（跨步跳）仍是有力腿起跳，在空中呈腾空步姿势落地之前有一个顺势高抬大腿，做扒地式落地动作。

第三跳（跳跃）是无力腿起跳，应尽量利用所余的水平速度，并增加垂直速度，争取远度。蹬地角一般为 60° ～ 70°，起跳时两臂积极上摆，空中动作多采用蹲踞式。

二、跳高

目前出现过的主要跳高动作有跨越式、剪式、俯卧式和背越式等。由于技术的合理性，现在俯卧式、剪式已很少见到，人们多采用跨越式、背越式跳高动作。

（一）跨越式跳高

跳高技术由助跑、起跳、过杆和落地四个部分组成。跨越式跳高的技术过程，如图 11-10 所示。

图 11-10 跨越式跳高

（1）助跑。在摆动腿一侧助跑，一般要跑 6 ～ 8 步。助跑路线与横杆的角度为 30° ～ 45°，助跑的开始三四步要轻松，富有弹性，随后逐渐加速，上体微前倾，助跑后几步重心稍低。

（2）起跳。起跳点与横杆投影线的距离约为60～80 cm，起跳时脚跟着地并迅速过渡到全脚掌，起跳腿迅速有力地起跳，踝、膝、髋充分蹬直，高抬摆动腿并积极前送小腿，身体重心迅速前移。

（3）过杆。当摆动腿摆过横杆高度时，身体前倾，脚尖内转下压，起跳腿积极高抬，身体沿纵轴向起跳方向旋转，使上体和臀部迅速过杆。

（4）落地。起跳腿随摆动腿的下压而抬高绕过横杆后，摆动腿缓冲落地。

（二）背越式跳高

背越式跳高的技术过程，如图 11-11 所示。

（1）助跑。背越式跳高助跑一般为 8～12 步，其中后 4～6 步助跑为弧线助跑。助跑前几步，步幅要开阔并有弹性，当转入弧线助跑时，整个身体向内倾斜；倒数第二步开始准备起跳，是助跑中最大的一步；最后一步时，起跳腿迅速踏向起跳点，髋部超前于上体，肩轴与髋轴呈交叉扭紧姿势。

（2）起跳。起跳脚由脚跟外侧先着地，柔和地过渡到全脚掌着地，此时，身体应向内倾斜。起跳时，摆动腿屈膝上摆、起跳腿迅速伸展，两臂上摆，躯干向上伸展，当起跳结束时身体与地面呈垂直姿势。

（3）过杆。起跳完成后，身体呈伸展姿势向上腾起呈背对横杆的姿势，当头过杆后，仰头、侧肩、挺髋、屈膝，呈拱形依次过杆，髋部过杆后，含胸收腹，上甩小腿过杆。

（4）落垫。起屈髋姿势，用背部落在海绵垫上。

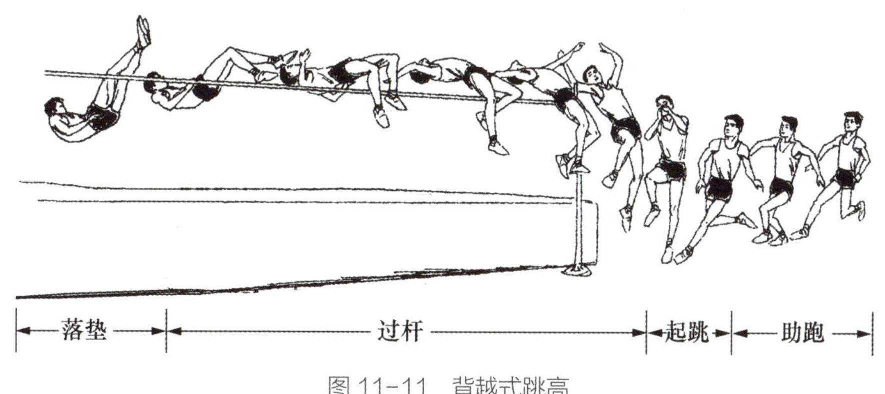

图 11-11　背越式跳高

第四节　投　掷

扫一扫 看一看

投掷是人类生产和生活中的常用动作，可以发展人的爆发力和准确性等。田径运动的投掷项目常见的有推铅球、投标枪、掷铁饼，都是以投掷远度决定成绩的。由于这些项目都比较远离我们的生活和运动实践，在此我们主要作为竞技运动的知识进行介绍，而一些相关练习则可以作为发展投掷能力和发展力量的练习来进行学习。

一、推铅球

推铅球是站在直径为 2.5 m的投掷圈内，将铅球推在 40°角的扇形区之内。推铅球技术可分为握球和持球、滑步的预备姿势、滑步、最后用力、维持身体平衡 5 个部分，重点是滑步技术和最后用力技术。推铅球主要有侧向滑步推铅球如图 11-12 所示，背向滑步推铅球如图11-13所示，和旋转推铅球3种方式。

图 11-12　侧向滑步推铅球

图 11-13　背向滑步推铅球

二、掷标枪

标枪原为古代的一种捕猎工具和武器，作为比赛项目最早出现在古希腊奥运会上，但当时的标枪，其形状、重量与投掷方法都不同于现在。1908 年第 4 届奥运会时，对标枪的规格与投掷技术作了统一的规定，逐渐形成了现代的掷标枪技术。掷标枪是一项多轴性旋转的投掷项目。掷标枪技术比较复杂，主要技术分为握枪、持枪、助跑、最后用力和出手后的身体平衡等技术环节，如图 11-14 所示。

图 11-14　掷标枪

掷标枪的技术要领是：握枪助跑，逐渐加速；投掷步第一、第二步完成引枪；第三步下肢积极向前，形成大幅度的超越器械动作；第四步积极落地支撑，控制好标枪的角度与指向，沿标枪纵轴快速有力地“鞭打式”投枪；第五步缓冲，维持身体平衡，避免犯规。

三、掷铁饼

掷铁饼比赛在直径 2.5 m的投掷圈内进行。掷铁饼技术可分为握饼、预备姿势和预摆、旋转、最后用力和维持平衡 4 部分。掷铁饼时，在投掷圈内，通过上述一系列动作将铁饼掷出并落于 40°角的扇形投掷区内。现代掷铁饼技术已发展到背向旋转式掷铁饼（图 11-15）。

图 11-15　掷铁饼

开始旋转要低重心、大幅度，旋转过程中重心要平稳，不断加速，边旋转边向前。当右脚摆向圆心着地、右腿单腿支撑时，要不停顿地继续旋转，左膝外展靠近右膝沿小弧度迅速摆向中心线左侧落地支撑，形成大幅度地超越器械动作；在旋转至侧对投掷方向时，右脚应转变为以蹬伸为主，并边蹬伸边转向前；当重心移向左腿的同时，要抬头挺胸，左侧用力蹬撑，肩轴迅速超越髋轴，快速挥臂“鞭打”出饼。

第五节　田径规则简介

扫一扫 看一看

一、径赛项目的有关规则

（1）参加径赛项目的比赛，运动员必须按时到赛前控制中心检录。凡服装、号码、钉鞋及随身携带的旅行包等物品不符合要求者，不允许其入场比赛。凡点名不到者，取消其比赛资格。

（2）400 m及400 m以下的项目（包括4×400米接力的第一、第二棒，4×100米接力的第一、第二、第三棒）和800米跑，均为分道跑和部分分道跑，道次由大会抽签决定。比赛中运动员应自始至终在各自的分道内跑。跑出自己的跑道，而从中获得实际利益或阻挡、撞人则应取消其比赛成绩。

（3）400 m及400 m以下的项目（包括4×400米、4×100米接力的第一棒），运动员必须采用蹲踞式起跑，并使用起跑器。起跑时，运动员必须完全在自己的分道内和起跑线后做好准备姿势，双手和一个膝盖必须触地，双脚必须接触起跑器。起跑的口令为“各就位”“预备”、鸣枪。

（4）400 m以上的项目，运动员不得使用起跑器，应采用站立式起跑。起跑的口令为“各就位”、鸣枪。站立式起跑时，双脚必须与地面接触。由分道跑转入不分道跑时，必须跑过抢道标志后，方可切入里道。

（5）接力跑比赛，运动员必须手持接力棒跑完全程，如发生掉棒，必须由掉棒运动员拾起。在所有接力赛跑中，必须在接力区内传送接力棒。传棒后离开跑道时，不得影响他人跑进，不得通过推动或接受其他方式的助力，否则，均应取消其比赛资格。

（6）4×400米接力比赛时，第三、第四棒运动员接棒顺序的排列（由里向外），是以前棒运动员到达200 m起点处的先后顺序为准。顺序排定后，不得变更。

（7）跨栏跑比赛。运动员在过栏时，脚或腿不得低于栏顶的水平面，不准跨越他人的栏架，也不准有意地用手推倒或用脚踢倒栏架。

（8）障碍跑比赛。运动员必须越过或涉过水面，不得踏上水池两边中的任何一边，或在过栏时其脚或腿低于栏架顶端水平面，违者均应取消其录取资格。

（9）400 m以上的项目比赛时，凡有任何形式的伴跑、听取非大会指定人员的报时、借故缩短比赛距离者，均应给予警告或取消比赛资格和录取资格的处罚。

（10）任何径赛项目，如参加人数较多，可先举行分组预、次赛或复赛。最后，选8人进行决赛。在弯道上起跑的（1 000 m以上的项目）运动员超过12人时，则同时在两条起跑线上起跑，65%的运动员在常规起跑线上起跑，起跑后切入第一道；35%的运动员在外侧一半跑道起跑线处起跑，跑过抢道标志线后，方可切入第一道。

（11）径赛项目均按决赛成绩的优劣判定比赛名次。计取径赛成绩的方法是，从看到发令枪烟或闪光时开动秒表，到运动员躯干（包括头、颈、手、臂、腿、脚）到达终点线后沿的垂直面时停表。

二、田赛项目的有关规则

（一）田赛项目的比赛通则

（1）检录。田赛项目的比赛，检录工作由田赛裁判员负责。运动员的服装、号码、钉鞋等不符合规定者，不允许其入场比赛。检录不到者，取消其比赛资格。

（2）及格赛。如参加比赛的人数过多，可先举行及格赛。及格赛的成绩不作为正式比赛的成绩，但打破纪录，符合规则要求的，予以承认。及格赛的标准由大会决定，并事先公布。高度项目的及格赛，每一个高度允许试跳 3 次；远度项目，每人只许试跳或试掷 3 次。一旦达到及格标准，即不用继续参加及格赛。

（3）田赛项目的正式比赛，运动员试跳、试掷的顺序，由大会抽签排定。参加的人数超过 8 人，每人可先试掷或试跳 3 次，成绩较好的前 8 名与第 8 名成绩相等的运动员再试跳或试掷 3 次。试跳、试掷顺序以 8 名中成绩从差到好的顺序进行。若参加比赛的人数只有 8 名或不足 8 名，则每人均可试跳或试掷 6 次。

（4）无故延误比赛时间。比赛时，运动员若无故延误比赛时间超过时限的即按该轮次试跳失败论，如再次无故延误，即取消其比赛资格，但以前的成绩仍然有效。其时限撑竿跳为 1 分 30 秒，其他项目为 1 分钟。

（5）兼项请假。田赛项目轮次：高度项目，以一个高度为一轮次；远度项目，以所有运动员按顺序试跳或试掷一次为一轮次。遇兼项请假，运动员可以不按顺序试跳或试掷一次，但不得将应试跳或试掷的次数连续试跳或试掷完，回来后也不得补试已错过的比赛轮次。如未错过轮次，则可将本轮次中剩余的次数试跳或试掷完。

（6）判定名次与成绩相等。远度项目是以 6 次试跳或试掷最好的一次成绩，高度项目是以最后跳过的高度。全能项目是以各个单项得分总和判定名次，成绩好的名次列前，若出现成绩相等时，远度项目应以次优成绩为准判定名次；若再相等，则以第三较优成绩判定名次，以此类推。高度项目则以在出现成绩相等的高度上试跳次数较少的名次列前；若仍相等，则以全赛中试跳失败次数（包括最后跳过的高度在内的全赛中失败次数）最少运动员列前。全能项目则以单项得分最多的项目较多者名次列前；如仍相等，则以任何一个单项得分最多者名次列前。团体总分以破世界纪录、亚洲纪录、全国纪录项次多者名次列前；若再相等，则以第一名多者列前；若再相等，则以第二名多者列前，以此类推。

田赛项目比赛的第一名不能并列。按上述办法不能判定名次时，则进行决定名次赛，远度项目，成绩相等的运动员，按原比赛顺序进行新的一轮试跳或试掷，直到决出名次为止。高度项目，涉及第一名的运动员在成绩相等的共同失败高度中的最低高度上（在免跳情况下），每人再试跳一次，如仍然不能判定，则降低或升高一个高度（跳高 2 cm，撑竿跳 5 cm）试跳，每个高度试跳一次，直到决出名次为止。每次决定名次的试跳，有关运动员必须参加，不能免跳，其他名次可以并列。

（二）田赛各单项比赛规则

1. 跳高

必须单脚起跳。

试跳中碰落横杆或在越过横杆之前，身体任何部位触及立柱之间，横杆延长线垂直面以外的地面或落地区，则判为试跳失败。

在只剩下一名运动员或出现第一名成绩相等之前，每轮横杆升高不得少于 2 cm。运动员可在规定的任何一个高度上开始起跳，也可在以后任何一个高度上免跳，在任何高度上连续 3 次试跳失败，即失去继续比赛的资格。在某一高度上已请求免跳，则不准再在该高度上恢复试跳。

每次升高横杆之后，在运动员试跳之前，均应丈量高度。丈量时，须使木尺与地面垂直，从地面至横杆上沿的最低处计算高度，以 1 cm 为最小丈量单位，不足 1 cm 不计。凡涉及纪录情况，当横杆放置纪录的高度时，裁判员必须审核丈量。自从上次丈量后，如横杆曾被触及，裁判员在每次试跳结束后继续试跳之前，必须再次审核丈量。即使其他运动员均已失败，一名运动员仍有资格继续试跳，直到其放弃继续比赛的权利。

助跑道的长度不得短于 15 m，助跑道和起跳区朝横杆中心的倾斜度不得超过 1 ： 250，起跳区必须平坦。

2. 跳远

必须在起跳板前沿后用单足起跳。

出现下列情况之一者，均被判为试跳失败，即在未做起跳的助跳中或在跳跃动作中，运动员以身体任何部位触及起跳线以外地面者；从起跳板两端之外起跳，不论是起跳线延伸线的前面还是后面；在落地过程中触及落地区外地面，而区外触点较区内最近触点离起跳线近者；完成试跳后，向后走出落地区者；采用任何空翻姿势者。

试跳成绩应从运动员身体任何部位着地的最近点至起跳线或起跳线的延长线直角丈量。每名运动员应以最好的一次试跳成绩作为其最后的决定成绩。

助跑道长不得长于 40 m，宽度最小为 1.22 m，最大为 1.25 m；助跑道的左右倾斜度不超过 1 ： 100，跑进方向总的倾斜度不超过 1 ： 1 000。

3. 铅球

运动员试掷顺序由大会抽签决定。

运动员超过 8 人，应允许每人试掷 3 次，前 8 名运动员可再掷 3 次，倘若第 8 名成绩相等，则成绩相等的运动员（或当运动员少于 8 名时），每人均可试掷 6 次。

在比赛前，每名运动员在裁判员监督下最多能练习试掷 2 次，练习试掷的顺序应按抽签的顺序进行。比赛一旦开始，运动员无论持器械与否，均不得使用投掷圈落地区内地面练习试掷，也不能持器械练习。

铅球应从投掷圈内推出，运动员必须从静止姿势开始进行试掷。允许运动员触及铁圈和抵趾板的内侧。铅球应从肩部用单手推出。

当运动员进入圈内开始试掷时，铅球应抵住或靠近下颌，在推球过程中持球手不得降到此部位以下，铅球不得置于肩轴线后方。

不允许使用任何装置对运动员在投掷时进行任何帮助。例如使用带子将两个或多个手指捆在一起，除了开放性损伤需要包扎外，不得在手上使用绷带或胶布，不允许使用手套，为了防止脊柱受伤，运动员可系一条皮带或其他合适材料制成的带子。

运动员不得在圈内或鞋底喷洒任何物质。运动员进圈并开始投掷后，如果身体的任何部位触及圈外地面，或触及铁圈和抵趾板上面，或不符合规定方式将铅球推出，均为一次试掷失败，不计成绩。器械落地点，必须完全落在落地区角度线内沿以内试掷方为有效。每次试掷后应立即进行丈量，从铅球着地点的最近点与圆心之间的直线量至投掷圈内沿。每一名运动员应以其最好的一次试掷成绩为其最后的决定成绩。

4. 标枪

试掷时，手应握在标枪的把手处，从肩部或投掷臂上方掷出，不得在体侧用抛或甩的方法投出，不得采用非传统姿势。

投掷时，在标枪出手前，身体不得完全转向背对投掷弧。

在比赛中不得使用任何有助于投掷的装置。

在开始试掷后，身体任何部位触及投掷弧、助跑道边界线和助跑道以外的地区，均应判为一次试掷失败。如果违反上述规定，可中止已开始的试掷，放下器械，离开助跑道。

标枪的金属尖先于其他部位触地，并留下可见痕迹，枪尖必须完全落在落地区角度线内沿以内，试掷方为有效。标枪掷出后，方可离开助跑道，离开时，首先接触的助跑道两侧平行线或线外地面，必须完全在投掷弧及两端延长线后面。

如标枪在投掷时或在空中折断，或因此失去平衡而犯规，均不应判为一次试掷失败。

丈量成绩时，应从标枪枪尖所留下痕迹的最近点至投掷弧的圆心的直线上，量至投掷弧内沿。

本章小结

本章主要介绍了田径运动的分类及常见项目等基础知识，并进一步介绍了奔跑、跳跃及投掷等田径项目的训练要点。通过学习，学习者应能够掌握常见田径项目的运动方法，并亲自参与到田径运动中去，学会以此强健体魄、养成终身体育的好习惯。

拓展阅读

1. 于可红，沈国平，过平江．“十二五”职业教育国家规划教材 田径训练教程：第 2 版[M]．高等教育出版社，2019.
2. 文超．中国田径运动史[M]．广州：华南理工大学出版社，2014.
3. 刘翔．我是刘翔[M]．上海：上海三联书店，2004.

在线学习

1. 中国田径协会
2. 中国大学生体育协会田径分会

测测你的基础

1. 田径运动起源于______（国家）。
2. 径赛运动可以分为竞走、短距离跑、中距离跑、长距离跑和______。
3. 短跑比赛是发展______素质最有效的手段。
4. 接力跑的传接棒方法一般分______式、下压式和混合式三种。
5. 跳远由助跑、起跳、____________和落地四个部分组成。
6. 推铅球技术的重点是______技术和最后用力技术。

第十二章
跆拳道运动

本章概述

本章重点介绍了跆拳道运动的常用技术和实战训练方法。跆拳道运动的基本技术主要包括步法、拳法、腿法；实战训练法主要学习慢速、快速重复练习、结合身法和步法练习、想象实战练习、互不接触的攻防练习、固定靶的练习、配合“喂招”的练习、条件实战练习和实战练习等一些常用方法；跆拳道运动的制胜谋略包括控制距离、分配与节省体力等。通过对本章的学习，学习者要能够掌握跆拳道运动的常用技术和实战训练方法，理解跆拳道运动的主要制胜谋略，进而提高相关运动技能。

章节结构图

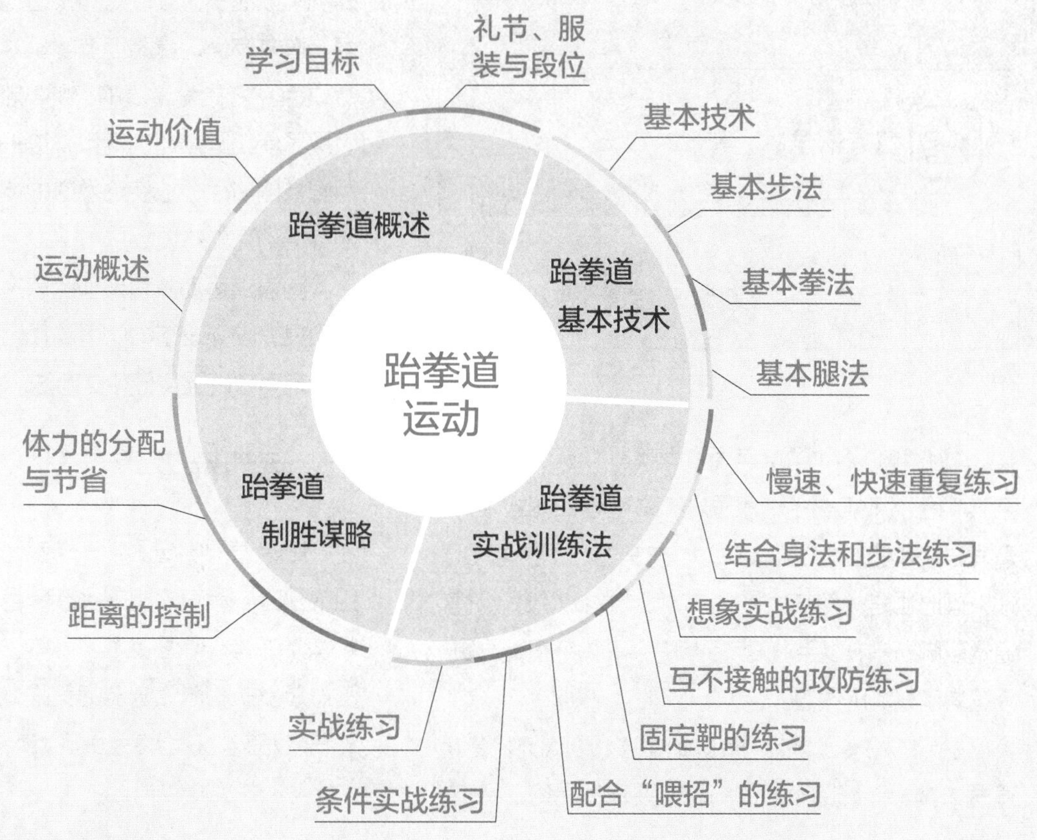

学习目标

通过本章的学习，你应该能够做到：

1. 了解跆拳道运动的起源、运动价值和礼节服装段位等常识。
2. 掌握跆拳道运动的基本技术动作。
3. 理解跆拳道运动的实战训练法。
4. 理解跆拳道运动的主要制胜谋略。

第一节 跆拳道概述

扫一扫 看一看

一、运动概述

跆拳道（Taekwondo）是起源于朝鲜半岛的搏击运动，是朝鲜民族在生产和生活实践中发展起来的一项运用手、脚技术和身体能力进行自身修炼和搏击格斗的传统体育项目。跆拳道在朝鲜民族史上已经有3 000多年的历史了，深受人们的喜爱，被称为国技。

名人语录

跆拳道的精神在于礼义、忍耐克己、百折不屈。

——国际跆拳道联盟主席崔泓熙

"跆拳道"这个词的字面意思就是"踢与拳法的武艺"。"跆"（TAE=跆），意思是脚踢；"拳"（KWON），意思是用拳击打；"道"（DO），是指方法、技艺和道理，同时也是一种文化、一种学问。由此可见，跆拳道是以脚为主，以手为辅，手脚并用，内练精神气质，外练搏击格斗的武道。

今天的跆拳道可分为传统跆拳道和现代竞技跆拳道两大类。传统跆拳道的内容主要包括品势、搏击、功力检测三个部分。品势，相当于我们中国武术中的套路，共有二十四套统一的架型；搏击，仍然保留着一些传统的技法，比如拳技、擒拿、摔锁等；功力，主要包括威力表演和特技两部分。

现代跆拳道是随着时代的进步和竞技体育的发展而衍生的，也就是我们所说的竞技始拳道。即在一定的规则限制下，互以对方技击动作为转移，以切磋技艺、增进友谊、提高竞技水平为目的的对抗性体育竞赛项目。它具有高度的攻防实战性和激烈的对抗性，吸取了传统跆拳道的精华，进一步突出了跆拳道善于用腿技的特点、，使跆拳道的技击格斗性质在体育运动中得到完美体现。

跆拳道运动具有典型的东方文化色彩。它不仅是一项具有较强攻击力的运动项目，还是一种形体艺术和行之有效的强身健体的方法。

二、运动价值

跆拳道同中国武术一样都是东方传统文化的重要组成部分，具有浓厚的民族特色。练习跆拳道可内修精神、性情，外修技术、身体，培养出常人难以达到的意志品质和忍让谦恭的美德，是培养人们优秀品格的有效方法，并能增强民族凝聚力、激发爱国精神。

赛事时刻

2000 年 9 月，在第 27 届悉尼奥运会上，我国选手陈中获得了女子 67 公斤以上级的冠军，这是我国首枚跆拳道奥运会金牌，是中国跆拳道发展的里程碑。

（一）“以礼始，以礼终”的心理学基础

跆拳道运动的鲜明特色之一就是始终倡导“以礼始，以礼终”的崇礼尚武精神。每次练习前要先向国旗致礼，然后向教练敬礼。练习中只要有与教练及同伴接触的时候都要先敬礼，然后进行练习。练习结束时要向教练敬礼，向国旗致礼。在跆拳道练习的整个过程也始终充满着仁义尚礼的气氛和精神，这种精神逐渐转化成人的情感基础，培养出人的尚礼情感和对跆拳道运动发自内心的热爱和崇尚。

（二）自信心是贯穿跆拳道全过程的心理支柱

在跆拳道修炼中，不论是初练还是高水平修炼，都十分强调对自己的充分信任，即要有充足的自信心。修炼过程中一旦遇上困难都要有自信，相信自己一定能克服困难、战胜挫折，一定能战胜对手、比别人做得更好。这种心境是一种强烈而持久的情感体验，激励人历经千辛万苦去追求和争取达到最终目的。

（三）对人意志品质的培养

跆拳道推崇“以礼始，以礼终”的尚武精神，以“礼义廉耻，忍耐克己，百折不屈”为根本宗旨，所以练习跆拳道可以培养人顽强、果断、自信、坚毅及吃苦耐劳的精神和坚韧不拔、积极向上的意志品质，练就人克己礼让、宽厚待人和见义勇为的道德品质。

（四）跆拳道练习和比赛中发声的心理特征

在跆拳道的练习和比赛中，运动员每完成一个动作都伴随着大声的叫喊“呀”“哇”“嚏”等，这种发声叫喊具有十分重要的作用。其心理特征主要表现为以下几个方面：首先，大喊能使自己兴奋起来，刺激自己的肌体迅速进入兴奋状态，稳定自己的情绪；其次，大喊能分散对方的注意力，提高自己的注意力，增加自己的自信心，起到凝神壮胆的作用；最后，大喊能起到干扰对方情绪、刺激对方心理、降低对方自信的作用，使对方的心理不稳定，特别是给实力比自己差或第一次与自己对抗的对手造成心理压力，使之技战术不能正常发挥，为自己创造战胜对手的条件。

三、学习目标

跆拳道是培养人们优秀品格的有效方法，而这一切都是在人的心理适应能力的基础上引导进行的。

（一）强身健体，防身自卫

通过跆拳道练习，可以提高人体各关节的灵活性及肌肉的伸展、收缩能力，提高人的力量、柔韧、灵敏、耐力素质，并对神经系统的功能有较大的促进作用。长时间练习可以增强体质，塑造健美的身材和强壮的体魄。另外，通过长时间的跆拳道训练，可以使手、脚及其他关节具备超乎常人的威力，从而达到防身自卫的目的。

（二）修身养性，培养优秀的意志品质

跆拳道练习推崇“以礼始，以礼终”的尚武精神，在这种跆拳道精神的指导下，练习者可以养成顽强果断、吃苦耐劳的好习惯，磨炼出坚韧不拔、积极向上的意志品质。

（三）娱乐观赏

跆拳道以其变幻莫测、优美潇洒的腿法闻名于世，被世人称为踢的艺术，具有极高的观赏价值。在跆拳道比赛时，运动员不仅要斗智斗勇，而且要通过比赛将跆拳道的技术发挥得淋漓尽致，而紧张激烈的对抗同时也给观赏者以美的享受。

四、礼节、服装与段位

（一）礼节

跆拳道的“礼仪”是跆拳道基本精神的体现，也是跆拳道练习者需要修炼的内容之一。跆拳道的礼仪

不只是形式的表现，而是要发自内心地进行。跆拳道是以对抗为表现形式的运动，在训练或比赛中，无论怎样激烈地打斗，运动员双方都是以提高运动技术水平、磨炼意志为目的的。因此，参加跆拳道比赛的运动员都要有向对方表示尊重和学习的心态，做到场上是对手，场下是朋友。这就是跆拳道运动始终倡导的“以礼始，以礼终”的精神。礼节也是每一位跆拳道习练者在接触跆拳道运动时的第一堂课，练习者只有树立明礼谦虚的学习态度，才能够获得理想的人格和健康的体魄。

跆拳道中最常用的礼节是向教练员、队友、长辈行鞠躬礼，具体方法是：面向对方直体站立，向前屈腰15°，头向前屈45°；此时双手紧贴两腿，两脚跟并拢。

1. 进入道馆训练时的礼节

（1）练习者衣着端正，头发整洁，对教练员和队友都要表现出恭敬、服从、谦虚、互动互学的心态。

（2）进入道馆时，首先向国旗敬礼，然后向教练员行鞠躬礼。

（3）两人一组进行练习时，首先应相互敬礼，练习结束后再次相互敬礼。

（4）训练中如果有事请假，应首先向教练员敬礼，再说明理由。

（5）训练中服装或护具脱落，应背对国旗和教练员，整理整齐后再恢复训练。

（6）训练结束后，首先向国旗敬礼，然后向教练员敬礼，离开道馆时再次向国旗和教练员敬礼。

2. 参加比赛时的礼节

（1）个人比赛时的礼节：①个人比赛开始时的礼节：运动员走入场地时应向裁判员及教练员敬礼，待场上主裁判“立正”“敬礼”的口令下达后，比赛双方运动员相互敬礼，然后主裁判发出“准备”“开始”的口令后方能进行比赛。②个人比赛结束时的礼节：比赛结束时，双方运动员到各自的位置相对站好，待主裁判发出“立正”“敬礼”的口令后双方相互敬礼，然后面对裁判长席等待宣布比赛结果。比赛结果宣布结束后，向裁判长席、场上裁判员及对方教练员敬礼，然后结束比赛。

（2）团体对抗赛的礼节：①比赛前的礼节：青、红两队全体队员按名单顺序面向裁判席成纵队站立，然后两队运动员依主裁判“敬礼”口令向裁判席敬礼。②比赛结束后的礼节：当最后一队运动员比赛结束后，两队全体运动员立即进入竞赛区相对站立，待主裁判发出“立正”“敬礼”的口号后，相互敬礼，然后两队依主裁判口令先向监督官立正站好，再向陪审敬礼。

（二）服装

参加跆拳道比赛时，运动员必须穿戴由世界跆拳道联盟规定的统一服装（包括护头、护胸等道具），平时训练时须穿跆拳道道服。

（三）段位

跆拳道是用段位来显示练习者的跆拳道学习造诣的。练习者的腰带是技术等级的标志，段位越高表明水平越高。跆拳道的段位可以划分为十级九段。从十级（低）到一级（高）是初学者的等级。从一段到三段是黑带新手的段位，称为Assistant instructor（副师范）；四段到六段为高水平段位，称为Instructor（师范）；七段至九段是授予那些有很高学识造诣或为跆拳道发展做出杰出贡献者的段位。其中，七段和八段者称为Master（师贤）；九段为最高段，称为师圣。只有黑带才称为段，黑带以下称为级；十个等级各代表的水平不同，初学者只有从十个级别中的十级开始晋升至一级然后才能入段。十个级别划分如下：十级为白带，表示空白，根本没有跆拳道知识，也就是处于入门阶段。九级为白带加黄杠。八级为黄带，表示大地，草木在大地生根发芽意味着开始学习基础动作。七级为黄带加绿杠。六级为绿带，表示草木，成长中的绿色草木意味着正处于技术进步阶段。五级为绿带加蓝杠。四级为蓝带，表示蓝天，草木向着蓝天茁壮成长意味着进度达到相当高的阶段。三级为蓝带加红杠。二级为红带，表示已具备相当的威力，意味着克己和警示对手不要接近。一级为红带加黑杠。

黑带的段位是通过黑带上的特殊标记区分的。另外，区别跆拳道的段位还要看道服上的标记：一段至三段的道服边有黑色带条，四段以上道服的衣袖和裤腿两边有黑色带条。

扫一扫 看一看

第二节　跆拳道基本技术

一、基本技术

实战姿势也称为准备姿势，它是指在跆拳道比赛中，运动员运用技法进攻或防守时的预备动作。

跆拳道的实战姿势可以分为三种类型，即标准实战姿势、侧向实战姿势和低位实战姿势。运动员在比赛时根据对手的情况来选择相应的实战姿势。练习时，左腿在前称为左实战姿势，右腿在前称为右实战姿势。左、右实战姿势均为标准实战姿势。

（一）标准实战姿势

动作方法：两脚前后开立，两脚之间的距离是本人肩宽的 1.5 倍，脚尖斜向前方 45°，前脚掌支撑，后脚跟抬起，两膝微屈，身体重心落于两脚之间；身体放松，右手握拳置于胸前，高度应距下颌约一拳；左手握拳置于左前方，高度与肩同，左手肘关节角度应大于或等于 90°，上体保持正直，目视前方。（图 12–1）

图 12–1　左实战姿势

做标准实战姿势时，身体要放松，两膝要微屈，两腿不要站在一条直线上，以便保持身体平衡，使身体时刻处于待发状态。

（二）侧向实战姿势

动作方法：身体完全侧向，两脚间距离为肩宽的 1.5~ 2 倍，两脚在一条直线，其他同标准实战姿势。侧向实战姿势适用于侧踢、后踢等腿法。（图 12–2）

图 12–2　侧向实战姿势

（三）低位实战姿势

动作方法：低位实战姿势站立时，上体微向前倾，两腿屈膝的角度加大，身体重心降低，两脚间隔为肩宽的 1.5~2 倍，其他同标准实战姿势。低位实战姿势适用于反击技术，如后踢、后旋踢的反击。（图 12–3）

图 12–3　低位实战姿势

二、基本步法

（一）前进步

前进步包括前滑步、上步和前跃步。

1. 前滑步

动作方法：实战姿势站立，右脚蹬地，左脚向前上半步，落地时左脚掌先着地，而后右脚再向前跟进半步。

动作要领：移动时两脚距离保持不变，两脚离地不要太高，进步要稳，跟步要快。

实战作用：调整与对手之间的距离。

2. 上步

动作方法：实战姿势站立，以左脚掌为轴，脚尖外转，右脚蹬地向前上步成实战姿势站立。

动作要领：动作要协调，要有整体性，上步要快。实战作用：调整距离伺机进攻；假动作引诱对方或追击对方。

3. 前跃步

动作方法：实战姿势站立，两脚同时蹬地向前纵30~40cm，动作完成后保持实战姿势站立。

动作要领：要依靠两脚踝关节与膝关节的力量弹跳纵出，双脚要紧贴地面不要腾空过高；动作起动时，重心不要过低，否则容易暴露动作意图。

实战作用：用于接近对手或配合技术进攻。

（二）后退步

后退步包括后滑步、后跃步和后撤步。

1. 后滑步

动作方法：实战姿势站立，左脚蹬地，右脚先后退半步，落地时右脚掌先着地，随之左脚向后跟半步，落地后保持实战姿势不变。

动作要领：右脚退步距离不宜过大；右脚退多大距离，左脚要跟多大距离；要借助蹬地的反作用力加快移动速度。

实战作用：躲闪对方进攻或配合技术反攻。

2. 后跃步

动作方法：实战姿势站立，两脚同时蹬地向后跃出30~ 40cm，动作完成后成实战姿势站立。

动作要领：参考前跃步。

实战作用：用于躲闪对方的进攻或配合技术反攻。

3. 后撤步

动作方法：实战姿势站立，以右脚为轴内转，左脚向后撤步成右实战姿势站立。

动作要领：动作要协调一致，撤步要快。

实战作用：用于躲闪对方的进攻或配合技术反击。

（三）侧移步

向左移动时称为左侧移步，向右移动时称为右侧移步。侧移步时要有弹性，速度要快，身体放松。侧移步用于躲闪对方的进攻或躲闪反击。

1. 左侧移步

动作方法：实战姿势站立，右脚踏地，左脚向左侧上步，右脚随之跟上使身体重心向左移动。

2. 右侧移步

动作方法：实战姿势站立，左脚蹬地，右脚向右侧方上步，左脚随之跟上使身体重心向右移动。

（四）弧形步

向左跨步时称为左弧形步，向右跨步时称为右弧形步。做弧形步时整个动作要协调一致。弧形步用于躲闪对方进攻及躲闪反击。

1. 左弧形步

动作方法：实战姿势站立，以左脚为轴，右脚灯地向左前侧跨步，上体随之左转。

2. 右弧形步

动作方法：实战姿势站立，以左脚为轴，右脚灯地向右后侧跨步，身体随之右转。

（五）跳换步

动作方法：实战姿势站立，左右脚同时离地，以腰部力量带动双腿相互交换，落地后仍成实战姿势站立。动作要领：换步要灵活，弹不宜太高。

实战作用：调整实战姿势。

（六）垫步

垫步分为前垫步和后垫步。

1. 前垫步

动作方法：实战姿势站立，重心后移，右脚向左脚内侧并拢，同时左脚蹬地向前迈步。

动作要领：右脚向前上步要迅速，不等右脚落地左脚就向前移动，移动的距离不要过大，整个动作要协调连贯。

实战作用：用于快速接近对手，连接横踢、下劈踢、侧踢等技术进攻对手。

2. 后垫步

动作方法：实战姿势站立，左脚向右脚方向并拢，同时右脚蹬地向后移动，两脚落地成实战姿势。

动作要领：左脚撤步要迅速，整个动作要协调连贯。

实战作用：用于拉开与对手之间的距离；用于连接横踢、下劈踢等技术反击。

（七）冲刺步

动作方法：实战姿势站立，右脚向前上步成左实战姿势，紧接着左脚向前上步回到原来的位置。

动作要领：两腿动作要迅速，频率要快，如冲刺跑一般移动时步幅不宜过大。

实战作用：迅速接近对手；连接横踢、双飞踢等技术进攻。

三、基本拳法

（一）左冲拳

动作方法：实战姿势站立；右脚蹬地，左脚以前脚掌为轴，脚跟外旋，重心移至左脚，转腰，上体带动左臂将左拳从胸前向前旋臂直线冲出；冲拳的同时右臂做下格动作；接触目标的瞬间拳心向下，目视前方，动作完成后按原路线返回，成实战姿势站立。（图 12–4）

（注：因左冲拳与右冲拳基本相同。因此动作要领、易犯错误、实战作用等内容安排在右冲拳动作后做统一阐述。）

图 12–4　左冲拳

（二）右冲拳

动作方法：实战姿势站立；右脚蹬地，同时以前脚掌为轴向内扣转，重心移至左脚，右脚随之转动，扣膝、转腰，上体带动右臂将右拳从胸前向前旋臂直线冲出，冲拳的同时左臂做下格动作；接触目标的瞬间拳心应向下，目视前方，动作完成后按原路线返回，成实战姿势站立。

动作要领：冲拳时应充分利用蹬地、转髋、转腰、顺肩和旋臂的力量，力点应在拳面；冲拳时发力要果断，整个动作要协调流畅；击打瞬间，肩、肘、腕、指各关节应紧张用力，动作完成后迅速放松，将拳收回成实战姿势站立。

实战作用：在比赛中，冲拳主要用于击打对方的躯干部位。

例如：双方闭式站立，对方以横踢进攻我肋部，我用右手格挡防守，同时以拳法反击对方的躯干部位（图 12–5）。

图 12–5　右冲拳

四、基本腿法

（一）前踢

前踢是跆拳道中最基本的腿法之一。前踢技术在跆拳道比赛中很少运用，主要运用于自卫或跆拳道基础练习中。

动作方法：实战姿势站立；右脚蹬地，身体重心移至左脚，右脚向正前方屈膝上提，右小腿夹紧，随即以膝关节为轴向前送髋、顶膝、小腿快速向前踢出，力达脚背或脚前掌，动作完成后成右实战姿势站立。（图 12-6）

图 12-6 前踢

动作要领：提膝时小腿要夹紧，踢腿动作应迅速有力，髋关节前送。

实战作用：可用于攻击对手的裆部、下颌等部位。例一：双方对峙，我调整距离，主动运用前踢腿进攻对方的裆部（非比赛的情况下）。（图 12-7）

例二：双方对峙，我运用前踢假动作进攻，待对方向后退守时，我突然前踢进攻对方的胸部。（图 12-8）

图 12-7 前踢进攻裆部

图 12-8 前踢进攻胸部

（二）横踢

横踢是跆拳道比赛中运用率最高的腿法。横踢技术动作简单实用，技术变化多样，是跆拳道技术中重要的腿法。为了便于大家掌握，我们把横踢技术分解为提膝、转体和弹腿三个部分，下面予以介绍。

动作方法：实战姿势站立；右脚蹬地，身体重心移至左腿，同时右腿小腿夹紧向正前方提起；以左脚前脚掌为轴，脚跟内旋，身体向左侧旋转，转体时，右脚小腿与地面接近水平，大腿与上体成一条斜线，上体微侧倾；右腿以膝关节为轴迅速伸膝向左侧方弹出，脚面绷直，以脚背为力点，踢击对方的头部或躯干；动作完成后小腿放松沿出腿路线收回，成右实战姿势站立。（图 12-9）

图 12-9　横踢

动作要领：提膝时膝关节夹紧，直线向前提膝；横踢动作时，支撑腿要以前脚掌为轴，随横踢动作脚跟逐渐内旋（约 180°），横踢发力时，髋关节应展开；观关节前送，击打的感觉似鞭打动作；横踢时，摆动腿应踢过身体中线约 30cm；小腿弹踢的瞬间要有一个制动的过程，使击打腿产生鞭打的效果。

实战作用：可以用于攻击对方的头部、躯干及大、小腿部位。

例一：双方开式站立，我方突然以横踢腿进攻对方的头部或腹部。（图 12-10）

例二：实战中，对方以横踢腿进攻我腰部，我向后撤步防守，同时以横踢腿反击对方的腹部。（图 12-11）

图 12-10　以横踢腿进攻

图 12-11　以横踢腿返攻之一

例三：实战中，对方以前腿下劈踢进攻我头部，我向右侧跳换步闪开对手攻击，同时以横踢反击对方的腹部或头部。（图 12-12）

图 12-12 以横踢腿返攻之二

(三) 侧踢

侧踢在跆拳道比赛中主要用于攻击对方的躯干和头部，也可用于阻截对手的进攻。它有力量大、速度快、进攻动作直接的特点。

动作方法：实战姿势站立；身体重心前移，右腿屈膝上提；左脚尖勾起，以前脚掌为轴外旋约 180°；同时迅速伸膝发力，右脚直线向右前方踢出，力达脚外侧或整个脚掌，踢击动作完成后，右腿迅速放松按出腿路线返回，成实战姿势站立。(图 12-13)

图 12-13 侧踢

动作要领：提膝时，膝关节夹紧向前直线提起，提膝、转体与踢击要协调连贯；踢击时要转体、展髋，上体略侧倾，踢击目标的瞬间髋、膝、腿应在同一平面内；动作完成后应按原路线返回。

实战作用：用于进攻对方头部、面部、胸部、腹部和肋部。

例一：双方开式站立，我调整距离以侧踢进攻对方胸部。(图 12-14)

图 12-14 以侧踢进攻

例二：双方闭式站立，对方以右横踢进攻我方胸部，我在准确判断对方动作意图的前提下，抢先以右腿侧踢进攻对方腹部或头部阻截对方。(图 12-15)

图 12-15 以侧踢阻截对方

（四）勾踢

勾踢也称为侧摆踢，是跆拳道中的侧向进攻技术，主要用于攻击对方头部的侧面。在实战中，勾踢运用得当也会给对手带来重创。

动作方法：实战姿势站立；右脚蹬地，身体重心前移至左脚，以左脚支撑，右腿屈膝提起；左脚以前脚掌为轴，脚跟向内旋转约180°，右腿膝关节提起并向左内扣，右小腿由外向内伸出，伸直后以脚掌为力点向右侧摆击，身体随之侧倾；动作完成后右腿放松回收成实战姿势站立。（图12-16）

图12-16 勾踢

动作要领：勾踢时身体要适当放松；起腿后右腿屈膝抬至水平，然后内扣；勾踢时要充分发挥腰、腿的力量，小腿后勾要快；鞭打后要顺势放松。

实战作用：主要用于进攻对方头部、面部、胸部，也可以用于反击对方。

例一：双方闭式站立，我调整距离以勾踢进攻对方的面部。（图12-17）

例二：双方开式（或闭式）站立，对方以横踢攻我，我以前腿勾踢反击其头部。（图12-18）

图12-17 以勾踢进攻

图12-18 以勾踢反击

（五）下劈踢

下劈踢是跆拳道技术中杀伤力较大的腿法之一，也常作为跆拳道的招牌腿法动作，在比赛中得分率较高。它主要用于攻击对方的头部、面部和肩部。在比赛中，运用得当会给对方造成重创。

动作方法：实战姿势站立；右脚蹬地，身体重心前移至左脚。以左脚支撑，右腿屈膝抬起；右脚快速上举过头顶，左髋关节上送，右膝伸直贴近上体，随即右腿迅速向前下方劈落，力点达脚跟或前脚掌；动

作完成后小腿放松下落成实战姿势站立。(图 12-19)

动作要领:右腿上摆时,大腿应放松,踝关节应举过头顶,身体重心应向高起;动作要迅速有力,支撑脚脚跟要离地,同时髋关节上送;向下劈落时,踝关节应放松;向下劈落时要有控制。

实战作用:用于进攻对方头、面、肩等部位,也可以用于反击对方。

图 12-19 下劈踢

例一:双方闭式站立,我调整距离以下劈踢进攻对方的头部。(图 12-20)

例二:双方闭式站立,对方用横踢进攻我胸部或头部时,我抢在对手前面以前腿下劈踢反击对方头部。(图 12-21)

图 12-20 以下劈踢进攻

图 12-21 以下劈踢反击

(六)推踢

推踢属于直线型腿法技术。它具有动作突然、起动较快的特点。在实战中它主要用于阻截对方的进攻或与其他动作配合进攻,一般情况下推踢很少能够直接得分。

动作方法:实战姿势站立;右脚蹬地,身体重心移至左脚,随即右腿大小腿夹紧屈膝提起;左脚以前脚掌为轴外旋约 90°,上体略后仰,同时右腿以膝关节为轴迅速向前蹬出,力达脚掌;动作完成后右腿放松回收成实战姿势站立。(图 12-22)

动作要领:提膝时大小腿应夹紧,推踢时腿法运行的路线应是水平向前的;推踢时髋关节应向前送,应利用身体重心的前移来加大腿法的力量。

实战作用:用于进攻对方的胸部或用于阻截对方的进攻动作。

图 12-22 推踢

例一：双方闭式或开式站立，对方用横踢攻我，我抢先用推踢进攻对方的胸部破坏对方的进攻动作。（图 12-23）

图 12-23 以推踢反攻之一

例二：在比赛中，对方以转身动作（后踢或后旋踢）进攻或反击时，我以推踢抢先攻击其后背或臀部破坏对方的进攻动作。（图 12-24）

图 12-24 以推踢反攻之一

（七）后踢

后踢是跆拳道中的转身攻击技术。在比赛中可以直接用于反击或与其他动作相配合进攻，运用得当会给对手以重创。

动作方法：实战姿势站立；右脚蹬地，身体重心移至左腿，右脚以前脚掌为轴，脚跟向内旋转，同时左脚以前脚掌为轴，脚跟向外旋转 180°，使脚跟正对对手方向，成背向对方姿势；此时，右脚蹬地提起，左腿支撑，右腿大小腿折叠，髋关节收紧，脚尖勾起；右肩微下沉，随即迅速向后展髋、伸膝沿直线向后蹬踢，上体侧倾，力达脚跟；动作完成后上体右转，右脚向前落步成右实战姿势站立。（图 12-25）

动作要领：后踢时，上体与踢出腿应在同一平面内，要控制住肩部不要随之转动；提腿时大小腿应充分收紧，蓄力待发；转身、提腿、后踢三个动作要连贯有力。

图 12-25 后踢

实战作用：可用于进攻对方胸部、腹部或头部，也可以用于反击对方的进攻。

例一：双方实战姿势站立，我突然上步以后踢进攻对方的腹部。（图 12-26）

图 12-26　以后踢进攻

例二：双方开式站立，对方以横踢攻我，我在准确判断对方动作意图的前提下以后踢反击对方的胸部。（图 12-27）

图 12-27　以后踢反击

（八）后旋踢

后旋踢同后踢一样，均属于转身腿法，动作相对较为复杂。后旋踢也是比赛中常用的技术，应用时可以直接用于进攻也可与其他技术配合用于进攻，还可用于反击，运用得当往往会重创对方。

动作方法：实战姿势站立；身体重心移至左脚，同时以左脚为轴内旋约 90°，左膝关节内扣，右脚前掌蹬地外旋，背向对手；动作不停，右脚蹬地起腿，以腰部带动身体向右后转动，同时右腿随转体向右上方屈膝提起，随即用右脚掌自左向右弧线踢击，接近目标时右腿伸直，力达脚掌；动作完成后恢复实战姿势站立。（图 12-28）

动作要领：摆动腿在正前方时，击打的路线应是水平弧线；以腰带动腿发力，原地旋转 360°；起腿要快，蹬地、转腰、转上体、摆腿发力要连贯、协调、快速，不要停顿。

图 12-28　后旋踢

实战作用：用于进攻对方的头部、颈部和胸部，也可以用于反击对方。

例一：实战中，我以横踢进攻对方头部，被对方

躲闪或防守后，我迅速连接后旋踢进攻对方的头部。（图 12–29）

图 12–29　以后旋踢进攻

例二：双方开式站立，对方以右腿横踢攻我（或双方闭式，对方以左腿横踢攻我），我在准确判断对方动作意图的前提下，以后旋踢反击对方的头部。（图 12–30）

图 12–30　以后旋踢反击

（九）双飞踢

双飞踢是在跆拳道实战中将两次或多次的横踢动作在腾空状态下的快速组合。双飞踢有动作突然、得分率高的特点。按动作完成的先后顺序，双飞踢可以分为前腿双飞踢和后腿双飞踢两种。

1. 前腿双飞踢

动作方法：实战姿势站立；右脚向前垫步，同时左腿向前做前腿横踢动作；在左腿动作即将完成之际右腿向前起跳做横踢动作；动作完成后，两腿放松成实战姿势站立。（图 12–31）

图 12–31　前腿双飞踢

2. 后腿双飞踢

动作方法：实战姿势站立；身体重心移至左脚，同时右腿向前做横踢动作；在右腿动作即将完成之际左腿向前起跳做横踢动作；动作完成后，两腿放松成实战姿势站立。（图 12–32）

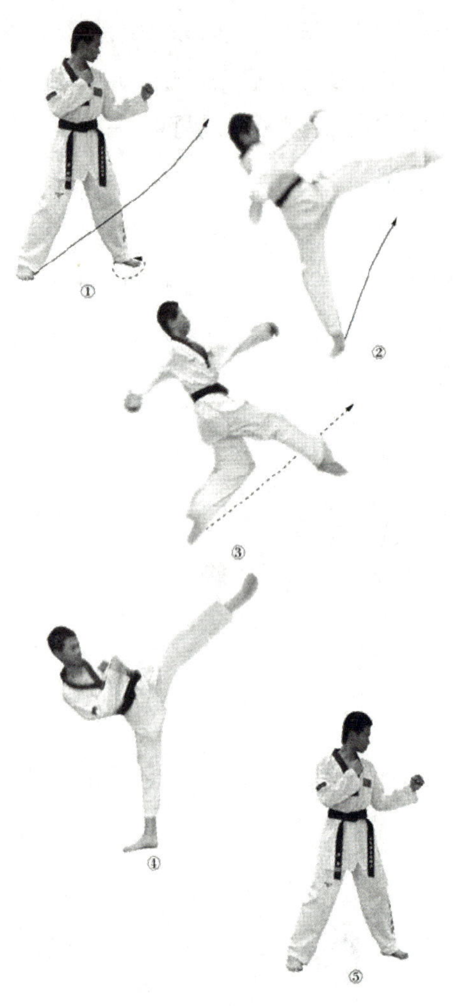

图 12-32 后腿双飞踢

动作要领：双飞踢动作要连贯，一般情况，第一次击打要比第二次击打力量小，这样有利于双腿的连贯发力；击打时，髋关节应充分前送，膝关节和小腿要放松，上体要随之转动，小腿犹如鞭子一样向前摆击；双飞踢动作方向应是向前而不是向上；完整练习时，身体要放松，动作起动要快。

实战案例：双方实战姿势站立，我突然用前腿双飞踢分别进攻对方的胸部和头部。（图 12-33）

图 12-33 以前腿双飞踢进攻

第三节 跆拳道实战训练法

扫一扫 看一看

一、慢速、快速重复练习

慢速重复练习适用于学习新的动作。学习新动作时要对动作的规格有明确的要求，如身体的姿势、重心的高低、手臂的位置、步法的移动、腿的动作路线、击打部位、结束姿势等。这将直接影响练习者以后对其他技术的掌握。

在教练员的讲解、示范或经过自学后，一般不要立即快速练习，而要采用慢速度的模仿练习，复杂动作还应分解练习。此时不应过分追求动作的击打力量、速度，应仔细揣摩动作的发力点、路线和动作要领，一个动作不要在一组中过多地重复次数，要少次数、多组数，如可将 5 组 10 次的练习改换成 10 组 5 次，这样可以避免即使动作错了也不会重复过多的次数，同时也可以避免感到枯燥。在慢速重复练习时应让教练和同伴进行指导，或面对镜子边练边检查，不断地重复正确的动作。

快速重复练习适用于练习绝招技术。在技战术已达到自动化的程度时一般要根据自身特点，选择几冲在比赛中常用的绝招技术并反复进行强化，此时需要以最快速度进行重复练习。

二、结合身法和步法练习

经过慢速重复性练习基本学会动作后要根据实战的需要结合相应的身法和步法进行练习，使技术与实战紧密联系。如练习横踢技术时，可以练习向前进一步后再进行横踢的练习，或是后撤一步再练习横踢。

三、想象实战练习

掌握了一些基本的技战术后，在自己单独练习时，假设是在实战中有对手在与自己对抗，对手采用各种战术和技术进攻自己或防守自己的各种进攻技术，自己则从实战出发，选择几组进攻和防守反击的方法，做想象中的个人练习。进行这种练习可在每次训练课的准备活动的后半部分或实战前及提高训练强度时采用。

四、互不接触的攻防练习

由于跆拳道是两人的直接对抗，为减少不必要的受伤情况的发生，在训练中要求两人一组，一方主动进攻，另一方防守反击，或是两人按照比赛的要求进行互不接触的实战，也就是常说的点到为止。这种练习方法可以消除初学者的害怕心理并预防运动损伤。但在进行时，应要求：练习者学会保持在适当的距离，不要太远或太近；要求在运动中做出动作；由于不能真正击打，练习者往往会敢于进攻，而容易忽视实际的攻防转换。因此要防止胡踢乱踢，要仔细揣摩步法和抓住击打时机并借鉴对方的长处。

五、固定靶的练习

这是利用沙袋、大脚靶、多层护具等器材作为击打目标的练习。练习的目的不同，方法亦不同。如要求提高动作速度和击打力度，练习者要快速完成一定时间内的某一动作；若只要求提高练习者的动作频率和耐力，则应规定时间和组、次数。另外，按照比赛中常用的组合技术布置几组固定组合靶的练习，如3~5名同伴手持不同高度、不同放置角度的脚靶站立在一条直线上或不同方向上，由练习者依次踢靶。

六、配合“喂招”的练习

跆拳道训练非常重视并经常采用脚靶、护具的喂招练习，它要求配合者手持脚靶配合练习者进行技术练习，如将脚靶放置与胸齐平，让练习者横踢；将脚靶放置与头部齐平，让练习者练习高横踢击头动作。护具喂招则是配合者身穿护具，用身体的移动配合练习者的进攻和防守，如配合者上步欲要用横踢进攻，练习者则向后踢反击。这种练习不但能够有效地提高练习者进攻和防守反击的动作质量，还可以提高练习者击打的准确性、步法的灵活性，并培养练习者良好的距离感等。在练习中还可要求配合者变换喂招的方式，如快速出靶或连续出靶，这样既可以提高练习者的反应速度，又可以使练习者逐步熟练动作之间的连接，从而与实战较快地结合起来。配合者使用脚靶连续喂招的方法之一如“左手横踢—右手劈腿—左手高横踢—右手后踢—两手交叉双飞—右手向前伸反击横踢—左手后旋踢”。

七、条件实战练习

即对实战提出要求，限制一些因素进行实战的一种方法。这种练习方法经常在跆拳道训练中被采用，如要求双方在一个回合中只能用横踢进攻和用横踢反攻；一方只能用前横踢和劈腿进攻，而另一方只能用后踢和劈腿反击，不准主动进攻等。这种方法的优点是针对性强，能有效地训练和提高某一方面的能力。它经常用在实战的初级阶段和战术训练中。条件实战一般包括以下七个方面：（1）同伴配合，创造时机和姿势以便进攻者完成进攻或防守或防守反击战术；（2）同伴配合，不创造时机和完成技术的便利姿势，进攻靠用自己的行动创造机会完成进攻或防守或防守反击战术；（3）同伴配合，同时积极地防守，但不全力防守，力图完成进攻或防守或防守反击战术；（4）双方进行实战，一方进攻，一方反攻，五分用力；（5）双方进行实战限制一方的进攻或防守或防守反击技术;(6)双方进行实战，限制双方的进攻或防守或防守反击技术;(7)增加难度，与实力高于自己的同伴实战。

八、实战练习

在掌握并熟练了跆拳道技战术后，要按照规则进行不断的实战，逐步提高技战术的应用能力。要在对抗中(在与比赛要求一致的情况下)将技战术使用出来，这样才能在实际比赛中达到利用技战术和其他方面的因素战胜对手，获取比赛的胜利。

实战的时间可以根据训练的目的进行安排，如30秒钟实战则主要让双方在短时间内学会抓住时机尽可能地多进攻并得分;5分钟三局实战则主要使双方在超过正式比赛的时间内，学会在非常疲劳的情况下使用动作战胜对手，并达到培养坚强意志品质的目的。

第四节 跆拳道制胜谋略

扫一扫 看一看

一、距离的控制

这里的距离是指比赛双方之间的距离。跆拳道实战中的距离大致可划分为四种:①远距离:双方相距在两步以外，哪一方的直接进攻都有可能攻击到目标;②中距离:双方相距在一步半左右，哪一方的直接进攻都有可能攻击到目标;③近距离:双方距离在一步以内，但没有发生贴靠;④贴身:双方躯干相靠在一起。

在跆拳道比赛中，这四种情况不断无序地出现，时而远距离，时而中距离，时而近距离，时而又会贴身靠在一起。所以要想在比赛中更好地发挥技术，必须对跆拳道比赛的实战距离充分了解，以便更好地利用。

一般情况下，两人处在远距离情况时，不能直接去进攻，要通过步法接近对手，或者边做动作边接近对手，使双方间的距离缩短，让对手恰好落在自己的攻击范围内。如果一开始就直接去进攻，由于与对手距离过长，非但你的进攻无效，打不着对手，还很容易遭到对手的反击。

两人处在中距离时就可以直接发起攻击，也可以微微前后移动结合假动作迷惑对手或抓住对手破绽后进行攻击。中距离是大多数跆拳道比赛技术发挥的最佳距离，如抡踢、侧踢、后踢、推踢等腿法都适合在这个距离内使用。但要知道，这个距离既是进攻的最佳距离，也是反击的绝好距离，两者是矛盾统一的。在进攻的同时要严密注意对手的变化，防范对手的反击;在对手主动进击时，要机智地组织反击。

两人处在近距离时，同样也可以直接攻击，只不过要应用那些适合短距离进攻的有效技术和反击技术，或者通过调整距离后进攻对手。如拳法、后踢、旋踢、下劈等都适合在近距离时应用，那些长距离腿法需要通过身型的变化或步法调整后才能在近距离中使用奏效。

两人处在贴身状态时，除了内摆踢、外摆踢和这两种腿法与下劈的结合能够打击到对手的头、面部外，其他技术很难发挥出来。所以，贴身时，双方一般都要张开双臂，以防对手摆踢自己脸部。贴身状态时还要注意警惕对手移开后的打击或紧贴对手使之不能移开;或在对手移开的过程中也后退移开，让对手的进攻落空;或在对手攻击动作没形成之前就抢先对其进行攻击。

在跆拳道比赛中，必须在恰当的距离使用恰当的技术，才能充分发挥技术，否则你的攻击或反击不是够不上目标，就是超过了攻击目标。要知道，赛场上你的对手是活动的。因此绝大多数攻击和反击是在移动中实施的，这就要求跆拳道选手不但要有良好的距离感，而且能够做到步中起腿，灵活多变。

二、体力的分配与节省

跆拳道比赛激烈紧张，而且每场比赛要打三个回合，这就要求运动员有充沛的体力。但人的体力是有限的，即便耐力素质再好，第一回合与第三回合的技术发挥也是有差别的。所以运动员要掌握自身体力分配与节省的方法，在自己现有体力的基础上，更大程度地保证技战术的发挥。

（一）体力的分配

跆拳道比赛一般要打满三个回合，局间休息一分钟。一个训练水平不高的运动员，体力在三个回合中的表现会有很大差别。在实际比赛中，常常会出现这种情况：①两名队员前两回合成绩不相上下，到第三个回合时，一方体力不支连连失分，最后输掉比赛。②有的第一回合猛冲猛打，得分明显超过对方，处于领先地位，到了第二、第三回合体力就不支了；另一方体力分配得好，稳稳地得分，最后赢得比赛胜利。败方的原因是体力分配出现了“前紧后松”现象。③也有的比赛开始时缩手缩脚，生怕后面体力不够，等他意识到该发挥体力时，比赛却要结束了，结果体力没有完全发挥出来，也就是人们常说的“打完比赛他来劲了”，这就出现了体力分配的“前松后紧”现象。由此可知，恰当地分配体力，在跆拳道比赛中是十分必要的。

1. 整体原则

整体原则指在一般情况下要把体力平均分配在三个回合当中，避免出现不均衡现象，以最大限度地保证技术在三个回合的比赛中均能理想地发挥。跆拳道比赛不是三局两胜制，而是计算三个回合的最后得分或占优势的情况，所以尤其要认真贯彻这一原则。平时的训练中，在注重运动员体能训练的同时，要多进行实战模似训练和实战比赛，有计划、有目的地培养和增强运动员的体力分配意识，积累体力分配的经验。

2. 区别对待原则

区别对待原则是指比赛中的体力分配要根据对手的不同情况灵活运用，不可千篇一律。比如发现对手体力比你差，那么就不必去平均分配体力，比赛一开始就可和对方拼体力，不让其有丝毫喘息，使对方体力有较大的消耗，这样即使到第三回合，你也会占有主动；如果对方体力较强，你就不要和对方硬拼，而要巧妙地引诱对方出击，以不断地消耗对方的体力，自己则养精蓄锐，并找准时机出击。应用这一原则时要注意两点：①必须在充分了解对手体力的情况下应用，不可想当然；②要根据自己的意图控制场上局面。

3. 战术需要原则

跆拳道比赛中应根据自己的体力制定战术，也要根据整个战术需要来分配体力。如果一天要参加两场以上的比赛，在面对较弱的对手时，要适当地保存自己的体力，只要能取胜即可，不必使体力消耗太多，以保证后面比赛的体力储存。

（二）体力的节省

节省体力就是用最少的体力消耗来达到最大的效果，减少不必要的体力消耗和浪费，提高技术的应用效率。

1. 注意赛间休息和比赛回合间的休息

赛间休息指相邻两场比赛间的休息。在比赛期间，运动员纯用来打比赛的时间并不多，休息和准备的时间占了很大一部分。但是，运动员往往在赛前和赛后兴奋性很高，睡不好觉、吃不好饭，满脑子全是比赛，处于高度紧张状态中，无形之中白白地浪费了许多精力。这样的运动员很难打好比赛，原因是他们不能在赛间充分地休息。要避免这种情况，教练员须在平时训练中多进行心理训练和实战比赛模似训练，使运动员适应激烈的比赛环境。另外，教练员不要给运动员过多压力，以减轻运动员的负担，同时设法安排好运动员在没有比赛任务时积极地休息。

比赛回合间的休息指相邻回合一分钟的休息时间。运动员应该利用这宝贵的一分钟高效率地休息，为下个回合比赛打下基础。这时运动员应全身放松，尽量深呼吸，以吸入更多氧气，不应乱蹦乱跳、过度兴奋。同时，运动员要在头脑中总结经验，仔细听取教练的分析和指挥，定好下一回合的作战原则，这样将会有更出色的发挥。

2. 注意比赛时身体的放松，同时利用比赛暂停的机会缓解紧张

当两人对峙时，身体要放松，不能过于紧张；在做动作时要放松、协调用力，这样能够节省一部分可贵的能量。但这并不是说任何时候都放松，而是恰当地用力。在将要击中目标时，要把全身的力量迅速爆发性地作用到对手身上。在裁判暂停比赛和双方贴靠等候裁判分开时，也要充分放松身体，以赢得片刻的喘息。总之，在比赛期间，要充分利用一切可以放松调整的机会，养精蓄锐，以利再战。

3. 不做无用的动作

不做无用的动作是指要提高动作的使用效率，不随便乱做动作。比赛时，有的运动员死拼乱打，以为这样就可以占到主动，其实不然。跆拳道比赛的得分要求不但要打得准，而且要达到一定的强烈程度。乱打、打不准或较轻的打击是不易得分的，只能是白白浪费体力。你的动作要么得分，要么达到于你进攻有利的局面，否则就不要轻易做动作。有的队员一个回合可能出击 10 腿，有的则可能出击 30 腿，但并非出击 30 腿的就一定取胜，关键要看动作的使用效率。所以为了取胜比赛，一定要记住：不做无用的动作。人的体力是有限的，在跆拳道比赛中要高效地使用自己的体力，一要做到科学地分配，二要认真节省。

知识窗

可利用“武器”表

可用“武器”	适合攻击部位	使用条件及使用技巧
头	面部（鼻子、嘴、下巴）	· 被歹徒迎面抱住时，可顺势抱住对方，突然低头前顶；如果对方身高较高，应在仰头的同时借助脚尖蹬地 · 被歹徒从后面抱住时，可突然用力向后仰头；如果对方比你高，应在仰头的同时借助脚尖蹬地
牙齿	耳朵、鼻子、舌头、嘴唇	· 被歹徒迎面抱住时，可顺势贴近对方面部寻机撕咬
肘	面部、下巴、耳根、心窝、两肋	· 歹徒在侧后方时时机最佳，如在正后方可稍转身 · 歹徒坐在侧面并用一只手搂抱肩膀时可用肘击
掌	鼻子、下巴、脖子	· 歹徒在正面并疏于警惕时，可掌根猛击对方鼻子 · 歹徒张嘴或伸出舌头时，可用掌根向上猛击对方下巴 · 歹徒在弯腰拾东西时，可用掌根向下猛切对方后颈
手指	眼睛	· 歹徒在正面并疏于警惕时，可用手指突然插挖对方眼睛
膝盖	裆部	· 被歹徒正面抱住时，可顺势抱住或拉扯对方，同时快速提膝撞击对方裆部
脚	裆部、脚面	· 歹徒站在对面且疏于防范时，可突然起脚踢对方的裆部 · 当歹徒位于身后或侧面或从后面或侧面抱住时，可用脚跟猛跺对方脚面
石块	头部	· 石块的使用方法可不离手连续打砸；如脱手抛击，应尽量接近敌对方，短距离投掷石块，命中率较高
沙土	面部	· 沙土的抓取一定要注意隐蔽，不要引其警觉
笔、钥匙等	面部	· 技法以戳、划为主 · 气势上要连续、不顾一切
雨伞	躯干	· 尽量以戳击为主，忌讳横着打，这样第一产生的冲击大，第二易于发力，第三不易被抢夺
木棍	任何部位	· 避免打头，因人会本能地用手护头，借助这一点可乘其顾头不顾尾的漏洞戳击其身体 · 击打动作要快速、有力
小刀、碎玻璃	面部、各动脉	· 如果是面部，不会有生命危险 · 如果动脉被划破，对方会在 5 分钟内失血死亡（慎用）
开水	全身	· 视情形泼到歹徒身上或脸上
辣味食品	眼睛	· 把辣味食品放在嘴里嚼烂后，寻机抹到歹徒眼睛上或直接抹眼

资料来源：毛振明，甄志平：《大学体育与健康教程》，北京师范大学出版社，2009。

本章小结

本章重点介绍了跆拳道运动的常用技术和实战训练方法。通过对本章的学习，学习者要能够了解跆拳道运动的起源、运动价值、礼节服装段位等常识，掌握跆拳道运动的常用技术和实战训练方法，理解跆拳道运动的主要制胜谋略，进而提高相关运动技能。

在线学习

1. 跑拳道一搜狐体育
2. 中国跆拳道协会
3. 中国跆拳道协会会员

测测你的基础

1. 传统跆拳道的内容主要包括__________、__________和__________三个部分。

2. 2000 年 9 月，在第 27 届悉尼奥运会上，我国选手__________获得了__________的冠军，这是我国首枚跆拳道奥运会金牌，是中国跆拳道发展的里程碑。

3. 跆拳道的实战姿势分为三种类型，即__________实战姿势、__________实战姿势和__________实战姿势。

4. 跆拳道中的条件实战一般包括哪几个方面?

5. 试论述参加跆拳道训练时礼节的具体表现。

第十三章 拓展有氧健身操运动

本章概述

有氧健身操是有氧运动的一种，即以健美操基本步法及动作为主，以人体有氧系统提供的能量（利用氧气来“燃烧”体内脂肪）进行供能，运动时全身大肌肉群参与，保持中、低强度（每分钟心率为最大心率的60%~80%）并持续20~60分钟的运动。该类运动在提高练习者的心肺功能、消除多余脂肪、增强体质和塑造形体等方面有良好的效果。

有氧健身操与现代流行热舞相结合形成了多种风格的有氧健身操拓展形式，如有氧拉丁操、有氧搏击操、街舞健身操、有氧踏板操等，其动作简单、时尚、动感、有活力，深受广大健身爱好者的青睐。

章结构图

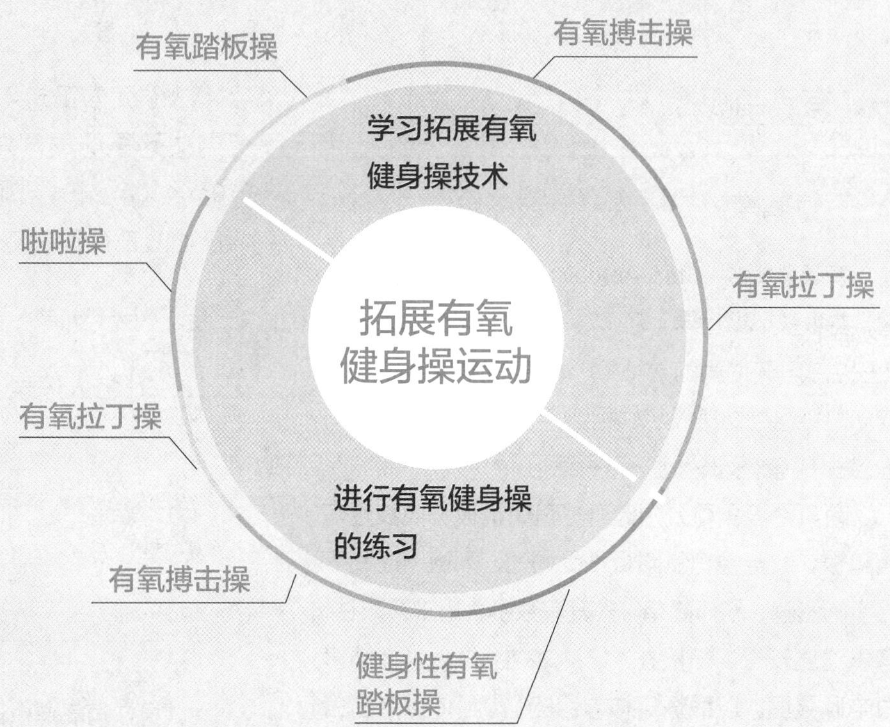

学习目标

通过本章的学习，你应该能够做到：

1. 了解有氧健身操的概念和功能。
2. 掌握有氧踏板操、有氧搏击操和有氧拉丁操的基本技术与组合动作。
3. 了解啦啦操的概念和分类。
4. 掌握花球啦啦操、街舞啦啦操和爵士啦啦操的基本技术与组合动作。

运动起源

现代健美操运动萌芽于 20 世纪 60 年代，最初是美国太空总署的医学博士肯尼思 · 库珀(Kenneth Cooper)为“太空人”设计的发展心肺功能的体能训练内容。70 年代中叶，肯尼思 · 库珀博士发表了《新有氧操》和《有氧体操有益于大众》等著作，在全美国乃至欧洲推广健美操运动，其倡导的“有氧运动”与人们追求健康和身心平衡的心理需求不谋而合。1981 年，驰名世界的影视明星简 · 方达根据自己的健身体验编写了《简 · 方达健美操》，此书的出版引起了全世界的轰动，被译成 19 种文字，畅销 20 多个国家，发行了几百万册，各国的健美操俱乐部、健身中心如雨后春笋一般迅速发展起来，这项广受大众欢迎的运动项目开始风靡全球。

第一节 学习拓展有氧健身操技术

扫一扫 看一看

一、有氧踏板操

（一）有氧踏板操概述

有氧踏板操（Step Aerobics ）1968 年起源于美国，并很快风靡世界。它作为一种健身形式，在国际上日益成为较时尚的健身减肥运动。它把体能测试中的台阶练习与健美操步伐相结合，在音乐的伴奏下，练习者围绕踏板进行上、下板练习。

有氧踏板操可分为健身性有氧踏板和竞技性有氧踏板。健身性有氧踏板不受场地、人数、时间等因素的影响，动作简单、重复次数多、追求实效性，音乐速度较慢，一般在 118~122 拍/每分钟，强度为中低强度，以锻炼身体为目的；国际体操联合会制定的《2013—2016 竞技健美操竞赛规则》将有氧踏板操确定为正式竞赛项目，要求参赛人数为 8 人（男女不限），时间为 1 分 30 秒(± 5 秒)，场地为 10m×10m。该《规则》对着装、托举、动作的创编等方面也都有具体的要求。

名人语录

体操和音乐两个方面并重，才能够成为完全的人格。因为体操能锻炼身体，音乐可以陶冶精神。

——柏拉图

健身性有氧踏板操具有如下特点：①耗能大。由于踏板有一定的高度，在踏板上完成动作要比在平地上完成动作消耗的能量大。因而，跳踏板操练习者承受了更大的负荷量，也更大地提高了练习者的活动能量；②动作形式多变。踏板的高度可调，踏板可横放、竖放，能力允许时可交换踏板、两人用一个踏板等，这些使踏板动作形式变化多样，增强了娱乐性；③减少运动损伤。由于踏板操只是在踏板上或围绕踏板不停移动，跳跃性动作相对较少，这使得下肢关节具有明显的屈伸和缓冲，运动时可以大大减轻对各关节的冲击力，最大限度地避免了因高冲击跳跃而造成的运动损伤。

运动价值

长期坚持练习健美操可以有效发展心肺耐力、肌肉力量、平衡性、灵敏性、柔韧性和协调性，改善不良身体姿态，形成健美匀称的体型，培养良好的气质修养。在音乐的伴奏下享受舞动的韵律和挥汗如雨的快乐，是现代人缓解精神压力的一剂良方。

（二）健身性有氧踏板操的技术要求与基本技术

1. 技术要求

（1）重心移动平稳。运动时身体重心随着运动的变化而变化。上板时，练习者的重心应在板的正上方才能平稳、顺畅地完成上下板的过渡。身体重心及时、准确地移动是这项练习的前提和基础。

（2）下肢缓冲。缓冲技术是练习者依靠踝关节、膝关节、髋关节的屈伸和弹动而产生的。合理的上下板缓冲技术能大大降低踏板、地面对身体的冲击力和阻力，使动作和动作之间的连接安全、自然。

（3）身体控制。控制是人体肌肉紧张和松弛的协调配合，运动时应保持身体正直，挺胸、腹臀部收紧，身体保持平衡。在踏板操中最重要的是对腰腹的控制。当身体重心在踏板上时，腰腹的控制能起到平衡、固定和安全的作用，为下肢完成各种动作打好基础。

2. 基本技术

有氧踏板操的基本技术包括正面和侧面上下板技术、跳上板技术、过板技术和点板技术。

（1）正面上、下板动作技术：①正面上板技术：上板时脚跟先触板，再过渡到全脚掌，脚踏在板的中央。除点板外，在板上必须全脚掌与板接触。练习 者的重心在板的正上方。（图 13–1）②正面下板技术：下板时脚掌先触地，再缓冲过渡到全脚掌。（图 13–2）

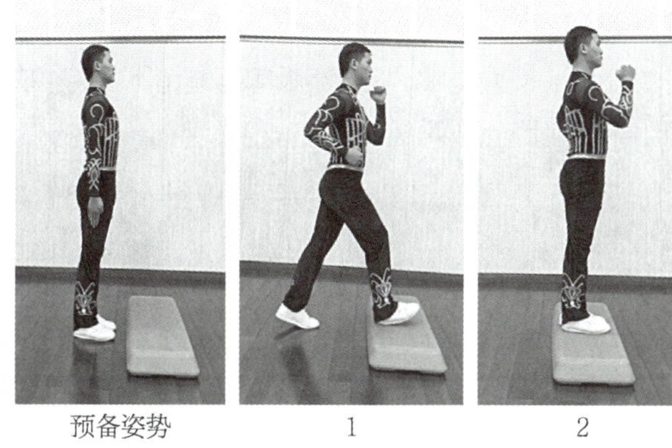

图 13–1　正面上板

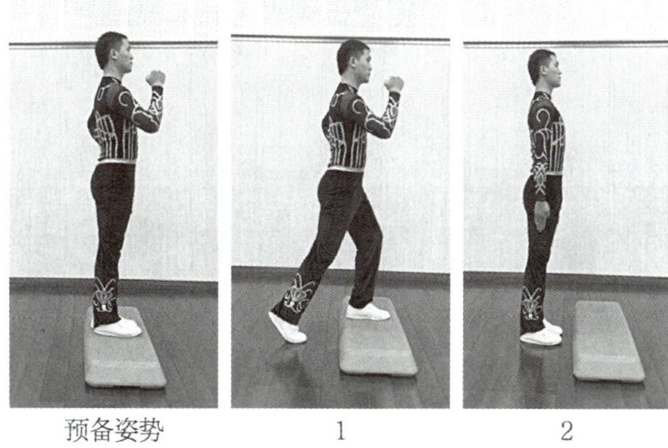

图 13–2　正面下板

（2）侧面上板技术：身体侧对踏板，靠近踏板一侧的腿先上，不要交叉腿上板。（图 13–3）

（3）跳上板技术：跳跃上板时，蹬地腿前脚掌发力，前脚落板时，脚掌先触地，再过渡到全脚掌，缓冲落地。踏板操只能跳跃上板，不允许跳跃下板。（见图 13–4）

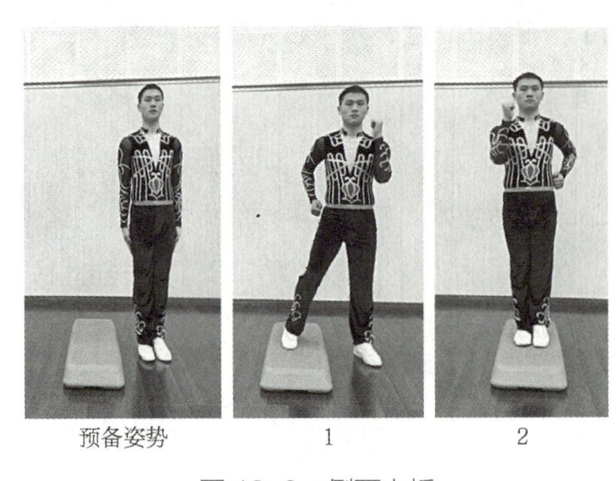

图 13-3　侧面上板

（4）过板技术：无论过竖板还是过横板，身体均侧对踏板，从板的一侧到另一侧，先上靠近踏板的一条腿。以右脚先上板为例，1 拍先右脚踏上板，2 拍右、左脚在板上交换腿跳，3 拍右脚向右侧踏下板，4 拍左脚并右脚，到板的另一侧。（图 13-5）

图 13-4　跳上板

（5）点板技术：点板时，重心始终保持在支撑腿上，点板可用脚尖或脚跟。（图 13-6）

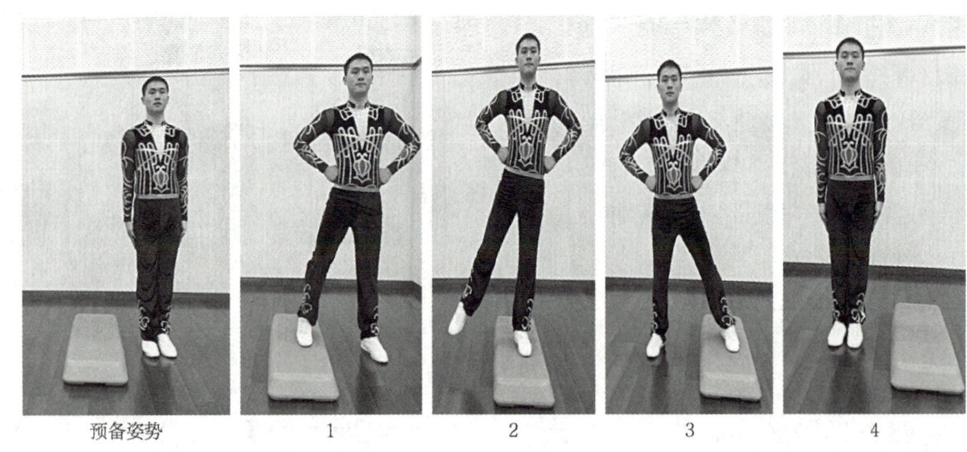

图 13-5　过板

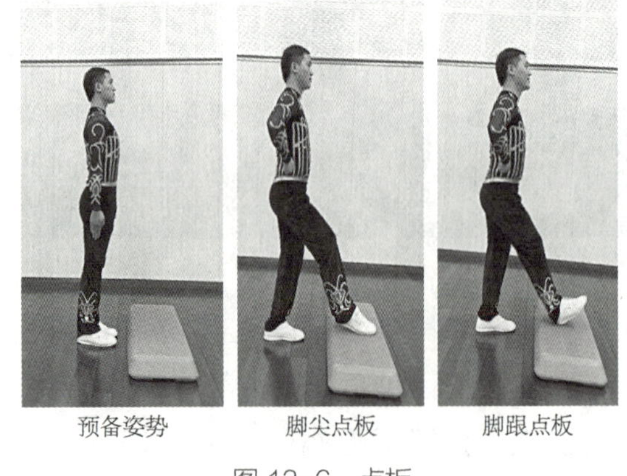

图 13-6　点板

二、有氧搏击操

（一）有氧搏击操概述

有氧搏击操（Kickboxing Aerobics）或称跆搏（TAE BO）。“TAE” 是跆拳道的英文缩写，“BO” 是拳击的缩写。

有氧搏击操不仅具有有氧运动的减脂塑形、强身健体、娱乐身心等功能，还能增强肌肉爆发力和身体的柔韧性，特别对腰腹部的锻炼具有特殊的功效。因为所有的拳法与腿法都要求腰腹收紧发力，大量的腰部转动用力能使练习者的腰腹部肌肉紧实、有力。

有氧搏击操的特点包括：①动作简单易学；②高耗能，有利于减脂；③具有全面性、实效性；④具有趣味性、娱乐性。

（二）有氧搏击操的基本技术

搏击操预备姿势：两脚前后开立，前脚脚尖向内微扣，后脚脚跟与人体中轴线约成 45° 夹角，动M落

流动的术语

有氧搏击操是将拳击、跆拳道等运动项目中的拳法、腿法的动作元素与健美操步伐相结合，在强劲、动感的音乐伴奏下进行的一种有氧运动。

在两脚之间，两膝关节自然弯曲，微收下颌、含胸，腹收紧，两手握拳曲臂于胸前，目视前方，成格斗式。（图 13–7）

图 13-7　搏击操预备姿势：格斗式

有氧搏击操中常用的拳法有直拳、摆拳和勾拳。腿法有顶膝、侧踹和弹踢。

1. 直拳（以右拳为例）

格斗式站立。右脚蹬地膝内扣，转腰拧胯送肩，同时右拳沿直线迅速击出，出拳时小臂内旋身体重心微向前倾，力达拳面，肘关节不要过分强直，发力后将拳沿出击时的路线迅速收回至预备姿势。（图 13–8）

图 13-8　直拳

2. 摆拳（以右拳为例）

格斗式站立。右脚蹬地膝内扣，转腰拧胯送肩，大小臂弯曲，由外向身体的中轴线快速弧形摆臂，再快速收回至预备姿势。下肢保持屈膝缓冲，目视前方。（图 13–9）

图 13-9　摆拳

3. 勾拳（以右拳为例）

格斗式站立。在预备姿势站立的基础上，身体重心下沉，重心移至右腿上，右臂弯曲夹肘约 90°，拳心向自己，拳面朝上，由下而上勾击，同时扣膝、合跨，腰向左拧转，力达拳面，发力后右拳快速收回。（图 13–10）

图 13-10　勾拳

4. 顶膝（以右腿为例）

格斗式站立。在格斗式站立的基础上，左脚上前一步，左腿微曲，右腿用力向前上方提膝，身体微向左后侧后仰，同时用力收腹，发力后再快速收回成格斗式。（图 13-11）

图 13-11 顶膝

5. 侧踹（以右腿为例）

格斗式站立。在格斗式的基础上，重心移至左脚，左膝微屈，左脚外展，上体向左侧倾，右腿提膝、展髋、扣膝、勾脚尖，右腿向体侧前方直线踹出，腿充分伸直，脚掌外缘攻击目标，着力点在脚跟。踹腿时，挺腰，右臂自然向前伸直，左拳护颌，目视攻击方向。击出后，膝关节挺直的瞬间迅速屈膝收腿落步，成格斗式。（图 13-12）

图 13-12 侧踹

6. 弹踢（以右腿为例）

格斗式站立。在格斗式的基础上，重心移至左脚，左腿支撑微屈膝，身体稍向左转的同时，右腿提膝上抬，大腿带动小腿，向前上方纵向弹击。脚背绷直，着力点在脚背，上体保持成格斗式的反势，目视攻击方向。弹踢后迅速将腿收回成格斗式。（图 13-13）

图 13-13 弹踢

三、有氧拉丁操

（一）有氧拉丁操概述

有氧拉丁操是把拉丁舞的各类动作元素与健美操基本动作按有氧健身操的创编原则和方法进行有机的结合，既充分展示了拉丁舞激情、浪漫、富有活力的民族特色，又体现了有氧运动的特点和功效。

有氧拉丁操具有有氧运动的健身功效，即具有减脂、塑造完美形体、提高协调性、改善神经系统和呼吸系统、调节精神状态、娱乐身心等功能。有氧拉丁操动作强调髋部、腰部的扭转，因而对增强腰腹部、髋部和脊柱等核心部位的肌肉力量有着特殊功效。

有氧拉丁操不仅具有有氧健身操的特征，还具有鲜明的异域民族风情。它动作风格变化多样，舞蹈极具动感与活力、舞姿优美、风情浪漫，具有强烈的拉美民族舞蹈特色。

（二）有氧拉丁操的基本技术

1. 拉丁舞

（1）拉丁舞的站位要领：右脚尖外开（45°）站立，左脚尖内侧后点地，左髋向后转动 45°，两肩正对前方，重心在右脚上，身体直立向上、挺拔。（图 13-14）

图 13-14　拉丁舞站位

（2）“8”字绕胯要领：两脚开立与肩宽，右髋由前、经右侧向后绕半圆，接着左髋由前、经左侧向后绕半圆，形成一个完整的“8”字绕胯动作。（图 13-15）

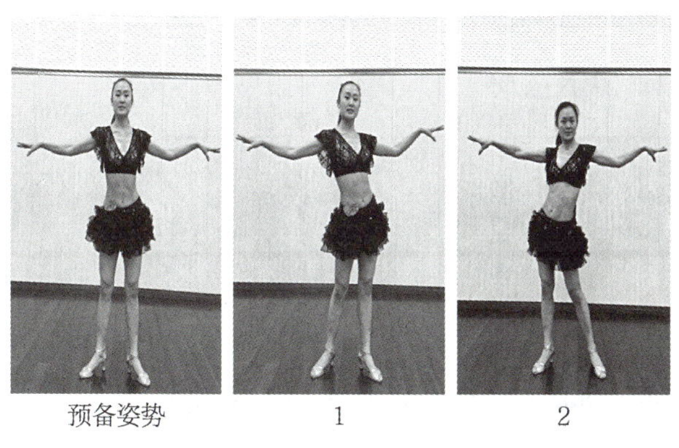

图 13-15　“8”字绕胯

（3）上体横移要领：两脚开立与肩宽，两臂侧平举，横膈膜以下的部位保持不动，横膈膜以上的部位向左、右横移。（图 13-16）

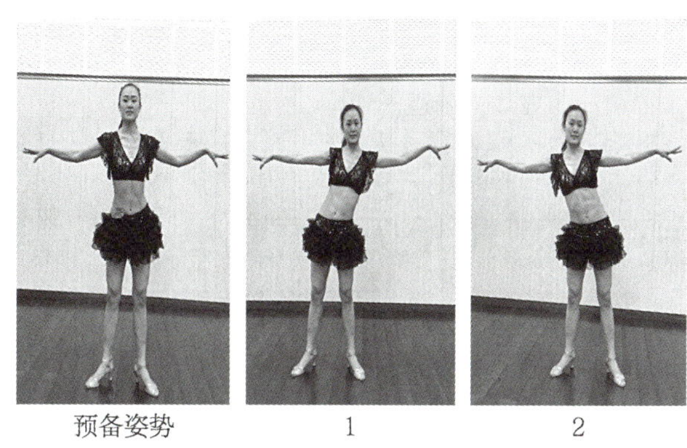

图 13-16　上体横移

2. 恰恰恰舞

恰恰恰舞音乐节拍与舞步的关系是四拍跳五步。

（1）左右追步。（表 13-1）

开始动作：开立重心在左脚上。

（2）恰恰恰基本步。（表 13-2）

3. 桑巴舞

桑巴舞起源于巴西，其动作强调髋、膝、踝关节上下屈伸弹动，腰、髋部和身体前后摇摆。桑巴舞具有步伐摇曳、热烈、奔放等特点。桑巴舞的音乐节拍与舞步的关系是两拍跳三步。

（1）叉行步。（表 13-3）

（2）博塔佛戈斯。（表 13-4）

表 13-1　左右追步

步数	右 1（恰）	2（恰）	3（恰）
节拍	4~1		
动作描述	右脚向右侧迈一步，脚掌内侧点地，膝微曲，胯在左侧	左脚并右脚，双膝微曲，脚跟稍抬起，重心在右侧	左腿伸膝，脚尖内侧蹬地发力，将右脚向右推出一小步，成两膝伸直，左脚脚尖侧点地，重心在右侧
动作图			

表 13-2　恰恰恰基本步

步数	1	2	3~5	1	2	3~5
节拍	2	3	4~1	2	3	4~1
动作描述	左脚向前迈一步，双膝伸直，重心在左腿上	重心回到右脚	碰开始向后锁步	右脚向后迈一步，重心在右腿上，左脚脚尖前点地，双膝伸直	重心回到左脚	右腿开始向前锁步
动作图	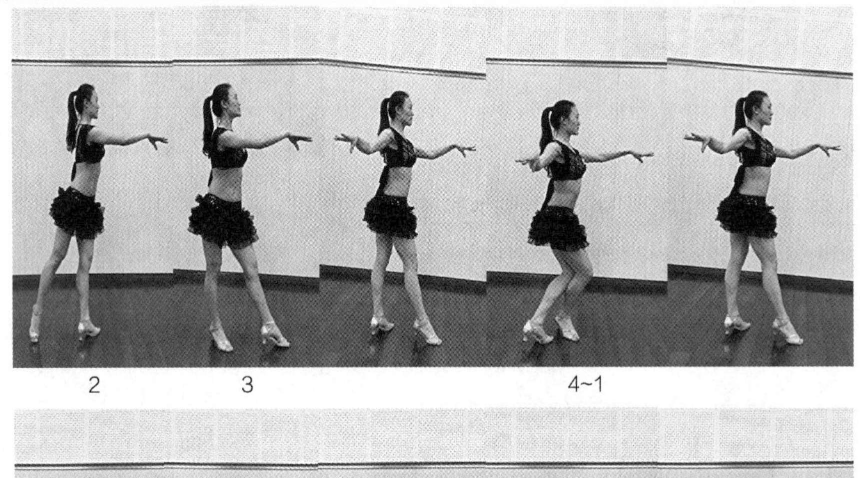 2　3　4~1 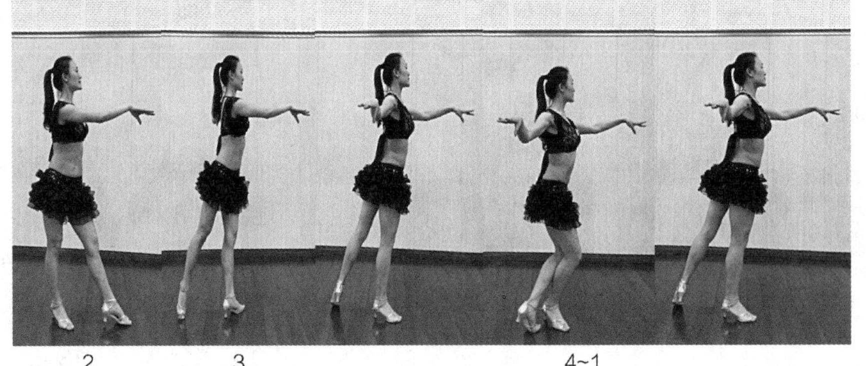 2　3　4~1					

表 13-3　叉行步

步数	1	2	3
节拍	1(3/4)~2(1/4)		
动作描述	左脚向左侧迈一步，重心在左腿上	右前脚掌在左脚斜后方踏步，重心在右脚上	左脚原地踏步一次重心回到左脚
动作图	1(3/4)~2(1/4)		

表 13-4　博塔佛戈斯

步数	1	2	3
节拍	1(3/4)~2(1/4)		
动作描述	左脚向右前方迈一步，重心在左腿上	右前脚掌向右旁踏步，重心在右脚上	左脚原地踏步一次重心回到左脚
动作图	 1(3/4)~2(1/4)		

4. 牛仔舞

牛仔舞起源于美国西部牛仔的踢踏舞，其动作通过膝、髋、踝关节的弹动和髋与移动脚的反方向摆动形成欢快、热烈、豪爽的风格特点。牛仔舞六拍基本步见表 13-5。

表 13-5　牛仔舞

步数	1	2	3~5	6~8
节拍	1	2	3~4	6~8
动作描述	右脚向后退一步	重心回到左脚	右脚开始向右一次追步	左脚开始向左一次追步
动作	 1　2　3~4 　5~6			

第二节　进行有氧健身操的练习

扫一扫 看一看

一、健身性有氧踏板操

（一）组合动作

有氧踏板组合有 2 个 8 拍。第 1 个 8 拍动作见表 13-6，第 2 个 8 拍动作见表 13-7。

（二）练习注意事项

踏板应平稳地放在地板上，高度适宜；上下板时膝关节保持适当的弹性，避免损伤；上板时重心应在踏板的正上方，身体正直、腰腹部收紧，身体保持平衡；练习时只允许跳跃上板，不允许跳下板。

表 13-6　有氧踏板第 1 个 8 拍

节拍	下肢步伐	上肢步伐
1~4	左脚开始 V 字步上下板	自由摆臂
5~8	5 拍：左脚踏板的中部 6 拍：右脚并左脚 7 拍：左脚向左侧迈步下板 8 拍：右脚并左脚	5 拍：右臂胸前平屈，左臂侧平举 6 拍：左臂胸前平屈，右臂侧平举 7 拍：右臂胸前平屈，左臂侧平举 8 拍：直立
动作	 1　2　3　4 5　6　7　8	

表 13-7 有氧踏板第 2 个 8 拍

节拍	下肢步伐	上肢步伐
1—4	1 拍：右脚跳上踏板，左腿侧摆腿 2 拍：左腿并右腿 3 拍：右脚侧滑步踏下板的后侧，左脚脚尖点板 4 拍：左脚并右脚还原成直立	1 拍：双手侧上举 2 拍：双手叉腰 3 拍：右手叉腰，左手屈肘上摆 4 拍：自然下垂
5~8	5 拍：右脚脚跟点板 6 拍：还原直立 7~8 拍：与 5~6 拍动作相同，方向相反	5 拍：左臂侧平屈，开掌掌心向前 6 拍：自然下垂 7~8 拍：与 5~6 拍动作相同，方向相反
	 1 2 3 4 5 6 7 8	

二、有氧搏击操

（一）组合动作

有氧搏击操组合动作有 4 个 8 拍。第 1 个 8 拍动作见 表 13-8，第 2 个 8 拍动作见表 13-9，第 3 个 8 拍动作见表 13-10，第 4 个 8 拍动作见表 13-11。

（二）注意事项

有氧搏击操的动作特点为快速发力、迅速击出，因而练习时应充分做好热身活动，避免肌肉和韧带的拉伤；练习时应调整好呼吸，不要憋气；有氧搏击操的练习强度大，练习者要根据自身的体质和运动负荷的承受能力而定，做到科学合理地健身；有氧搏击操耗能大，在练习过程中应及时补充水分，补水的方法为少量多次。

表 13-8 有氧搏击操第 1 个 8 拍

节拍	下肢步伐	上肢步伐
1~4	原地蹬地转髋	1~2 拍：右勾拳一次，还原成格斗式 3~4 拍：左勾拳一次，还原成格斗式
5~8	5~8 拍重复 1~4 拍动作	
动作	 预备：格斗式　1　2　3　4	

表 13-9 有氧搏击操第 2 个 8 拍

节拍	下肢步伐	上肢步伐
1~4	1~3 拍：向左半蹲小跳步 3 次，4 拍右腿蹬地转髋	1~3 拍：双手胸前立屈，拳头置于脸颊下方 4 拍：右摆拳
5~8	5~8 拍动作与 1~4 拍相同，方向相反	
动作	 1~3　4　5~7　8	

表 13-10 有氧搏击操第 3 个 8 拍

节拍	下肢步伐	上肢步伐
1~4	1 拍：右转 90°成右弓步 2 拍：面向前成分腿半蹲	1 拍：左直拳 2 拍：收拳双手胸前立屈，拳置于脸颊下方
	3~4 拍动作相同，方向相反	

续表

节拍	下肢步伐	上肢步伐
5~8	5 拍：右脚在前交叉跳 6 拍：跳成分腿半蹲 7 拍：左脚在前交叉跳 8 拍：跳成分腿半蹲	双手胸前立屈，拳头置于脸颊下方
动作	 1 　2 　3 　4 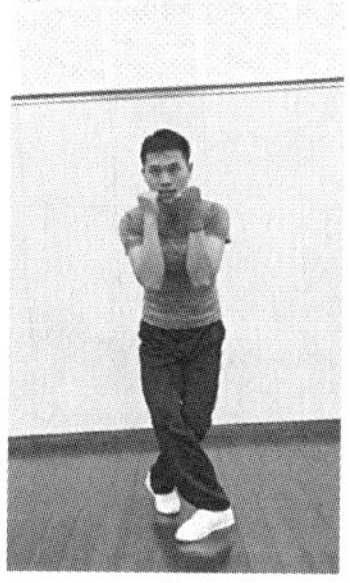5 　6 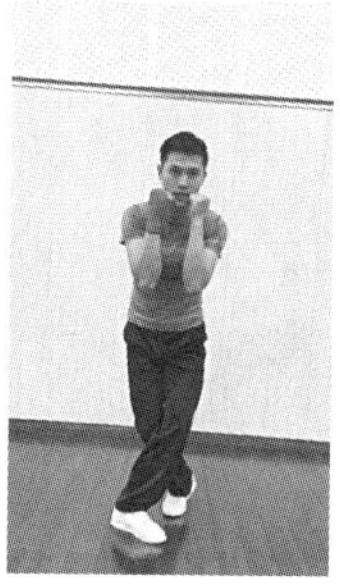　7 　8	

表 13-11　有氧搏击操第 4 个 8 拍

节拍	下肢步伐	上肢步伐
1~4	1~3 拍：左脚开始向前走三步 4 拍：右腿顶膝	1~2 拍：胸前立屈，双拳放在脸颊下方 3 拍：双手上举 4 拍：双手向下拉至脸颊下方
5~8	动作与 1~4 拍相同，方向相反	
动作	 1 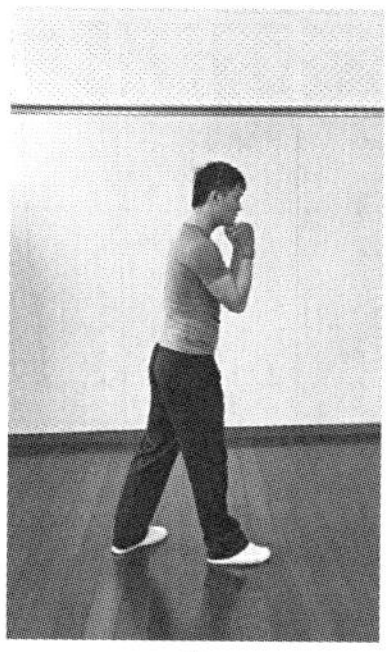　2 　3 　4	

三、有氧拉丁操

（一）组合动作

有氧拉丁操组合动作有 2 个 8 拍，第 1 个 8 拍动作见表 13-12，第 2 个 8 拍动作见表 13-13。

（二）练习注意事项

由于有氧拉丁动作的髋部和腰部扭动较多，所以练习前先要做好髋部和腰部的准备活动，幅度由小到大，避免身体猛烈扭转；练习身体扭转时要正常呼吸，若有呼吸不畅等情况，应立刻停止练习，休息片刻，等调整好后再进行练习；有氧拉丁操要求练习者的协调性较高。因此练习时应放松心情，避免关节紧张。

表 13-12　有氧拉丁操第 1 个 8 拍

节拍	下肢步伐	上肢步伐
1~4	1～2 拍：漫步一次 3 拍：右腿向右迈步脚尖拔起，同时跳起双腿并拢 4 拍：右腿向右迈步	1~2 拍：右臂前平举于右前方，左臂侧上举 3~4 拍：双手侧平举
5~8	动作与 1~4 拍相同，方向相反	
动作	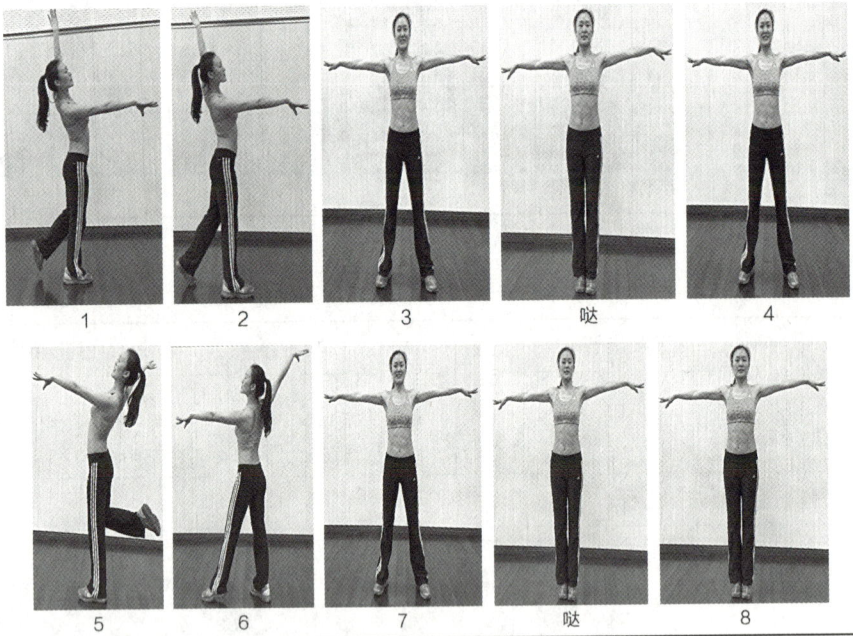 1　2　3　哒　4 5　6　7　哒　8	

表 13-13　有氧拉丁操第 2 个 8 拍

节拍	下肢步伐	上肢步伐
1~2	1~2 拍：向右迈步 180° 分腿侧点地，髋关节向右摆动一次	右臂侧举做兰花指，左臂侧上举做兰花指，绕手腕一次
3~4	动作与 1~2 拍相同，方向相反	动作与 1~2 拍相同，方向相反
5~6	5 拍：向右前方迈腿，髋关节向左 6 拍：向左前方迈腿，髋关节向右	左右臂握拳，摆臂两次
7~8	7 拍：右脚收回，髋关节向左 8 拍：收左腿成点地，膝盖委屈	左右臂握拳，摆臂两次

续表

节拍	下肢步伐		上肢步伐			
动作	 1~2 	3~4 	5	 6 	7 	8

赛事时刻

代表世界啦啦操最高水平的全美啦啦操 队锦标赛参赛标准：队伍人数要在 6 ~ 32 人，分四个组别进行比赛，分别是业余组、中学组、大学组和全明星组。

四、啦啦操

（一）啦啦操概述

啦啦操运动的起源可追溯到原始部落时期。在早期的部落社会中，为激励外出打仗或打猎的战士们，他们通常会举行一种仪式，仪式中族人用欢呼、手舞足蹈的表演来鼓励战士，希望他们胜利归来。啦啦操运动起源于美国。

啦啦操（cheer leading）指在音乐的伴奏下，通过运动员集体完成复杂、高难的基本手位与舞蹈动作，充分展示团队高超的运动技能技巧，体现青春活力和积极向上的团队精神，并努力追求最高团队荣誉的一项体育运动。

啦啦操分为技巧啦啦操和舞蹈啦啦操。技巧啦啦操是以翻腾、托举、抛接、金字塔组合、舞蹈动作、过渡连接及口号等形式为基本内容的团队竞赛项目，包括男女混合组（Mixed）、女子组（All- Female）和舞伴特技（Partner stunts）三种类型。舞蹈啦啦操是在音乐的伴奏下，以多种舞蹈元素的动作组合，结合转体、跳步、平衡与柔韧等难度动作，表现出不同的舞蹈风格，展示团队风采的体育竞赛项目。它包括花球啦啦操（Pom）、街舞啦啦操（Hip-hop）、爵士啦啦操（Jazz）和自由舞蹈啦啦操。

（二）舞蹈啦啦操的基本技术

（1）啦啦操上肢 32 个基本手位如图 13-17 所示。

（2）花球啦啦操组合动作包括 2 个 8 拍，第 1 个 8 拍动作见表 13-14，第 2 个 8 拍动作见表 13-15。

（3）街舞啦啦操组合动作：街舞的基本动作为 up—down 动律。（表 13-16）它包括 2 个 8 拍动作，第 1 个 8 拍动作见表 13-17，第 2 个 8 拍动作见表 13-18。

（4）爵士啦啦操组合动作包括 2 个 8 拍，第 1 个 8 拍动作见表 13-19，第 2 个 8 拍动作见表 13-20。

图 13-17　啦啦操上肢 32 个基本手位

图 13-17 （续）啦啦操上肢 32 个基本手位

表 13-14　花球啦啦操第 1 个 8 拍

节拍	下肢步伐	上肢步伐
1~4	1~4 拍：右脚开始原地踏步四次	1~2 拍：加油手位击球两次 3~4 拍：下 H 手位
5~8	5~ 6 拍：左脚向左并步一次 7 ~8 拍：右脚向右并步一次	5 拍：加油手位 6 拍：胸前打开成 T 7 拍：加油手位 8 拍：下 H
动作	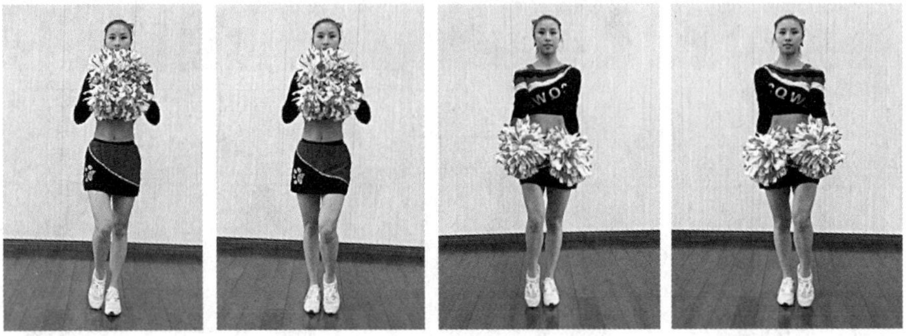 1　2　3　4 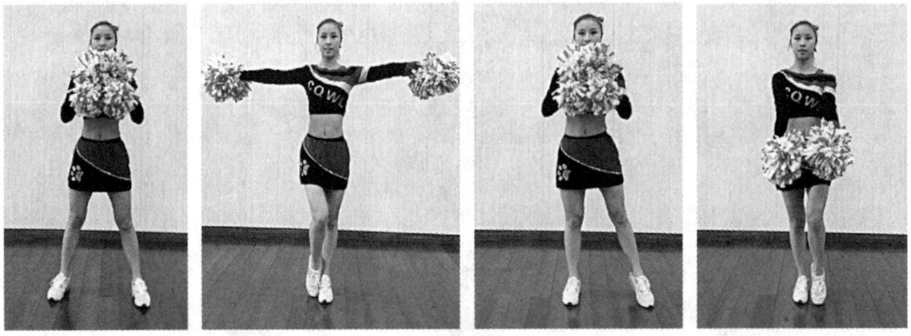 5　6　7　8	

表 13-15　花球啦啦操第 2 个 8 拍

节拍	下肢步伐	上肢步伐
1~2	1 拍：右脚向前上一步 2 拍：左脚并右脚	1 拍：手臂由胸前斜屈打开成斜线 2 拍：收回成加油手位
3~4	3 拍：右脚向后迈一步 4 拍：左脚向侧迈一步成开立	3 拍：右手在上的 R 4 拍：右臂斜下冲拳
5~8	5~8 拍：右脚开始踏步四次	5~6 拍：加油手位 7~8 拍：下 V 手位
动作	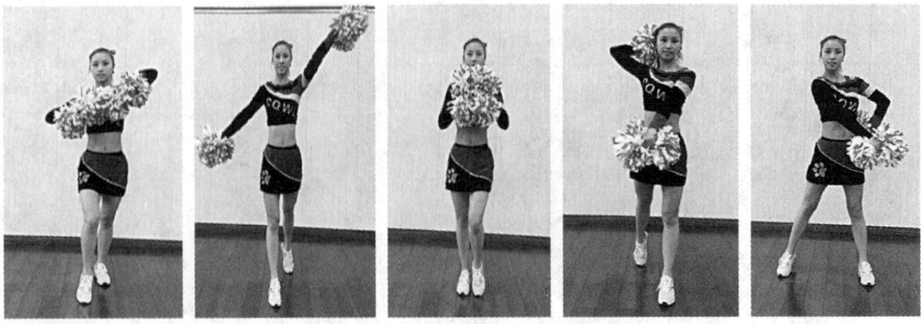 -　1　2　3　4	

续表

动作	 5　6　7　8

表 13-16　up-down 动律

动作描述	站立	1 拍：胸部 up	2 拍：胸部 down
动作	预备姿势	1	2

表 13-17　街舞第 1 个 8 拍

节拍	下肢步伐	上肢步伐
1~4	哒拍：左腿屈膝自然向前抬起 1 拍：向左迈步成左弓步 2 拍：动作同 1 拍 3~ 4 拍动作同 1~2 拍，方向相反	哒拍：右臂屈臂于胸前，左臂自然下垂（down） 1 拍：右臂屈臂后扩胸，左臂自然下垂（up） 2 拍：动作同 1 拍 3~4 拍动作同 1~2 拍，方向相反
5~8	哒拍：左腿屈膝自然抬起 1 拍：向左成左弓步点地 2 拍：动作同 3 拍 7~8 拍动作同 5~6 拍，方向相反	哒拍：右臂肩侧立屈，左臂自然下垂（up） 5 拍：右臂屈臂于胸前，左臂自然下垂（down） 6 拍：动作同 5 拍 7~8 拍动作同 5~6 拍，方向相反

续表

动作	

表 13-18　街舞第 2 个 8 拍

节拍	下肢步伐	上肢步伐
1~4	1~4 拍：右脚向右一次后交叉步	哒拍：左臂屈臂外展，右臂屈肘于腰间（手握拳） 1 拍同哒拍，方向相反 2 拍同哒拍 3 拍同 1 拍 4 拍：双臂胸前屈臂，双手击掌一次
5~8	动作与 1~4 拍相同，方向相反	
动作	哒　1　2　3　4	

表 13-19　爵士啦啦操第 1 个 8 拍

节拍	下肢步伐	上肢步伐
1~4	1 拍：左脚向前迈 2 拍：右脚并左脚 3 拍：右脚往旁迈步，左脚脚尖点地，两腿弯曲 4 拍：还原成直立	1 拍：左手往上伸直 2 拍：右手往上伸直 3 拍：双手侧下 4 拍：放于体侧
5~8	5 拍：两腿并拢 6 拍：右脚往旁迈步，左脚脚尖点地，两腿弯曲 7 ~8 拍：往左顶跨两次	5 拍：握拳胸前交叉 6 ~8 拍：左手侧下，右手叉腰
动作		

表 13-20　爵士啦啦操第 2 个 8 拍

节拍	下肢步伐	上肢步伐
1~2	1~2 拍：右脚侧点地，同时两腿弯曲	1 拍：右手从肩上往下到大腿 2 拍：右手开掌从大腿到右胯
3~4	3 拍：右脚收回，两腿屈膝并拢 4 拍：左腿侧点地，同时两腿弯曲	3 拍：双手握拳胸前交叉 4 拍：双手打开侧平并立掌
5~6	5 拍：两腿屈膝并拢，朝 8 点方向拧转 6 拍：两腿屈膝并拢，朝 2 点方向拧转	5 拍：双手握拳胸前交叉 6 拍：从胸前打开至两侧并掉肘
7~8	7 拍：两腿跳成开立 8 拍：跳回并腿直立	7 拍：双手开掌至肩上大臂平 8 拍：两手还原至体侧

续表

动作	

风靡全球的Plank

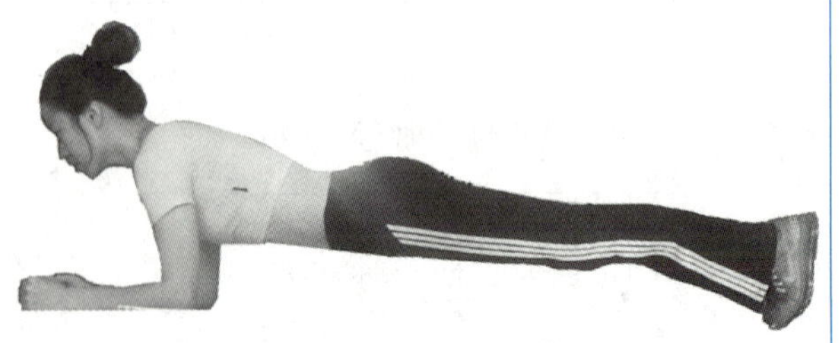

Plank（平板支撑），一个看似简单的动作，却可以锻炼全身肌群，尤其对腹直肌、腹外斜肌、腹内斜肌、腹横肌、腿部、背部、臀部肌肉群，有良好的锻炼效果。平板支撑动作很简单：在地板上俯卧，用脚趾和前臂支撑身体的全部重量。在此过程中，身体保持挺直，并尽可能长时间地维持这个体势。一般的练习者在 1 分钟左右便会全身抖动，此时是能量消耗的高峰，尽量坚持久一些会达到出人意料的健身与塑身效果。美国前驻华大使骆家辉的 51 分钟Plank甚至超过了运动好手林丹。有人说："能坚持 2 分钟就是英雄。"那么亲爱的同学，你能坚持多久呢？

赛事时刻

世界健美操锦标赛

世界健美操锦标赛（Aerobic Gymnastics World Championships）是由国际体操联合会主办的世界最高水平的竞技健美操赛事。健美操竞赛项目包括男子单人、女子单人、混合双人、三人（无性别限制）、五人（无性别限制）、有氧舞蹈、有氧踏板等。男子健美操主要表现力量、柔韧等难度动作，这要求男运动员有发达的上肢肌肉和极强的上肢力量。女子健美操主要表现柔韧和其他协作关系、优美的身体姿态等。比赛按性质分锦标赛和冠军赛两类，目前世界上竞技健美操比较发达的国家包括俄罗斯、罗马尼亚、中国、法国、韩国等。

历届世界健美操锦标赛举办时间和地点

届次	时间（年）	举办国家	举办城市
第一届	1995	法国	巴黎
第二届	1996	荷兰	海牙
第三届	1997	澳大利亚	伯斯
第四届	1998	意大利	卡塔尼亚
第五届	1999	德国	汉诺威
第六届	2000	德国	里扎
第七届	2002	立陶宛	克莱佩达
第八届	2004	保加利亚	索菲亚
第九届	2006	中国	南京
第十届	2008	德国	乌尔姆
第十一届	2010	法国	——
第十二届	2012	保加利亚	索菲亚
第十三届	2014	墨西哥	坎昆

本章小结

通过本章的学习，你应当熟练掌握有氧踏板操、有氧搏击操、有氧拉丁操和啦啦操的基本步伐及上肢动作，了解相关的技术与音乐常识；学会通过健身操进行锻炼；了解健美操比赛规则，学会欣赏健美操比赛；在日常生活中能够运用所学的健美操知识编排动作、组织健美操比赛。

拓展阅读

1. 张莹.健身健美操教练员指导员培训教材[M].北京：国家体育总局体操运动管理中心，2005.

2. 林志超.大学体育与健康教程[M].北京：北京体育大学出版社，2005.

在线学习

1. 中国体操网
2. 第三套全国健美操大众锻炼标准成人一级规定动作

测测你的基础

1. 有氧健身操是以健美操＿＿＿＿＿＿为主，以人体＿＿＿＿＿＿提供能量进行供能，运动时全身大肌肉群参与运动，保持中、低强度，持续运动20~ 60 分钟的运动。
2. 有氧踏板操分为＿＿＿＿＿＿有氧踏板和＿＿＿＿＿＿有氧踏板。
3. 啦啦操分为＿＿＿＿＿＿啦啦操和＿＿＿＿＿＿啦啦操。
4. 健身性有氧踏板操的特点有哪些?
5. 有氧搏击操的概念是什么?

第十四章

游泳运动与比赛观赏

本章概述

本章主要选取游泳技术中最普遍、实用、易学的蛙泳、自由泳技术动作作为重点学练内容，介绍了国内外著名的游泳名将、游泳项目的特点和规则，以更好地培养初学者对游泳运动的兴趣。

章结构图

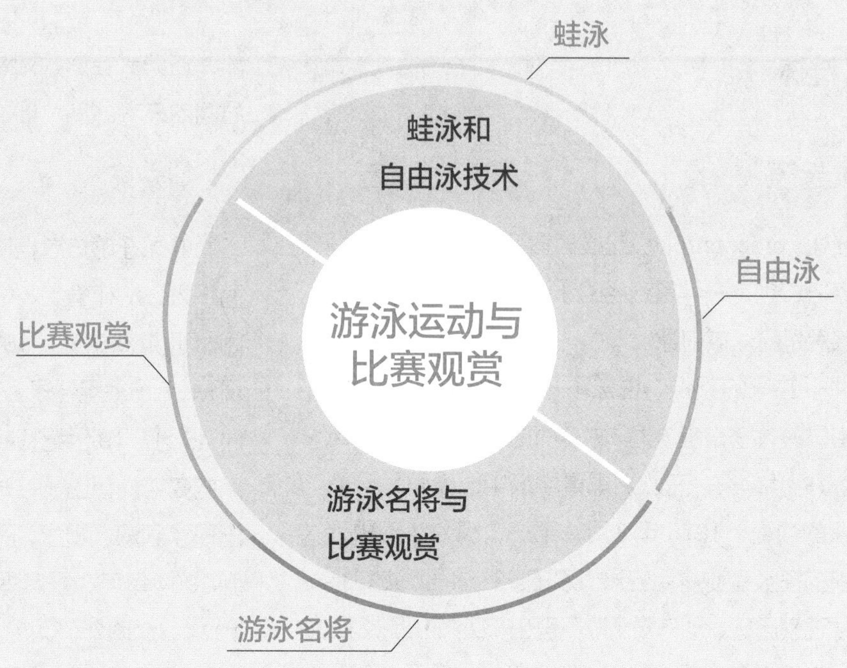

学习目标

通过本章的学习，你应该能够做到：

1. 掌握蛙泳和自由泳基本技术、练习方法、注意事项以及运动防护知识。
2. 能够欣赏游泳比赛和了解游泳比赛规则。

运动起源

人类的游泳活动源远流长，从地球上出现最早的人类开始，人们就在布满江、河、湖、海的地球上生活。为了生存，人们依山打猎，傍水捕鱼。人们就在这样的生存环境下逐渐学会了游泳，并使游泳活动得到传承和发展。

据史料记载，古埃及的日用陶器上就描绘着人在水中潜游、捕捉水鸟的情景。约在两千五百年前，我国第一部诗歌集《诗经》就有关于游泳活动的记载："就其深矣，方之舟之；就其浅矣，泳之游之……"这里的"游"指潜行水中，"泳"指水中浮游，两字合起来便成为后来的"游泳"一词。

我国古代的游泳可概括为三种形式："涉"指在浅水中行走，"浮"指在水中漂浮，"没"指在水下潜泳。劳动人民在长期的实践中创造和发展了不少泅水方法和游泳技术，如狗爬式、寒鸭浮水、扎猛子、大爬式、扁担浮（踩水）等，至今仍在民间流传。

第一节 蛙泳和自由泳技术

扫一扫 看一看

一、蛙泳

（一）起源

蛙泳（breaststroke）是模仿青蛙游泳动作的一种游泳姿势，也是一种最古老的泳姿。蛙泳一词在英文里的意思是胸泳或俯泳。

关于蛙泳的起源，说法不一。相传在古埃及和罗马帝国时，它是猎人潜入水中捕捉水鸟的游动方法之一。18 世纪末，在欧洲军事学校中已设有专门教授蛙泳的课程。1875 年 8 月，第一个被公认的英吉利海峡的征服者便是用蛙泳横渡的。蛙泳在游进过程中容易观察目标、动作隐蔽、声音小，实用价值很大，长期以来被广泛应用于渔猎、水上搬运、泅渡、救护等方面。早在 2000~4000 年前，中国、罗马、埃及就有类似这种姿势的游泳，日本称之为平泳。这种游泳姿势因俯卧在水面，划水与蹬腿动作酷似青蛙在水中游进，所以在中国一直称之为蛙泳，中国的蛙泳是在古代民间蛙泳的基础上发展起来的。最早的一种蛙泳姿势叫古典式蛙泳：两腿蹬水时向两侧分开、伸直，然后向内夹水。

（二）发展

蛙泳在游进过程中身体姿势比较平稳，水的支撑面积大，动作省力、呼吸方便，能持久，适用于长时间、远距离游泳。1875 年 8 月 24 日著名游泳运动员 M. 韦布采用蛙泳姿势横渡英吉利海峡，历时 21 小时 45 分。19 世纪初蛙泳是第一种在游泳比赛中被采用的姿势。但由于蛙泳速度慢，所以在比赛中相继又出现了侧泳、爬泳，采用蛙泳姿势的人越来越少。直到 1904 年第 3 届奥运会时才把蛙泳与其他姿势分开。1924~1936 年，对蛙泳最大的革新是划水动作结束后两臂不再从水中前移，改为由空中移臂但仍采用蛙泳蹬夹腿的动作，出现了蛙泳的变形——蝶泳。

从 1908 年第 4 届奥运会开始，男子 200 米蛙泳被列为正式比赛项目。据记载，在 1913 年第 1 届远东运动会上，中国已有蛙泳运动员参加比赛。1935 年，国际业余游泳联合会对游泳规则做了补充规定，允许蛙泳运动员从空中向前移臂，这就出现了蝶泳。蝶泳的速度快，有代替蛙泳的趋势。

1936 年国际业余游泳联合会对蛙泳规则做了补充，允许在蛙泳比赛中采用蝶泳技术，于是蝶泳取代了蛙泳。在 1948 年第 14 届奥运会上，200 米蛙泳决赛只有一人采用蛙泳姿势。而 1952 年第 15 届奥运会的蛙泳比赛中，全部运动员都采用蝶泳技术。于是国际业余游泳联合会决定将蝶泳从蛙泳项目中分出来，1956 年第 16 届奥运会将蝶泳列为正式比赛项目。

当时规则还允许蛙泳在水中潜游，由于在水下游进不受波浪阻力影响，水平姿势好，阻力小，速度比水面蛙泳快。于是在 1956 年第 16 届奥运会上，几乎所有蛙泳运动员都以长划臂的潜水蛙泳参加比赛。日本运动员古川胜以 2′34″7 的成绩创造了 200 米蛙泳的世界纪录。

第 16 届奥运会后，国际业余游泳联合会重新修改了蛙泳规则，取消潜水蛙泳，只允许在出发和转身后做一次长划水的潜泳动作，然后每个动作头部都要露出水面。于是水面蛙泳技术又得以恢复发展，并重新规定了蛙泳世界纪录的标准。如男子 100 米蛙泳为 1′13″。1957 年中国运动员戚烈云以 1′11″7 的成绩首先打破了该纪录。从此以后又出现了宽划臂和窄划臂的蛙泳技术。

现代竞技蛙泳在欧洲开展较早，20 世纪 50 年代，许多欧洲国家都有过很好的成绩。60 年代，美国、苏联多次打破世界纪录。

（三）技术变化

多年来，蛙泳技术经历了不少变化。20 世纪 50 年代初盛行潜水蛙泳，它对臂力较强、腿力较弱的运动员有利。后来改为水面蛙泳，这时很重视腿的作用，许多运动员，特别是女子，主要靠腿的推进动力。1957 年 5 月 1 日，中国优秀运动员戚烈云利用他腿部的优越条件，用高航式蛙泳（蹬腿时上身抬起较高）以 1′11″7 的成绩创造了 100 米蛙泳的世界纪录。

1958—1960 年，中国的穆祥雄、莫国雄相继采用半高航式和平航式又先后 4 次打破这个项目的世界纪录。但是 1961 年美国运动员 C. 贾斯特雷姆斯基以他强有力的两臂加快动作频率，创造了 100 米和 200 米的蛙泳世界纪录。他以 2′29″6 的成绩创造 200 米世界纪录时用了 153 个划臂动作，这种新技术对以后蛙泳技术的改进起了推动作用。

由于运动技术的发展，手与腿的作用也在不断变化。从技术发展上看，臂的作用正在加强，腿的动作幅度缩小了。这种技术变化可以减少阻力，有利于提高动作频率。高肘划水是提高臂部划水效果的新技术。这种技术是在两臂向后划水时肘关节保持较高的位置，使小臂与大臂之间构成理想角度，形成小臂对水的截面，从而获得更好的划水效果。目前世界上优秀运动员已广泛采用这种技术。腿部动作在 20 世纪 50 年代主要是通过加大大腿的工作距离来获得前进动力。现代蛙泳的腿部动作是少收大腿，充分发挥小腿的作用，在收腿结束时脚后跟尽量靠近臀部。

（四）项目特点

蛙泳易于开展，强度可以自行调节，对提高身体素质和发展心智都有积极的作用。蛙泳具有用途广、游进声音较小等特点，是其他游泳技术的基础。

1. 锻炼价值大

蛙泳要求上下肢协调配合用力，是游泳中锻炼价值最大、实用性最强的泳式。

2. 游进时声音较小

由于蛙泳要求臂和腿的动作都在水下进行，所以游进时声音较小。蛙泳还适合慢游、原地游和做踩水动作，这使蛙泳便于水上隐蔽、侦察和游动，在科研和军事上可以发挥特殊作用。

3. 其他游泳姿势的基础

绝大多数游泳姿势都与蛙泳有着不同程度的联系，所以学会蛙泳能为学习其他各种游泳姿势打下良好的基础。

活动有方，五脏自如。

——范仲淹

（五）技术动作

蛙泳的技术动作分为四大部分：身体姿势、腿部动作、手臂动作和配合动作。蛙泳动作分解来看包括如下几项：①泳员在滑翔姿势，身体接近水平，头部约80%沉于水中，脸微微向前，双臂伸展，掌心向斜外侧。（图14–1）

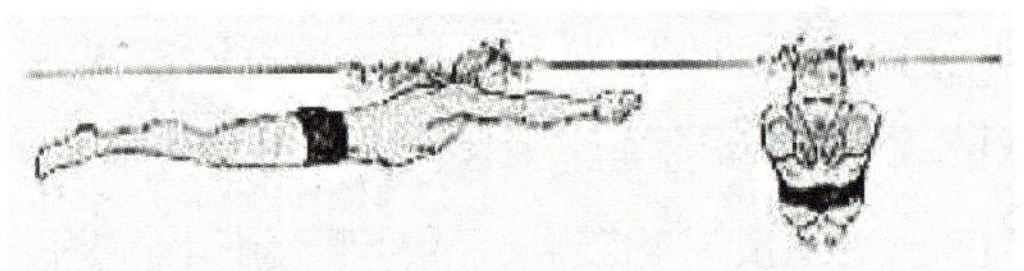

图14–1 蛙泳分解动作一

②抓水动作在水下约7~9寸处开始，双手做侧面的划动，在这时开始呼气动作。（图14–2）

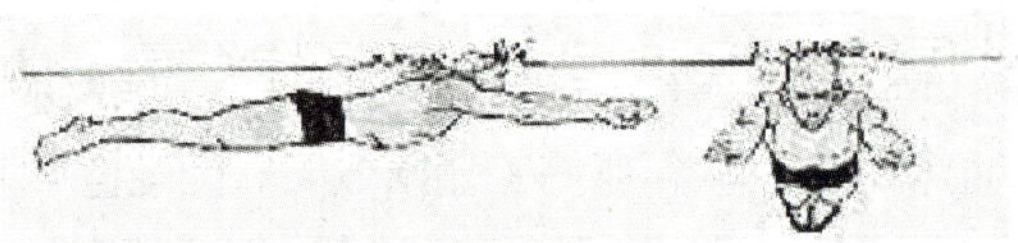

图14–2 蛙泳分解动作二

③双臂没有明显的屈曲，继续划向外侧，呼气继续增加。（图14–3）

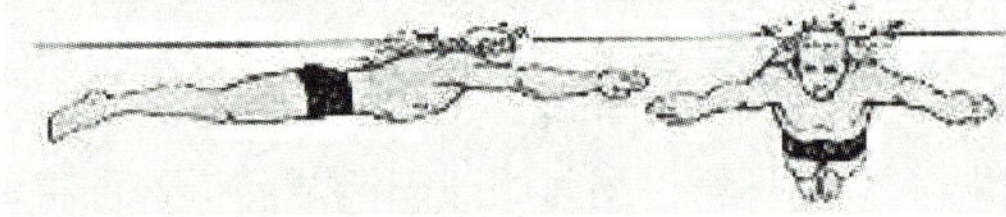

图14–3 蛙泳分解动作三

④泳员头部开始微微向上，肘关节开始屈曲，上臂开始旋转。（图14–4）

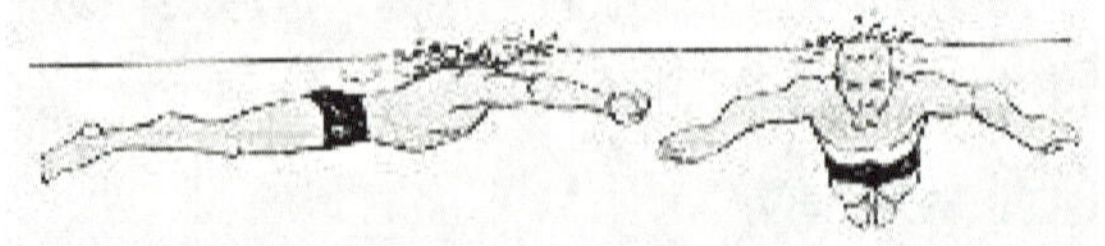

图14–4 蛙泳分解动作四

⑤当双臂到达最大的宽度，肘屈约110°，这时高肘姿势是明显的。（图14–5）

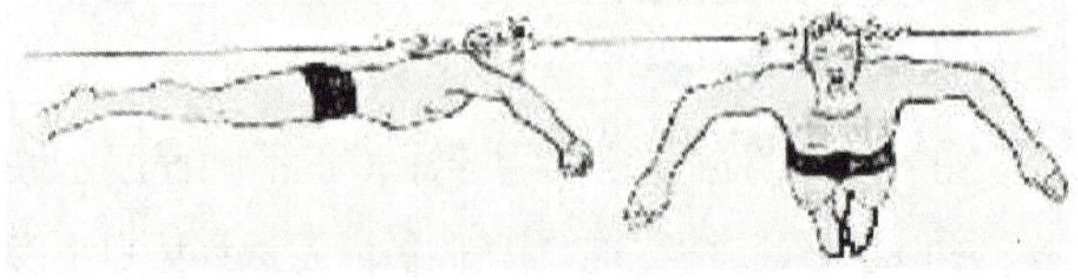

图14–5 蛙泳分解动作五

⑥头部继续上抬，当嘴部露出水面，最后呼气完成，双手开始向内，以完成最后的推进动作。（图14–6）

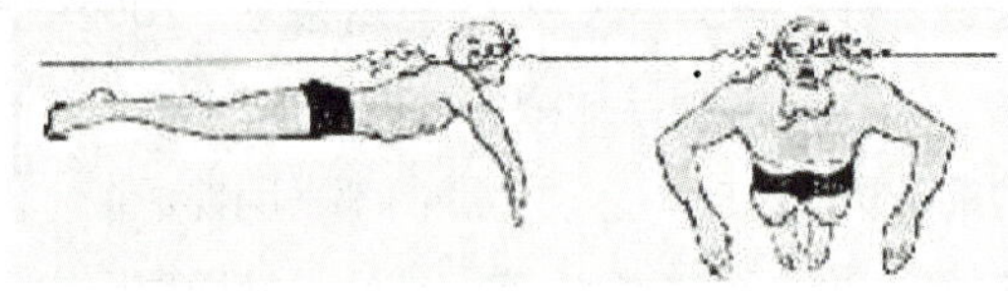

图14–6 蛙泳分解动作六

⑦当双臂准备向后，吸气开始，肘部不要拉到肋骨下，膝关节开始屈曲，收腿动作开始。（图14–7）

图14–7 蛙泳分解动作七

⑧嘴闭上，吸气完成，双足被带向臀部，肘关节继续伸展，双臂继续向前移动。（图14–8）

图14–8 蛙泳分解动作八

⑨收腿动作继续进行。（图14–9）

图14–9 蛙泳分解动作九

⑩头部屈曲，头部继续向下倾斜。双足背屈，双腿开始向后做推水动作，双臂收手，动作完成。（图14–10）

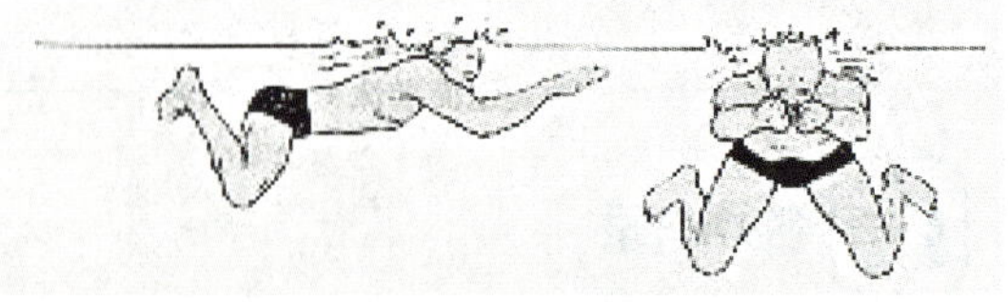

图14–10 蛙泳分解动作十

⑪双足推向后并开始并拢，泳员这时闭气，直至

另一划臂动作开始。（图 14–11）

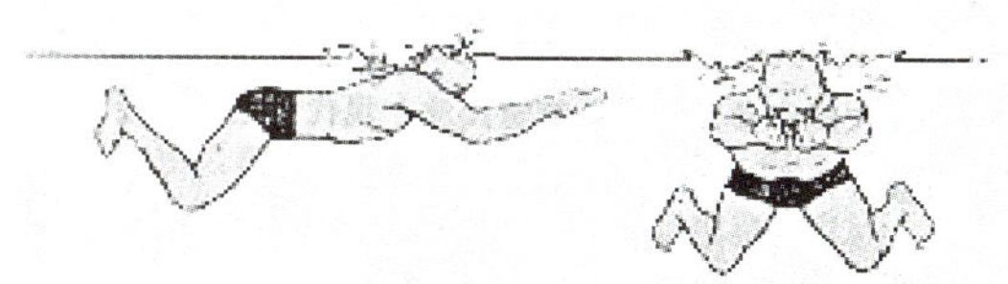

图 14–11　蛙泳分解动作十一

⑫双臂完全伸展，双手稍低于肩膀水平，双腿蹬水接近完成。当泳员完成蹬水并集中使身体成为一直线，他将保持这滑翔姿势短暂的时间，然后当他感觉速度减慢，另一划臂循环开始。（图 14–12）

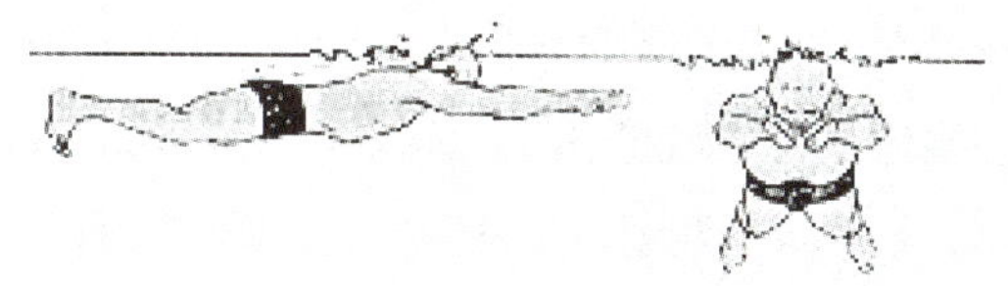

图 14–12　蛙泳分解动作十二

（六）教学方法

1. 腿部动作

腿部动作是蛙泳技术中最重要的部分，学习蛙泳需要从陆上腿部动作做起，具体方法如下。

（1）坐在地上或凳上，躯干后仰，双手撑地（凳）。双腿并拢伸直，稍抬起双腿，深吸一口气，屏气。将双腿慢慢收回，膝关节同时外分，收腿开始时脚掌稍外翻。屈髋、屈膝，双腿收紧靠近臀部，接着不停顿地向后方蹬腿、并拢，同时口、鼻呼气，蹬水时用力点落在分开的双脚脚掌上。蹬水前半部脚掌与身体纵轴垂直，结束时两脚掌像鞭打一样快速伸直，双腿伸直后间歇一下。呼气要快，动作要连续。

（2）入水、水深齐腰，深吸一口气，俯卧于水中，脸入水，臂前伸。收腿同时两膝分开与肩同宽，脚掌沿水面回收。接着双脚应对称有力向后下方做半圆形的加速蹬水至动作结束，两腿并拢。做这个动作时，脚掌和脚内侧向后蹬夹水，蹬水结束后，双腿动作稍停，运动员靠速度在水面滑行。要记住一个要点：一定不能撅屁股，否则蹬水时就游不快。

（3）俯卧在长凳上，中速和慢速模仿蛙泳腿部动作。

（4）抬头出水学习腿部动作。蹬池壁或池底滑行，双臂前伸，抬头使口露出水面，做蛙泳腿部动作。注意双臂前伸不要过深，腿部动作除并拢时外要做得平稳。

（5）池边抓扶手或扶同伴做蛙泳腿动作。

（6）双臂前伸扶板做腿部练习。

2. 臂部动作

掌握腿部动作之后再进行臂部动作学习。正确的臂部动作是蛙泳必不可少的组成部分，学习方法如下。

（1）陆上站立，体前屈，双脚分开与肩同宽，抬头，双臂前伸。两臂对称外分，稍向下划水，手掌外转，手腕微屈，这便于手掌更早对水。双臂一开始划水，头顺势抬出水面，深吸气。抬头动作不要过猛，划臂动作不要超过肩线。屈肘，双手做一圆形经胸下前伸呈预备姿势，伸手同时用口、鼻做深呼气。

（2）站立在齐腰深的水中，俯卧，臂前伸。吸气后屏气。稍屈腕，手掌向外、向下用力划水，应对水有支撑感。屈肘继续划水，双方划至胸前逐渐接近，手掌转向躯干，然后双臂前伸，呈划水开始姿势。注意划水过程中双臂不应露出水面。

（3）头在水面上学习臂部动作。蹬边滑行，屏气抬头前视。连续做几次划臂动作，注意不要屈腿。

（4）蹬边滑行，进一步改进臂部动作。

3. 分解练习

分解学习，练习方法可采用如下方式。

（1）水中臂腿配合动作。蹬边滑行，脸入水，屏气，臂划水，开始划水时收腿，然后双臂前伸、并拢、脚蹬水。

（2）重复上一练习，但头要抬出水面。

（3）重复上一练习，要交替做抬、低头动作。划水时头抬出水面，收手、蹬腿时头入水。

（4）臂的动作与呼吸配合。双臂前伸滑行，头略抬出水面。臂前伸时脸入水，口、鼻均匀、用力吐气，之后慢抬头，开始划臂。利用划臂产生的作用力抬头，大张嘴、快吸气。注意吸气不要太晚，在划臂阶段完成吸气。

（5）蛙泳完整动作配合游。滑行，双腿伸直，双臂前伸，呼气入水之后开始向后下方划水，抬头快吸气，双臂接近肩线时开始收腿。臂前伸，蹬水时屏气，双臂结束前伸，腿并拢时呼气入水。连续练习，尽量远游。

（七）注意事项

练习者在完成呼吸配合时，身体在水中所处的位置高低将直接影响其心理及完成呼吸的质量，所以在蛙泳呼吸教学中应围绕滑行时身体在水中的相对位置这一关键问题，重点抓好以下三个方面。

1. 掌握正确的呼吸方法

在进行蛙泳完整配合练习前，必须熟练掌握正确的呼吸方法，才能在短暂的时间内完成吸气过程。其方法是：呼气要由小到大，逐渐加大呼气量（口鼻同时呼气），口部一露出水面，立刻用力把气吐完，并用口快而深地吸气，呼与吸之间无停顿。

2. 调整身体在水中的位置

利用两次至多次腿部动作结合一次手臂动作、一次呼吸的配合练习。这主要是利用两次甚至多次腿部动作来调整蹬夹水后身体在水中位置偏低的问题，使初学者尽快掌握呼吸方法，减轻其心理压力，而后再进行一次呼吸、一次手臂及一次腿部动作的正确配合练习。

3. 闭气滑行、吐尽吸满

在进行完整呼吸配合练习时，要求练习者闭气滑行，滑下时开始吐气，并逐渐加大呼气量，口部一露出水面，立刻用力把气吐完，在不停顿的情况下，快而深地用口吸满气。练习中，不过多地强调用早吸气或晚吸气的方法，而是强调“吐尽、吸满”。

（八）转身技术

竞赛规则规定，蛙泳转身时，两手应在水面、水上或水下同时触壁，触壁前两肩应与水面平行。同时，它限制运动员在转身后只能在水中做一次臂、一次腿的潜泳动作。由于规则要求严格，所以蛙泳转身动作速度要比其他泳式稍慢些。转身方法通常只用抬头吸气转身法。蛙泳转身动作技术，以左转身为例将其动作技术分为以下步骤。

1. 触壁

运动员最后一次蹬腿结束、不减速地游近池壁，两臂前伸，在正前方高于身体重心的地方，右手在上、左手在下，两手相距 15cm左右，手指朝左斜上方触壁。

2. 转身

触壁后，全手掌压池壁，随着惯性屈肘、屈膝团身，同时身体沿纵轴向左侧转动，并抬头吸气，左手离开池壁在水中随着身体向左侧转动并逐渐向左前伸。当身体转至侧对池壁时，头向前进方向甩、并低头入水，右臂推离池壁，从空中摆臂，同时提臀使两脚触臂，两手经颏下前伸，两腿弯曲准备蹬壁。

3. 蹬壁

两脚掌贴在水面下约 40cm处，两臂向前伸直，头夹在两臂之间，然后用力蹬离池壁。蹬壁后，身体成流线型滑行，当速度减慢到正常游泳速度时，两手开始长划臂至大腿两侧稍停，滑行速度稍慢时，开始收腿和两手贴近腹、胸、颏下前伸，当两臂伸直夹头时，蹬腿、滑行，两臂开始第二次划水时，头露出水面。

二、自由泳

（一）起源

自由泳（freestyle）是竞技游泳比赛项目之一。严格意义上来说它不是一种游泳姿势，它的竞赛规则几乎没有任何限制，大多数游泳运动员在自由泳比赛时都会选择速度最快的爬泳姿势，这种姿势结构合理，阻力小，速度均匀、快速，是最省力的一种游泳姿势，导致人们把爬泳称为自由泳。

（二）发展

19 世纪初，澳大利亚人 R. 卡维尔用两腿交替打水取代剪夹水技术取得胜利。1896 年第一届奥运会自由泳被列为正式的比赛项目。20 世纪 50 年代以前，游泳运动员都非常重视两腿打水的作用，一般都是两臂轮流划水 1 次打腿 6 次，后来征明打腿的能量消耗比划臂大得多，而推动身体前进的动力主要来自臂部的划水动作。1922 年美国人韦斯摩洛改进技术，用两臂交替划水和两腿 6 次交替打水配合形成现代爬泳模式。

自由泳实用性强，在奥运会游泳比赛中占有很重要的地位。奥运会自由泳项目男子有 50 米、100 米、200 米、400 米、1 500 米、4 x 100 米接力、4 x 200 米接力 7 项；女子有 50 米、100 米、200 米、400 米、800 米、4x100 米接力 6 项。自由泳项目在全部游泳项目 31 项中占 13 项，而且混合泳和混合泳接力中也包括自由泳。因此自由泳往往被看作是衡量一个国家游泳水平的标志。

（三）项目特点

自由泳项目的总体特点包括：动作结构合理、省力、阻力小，它是速度最快的一冲游泳姿势。关于自由泳项目特点的新观点如下。

1. 幽灵般的滑行

要掌握好两臂的配合时机，身体首先要在水中保持平衡，保持一臂划水结束与另一臂开始划水之间的动量平衡能够帮助运动员在水中不着痕迹地、幽灵般地、毫不费力地滑行。动量的保持加上良好的流线型是克服阻力的最佳途径。

2. 头、肩的位置、身体的转动和流线型

头的位置是非常重要的。头的位置较高容易使躯干和腿下沉，从而造成迎面阻力增大。现代的爬泳运动员不再使水平面与前额中部齐平，而是使水平面与头顶齐平。较低的头部位置使髋关节升高，整个身体与水平面行，使平缓而细致的水流在身体下方和周围自由地通过。

肩的姿势对流线型也起很大的作用。双肩略向上耸可以使胸部和腹部较平，形成平滑的流线型表面，使水流顺利通过。略耸的肩部还能加大肩关节周围肌肉的活动幅度，使臂部的收缩肌群处于更有利的力学位置，使划水更有力。但是不能过分强调耸肩动作，否则会造成划水力量减小及腰背和髋部降低，从而破坏流线型。

3. 打腿

在打腿的某个阶段将两个踝关节交叉可以起到维持身体平衡和流线型的作用。这个动作能够防止髋关节在移臂时摇摆，并能使双腿贴近，始终处于身体截面内。长距离运动员有时根本不打腿，只轻轻拖动，这样可以节省能量，使腿仅起维持平衡的作用。

优秀的长距离运动员为减轻疲劳往往控制打腿。有一种理论认为不论采用 2 次打腿还是 6 次打腿，如果比较放松，用有氧强度进行，都有助于分解乳酸。

轻松高效打腿的关键是使踝关节放松柔。如果能感觉到水流过双脚的脚趾，就说明踝关节是放松的。在速度快时，这个运作就成为有力的鞭状打水，维持身体的平衡，并在身体截面内快速抽打。

只要节奏和平衡不受影响，打腿的方式可以自由选择。现代优秀游泳运动员的技术不再像过去那么单一，而呈现出各有千秋的特点。

4. 高肘姿势

肘部的姿势在水下划水阶段起着重要作用。入水肘不能低于手和肩；划水的前半部分不能超过手，否则会减小推进力，并使手和前臂得不到水的阻力的反作用力。

5. 加速划水

划水时手臂必须加速，否则几乎不会产生真正的推进力。当一臂向后加速推水时，另一手以相对较慢的速度入水，并调整手型准备下一次划水。入水的手臂速度稍慢，以免破坏另一臂划水产生的动量。

（四）动作技术

自由泳的技术动作分为身体姿势、腿部动作、手臂动作和配合动作四部分。

1. 身体姿势

自由泳游进时身体俯卧在水面成流线型，背部和臀部的肌肉保持适当的紧张度，在游进中保持头部平稳，躯干围绕身体纵轴有节奏地自然转动 35°~45°。

2. 腿部动作

自由泳腿部动作虽有一定的推进力，但主要起平衡作用，以保持身体的稳定和协调。两腿要求自然并拢，脚稍内旋，踝关节关松，以髋关节为轴，由大腿带动小腿和脚掌，两腿交替做鞭打动作，两脚尖上下最大幅度约30~40cm，膝关节最大屈度约160。

3. 手臂动作

自由泳的手臂动作是推动身体前进的主要动力，以一个周期为例，分为入水、抱水、划水、出水和空中移臂五个不可分割的阶段。

（1）入水。完成空中移臂后，手在控制下自然放松入水，手的入水点、一般在身体纵轴和肩关节的前后延长线之间，入水时手指自然伸直并拢，臂内旋使肘关节抬高处于最高点，手掌斜向外下方，使手指首先触水，然后是小臂，最后是大臂自然插入水中。

（2）抱水。手臂入水后，积极向下方插入的过程中，手掌从向斜外下方转向向斜内后方并开始屈腕、屈肘，肘高于手，以便能迅速过渡到较好的划水位置。抱水结束，手掌已经接近对水，肘关节屈至150°左右，整个手臂像抱着一个大圆球似的为划水做准备。

（3）划水。划水是发挥最大推进作用的主要阶段，其动作过程可分为拉水和推水两个部分。紧接抱水阶段进入拉水，这时要保持高肘状态，并使大臂内旋，同时继续屈肘，使手的动作迅速赶上身体的前进速度，同时也使主要肌肉群在良好的工作条件下进入推水动作。拉水至肩的垂直平面后，即进入推水部分，这时肘的屈度约100°左右，大臂保持内旋姿势，带动小臂，用力向后推水。同时，使肩部后移，以加长有效的划水路线，向后推水有一个从屈臂到伸臂的加速过程，手掌从内向上，从下向上的动作路线加速划至大腿旁。整个划水动作，手的轨迹始于肩前，继之到腹下，最后到大腿旁，呈s形。

（4）出水。划水结束时，掌心转向大腿，出水时小指向上，手臂放松，微屈肘，由上臂带动，肘部向外上方提拉带前臂和手出水面，掌心转向后上方，出水动作必须迅速而不停顿，同时应该柔和、放松。

（5）空中移臂。紧接出水不停顿地进入空中移臂，移臂时要保持高肘状态。

（6）两臂配合。游进时两臂划水发生的交叉位置有前交叉、中交叉和后交叉三种类型。前交叉是指一手臂入水时，另一手臂已前摆至肩前方与平面成30°左右的夹角，前交叉有利于初学者掌握自由泳动作和呼吸；中交叉是指一手臂入水时，另一手臂处在向内划水阶段，与水平面成90°；后交叉是指一手臂入水时，另一手臂划至腹下，手与水平面成150°左右。

4. 配合动作

游进时，一般是在两臂各划水一次的过程中进行一次呼吸，以右侧换气为例：右手入水后，嘴和鼻开始慢慢呼气，右臂划水至肩下，开始向右侧转头和增大呼气量，右臂推水结束，则用力呼气，右臂出水时，张嘴吸气，至空中移臂的前半部为止，并开始转头还原，然后，直至手臂入水结束，有一个短暂的闭气过程，脸部转向前下，头部稳定时，右臂入水，再开始下一个呼气的过程。

自由泳的呼吸与臂、腿配合，初学者一般采用6：2：1的方法，即呼吸一次、臂划两次、腿打6次，这冲配合方法易保持平衡和协调，掌握自由泳技术。

（五）教学方法

1. 腿部动作

（1）陆上模仿练习：①坐姿打水：坐在池边或地上，两手后撑，两腿伸直，腿内旋使脚尖相对，脚跟分开成八字，两腿放松，以髋为轴，大腿带动小腿，上下交替打水。②卧姿打水：俯卧在器械上，做两腿上下交替打水，要求同上。

（2）水中练习：①俯卧打水：手握池槽或由同伴托其腹部成水平姿势，两腿伸直做直腿或屈腿打水。② 仰卧打水：仰卧姿势，手握池槽或由同伴帮助托其背部，做两腿交替打水，注意膝盖不要露出水面。③ 滑行打水：练习时要求闭气，两臂伸直并拢，头夹于两臂之间。④扶板打水：练习时两臂伸直，放松扶板，水没过肩，手臂放松，呼吸自然。

2. 手臂与呼吸配合

（1）陆上模仿练习：①两脚开立，上体前屈，手臂划水的模仿练习。②同上练习，结合呼吸配合。

（2）水中练习：①人站在水中，上体前倾，水没过肩，手臂划水，边做边走，同时转头呼吸。②蹬边滑行后闭气，做两臂配合动作。③两腿夹板，蹬边滑行后做两臂划水，结合转头呼吸。

3. 臂腿呼吸的配合

（1）人站在水中，上体前倾做划臂与呼吸配合的练习，借助用力划水向前移动，然后蹬离池底，两腿打水形成完整配合。

（2）蹬边滑行打水漂浮 5~10m，做自由泳臂划水与呼吸配合练习。

（六）注意事项

自由泳技术不像蛙泳那样有间歇阶段，而且呼吸时还必须向侧转头，因而初学者往往显得忙乱而且紧张。初学者应着重于动作配合，注意动作的放松。高肘加速划水是自由泳现代技术特征之一，换气是生理需要，对完整配合结构有一定影响，尤其是在高频率快速冲刺阶段，故在速度快时为了减少因换气动作对完整节奏的影响，多采用缩小换气动作时间或减少次数的方法进行。

在游进速度较快时，多用 6 次腿、2 次臂和 1 次换气进行完整配合；中等速度时可用 4 次腿、2 次臂、1 次换气。由于自由泳游速快，出发要求起动快、前冲有力、滑行短并尽快浮出水面，故多用爬台式平拍入水技术，而转身可用身体任何部分触壁，但为了赢得距离和转速多采用前滚翻转身技术。

第二节　游泳名将与比赛观赏

扫一扫 看一看

一、游泳名将

（一）国内游泳名将

孙杨身高 1.98 米，体重 89 千克，1991 年 12 月 1 日生于浙江省杭州市，籍贯安徽寿县，毕业于浙江大学体育系，中国男子游泳队运动员，奥运冠军，世界游泳健将，男子 1 500 米自由泳世界纪录保持者，中国男子游泳首位奥运冠军。

2011 年 7 月 27 日，在游泳世锦赛男子 800 米自由泳决赛中，孙杨以 7 分 38 秒 57 的成绩夺得冠军。2011 年 7 月 31 日，孙杨以 14 分 34 秒 14 打破了澳大利亚名将哈克特在 2001 年福冈世锦赛上创造的 14 分 34 秒 56 的原世界纪录，刷新了封沉 10 年之久的世界纪录。在 2012 年伦敦奥运会男子 400 米自由泳决赛中，孙杨夺得中国男子游泳奥运会第一枚金牌；在男子 200 米自由泳决赛中，孙杨夺得银牌；在男子 4x200 米自由泳接力决赛中，中国队依靠孙杨最后一棒发力提升了两个名次夺得铜牌，这是中国男子游泳奥运会接力第一枚奖牌；在男子 1500 米自由泳决赛中，孙杨夺得金牌，打破了由自己保持的原世界纪录，刷新了该项目新的世界纪录。2014 年 9 月 23 日，在仁川亚运会男子 400 米自由泳决赛中，孙杨以 3 分 43 秒 23 的成绩取得金牌；在男子 1500 米自由泳决赛中，孙杨以 14 分 49 秒 75 夺冠，实现卫冕。

（二）国外游泳名将

迈克尔・菲尔普斯（Michael Phelps）身高 1.93 米，体重 79 千克，臂展 2.03 米，1985 年 6 月 30 日出生于马里兰州巴尔的摩市。他是美国历史上获得游泳奖牌及金牌最多的运动员，共获得了 22 枚奥运奖牌，其中有 18 枚金牌。2000 年，15 岁的菲尔普斯参加了悉尼奥运会，获得 200 米蝶泳的第 5 名。2001 年，16 岁的菲尔普斯打破了 200 米蝶泳世界纪录。在2003年巴塞罗那世界游泳锦标赛期间，他获得6块奖牌。2004年雅典奥运会，菲尔普斯夺得男子200米、400米个人混合泳，100米、200米蝶泳，4x200米自由泳接力和4x100米混合泳接力6枚金牌及200米自由泳和4 x 100米自由泳接力2枚铜牌。2008年北京奥运会，菲尔普斯共获得8枚金牌，成为单届奥运会夺取金牌最多的选手。2011年7月27日，菲尔普斯夺得上海世锦赛200米蝶泳冠军。在2012年伦敦奥运会中，他获得4枚金牌。2012年8月4日，菲尔普斯在伦敦奥运会游泳项目比赛结束后宣布退役。2014年4月15日，菲尔普斯宣布正式复出。

二、比赛观赏

（一）国际游泳比赛规则

1. 项目设置

竞技游泳是游泳运动的一类，是有特定的技术要求和竞赛特点的游泳。它通常指国际业余游泳联合会在游泳竞赛规则中明确规定的游泳姿势和项目。姿势包括自由泳、仰泳、蛙泳、蝶泳及四种姿势组合的混合泳。竞技游泳技术主要分为蝶泳技术、仰泳技术、蛙泳技术和爬泳技术及与此相对应的出发和转身技术。国际游泳比赛均设有男女比赛项目，蝶泳：50米、100米、200米；仰泳：50米、100米、200米；蛙泳：50米、100米、200米。自由泳：50米、100米、200米、400米、800米、1 500米。混合泳：200米、400米，4×50米混合泳接力、4×100米混合泳接力、4x100米自由泳接力、4x200米自由泳接力。以上均为世界游泳锦标赛的正式比赛项目，但其中男女50米的蝶泳、蛙泳、仰泳，男子800米和女子1500米的自由泳为非奥运会项目。

2. 比赛要求

（1）出发。自由泳、蛙泳、蝶泳及个人混合泳的各项比赛必须从出发台起跳出发，当听到总裁判发出长哨声信号后，运动员应站在出发台上，当发令员发出“各就位”的口令后，运动员应至少有一只脚立在出发台的前缘做好出发准备，手臂位置不限。当所有的运动员都处于静止状态时，发令员应发出“出发信号”。仰泳、混合泳接力项目的出发在水下开始，当听到总裁判发出长哨声信号后，运动员应立即下水。在总裁判发出第二声长哨时，运动员应迅速游回池端，当所有运动员做好出发准备时，发令员发出“各就位”口令，当所有的运动员都处于静止状态时，发令员应发出“出发信号”。

（2）爬泳（自由泳）。自由泳意味着在比赛中运动员可以采用任何泳式，但个人混合泳和混合泳接力项目中的自由泳是指仰泳、蛙泳、蝶泳以外的任何泳姿。每次转身和到达终点时，运动员身体的某一部分必须触壁。在整个游程中，运动员身体的某一部分必须露出水面，允许运动员的身体在转身过程及出发和每次转身后不超过15m的距离内完全没入水中，但运动员的头部必须在15m之前露出水面。

（3）蛙泳。在出发或每次转身后，运动员全身没入水中可做一次手臂充分向后划至腿部的动作。在第一次手臂动作完成过程中允许打一次蝶泳腿，后接蛙泳蹬腿动作。从出发和每次转身后的第一次手臂动作开始，身体应保持术卧，任何时候都不允许身体转成仰卧姿势。

在出发和整个比赛中，动作周期必须是以一次划臂和一次蹬腿的顺序完成。两臂的所有动作应同时并在同一水平面上进行，不得有交替动作。两手应一起在水面、水下或水上由胸前伸出。除转身前的最后一次划水动作、转身过程中及抵达终点前的最后一次划水动作外，肘部必须处于水下，双手应在水面或水面下向后划水。除出发和每次转身后的第一次划水动作外，两手向后划水不得超过臀线。

在每个完整动作周期内，运动员头的某一部分必须露出水面。在第二次划臂至最宽点两手向内划水前，头必须露出水面。两腿的所有动作应同时并在同一水平面上进行，不得有交替动作。在蹬腿过程中，两脚必须做外翻动作，不允许做剪夹、上下交替打水或向下蝶泳打水动作。只要不做向下的蝶泳打腿动作，允许两脚露出水面。

在每次转身和到达终点时，两手应在水面、水上或水下同时触壁。在触壁前的最后一个划水动作结束后，头可以潜入水中。但在触壁前最后一个完整或不完整动作周期中，头的某一部分应露出水面。

3. 场地要求

（1）长度。游泳池分为标准池和短池。其中，标准池长 50 米，宽 25 米。当在出发端或同时在转身端安装自动计时装置触板时，必须保证游泳池两端触板之间的距离为要求的 50 米。短池长 25 米，当在出发端或同时在转身端安装自动计时装置触板时，必须保证游泳池两端触板之间的距离为要求的 25 米。

（2）深度。设出发台的游泳池端，从距池壁 lm 起到距池壁至少 6m 的范围内，池深至少 1.35m，其他地方池深至少 1m 。

（3）水温。游泳池水温必须为 25°C~28°C。比赛中池水必须保持在正常水位，不能有明显的流动。为了遵守大多数国家的卫生条例，只要不产生明显的流动和旋涡，允许循环换水。

（二）经典比赛赏析

1. 仁川亚运会男子 4 x 100 米混合泳接力

2014 年 9 月 26 日晚，男子 4x100 米混合泳接力，中国队最后一棒宁泽涛以超强的能力逆转日本队，使中国队夺得游泳项目最后一场比赛的金牌。

徐嘉余、李响、李朱濠和宁泽涛组成的中国队打破了日本队在四年前广州亚运会上创造的赛会纪录，同时创造了新的全国纪录。比赛开始，徐嘉余对战入江陵介，徐嘉余蝶泳出发非常好，但在 50m 的地方还是入江领先了 0.06 秒，后 50m 两人距离稍微拉开一点，最后入江以 52 秒 45 交接，领先徐嘉余 0 秒 72。二棒蛙泳李响对战小关也朱笃，这一棒小关稍微拉开点距离，交接时日本队已经领先中国队 1 秒 54。后半程两位中国选手都有绝对的领先优势，先是蝶泳较量，李朱濠对战池端宏文，前 50m 池端还领先 1 秒 63，但后 50m 李朱濠发力冲刺，不断缩短距离，最后交接时，中国队只落后 0 秒 86。自由泳阶段，宁泽涛入水大战盐浦慎理，前 50m 双方差距再次缩小，只差 0.21 秒了。最后 50m 决战开始，亚洲新一代自由泳王子宁泽涛拿出他的无敌气势，在中途超越了盐浦慎理，游到了第一。最后的冠军没有悬念，中国队逆转日本队，以 3 分 31 秒 37 获得金牌，为本次游泳比赛划上最完美的句号。

2. 体育竞赛的看点

（1）运动员的技术能力（技术的娴熟程度、运用能力、创造能力等）。

（2）战术配合、团队意识等（创造性的配合能力）训练上的一些东西在比赛过程中往往用不上，因为对手的情况不同，所面临的局面也不同，比赛中往往需要队员具有创造性。有些动作、有些配合是训练中遇不到也是训练不到的，这就要求运动员有创造性的应用。

（3）欣赏纪录性（测量类、命中类）竞赛项目，包括田径、游泳、举重、射击、射箭、划船、赛艇等。这类比赛项目的特点是：计算成绩有客观指标，即以时间、距离、重量、命中率等具体指标作为评定运动员名次的依据。欣赏这类比赛项目应注重欣赏比赛过程中运动员那种你追我赶的拼搏精神及勇敢坚毅、刻苦耐劳的优良品质。

知识窗

一、防溺水六不准

1. 不准私自下水游泳。
2. 不准擅自与同学结伴游泳。
3. 不准在无家长或老师带领的情况下游泳。
4. 不准到无安全设施、无救护人员的水域游泳。
5. 不准到不熟悉的水域游泳。
6. 不准不懂水性的学生下水施救。

二、溺水时的自救方法

1. 不要慌张，发现周围有人时立即呼救。
2. 放松全身，吸足气让身体漂浮在水面上，将头部浮出。
3. 身体下沉时可将手掌向下压水。
4. 如果在水中突然抽筋又无法靠岸时，应立即求救，用手将抽筋的那条腿的脚趾往上扳，以解除抽筋。
5. 如果你不懂得水性，禁止下水救人。

本章小结

本章主要介绍了蛙泳和自由泳的基本技能、游泳的注意事项及比赛观赏。为了让初学者能尽快学会上面两种技能，本章精心选择了多种学习，并配以图例，所列内容注重游泳锻炼的科学规律，易于学习和掌握。在学练中，学习者除要遵循游泳运动技能形成的规律外，还应根据自身的素质水平及年龄特征等因素，科学、合理、系统地安排学练内容及顺序，以便收到最佳的学习效果，养成良好的运动习惯。

拓展阅读

1. 吴何海，马吉光，丛宁丽.游泳运动[M].北京：人民体育出版社，2001.
2. 黄群玲，等.北京奥运会游泳项目屡破纪录探析[J].游泳。
3. 殷剑侠，等.对游泳出发技术的分析[J].游泳。
4. 许琦.参加2009年日本短池公开赛的体会与感受[J].游泳。

在线学习

游泳

测测你的基础

1. 蹬脚滑行动作是蛙泳推进力的主要来源之一，它分为__________、__________、__________和__________四个部分。

2. 在竞技游泳比赛中，出发技术主要有两种方式：一种是从__________入水，这种方法应用在自由泳、蛙泳和蝶泳比赛中；另一种是从__________的技术，只用在仰泳比赛中。

3. 花样游泳是游泳项目中的一种，由__________、__________、__________和__________编排而成，有“水中芭蕾”之称。

第三篇　课外锻炼篇

第十五章
体质的自我评价

本章概述

本章主要介绍体质的概念与内涵，并从身体形态发育水平、生理功能水平、身体素质与运动能力、适应能力和心理发育（发展）水平五个方面全面认识体质。大学生应以《国家学生体质健康标准》对自身体质进行评价，确定体质健康状况，针对不同体质健康状况制定与实施运动处方。

章结构图

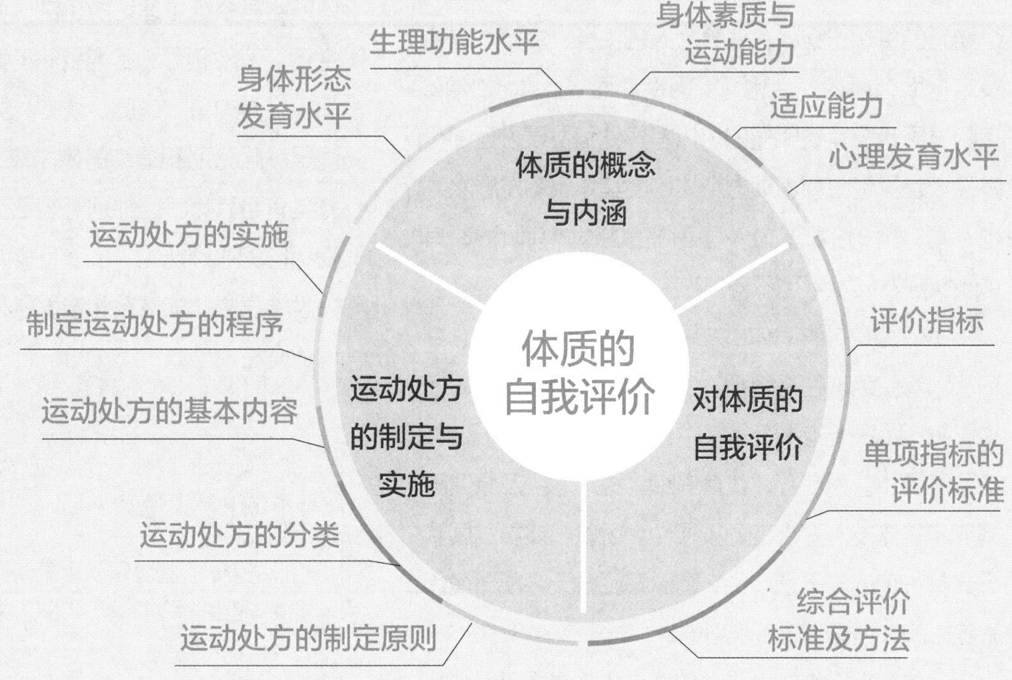

学习目标

通过本章的学习，你应该能够做到：

1. 了解体质的概念与内涵。
2. 能根据《国家学生体质健康标准》对自己的体质健康状况做出自我评价。
3. 能根据自己的体质健康状况制定与实施相应的运动处方。

扫一扫 看一看

第一节 体质的概念与内涵

流动的术语

体质是人体的质量，它是在遗传性和获得性的基础上表现出来的人体形态结构、生理功能和心理素质的综合的、相对稳定的特征。

体质又称禀赋、禀质、气禀、形质、气质等，即人体的质量[①]。在人的整个生命活动过程中，体质是一个动态的生理过程，会随着个人的生长、发育、成熟及老化而有所改变，也可能因疾病而降低体质水平。它的发展状况呈现明显的个体差异性和发展过程的阶段性。差异性主要表现为个体不同其体质的发展水平也不同；阶段性表现为人在不同的生长发育阶段，其体质状况发展水平也不同。

遗传因素是影响体质发展水平的内因，如形态结构、相貌肤色、性格特征、身体素质等均受先天遗传的影响，而后天的生活因素，如社会环境、劳动条件、地区气候、营养状况、体育锻炼、医疗卫生及保健等构成了人体发展变化的后天条件。所以，体质发展状况具备一定的先天遗传性，同时又受后天客观环境因素的影响，具备积极的获得性。

人体的形态结构、生理功能、身体素质与运动能力、心理发展和适应能力构成体质不可分割的五个重要方面。身体的形态结构是体质的物质基础，生理功能、身体素质与运动能力、心理发展是体质的主、客观表现，对内外环境的适应能力是它们的综合反映；一定的身体形态结构必然表现为人体内一定的生理功能；而身体素质与运动能力的提高必然会引起有机体相对应的一系列形态结构、生理功能的变化；在伴随着形态结构、生理功能的变化及身体素质与运动能力提高的过程中，又会产生一定的心理过程和个性心理特征的反映，从而促进人心理因素的发展。

体质在人体形态结构上表现为发育正常、身体对称、大小适度、比例协调；在生理功能方面表现为人体各器官系统生理功能正常，心肺供能能够满足日常生活、劳动和运动的需要；在身体素质与运动能力方面表现为力量、速度、耐力、灵敏、柔韧等素质能够满足一般劳动和运动的体能需求；心理品质方面表现为具有与其年龄、性别等相适应的心理特征，能够承受相应的心理压力；在适应能力方面表现为能够抵抗一般性病原体的侵袭和能够融入社会与其他人进行正常的交往。[②]

名人语录

身体的健康因静止不动而破坏，因运动练习而长期保持。

——苏格拉底

① 匡调元.中医体质学[M].北京：人民卫生出版社，2002.

② 尚延侠，陆大江.体育职业测量与评价[M].上海：上海科学技术文献出版社，2009：43.

一、身体形态发育水平

体格是身体形态发育的表述词。它指人体的形态、结构，包括人体生长发育水平、体形及身体姿势和器官组织的构造（身体组成成分）。

身体形态指体格、体形和身体姿势等状况，常用表述指标如长度指标（身高、坐高等）、围度指标（胸围等）、重量指标（体重等）、宽度指标（肩宽、骨盆宽等）等来表示。

体型反映身体各部分的比例，常用体形指数表述，如以（坐高/身高）× 100 指数反映人体上体与下体的比例。

身体姿势是由身体各部分相互间的位置决定的。它反映各种组织结构间的力学关系，如走的姿势、站的姿势、跑的姿势等。

二、生理功能水平

它指人体各器官、系统的功能及有机体的新陈代谢水平。例如，脉搏、血压等是反映心血管系统机能水平的指标；肺活量是反映肺功能发育发展水平的指标；背肌力反映人体运动系统背部肌肉群的收缩能力。

三、身体素质与运动能力

身体运动素质包括力量、速度、灵敏、耐久力、柔韧等素质。如《学生体质健康标准》中规定的 50 米跑反映了人体的速度素质，即快速奔跑的能力；立定跳远反映了人体的爆发力；男生的 1000 米跑、女生的 800 米跑反映了耐久力等；握力反映了人体小肌肉群的力量素质；坐位体前屈反映了人体的柔韧素质。

运动活动能力包括走、跑、跳、投、攀登、爬越、举起重物等能力。

四、适应能力

它是指人体在适应自然环境和社会环境中所表现出来的机能能力，包括对疾病的抵抗力（免疫能力）和对各种应激反应的抵抗能力（包括心理承受力）。

五、心理发育水平

它包括人的感知能力、情绪稳定程度及意志、个性、判断等。[①]

第二节 对体质的自我评价

扫一扫 看一看

体质评价是根据各种实测手段和试验方法将获得的数据和预先科学制定的评价量表相对准，反映健身运动锻炼效果的身体素质、生理机能及发育水平等指标，进行单项或综合评价。[②]体质测量的结果只能反映现实，通过定性或定量的评价后才能对其现状的意义、价值和未来进行判断。

《国家学生体质健康标准》（以下简称《标准》，见附件 1）按照“健康第一”的指导思想并结合我国的国情，制定出科学的、切实可行的、操作性强的评价方法和指标体系，将评价所产生的消极因素尽量减少到最低程度，旨在培养学生养成终身体育和形成终身追求健康的意识，促进学生形成正确的行为习惯和健

① 孙建华，李刚.结构式体育与健康教程［M］.北京：北京体育大学出版社，2006：25.
② 吴晓强，张中豹.运动健身理论与方法［M］.北京：人民体育出版社，2007：283.

康的生活方式。《标准》所选用的指标可基本反映与学生身体健康关系较为密切的身材成分、心血管系统功能、肌肉的力量和耐力及关节和肌肉的柔韧性等。《标准》是针对我国小学一年级到大学四年级学生制定的标准，针对社会人群我国设立了“国家国民体质检测中心”，对我国社会人群的体质健康进行检测和评价。

进行体质评价是为了让学生掌握自身体质的状况及其发展变化，检查、评定增强体质的效果，分析研究影响体质强弱的各种因素，并从加强科学的体育锻炼及改善营养、卫生条件等方面，不断引导学生关注体质状况及时采取相应的措施，激发学生参加锻炼的自觉性、主动性和向更高目标努力的进取心，以更有效地增强学生体质。

一、评价指标

大学生体质评价指标以《标准》中大学生部分为基准，有体重指数、肺活量、50 米跑、坐位体前屈、立定跳远、引体向上（男）、1 分钟仰卧起坐（女）、1000 米跑（男）、800 米跑（女）。（表 15–1）

表 15–1　单项指标与权重

测试对象	单项指标	权重（%）
大学各年级	体重指数（BMI）	15
	肺活量	15
	50 米跑	20
	坐位体前屈	10
	立定跳远	10
	引体向上（男）/1 分钟仰卧起坐（女）坐（女）	10
	1000 米跑（男）/800 米跑（女）	20

二、单项指标的评价标准

各单项指标的评分为该学生各项指标的评价标准，即 90 分及以上为优秀，80~ 89.9 分为良好，60~ 79.9 分为及格，59.9 分及以下为不及格。

三、综合评价标准及方法

综合评价总分由标准分与附加分之和构成，满分为 120 分。标准分由各单项指标得分与权重乘积之和组成，满分为 100 分。附加分根据实测成绩确定，即对成绩超过 100 分的加分指标进行加分，满分为 20 分。（表 15–2）根据学生全部指标所得分数的总分进行综合评定，评定为四个级别：90 分及以上为优秀，

表 15–2　2014 年新《国家学生体质健康标准》附加分项目评分表

加分	1000 米		800 米		引体向上		仰卧起坐	
	男生		女生		男生		女生	
	大一、大二	大三、大四	大一、大二	大三、大四	大一、大二	大三、大四	大一、大二	大三、大四
10	-35"	-35"	-50"	-50"	10	10	13	13
9	-32"	-32"	-45"	-45"	9	9	12	12
8	-29"	-29"	-40"	-40"	8	8	11	11
7	-26"	-26"	-35"	-35"	7	7	10	10
6	-23"	-23"	-30"	-30"	6	6	9	9
5	-20"	-20"	-25"	-25"	5	5	8	8
4	-16"	-16"	-20"	-20"	4	4	7	7
3	-12"	-12"	-15"	-15"	3	3	6	6
2	_8"	-8"	-10"	-10"	2	2	4	4
1	-4"	—4"	-5"	-5"	1	1	2	2

注：1000 米跑和 800 米跑均为低优指标，学生成绩低于单项评分 100 分后，以减少的秒数所对应的分数进行加分；引体向上为高优指标，学生成绩超过单项评分 100 分后，以超过的次数所对应的分数进行加分。

80~89.9 分为良好，60~ 79.9 分为及格，59.9 分及以下为不及格。[①]

第三节　运动处方的制定与实施

扫一扫 看一看

在体质的自我评价中可以通过单项指标和综合评定来确定个体体质状况，及时通过体育锻炼去预防或提高健康水平和运动能力。而要提高健康水平和运动能力就需要一个科学、合理的计划，运动处方就是根据锻炼者的需要，按照科学健身的原则，为锻炼者提供量化的指导方案，以指导人们有目的、有计划、科学地开展锻炼活动。

“处方”一词在医学上指的是医师给病人开的药方，不同的病或同一种病而程度不同就不能使用同一处方。同样，要科学地锻炼身体、提高健康水平、预防或治疗疾病，也必须“对症下药”。所谓运动处方就是指对从事体育锻炼的人（含病人），根据其医学检查资料，按健康、体力及心血管功能状况，结合生活环境条件和运动爱好等个体特点，用处方的形式规定健身活动适当的运动种类、时间和频率，并指出运动中的注意事项，指导其有计划地经常性锻炼，达到健身或治病的目的的方法。[②]

一、运动处方的制定原则

（一）科学性原则

即所设计的运动处方必须符合人体的生理和心理特点，运动处方中的运动时间和运动强度要符合处方对象的身体特点及健身重点要求。

（二）个别对待原则

不同的疾病，运动处方应有所不同；同一疾病在不同的病期，运动处方应有所不同；同一人在不同的功能状态下，运动处方也应有所不同。所以制定运动处方时必须因人而异，切忌千篇一律。

（三）可行性原则

在制定运动处方选择运动项目时，要根据实施者的环境条件、兴趣爱好和学习、生活规律、运动技术掌握水平和体育课成绩来制定，如果制定的项目锻炼者不感兴趣，或居住环境不能实施，就达不到预期的效果。

（四）调整性原则

运动处方应用于多数人时，有的人适应，有的人可能不适应。即使是根据检查结果开出的处方，也不一定在任何时间、任何地点都最适合。因此，对于初定的处方在实施过程中要进行一次或数次调整，使之成为符合练习者条件的运动处方。一个安全、有效、愉快的运动处方是在实践过程中制定出来的。

（五）有效性原则

运动处方中运动强度和运动量的安排要保证对机体刺激有效，使参加者的功能状态有所改善。如锻炼前运动基础较差、体质不强的人，他们从事小运动量就能收到显着效果；而锻炼前有一定的运动基础、体质较好的人，则要求更高的运动强度的刺激才能见效。在制定运动处方时，要科学、合理地安排各项内容；在运动处方的实施过程中，要保质保量认真完成锻炼。

（六）安全性原则

按照运动处方运动时应保证在安全的范围内进行，若超出安全的界限，则可能发生危险。如为了提

① 教育部.教育部关于印发《国家学生体质健康标准（2014 年修订）》的通知［EB/OL］.[2014-07-07].
② 董晓红，郭海英.实用运动处方［M］.杭州：浙江大学出版社，2008：131.

高全身耐力水平，必须达到改善心血管和呼吸功能的有效强度，这就是靶心率范围。如果运动超过这个上限，就可能有危险性。这个运动强度或运动量称为安全界限。达到这个有最低效果的下限，称为有效界限。安全界限和有效界限之间就是运动处方安全而有效的范围。所以在制定和实施运动处方时，应严格遵循各项规定和要求，以确保安全。

二、运动处方的分类

由于人们的健康状况各不相同，所以就存在不同类型的运动处方，一般分为以下三类。

（一）竞技性运动处方

它是用于提高运动员身体素质和运动技术水平的训练方案，如速度性运动处方、灵敏协调性运动处方。

（二）预防性（保健性）运动处方

预防性运动处方适合一般健康人，包括中老年人在内，它用以增强体质、预防疾病和提高健康水平，如大学生健身运动处方、中老年人健身运动处方。

（三）治疗性运动处方

治疗性运动处方用于慢性疾病患者及病人创伤康复期的锻炼，它能提高疗效、加速疾病的康复。

三、运动处方的基本内容

运动处方的基本内容应包括运动目的、运动项目、运动强度、运动时间、运动频度、注意事项等。

（一）运动目的

运动目的是指锻炼者通过锻炼希望达到的预期效果。运动处方大体分为竞技性运动处方、预防性（保健性）运动处方和治疗性运动处方，在这三种目的分类下还可细分出更多的运动目的，如提高心肺功能、减肥、增加肌肉力量、提高身体素质、预防糖尿病和调节心理等。

（二）运动项目

不同的运动项目对人体产生的作用是不同的，效果也是不一样的，要结合自己的体质健康状况和希望达到的锻炼效果来选择项目。如为了减肥，应该选择有氧运动项目，如慢跑、游泳、爬山、有氧健身操等。而在这些减肥项目中应该选择一些自己能力所及的、喜爱的、方便经常练习的项目，因为持之以恒的锻炼效果最佳。运动处方的运动项目可以分为以下三类。

1. 耐力性（有氧）运动

耐力性（有氧）运动是运动处方中最主要和最基本的运动手段。在治疗性运动处方和预防性运动处方中，它主要用于心血管、呼吸、内分泌等系统的慢性疾病的康复和预防，以改善和提高心血管、呼吸、内分泌等系统的功能。在健身、健美运动处方中，耐力性（有氧）运动是保持全面身心健康、保持理想体重的有效运动方式，如能提高血液运输氧的能力、加快清除机体代谢产物等。

有氧运动项目有步行、慢跑、走跑交替、上下楼梯、游泳、自行车、功率自行车、步行车、跑台、跳绳、划船、滑水、滑雪、球类运动等。

2. 力量性运动

人体的肢体活动与肌肉息息相关，肌肉在神经系统的支配下收缩做功，如果肌肉或神经失常，人体的走、跑、跳、投等动作将无法正常进行。

力量性运动在运动处方中主要用于运动系统、神经系统等肌肉、神经麻痹或关节功能障碍的患者，以恢复肌肉力量和肢体活动功能为主。在矫正畸形和预防肌力平衡被破坏所致的慢性疾患的康复中，通过有选择地增强肌肉力量、调整肌力平衡能改善躯干和肢体的形态和功能。

力量性运动根据其特点可分为：电刺激疗法（通过电刺激增强肌力，改善肌肉的神经控制）、被动运动、助力运动、免负荷运动（在减除肢体重力负荷的情况下进行主动运动，如在水中运动）、主动运动和抗阻运动等。其中，抗阻运动包括等张练习、等长练习、等动练习和短促最大练习（即等长练习与等张练习结合的训练方法）等。

3. 伸展运动和健身操

伸展运动及健身操较广泛地应用在治疗、预防和健身、健美等各类运动处方中，它的主要作用有放松精神、消除疲劳、改善体型、防治高血压和神经衰弱等。

伸展运动和健身操的项目主要有太极拳、保健气功、五禽戏、广播体操、医疗体操和矫正体操等。

（三）运动强度

运动强度是指身体活动对人体生理刺激的程度，是单位时间内的运动量，即运动强度 = 运动量/运动时间。它是运动处方定量化和科学性的核心，对运动效果和安全有直接的影响，需要有适当的监测来确定运动强度是否适宜。

1. 耐力性（有氧）运动的运动强度

当我们选择的运动项目属于耐力性（有氧）运动，那么其运动强度可根据"心率""最大吸氧量的百分数""代谢当量""自觉疲劳程度"等指标来确定。为了使锻炼者能够在运动过程中快速、有效、简便地确定运动强度，下面主要介绍通过心率来确定运动强度的方法。

除坏境、心理刺激、疾病等因素，心率与运动强度之间存在线性关系。在运动过程中为了简便地控制运动强度，通常以"靶心率"作为依据。靶心率指运动时需要达到的目标心率，它是判断有氧运动的重要依据。有氧运动需要通过血液生化检测的指标来界定，如血乳酸的水平来判断。但在实践中，最简单的界定方法就是通过了解运动中的心率来判断。研究表明，有氧运动心率有一个特定的范围，而且在运动中，最好还要使心率维持在这个特定的范围内，并延续一定的时间，才能获得锻炼的理想效果。因为心率过慢，健身效果差；心率过快，又对健康有威胁。只有在运动中维持适宜的心率，才能取得较好的健身效果。具体的靶心率推算方法是：

靶心率 =（最大心率 – 安静时心率）x（0.6~0.8）+ 安静时心率。

其中，最大心率 =220– 年龄。

例如：年龄为 20 岁的大学生，其最大运动心率为：220–20=200 次/分，安静时心率为 70 次/分，那么此同学的靶心率下限为（200–70）x0.6+70=148 次/分，上限为（200–70）x 0.8+70=174 次/分。即在运动过程中，该同学的心率应控制在 148~174/分之间。

在做有氧运动时，运动心率低于靶心率的下限，则运动强度过低，效果不明显；若运动强度高于靶心率上限，则此时脂肪功能不足，将会分解蛋白质。而蛋白质又储存于肌肉中，则会导致基础代谢降低。对于中老年人和有慢性疾病的人，靶心率下限的安全系数可调整为 0.5。

另外，还可以通过"体力感觉等级量表（RPE 量表）"来确定运动强度，它利用主观感觉来推算。（表 15–3）

表 15-3　体力感觉等级量表（RPE）

RPE	主观运动感觉	相应心率
6	安静	
7	非常轻松	70
8		
9	很轻松	90
10		
11	轻松	110
12		
13	稍费力	130
14		
15	费力	150
16		
17	很费力	170
18		
19	非常费力	195
20		

资料来源：GunnarBorg，1998。

2. 力量性运动的运动强度和运动量

当我们选择的运动项目属于力量性运动，那么其运动强度以局部肌肉反应为准，而不以心率等指标为准。在力量性运动处方中，负荷强度是影响锻炼效果的关键。如大强度的训练，发展的是肌肉最大力量；小强度训练发展肌肉耐力，但达不到发展肌肉力量的目的。

在等张练习或等动练习中，运动量由所抗阻力的大小和运动次数来决定。在等长练习中，运动量由所抗阻力和持续时间来决定。

在增强肌肉力量时，宜逐步增加阻力而不是增加重复次数或持续时间（大负荷、少重复次数的练习）；在增强肌肉耐力时，宜逐步增加运动次数或持续时间（中等负荷、多次重复的练习）。在康复体育中，一般较重视发展肌肉力量，而肌肉耐力可在日常生活中得到恢复。

常用的力量性运动强度指标有负荷强度、持续时间、重复次数和完成组数等。

（1）负荷强度，指所抗阻力的重量，一般以千克、磅为单位。确定负荷强度的原则是RM（Repetition Maximum）。RM是指可重复某一次数的最大重量，如1 RM指只能重复1次的最大负荷重量，10 RM指能重复10次的最大负荷重量。（表15-4）

表15-4 肌力训练的负荷强度

负荷程度	最大重复次数（RM）	最大肌力（%）
最大负荷	1	100
大致临界负荷	2~3	85~95
大负荷	4~7	75~85
稍大负荷	8~12	60~75
中度负荷	13~18	40~60
小负荷	19~25	25~40
很小负荷	25以上	25以下

（2）持续时间，指完成一次练习的时间，即由起始姿势开始运动至还原到起始姿势所需的时间。

（3）重复次数，指连续完成的次数，中间没有间隔，静力性练习规定有短暂的间隔时间。

（4）完成组数，连续完成次数称为一组，完成组数将规定一共需完成几组。①

3. 伸展运动和健身操的运动强度和运动量

当我们选择的运动项目属于伸展运动和健身操时可以按照下面的方法进行强度控制。

（1）有固定套路的伸展运动和健身操的运动量。如太极拳、广播操等，其运动量相对固定。太极拳的运动强度一般在4~5MET或相当于40%~50%的最大吸氧量，运动量较小。增加运动量可通过增加套路的重复次数或动作幅度等来完成。

（2）一般的伸展运动和健身操的运动量。它分为大、中、小三种。小运动量是指做四肢个别关节的简单运动、轻松的腹背肌运动等，运动间隙较多，一般为8~ 12节；中等运动量可做数个关节或肢体的联合动作，一般为14~20节；大运动量以四肢及躯干大肌肉群的联合动作为主，可加负荷、有适当的间歇，一般在20节以上。

（四）运动时间

1. 耐力性（有氧）运动的运动时间

运动处方中的运动时间是指每次持续运动的时间。每次运动的持续时间为15~ 60分钟，一般须持续20~ 40分钟；其中达到适宜心率的时间须在12~ 15分钟。在计算间歇性运动的持续时间时，应扣除间歇时间。间歇运动的运动密度应视体力而定，体力差者运动密度应低；体力好者运动密度可较高。

运动量由运动强度和运动时间共同决定（运动量=运动强度×运动时间）。在总运动量确定时，运动强度与运动时间成反比，即运动强度较大则运动时间较短，运动强度较小则运动时间较长。前者适宜于年轻及体力较好者，后者适宜于老年及体力较弱者。年轻及体力较好者可由较高的运动强度开始锻炼，老年及体力较弱者可由较低的运动强度开始锻炼。运动量由小到大，增加运动量时应先延长运动时间，再提高运动强度。

① 关辉.体育运动处方及应用[M].北京：北京师范大学出版社. 2010：13.

2. 力量性运动的运动时间

力量性运动的运动时间主要是指每个练习动作的持续时间，如等长练习中肌肉收缩的维持时间一般认为在6秒以上较好。如股四头肌的最大练习是负重伸膝后再维持5~10秒。在动力性练习中，完成一次练习所用的时间实际上代表了动作速度。

3. 伸展运动和健身操的运动时间

成套的伸展运动和健身操运动时间一般较固定，而不成套的伸展性运动和健身操的运动时间有较大差异。如24式太极拳的运动时间约为4分钟，42式太极拳的运动时间约为6分钟，第八套广播体操的运动时间约为8分钟，8~12节伸展性运动的运动时间约为12分钟。伸展运动或健身操的总运动时间由一套或一段伸展运动或健身操的运动时间、伸展运动或健身操的套数或节数来决定。

（五）运动频度

确定运动处方的运动频度，主要应考虑的依据与确定运动时间类似。常见运动项目的运动频度的确定依据如下。

1. 耐力性（有氧）运动的运动频度

在运动处方中，运动频度常用每周的锻炼次数表示。运动频度取决于运动强度和每次运动持续的时间。一般认为，每周锻炼3~4次，即隔1天锻炼1次，这种锻炼的效率最高。最低的运动频度为每周锻炼2次。运动频度更高时，锻炼的效率增加并不多，而有增加运动损伤的倾向，但小运动量的耐力运动可每天进行。

2. 力量性运动的运动频度

力量练习的频度一般为每日或隔日练习1次。

3. 伸展运动和健身操的运动频度

伸展运动和健身操的运动频度一般为每日1~2次。

（六）注意事项

为了确保安全，运动处方要根据参加锻炼者或患者的具体情况提出相应的注意事项，坚持循序渐进的原则。

1. 耐力性（有氧）运动的注意事项

用耐力性（有氧）运动进行康复和治疗的疾病多为心血管、呼吸、代谢、内分泌等系统的慢性疾病，在进行运动处方的锻炼时，要根据各类疾病的病理生理特点、每个参加锻炼者的具体身体状况，提出有针对性的注意事项，以确保运动处方的有效性和安全性。一般的注意事项应包括以下几个方面。

（1）运动的禁忌证或不宜进行运动的指征。在耐力性（有氧）运动处方中，应有针对性地提出运动的禁忌证。例如，心脏病人运动的禁忌证有：病情不稳定的心力衰竭和严重的心功能障碍；急性心包炎、心肌炎、心内膜炎；严重心率失常；不稳定型、剧增型心绞痛；严重高血压；不稳定的血管栓塞性疾病等。

（2）在运动中应停止运动的指征。在耐力性（有氧）运动处方中应指出须立即停止运动的指征。例如，心脏病人在运动中出现以下指征时应停止运动：运动时出现胸闷，运动中感到无力、头晕、气短等。

（3）运动量的监控。在耐力性（有氧）运动处方中，须对运动量的监控提出具体的要求，以保证运动处方的有效和安全。

（4）要求做充分的准备活动。

（5）明确运动疗法与其他临床治疗的配合。如糖尿病患者的运动疗法须与药物治疗和饮食治疗相结合，以获得最佳的治疗效果。运动时间应避开降糖药物血浓度达到高峰的时间，在运动前、中或后，可适当增加饮食，以避免出现低血糖等。

2. 力量性运动的注意事项

（1）力量练习不应引起明显疼痛。

（2）力量练习前、后应做充分的准备活动及放松整理活动。

（3）运动时保持正确的身体姿势。

（4）必要时给予保护和帮助。

（5）注意肌肉收缩引起的血压升高反应及闭气用力时心血管负荷增加。有轻度高血压、冠心病或其他心血管系统疾病的患者，应慎做力量练习；有较严重的心血管系统疾病的患者忌做力量练习。

（6）经常检修器械、设备，确保安全。

3. 伸展运动和健身操的注意事项

（1）应根据动作的难度、幅度等，循序渐进、量力而行。

（2）指出某些疾病应慎采用的动作。如高血压病患者、老年人等应不做或少做过分用力的动作及幅度较大的弯腰、低头等动作。

（3）运动中注意正确的呼吸方式和节奏。

四、制订运动处方的程序

为确保健身运动的安全性和有效性，制订运动处方时应严格按照运动处方的制订程序进行。首先应对参加锻炼者或病人进行系统的检查，以获得制订运动处方所需的全面资料。如果有疾病的人需要制订运动处方，要通过有医疗资质的机构进行系统检查，并由有资质的人员制订运动处方。对于没有疾病的人想自己制订运动处方来增强体质、促进健康、改善精神状态、发展和保持心肺功能，在进行一般检查、试验及测试时需要有相关的仪器设备及专业人员配合，这点虽然对一般健康人为自己制订运动处方带来了一定的困难，但也应到有资质的医疗机构进行检查。

第一，通过体检和临床医学检查了解锻炼者的一般情况（如性别、年龄、职业、病史、锻炼情况、食欲、睡眠、常用药、社会环境等）及身体健康状况（采用医学手段检测肌肉力量、心血管系统、呼吸系统、神经系统、内脏器官等）。第二，对锻炼者进行运动负荷试验及体力测试（了解锻炼者的心脏功能、体力活动能力、运动能力和全身耐力），对于大学生可结合《国家学生体质健康标准》进行评定，通过单项指标或/和综合评定确定大学生体质健康状况，以有针对性地制订运动处方。第三，根据检测结果和锻炼者需求确定锻炼目的，选择锻炼项目。第四，按照科学锻炼的原则和方法制订运动处方。第五，运动处方的实施。第六，运动中的医务监督。第七，锻炼一段时间后再次检查健康状况，根据承受运动负荷的能力和体力状况反馈的信息评价运动处方效果，并对运动处方进行修改和调整。第八，修订原运动处方和制订新的运动处方。第九，实施新运动处方。

运动是健康的源泉，也是长寿的秘诀。

——马约翰

五、运动处方的实施

实施运动处方是指按照运动处方进行体育锻炼。在锻炼一段时间后（约 4~ 6 周），需要对身体再一次进行健康检查及运动负荷和体力测定，一是对运动处方的锻炼效果进行评价，二是根据锻炼中的反馈信息对运动处方进行修改和调整，制订新的运动处方，以保证运动处方与个体身体状况相适应，使处方更具有针对性和实效性。

在实施运动处方时要注意“每一次训练课的安排”“运动强度的监控”和“医务监督”三个方面。

（一）每一次训练课的安排

在运动处方的实施过程中，每一次训练课都应包括三个部分，即准备活动部分、基本部分和整理活动部分。

1. 准备活动部分

准备活动部分的主要作用是使身体逐渐从安静状态进入到工作（运动）状态，使身体温度升高，血液流淌速度和呼吸节奏加快，全身肌肉充分伸展，逐渐适应运动强度较大的训练，避免出现心血管、呼吸等内脏器官系统因突然承受较大运动负荷而引起的意外，避免肌肉、韧带、关节等运动器官的损伤。

在运动处方的实施中，准备活动部分常采用运动强度小的有氧运动和伸展性体操，如步行、慢跑、徒手操、太极拳等。

准备活动部分的时间可根据不同的锻炼阶段有所变化。在开始锻炼的早期阶段，准备活动的时间可为 10~15 分钟；在锻炼的中后期，准备活动的时间可减少为 5~10 分钟。

2. 基本部分

基本部分是运动处方的主要内容，是达到康复或健身目的的主要途径。运动处方基本部分的运动内容、运动强度、运动时间等，应按照具体运动处方的规定实施。

3. 整理活动部分

每一次按运动处方进行锻炼时，都应安排一定内容和时间的整理活动。整理活动的主要作用是避免出现因突然停止运动而引起的心血管系统、呼吸系统、植物性神经系统的症状，如头晕、恶心、重力性休克等。

常用的整理活动有散步、放松体操、自我按摩等，整理活动的时间一般为 5 分钟。

（二）运动强度的监控

在运动处方的实施过程中，应注意对运动强度进行监控，而能够简便、快速进行监控的方法主要是靶心率和自觉疲劳分级（RPE）。

（三）医务监督

在运动处方的实施过程中，对一般的健康人进行自我监督，对治疗性运动处方的实施应进行医务监督。[①]

本章小结

通过本章的学习，你应该了解体质的概念与内涵，能根据《国家学生体质健康标准》对自己的体质健康状况做出自我评价，了解运动处方的制订方法，能根据自己的体质健康状况制订相应的运动处方，通过实施运动处方不断促进健康、增强体质。

拓展阅读

1. 章建成，任杰.青少年体质健康教育干预方案［M］.上海：复旦大学出版社，2013.

2. 吕荷莉.大学生形体与体质健康评价［M］.杭州：浙江大学出版社，2014.

3. 徐林，王海朕，徐森.大众运动处方［M］.北京：中国铁道出版社，中国人口出版社，2014.

测测你的基础

1. 运动处方的基本内容包括：__________、__________、__________、__________和注意事项等。

2. 体质的概念是什么?

3. 制订运动处方的原则有哪些?

4. 体质的主要表现包括__________、生理功能水平、__________、适应能力和__________。

5.《国家学生体质健康标准》中大学生体质评价的主要项目有哪些?

---

① 董晓红，郭海英.实用运动处方［M］.杭州：浙江大学出版社，2008：131-150.

附表 1　2014 年新《国家学生体质健康标准》各单项评分表

等级	单项得分	肺活量/mL				50 米/s				坐位体前屈/cm				立定跳远/cm				引体向上/一分钟仰卧起坐/个				耐力（1000/800 米）			
		男		女		男		女		男		女		男		女		男		女		男		女	
		大一 大二	大三 大四	大一 大二	大三 大四	大一 大二	大三 大四	大一 大二	大三 大四	大一 大二	大三 大四	大一 大二	大三 大四	大一 大二	大三 大四	大一 大二	大三 大四	大一 大二	大三 大四	大一 大二	大三 大四	大一 大二	大三 大四	大一 大二	大三 大四
优秀	100	5040	5140	3400	3450	6.7	6.6	7.5	7.4	24.9	25.1	25.8	26.3	273	275	207	208	19	20	56	57	3'17"	3'15"	3'18"	3'16"
	95	4920	5020	3350	3400	6.8	6.7	7.6	7.5	23.1	23.3	24	24.4	268	270	201	202	18	19	54	55	3'22"	3'20"	3'24"	3'22"
	90	4800	4900	3300	3350	6.9	6.8	7.7	7.6	21.3	21.5	22.2	22.4	263	265	195	196	17	18	52	53	3'27"	3'25"	3'30"	3'28"
良好	85	4550	4650	3150	3200	7	6.9	8	7.9	19.5	19.9	20.6	21	256	258	188	189	16	17	49	50	3'34"	3'32"	3'37"	3'35"
	80	4300	4400	3000	3050	7.1	7	8.3	8.2	17.7	18.2	19	19.5	248	250	181	182	15	16	46	47	3'42"	3'40"	3'44"	3'42"
及格	78	4180	4280	2900	2950	7.3	7.2	8.5	8.4	16.3	16.8	17.7	18.2	244	246	178	179			44	45	3'47"	3'45"	3'49"	3'47"
	76	4060	4160	2800	2850	7.5	7.4	8.7	8.6	14.9	15.4	16.4	16.9	240	242	175	176	14	15	42	43	3'52"	3'50"	3'54"	3'52"
	74	3940	4040	2700	2750	7.7	7.6	8.9	8.8	13.5	14	15.1	15.6	236	238	172	173			40	41	3'57"	3'55"	3'59"	3'57"
	72	3820	3920	2600	2650	7.9	7.8	9.1	9	12.1	12.6	13.8	14.3	232	234	169	170	13	14	38	39	4'02"	4'00"	4'04"	4'02"
	70	3700	3800	2500	2550	8.1	8	9.3	9.2	10.7	11.2	12.5	13	228	230	166	167			36	37	4'07"	4'05"	4'09"	4'07"
	68	3580	3680	2400	2450	8.3	8.2	9.5	9.4	9.3	9.8	11.2	11.7	224	226	163	164	12	13	34	35	4'12"	4'10"	4'14"	4'12"
	66	3460	3560	2300	2350	8.5	8.4	9.7	9.6	7.9	8.4	9.9	10.4	220	222	160	161			32	33	4'17"	4'15"	4'19"	4'17"
	64	3340	3440	2200	2250	8.7	8.6	9.9	9.8	6.5	7	8.6	9.1	216	218	157	158	11	12	30	31	4'22"	4'20"	4'24"	4'22"
	62	3220	3320	2100	2150	8.9	8.8	10.1	10	5.1	5.6	7.3	7.8	212	214	154	155			28	29	4'27"	4'25"	4'29"	4'27"
	60	3100	3200	2000	2050	9.1	9	10.3	10.2	3.7	4.2	6	6.5	208	210	151	152	10	11	26	27	4'32"	4'30"	4'34"	4'32"
不及格	50	2940	3030	1960	2010	9.3	9.2	10.5	10.4	2.7	3.2	5.2	5.7	203	205	146	147	9	10	24	25	4'52"	4'50"	4'44"	4'42"
	40	2780	2860	1920	1970	9.5	9.4	10.7	10.6	1.7	2.2	4.4	4.9	198	200	141	142	8	9	22	23	5'12"	5'10"	4'54"	4'52"
	30	2620	2690	1880	1930	9.7	9.6	10.9	10.8	0.7	1.2	3.6	4.1	193	195	136	137	7	8	20	21	5'32"	5'30"	5'04"	5'02"
	20	2460	2520	1840	1890	9.9	9.8	11.1	11	-0.3	0.2	2.8	3.3	188	190	131	132	6	7	18	19	5'52"	5'50"	5'14"	5'12"
	10	2300	2350	1800	1850	10.1	10	11.3	11.2	-1.3	-0.8	2	2.5	183	185	126	127	5	6	16	17	6'12"	6'10"	5'24"	5'22"

第十六章

走、跑、跳

本章概述

本章着重介绍田径健身走、跑、跳的特点和一些健身走、跑、跳的锻炼方法以及在锻炼中应该注意的问题。通过本章的学习，学习者应该掌握田径健身的基本锻炼方法，并能正确指导他人开展田径健身走、跑、跳。

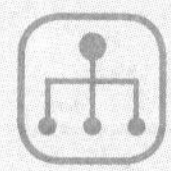

章结构图

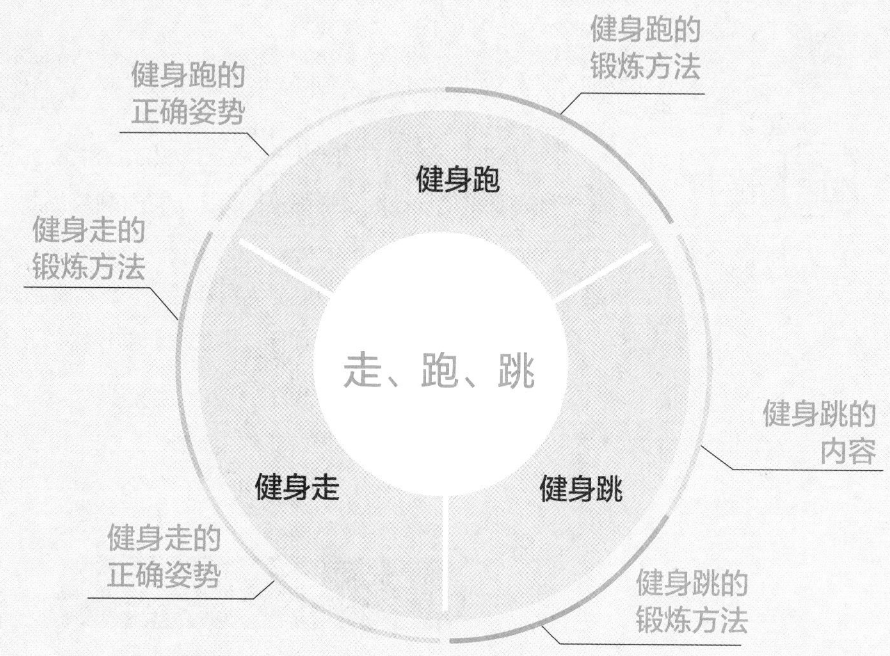

学习目标

通过本章的学习，你应该能够做到：

1. 掌握田径健身走、跑、跳运动能力的基本方法。
2. 了解提高健身走、跑、跳运动的基本原理。
3. 掌握流行的走、跑、跳健身运动形式，培养健身兴趣。
4. 能欣赏田径运动竞赛并逐渐理解田径比赛的魅力，最好能形成终身体育锻炼的习惯。

运动起源

“田径运动”一词来源于英国。大约在19世纪初，英国人把在运动场跑道上进行的赛跑和在运动场中间进行的跳跃、投掷比赛称之为track and field。track原意是“小路”（径），field原意是“田地”。19世纪末，欧美体育传入中国，并把track and field译为“田径赛”，以后称之为“田径运动”。

虽然当时英国人把在运动场跑道上进行的赛跑和在运动场中间进行的跳跃、投掷比赛称之为track and field，但是对于非竞赛（即锻炼身体的）走、跑、跳跃、投掷等身体练习并没有另定名称，也统称为track and field。因此，田径运动具有两重性质，即竞技和锻炼身体手段的属性，本章即采用其锻炼身体手段属性来达到健身目的。

运动价值

田径运动能有效地发展速度、力量、耐力、灵敏和协调性等身体素质：增强体质、获得运动技能、提高运动能力、培养意志品质，所以高度发达的社会才十分重视田径运动的健身价值。

田径健身运动是以健身为目标的走、跑、跳跃、投掷的练习或运动方式的总和。田径健身运动以健康为目标，以现代科学技术和运动与健康基础理论为基础，全面发展人的基础运动能力。

第一节 健身走

扫一扫 看一看

走是人体最基本的运动方式。通过走姿、走速可以判断一个人的健康情况。通过多种多样的“走”的锻炼可以达到强身健体的目的。中华养生谚语“饭后百步走，能活九十九”就是对散步健身效果的总结。坚持散步锻炼有助于消除身心疲劳，保持人体基本的运动能力。“齐步走”“正步走”有助于培养正确的走姿，塑造良好的体形；快步走可以发展腿部力量和耐力；而竞技项目中“竞走”则是运用“走”来发展人体走的运动能力的最高表现形式。

关键术语

国际田径联合会将田径（track and field）定义为“包括径赛和田赛公路跑、竞走、越野跑和山地跑”。

通常，田径为径赛、田赛、公路赛和全能比赛的统称。以高度和距离长度计算成绩的跳跃、投掷项目叫“田赛”；以时间计算成绩的竞走和跑的项目叫“径赛”。

一、健身走的正确姿势

正确的走姿应该是躯干正直，自然挺胸，头部与躯干保持一致，目视前方，两臂靠近体侧自然前后摆动；迈步时，膝关节和脚尖都正对前方，两脚内线基本沿一条直线向前迈步；脚着地时，脚跟先着地并过渡到全脚掌；脚着地后，脚尖向前略偏外。摆臂协同下肢功作，一臂由后外方向向前内方向摆动，另一臂由前内方向向后外方向摆动；前摆时屈肘，后摆时伸肘。双脚蹬地用力均匀，双腿蹬摆协调有力。双臂协同双腿摆动用力均衡，摆幅一致。整个身体的重心上下起伏不大（约 3cm），左右摆动甚微。配合有节奏的呼吸，走起步来显得轻松协调、潇洒大方。在健身走中形成正确的走姿，可以有效地增强体质和健美体形，体现出自己身体健美的风采，表现出良好的科学文化素养。

二、健身走的锻炼方法

（一）散步走

散步走时，身体正直，抬头挺胸，收腹收臀，保持头部与脊柱成一直线，双肩放松，两臂自然下垂。在走步过程中，头部正直，可以自由转动，身体正直，双臂协同双腿迈步动作自然，前后摆动。双腿交替屈膝前摆，足跟着地滚动至脚尖时，另一腿屈膝前摆，足跟着地，步幅为 1～2 脚。

注意事项：①善于控制步速和步长。散步时不着急，步幅最小为 50～60cm、步速最慢为 25～30 米/分。②循序渐进。散步距离、速度和时间要逐步增加，开始阶段以不感到腰酸腿痛为宜。③饭后散步古已有之，古代《内功图说》中的一种“腹功”就是“两手摩腹，移行百步除滞”。现代医学也认为轻松的散步配合柔和的摩腹可以促进胃液的分泌和胃的排空，有助于治疗消化不良等症。④散步宜选环境优美、空气清新、有山水树的地点进行。

流动的术语

北欧式健走：（Nordic Walking）引入我国后又被称为越野行走，它是借助两支手杖使四肢同时参与行走的中等强度的有氧健身运动。

（二）快步走（疾走）

快步走时，两手臂在体侧自然摆动，前摆时肘部成 90°，后摆时肘部成 90°，前摆腿的脚跟着地后迅速滚动至前脚掌，动作要柔和，后脚离地。两脚以脚内侧为准踩成一条较直线，步速要均匀，步幅尽量稳定。身体适度前倾 30°～50°，抬头，垂肩背，挺胸，收腹收臀。

注意事项：①脉搏控制在 120～150 次/分，为进行跑步锻炼打下基础。②步幅不要过分加大，主要是加快步频。③因快步走运动量稍大，特别是运动器官及心脏负荷加重，所以要做好准备活动，以适应快步走的需要。④冬天快步走前应先慢走使脚发热后再快走。

（三）踏步走

踏步走时，两腿交换屈膝抬腿，全脚或前脚掌落地，两臂协同两腿前后直臂或屈臂摆动，屈膝抬腿最高点是大腿抬至髋高，直腿或屈膝落地均可。这种走法只有步频要求，步幅在1脚左右，身体直立，两臂自然下垂或屈臂。

注意事项：①踏步走适于运动空间较小、风雨雪天、练习者身体不适或行动困难者。它可以用脉搏控制运动量，1分钟快速踏步走脉搏最高可达180次/分。②踏步走最好用前脚掌先着地，然后滚动至脚着地，注意脚的缓冲，身体重量落在前脚掌上。③ 踏步者可以根据身体素质情况，不断抬高腿的高度以及提高两腿交换的频率。为达到减肥目的可进行变速原地高抬腿踏步走。④每天进行早晚两次原地踏步走的锻炼，在踏步走中要不断创新出组合踏步法，如踏步4拍一转体、按音乐节拍踏步、闭眼原地踏步等。

（四）反向走

反向走时，右腿支撑，左腿屈膝后摆下落，前脚掌先着地后滚动到全脚着地，身体重心随之移至左腿时；右腿屈膝后摆下落，前脚掌先着地后滚动到全脚掌。两臂协同两腿自然摆动，上体自然直立，上体不要抬头后仰，眼平视。

注意事项：①反向走要选择人稀车少、地平坦的地方，直道段要长。每天早晚各一次，每天走500米以上，脉搏控制在90~ 100次/分最为理想。初练者要循序渐进，根据个人不同的健身目的选择距离、运动量。②反向走开始因耗能较多，减肥见效快，时间长走习惯了，消耗的能量随之减少。因此要注意增加运动量，如提高走速、走距、走的次数及加负荷走（小腿加沙袋负重）等。③反向走时，人们对空间的知觉能力明显下降，容易发生各方向的跌倒，所以在反向走的初始阶段，两眼可随同侧腿左顾右盼，掌握方向，待平衡能力提高了，眼看前方，步幅一脚至二脚，步速不要太快。④结伴而行较好，一人正向走一人反向走，二人交替轮换，互相鼓励、互相照顾、互相促进，以防倒摔。

（五）赤脚行走

赤脚行走的身体姿势和动作要领和一般要求与散步大体相似。

注意事项：①根据实际条件可以在泥土、草地、海滩、沙地行走。练习时应该尽量选择没有尖石、碎玻璃等异物的路面。②开始锻炼时速度不宜过快。③如果足部出现不适，应该适当减少行走距离。④在光线充足的环境下锻炼。

（六）雨（沙）中走

常在雨（沙）中走能锻炼和增强机体对突然遇凉的适应能力。

注意事项：①各种年龄的健身爱好者接受雨（沙）中散步法首先要进行试探性锻炼，等适应后才能到雨（沙）中散步。②雨（沙）中走后要及时换下湿脏的衣服，拿毛巾擦干皮肤后再洗个温水澡，以利于加强血管舒张，改善血液循环功能。③持之以恒，特别是要克服固有的惰性。④身体不适如感冒和有病情者不宜进行雨（沙）中散步。

（七）竞走

向前迈步时，脚跟先着地，膝关节自然伸直，脚掌迅速滚动到全脚支撑，最后以脚趾蹬离地面。转入向前摆腿时，应以骨盆带腿屈膝前摆，使关节积极前移。竞走时，动作要求协调自然，躯干姿势基本正直，摆臂有力。竞走是与地面保持不间断接触的向前跨步。每步中，在后脚离地之前，前脚必须与地面保持接触（不得有肉眼可见的腾空）。支撑腿在垂直部位和过度瞬间必须是伸直的（膝部不得弯曲）。

注意事项：①锻炼时，每次走500~1 000米，重复4~5次，次间歇3~5分抑。走的强度以中等强度为宜。②竞走锻炼时要注意两脚不能同时离地，即前一只脚接触地面后，后一只脚才能离开地面，并应注意走的步幅要均匀、呼吸要自然，并根据自己的体力变换速度，快慢交替。

第二节　健身跑

跑也是人体最基本的运动方式，健身跑是以增进身体健康为目的的跑。健身跑可分为慢跑和快速跑等形式。慢跑是田径健身运动中最常见的方式，在一些教材中又称为“长跑”。坚持有规律的慢跑锻炼可以给人体的呼吸、循环系统及运动系统以良性的刺激，有助于保持和发展人的耐力，因而具有较高的锻炼价值。慢跑几乎不需要任何设施，因而极易普及。常见的慢跑有定时跑、定距跑或越野跑。要根据各人的实际情况，恰当地选择跑的距离和速度。如果跑的距离过长或速度太快，就不能达到增进健康的目的。

名人语录

如果你想强壮，跑步吧！如果你想健美，跑步吧！如果你想聪明，跑步吧！

——古希腊埃拉多斯山岩上刻着的三句名言

一、健身跑的正确姿势

健身跑是一项全身性的运动。它主要借助两腿的交替前进和臂的前后摆动。在健身跑锻炼时，身体要自然放松，脚落地要柔和，以全脚掌着地并迅速过翻前脚掌，两臂配合两腿自然摆动。需要强调的是呼吸要均匀充分，呼吸频率与步伐要保持协调，一般以2~4步一吸，2~4步一呼。另外，健身跑时，步幅要小些，步频应慢些，以每分钟150步左右为宜。跑的速度不能太快，以能边跑边与同伴说话为宜，每次跑的时间为25~30分钟。

二、健身跑的锻炼方法

（一）慢速放松跑

这种方式比较简单，其特点一是跑的速度慢，二是心血管的负荷及全身的代谢功能以保持有氧代谢为前提，这也就尽可能地避免了剧烈运动所产生的“氧债”情况。在跑的过程中一定要注意呼吸的深、长、细、缓和有节奏。慢速放松跑像打太极一样，必须长年坚持，持之以恒。

（二）变速跑

变速跑就是在跑的过程中快跑一段距离后再慢跑一段距离。变速跑是快跑和慢跑交替进行的一种跑法，这是适合体质较好的长跑爱好者的跑法。它不仅对一般耐力发展有好处，而且也能提高机体的速度耐力素质。变速跑可以根据自己的情况随时改变速度，在变速跑中要逐步提高变速跑的速度、逐渐增加运动量，以最大限度地发挥健身跑的作用。

（三）原地跑

原地跑可增加抬腿的高度与频率，或加上原地跳跃，以舒展筋骨、锻炼肌肉，并减少原地跑的枯燥感。

（四）定时跑

定时跑有两种情况。一是每天必跑一定时间，而不限速度和距离。如开始时每周3次，每次20分钟，以后逐渐增加至每周4~ 6次以上，每次时间也延长至30、45、60分钟等。另一种定时跑是限定在某段时间内跑完“定距离”的方法。如开始时5分钟内跑完500米，以后随着运动水平的提高渐缩短时间、加快速度，或以加长距离来加快速度，以提高速度耐力素质。

（五）走跑交替

走跑交替是指在跑的过程中，走和慢跑交替进行的跑法，此法适合体质较弱者。初次参加健身跑的人可以先少跑多走，然后逐渐过渡到跑与走相等，最后多跑少走，直至全跑，循序渐进，不断提高自己的体质与体能。

（六）跑跳交替

跑跳交替即跑了一段之后跳上三五下，再跑一段，再跳三五下，这样跑跳交替进行。跑的速度可根据自己的身体情况采用慢跑或中速跑，或稍慢速度，动作要有节奏。跳时身体向前，跑的过程中尽量向上跳起几次，使身体肌肉、关节在长时间的连续活动中得到刹那间的休息，这不仅可以缓解跑步的疲劳，同时弹跳能力也会得到一定的锻炼。

（七）滑步跑

跑步时，不是面朝前方，而是侧身而跑，即向左跑或向右跑。向左跑时，右脚先从左脚之前向左侧移动一步，左脚则从右脚之后向左移动一步，如此反复侧向前进，可增加机体的灵敏性、协调性及平衡能力。

（八）登楼跑

以力所能及的速度不用扶手跑步上下楼梯，下楼时亦可退行，但每次只能跨一个台阶，此法可增强人的肺活量，可增大踝关节的活动幅度，使下肢肌肉得到锻炼，且能加强腰腹的肌肉活动，有消除赘肉、强筋壮骨的作用。

（九）室内健身跑

1. 赤足原地跑

地上放一块洗衣板或用旧塑料澡盆，脚在上面赤足原地跑，天冷可穿软底鞋或厚袜子。

2. 原地提足跑

站立原地后，双手半握拳，双脚轮流提起，可根据身体状况选择提足的高度和跑步的速度。

3. 旋身慢步跑

先在原地练习顺时针和逆时针旋转，不求快速只求匀速。一般能习惯于顺逆时针各转三圈即可在跑步过程中不时旋转，并逐步增加旋转的频度和速度及圈数。旋转慢跑可产生离心力，可明显改善全身血液循环。

4. 踮脚退步跑

先测量来回的步数，然后背向目标，目视前方，头正身直，双手半握拳置于腰间，踮脚小步向后退着跑，同时摆动双臂，默数步数。此法对腰肌劳损、腿、脚骨质增生等患者有缓解或改善作用。

（十）水（沙）中健身跑

参加者部分身体置于水（沙）中，抗阻力前后交替运动，可前进亦可后退跑。涉水与扬沙均较危险，运动中要特别注意安全。

扫一扫 看一看

第三节　健身跳

健身跳是以健身为目的的跳跃活动，它不同于竞技运动的跳跃运动。健身跳运动是全身肌肉的协调用力，特别是腿、足的用力蹬地，以克服自身重量。因此它对提高腿、足的肌肉力量和用力速度（特别是爆发力），提高下肢的柔韧性和运动幅度，改善神经系统的支配能力有着重要的作用。

一、健身跳的内容

（一）提高身体素质的健身跳

高度跳、远度跳又分别包括原地跳和助跑跳。原地跳和助跑跳各分为一次跳和连续跳，再划分为徒手跳和负重跳，最后分为障碍跳和无障碍跳。基于上述归纳，在选用练习时可以根据需要进行组合，如采用原地高跳时，可以一次纵跳、徒手跳、无障碍跳，也可以连续跳、负重跳、障碍跳，还可以一次跳、负重跳或障碍跳等。常用的高度跳练习如原地跳起摸高或头触高物（一次或连续、徒手或负重）、原地双脚跳越障碍、原地收腿分腿跳、提踵跳、弓步换腿跳、单腿登台阶（低凳）跳、快速挺举跳、助跑摸高、助跑跳越障碍（栏架、横杆）等。常用的远度跳练习如立定跳远、立定三（五、十）级跳、助跑跨上跳箱（台阶）、多级跨跳、单脚跳等。

关键术语

健身跳是人体克服地心吸引力而尽量使身体腾空的运动，是运用人体自身的能力或借助一定的器材，在人体神经系统的支配下，通过特定的动作，使身体向前或向上、原地或行进间、单脚或双脚、单次或多次跳起的身体运动方式。

（二）游戏性的健身跳

游戏性的健身跳如跳绳、皮筋、踢毽子、健美操步伐、舞蹈（其中的跳步、跨步、跃跳）、跳自然障碍、跳山羊、用脚“猜拳”“顶拐”等。此外，在少儿游戏的编排中可以将一些跳跃活动组合到游戏中进行。

（三）娱乐性的健身跳

娱乐性的健身跳往往不是单独存在，而是包含在某些娱乐活动中，如秧歌、健美操、迪斯科、街舞和各种球类活动等。由于这些跳跃动作的存在，加大了活动的运动量和强度，调节了活动气氛。

（四）健美性的健身跳

健美性的健身跳是寓健身于健美之中，更多地追求健美效果。跳跃活动对下肢肌肉的匀称发展极为有益，所以在健美运动中离不开跳跃运动，如健美操中的跳跃运动、负重跳跃等。

二、健身跳的锻炼方法

（一）跳绳

1. 跳绳的好处

跳绳是群众喜闻乐见的体育项目，坚持跳绳能提高心血管系统和呼吸系统的功能；提高肌肉长时间工作的能力。不仅一般学生可以利用跳绳锻炼身体，就连对心肺功能和肌肉耐力要求极高的拳击运动员也常将跳绳作为身体练习的重要手段。此外，跳绳对速度、灵敏、协调等体能成分也有较高的要求。对肥胖的学生来说，很难找到比跳绳更好的减肥方法了。

2. 跳绳的绳子

跳绳的绳子可由许多不同的材料制成，有的绳子两端带有木制或塑料手柄。没有手柄的绳子可在两端打上结，这样使用起来比较方便。绳长一般以脚踩绳子中央，两手握绳分别至两侧腋下为宜。跳绳时应穿比较紧身的运动服和富有弹性的运动鞋，以避免引起脚部损伤。

3. 跳绳的技术

跳绳时两手轻握绳子两端，肘关节微屈并紧靠身体两侧。两手稍外展，手与身体保持一定距离。跳绳时，向上跳起不必太高，绳子能通过脚下即可。摇绳时应充分利用手腕的力量来加大绳子的运动速度。

4. 跳绳的强度

跳绳是一种比较剧烈的运动，练习者应根据自己的身体状况制订切实可行的计划和目标，计划的实施也应根据具体情况灵活运用。

5. 跳绳的方法

（1）摇绳跳。初学跳绳的朋友可从摇绳跳练习入手。方法是：用右手握住绳的两个握把，上臂靠近身体，用手腕力量在体侧由后向前轮动跳绳。同时，随着绳子的节奏做原地双脚跳。熟练后再换左手进行练习。

（2）双脚跳。预备时，将绳子置于身后，然后两手同时摇绳，将绳由身后摇过头顶绕到身前，当绳子触地时，双脚同时向上跳起，绳从脚下摇过后，两脚落地，双腿微屈缓冲并准备第二次起跳。每次跳 1 分钟，初学者每分钟要求达到跳 80 次；熟练者要求每分钟跳不低于 150 次。

（3）原地交换腿跳。跳跃时，把绳由后方摇过头顶落到前下方，左脚跳进绳子，同时右腿屈膝抬起，当绳子再次摇到身前触地时，转而用右脚跳过绳子，同时左腿屈膝抬起，如此左右腿轮流交换跳。初练时每分钟应跳 100 次，以后逐渐提高到每分钟 150 次以上。

（4）原地高抬腿跳。当绳子由后方从头顶向前下方时，左腿屈膝高抬，小腿自然下垂跳进绳子；当绳子再次插过时，转而右腿屈膝高抬，如此两腿交替跳。每组跳 10 次，每次跳 3~5 组，组间休息 3 分钟。

（5）单脚跳。预备姿势为单腿站立，另一腿屈膝抬起。当绳子由后方摇过头顶到前下方时，起跳，绳从脚下摇过后，脚掌着地，膝关节稍屈，随即做第二个起跳，连续进行。两脚各跳 30 秒为一次，2~ 3 次为一组，组间休息 3 分钟。

（6）体侧跳。此练习为双人配合跳。由旁边的人手摇绳子，沿着地面做圆周运动，当绳子经过练习者脚下时，快速跳起，如此连续进行。每次跳 20 秒，跳 3 ~5 次，间歇 3 分钟。

（7）跳长绳。该练习由 3 人配合进行，双人在两侧摇绳，练习者在中间连续跳。每次跳 1 分钟，跳 3~ 5 次，间歇 3 分钟。

（二）水平方向健身跳

1. 立定跳远

锻炼时，两腿开立与肩同宽或稍窄于肩，当双腿的髋、膝、踝关节适度弯曲后，双臂摆至身后下方，随即用力蹬伸髋、膝、踝，双臂从后向前上方迅速摆动跳起，成挺胸、抬头、提肩、拔腰、展髋的腾空姿势，继而收腹举腿，小腿前伸，双臂自上而下向后摆落地。当双脚落地后，屈膝缓冲成蹲立，连续进行多次。（图 16–1）

图 16–1 立定跳远

2. 连续蛙跳

两脚分开成半蹲，上体稍前倾，两臂在体后成预备姿势。两腿用力蹬伸，充分伸直髋、膝、踝三个关节，同时两臂迅速前摆，身体向前上方跳起，然后用全脚掌落地屈膝缓冲，两臂摆成预备姿势，即准备下一次跳。连续跳 10~20 米为一组。（图 16–2）连续蛙跳技术动作基本同原地立定跳远，但其动作幅度、起跳角度、用力程度均要小些，而身体重心的控制难度稍大。

3. 单足跳

练习时不过分屈膝，以脚积极扒地向前跳，落地时脚的方向要正，用全脚掌同时着地。另一腿及两臂积极摆动，协调配合。跳时可连续向前跳，也可向后跳。练习一般以 10~ 15 米为一组。向后单足跳时，动作速度应适当控制，注意身体平衡。

图 16–2 连续蛙跳

4. 跨步跳

跳跃时，起跳腿蹬伸充分，积极向前上方摆高，两臂由后向前摆动，形成跨步腾空。随即，摆动腿大腿带小腿向下、向后积极下压，着地时小腿、足掌积极扒地，全脚掌着地迅速缓冲过渡到蹬伸。（图16-3）重复做15~20米为一组。

图 16-3　跨步跳

5. 挺身跳

原地屈膝开始跳，空中做直腿挺身动作，髋关节完全打开，做出背弓动作，落地时屈膝缓冲。（图16-4）10~15次一组。

图 16-4　挺身跳

（三）垂直方向健身跳

1. 蹲跳起

双脚左右开立，脚尖平行，屈膝向下深蹲或半蹲，两臂自然后摆。然后两腿迅速蹬伸，使髋、膝、踝三个关节充分伸直，同时两臂迅速有力地向前上摆，最后用脚尖蹬离地面向上跳起，落地时用前脚掌着地屈膝缓冲，接着再跳起。每次练习15~20次，重复3~4组。这是主要发展腿部肌肉力量和踝关节力量的练习。

2. 单脚交换跳

上体正直，膝部伸直，两脚交替向上跳起。跳时主要是用踝关节的力量，用前脚掌快速蹬地跳起，离地时脚面绷直，脚尖向下。原地跳时，可规定跳的时间（30秒~1分钟）或跳的次数（30~60次）。进行间跳时，可规定跳的距离（2~3米）。以上练习重复2~3组。这是主要发展小腿、脚掌和踝关节力量的练习。

3. 踉跳步

用右（左）腿直膝向前上方跳起，同时左（右）腿屈膝向上举，右腿落地，然后换腿，用同样方法跳，两臂配合腿前后大幅度摆动。跳时踝关节和前脚掌要用力，整个动作轻快。它与舞蹈的“踉跳步”动作类似。踉跳步主要用来发展腿部后群肌肉和踝关节的力量及训练身体的协调性。

4. 纵跳摸高

两脚自然开立成半蹲预备姿势，一臂或两臂向上伸直，接着两腿用力蹬伸向上跳起，用单手或双手摸高。每次练习10次左右，重复3~4组。这是发展腿部肌肉和踝关节力量而经常采用的一种练习方法。

5. 障碍跳

地上放小海绵垫6~10块，每块距离1米左右。练习者站在垫后，两脚左右开立，脚尖平行，屈膝向下，两臂自然后摆，用脚掌力量向前上方跳过障碍，两臂配合向前上方摆动，落地时屈膝缓冲，落地后迅速做下次跳跃，重复5~6组。障碍跳主要发展腿部肌肉和踝关节的爆发力。

6. 跳台阶

两手背在身后，两脚平行开立，屈膝半蹲，用前脚掌力量做连续跳台阶动作。一次可跳20~30个台阶，重复3~4组。它主要发展腿部力量和踝关节力量。

7. 冰棍跳

双手背在身后，两脚自然站立，膝盖伸直，前脚掌发力向上纵跳，膝盖不弯曲以练习踝关节力量，跳到脚踩微发酸为一组，重复3~4次。它主要是为了锻炼踝关节的灵敏度和力量。

8. 收腹跳

从原地直立开始起跳，空中做屈腿抱膝动作或双手在腿前击掌，落地时一定要屈膝缓冲，越过一定高度兼远度或一定远度兼高度。它主要发展腿部肌肉和踝关节的爆发力和协调能力。

本章小结

通过本章的学习，你应当熟练掌握田径健身走、跑、跳的基本方法，了解健身走、跑、跳的特点和一些健身走、跑、跳的锻炼方法，学会欣赏田径赛事，在日常生活中能运用所学田径健身的常用方法指导与帮助他人积极参与健身走、健身跑和健身跳。

拓展阅读

崔东霞，王晏.田径与校园极限运动[M].北京：化学工业出版社，2012.

在线学习

中国田径协会

测测你的基础

1. 跑的正确技术取决于流畅的跑步__________、稳定的跑步__________和良好的跑步__________，这三大要素直接影响跑步锻炼的效果。

2. 国际田联于__________年创建黄金联赛，旨在吸引全世界最高水平的田径选手及举办最高水平的田径盛会。

3. 简述田径运动的健身价值。

4. 试举例说明健身跑的锻炼方法。

5. 试说明水平方向健身跳的锻炼方法。

第十七章

健美和形体

本章概述

本章主要介绍健美运动、形体塑造和体育舞蹈三大类健美和形体运动，旨在使学习者了解不同项目的起源发展、核心概念、锻炼价值，掌握具体的健身方法和健身意义，养成自觉锻炼的良好习惯。

章结构图

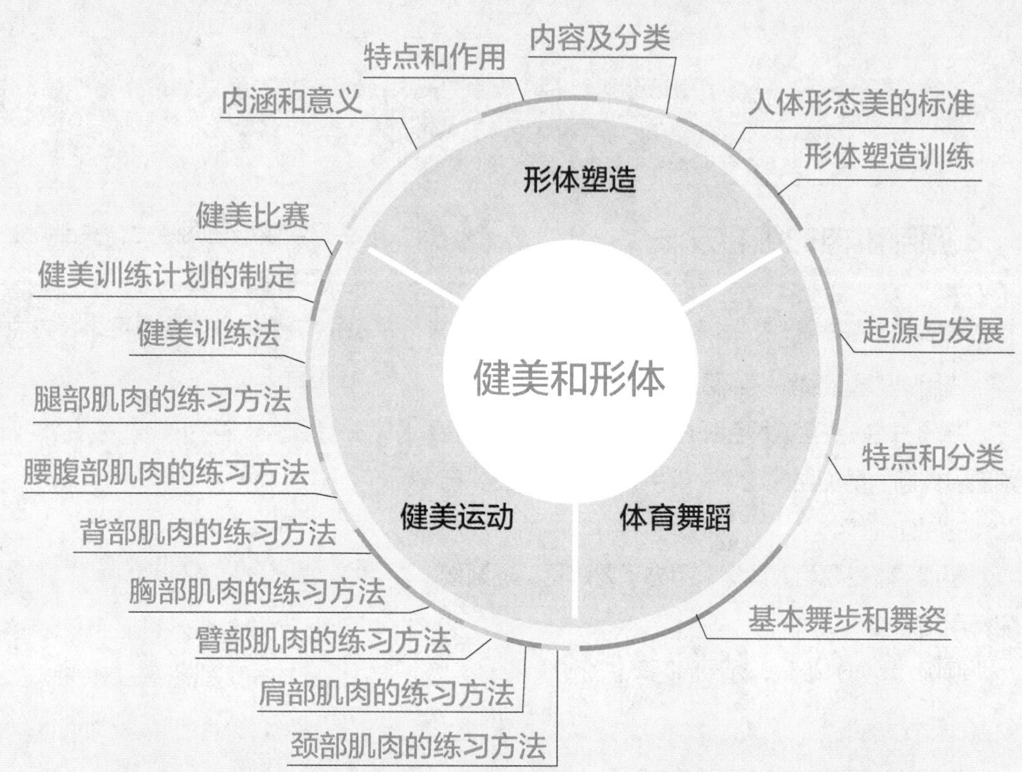

学习目标

通过本章的学习，你应该能够做到：

1. 了解健美运动的起源发展、核心概念、锻炼价值，掌握健美运动具体的健身方法和健身意义。
2. 了解形体塑造的起源发展、核心概念、锻炼价值，掌握形体塑造具体的健身方法和健身意义。
3. 了解体育舞蹈的起源发展、核心概念、锻炼价值，掌握体育舞蹈具体的健身方法和健身意义。

第一节　健美运动

扫一扫 看一看

运动起源

健美运动最早始于古希腊和古罗马，而现代健美运动萌芽于 20 世纪初期的英美等国。20 世纪 30 年代中期，加拿大人本 · 韦德向世界推广和宣传健美运动，并于 1946 年发起创建了国际健美联合会（IFBB）。20 世纪 30 年代，现代健美运动传入我国，1980 年前后在上海、北京、广州、武汉等地先后恢复了健美运动。1985 年 11 月，国际健美联合会正式接纳我国为第 128 个会员国。1993 年“中国健美协会”（CBBA）正式成立。

一、颈部肌肉的练习方法

1. 头前屈、后屈、侧屈

作用：发展胸锁乳突肌和斜方肌群。

要领：戴好头套或两手托住后脑或利用毛巾拉着颈部，做前、后的屈伸动作，单手托住头侧做左、右颈部的屈伸动作。

要点：体姿要相对固定，用力不要过猛，逐渐增加作用力。

呼吸：用力时吸气，还原时呼气。

2. 戴练颈帽练习

作用：发展胸锁乳突肌和斜方肌群。

要领：练习者戴上练习帽并下垂重物（如哑铃、杠铃片等），两脚开立，腿弯曲，上体前倾，低头两手叉腰或扶在两膝上，头部向上抬起至最高点，稍停后缓慢控制复位。

要点：身体要稳定，着力点集中在颈部，屈伸过程不宜快。

呼吸：抬头时吸气，低头时呼气。

流动的术语

健美（Bodybuilding ）的英文意思是身体建设，主要是指通过各种静态的造型动作来体现运动员身体各部位肌肉的线条曲线及肌肉的发达程度，以身体练习为基本手段，通过各种力量练习发达肌肉，使体型匀称发展，达到增进健康、塑造形体和陶冶情操为目的的一项体育运动。

二、肩部肌肉的练习方法

1. 直臂前平举并上举

作用：发展三角肌前部等肌群。

要领：直立，两臂下垂持杠铃或哑铃，直臂前平举，静止4~6秒再上举至直臂支撑。

要点：身体微前倾，完全用两臂上举之力。

呼吸：上举时吸气，举直后呼气。

2. 侧平举

作用：发展三角肌中束。

要领：两手持哑铃下垂于体侧，屈肘持铃向两侧举起至上臂与肩位置稍停。持铃举起时，手肘处应略微弯曲成100°~120°。

要点：上体不准前后摇摆。

呼吸：抬臂时吸气，放下时呼气。

3. 推举

作用：发展三角肌（中束为主）、肱三头肌、胸大肌和前锯肌。

要领：两脚开立或坐于凳上，两手持杠铃至胸上（哑铃置于肩部外侧）。持铃垂直向上推起至头顶上方，两臂伸直，稍停，还原。

要点：上体保持挺胸收腹紧腰。

呼吸：自然呼吸，尽量不要憋气。

4. 立正上拉

作用：发展三角肌前束和斜方肌。

要领：两脚开立，正握杠铃（可采用窄、中、宽握法练习），两手持铃下垂于腿前。先慢慢贴身上提杠铃至最高点，稍停后，慢慢贴身还原。

要点：上体保持挺胸直腰，两肘肘尖向上。

呼吸：提杠时吸气，放下时呼气。

5. 俯立飞鸟

作用：发展三角肌前束和上背肌群。

要领：两脚开立持握哑铃，上体向前屈成90°，两手垂直，手心相对，两臂向身体两侧尽量上举，快上慢落。

要点：上体不要上下摆动。

呼吸：用力时吸气，还原时呼气。

6. 耸肩

作用：发展斜方肌、三角肌。

要领：两脚开立，向上提肩将杠铃提起至最高点，稍停后，再还原。

要点：两肘不能弯曲借力，上体不要摆动。

呼吸：提铃时吸气，放下时呼气。

长期坚持健美训练能有效地发展人体肌肉，健美体形；延缓衰老，防止肌肉和力量退化；能改善和提高内脏器官的机能水平和中枢神经系统的机能；有助于消除不良心理，提高自信心、自豪感，使人体验成功的乐趣，并陶冶美的情操.

三、臂部肌肉的练习方法

1. 站立反握弯举

作用：发展肱二头肌等肌群。

要领：两脚开立，两臂反握杠铃或哑铃等，屈臂弯举至胸前，再徐徐还原。

要点：上臂保持不动，伸臂时缓慢。

呼吸：向上弯举时吸气，还原时呼气。

2. 单杠反握引体向上

作用：发展肱二头肌。

要领：两手反握单杠，握距与肩同宽，身体伸直悬垂，两臂同时平稳用力拉起身体至下颏触到横杠为止，稍停，再慢慢放下还原。

要点：身体上引时腰、腿放松，不摆动借力或收腹上拉。

呼吸：引体向上时吸气，放下还原时呼气。

3. 颈后臂屈伸

作用：发展肱三头肌。

要领：身体直立或坐立，两手正握杠铃或哑铃，肘高抬，上臂固定耳侧，然后做臂屈伸动作，将杠铃等重物在头后向上举起，直至两臂在头上伸直。

要点：肘要抬高，肘尖向上，两肘夹紧，用力时不得外分或借助其他力量。

呼吸：用力时吸气，直臂时呼气。

4. 直臂后拉

作用：发展肱三头肌、大圆肌、小圆肌、背阔肌。

要领：两脚开立与肩同宽，身体挺直两手臂体后伸直下垂握杠拳心向前，两臂伸直向后上方拉至极限为止，同时手腕尽量上翻，稍停，然后慢慢还原。

要点：躯干不可前倾，始终保持正直。

呼吸：用力前吸气，还原时呼气。

5. 腕屈伸

作用：发展前臂屈伸肌群。

要领：坐在凳子上（或半蹲），两手反握横杠（或重哑铃），将腕关节垫放在凳子上（或膝关节上），手腕用力上卷屈伸。

要点：前臂必须紧贴在大腿或凳面上。

呼吸：用力时吸气，放松还原时呼气。

6. 站立正握弯举

作用：发展前臂伸肌群。

要领：两脚开立，两手正握杠铃或哑铃，两手间距与肩同宽，下垂于体前，持铃弯举至胸前，稍停，然后慢慢放下还原。

要点：上臂必须贴紧体侧，不要前后移动。

呼吸：用力时吸气，放松还原时呼气。

四、胸部肌肉的练习方法

1. 卧推

作用：发展胸大肌、肱三头肌、三角肌等。

要领：仰卧在长凳上，腰背用力收紧，挺胸吸小腹，腰部离开凳面。持铃两臂伸直，慢慢屈臂向下，将杠铃放到胸部第三肋骨处，然后用力向上推举，两臂伸直至原来姿势。

要点：推举起杠铃时，胸肌保持收紧，并意念胸大肌发力，做到挺胸沉肩。

呼吸：放铃至胸和上推时吸气，两臂伸直后呼气。

2. 仰卧飞鸟

作用：发展胸大肌。

要领：仰卧在长凳上，两手各持哑铃，先向胸前举起至两臂伸直，手心相对，然后两臂分别向两侧慢慢分开，下垂（肘关节稍微弯曲）至最低点，稍停，接着由下向上还原到两臂伸直。

要点：动作过程中始终保持头正、挺胸、腰直。

呼吸：屈臂向下时呼气，伸臂时吸气。

3. 仰卧直臂上拉

作用：发展胸大肌、肩带肌。

要领：仰卧在长凳上，两手头后持握小杠铃，然后挺胸振臂，将杠铃举至胸部垂直上方，再控制杠铃慢慢下落至最低点，使胸部充分拉长伸展，两臂再用力上举至头上。

要点：控制身体平衡，用胸大肌的力量控制动作。

呼吸：上拉时吸气，还原时呼气。

五、背部肌肉的练习方法

1. 俯立划船

作用：发展背阔肌等肌群。

要领：上体前倾约与地面平行，然后用背阔肌收缩之力及向上提肘之力将横杠提拉至胸腹部。

要点：做此练习要模似划船动作以加大动作幅度。

呼吸：弓身拉铃时吸气，放下杠铃时呼气。

2. 单杠引体向上（颈后）

作用：发展背阔肌、冈下肌、大圆肌、肱二头肌及三角肌等。

要领：两臂悬垂在单杠上，集中以背阔肌的收缩力屈臂引体向上至胸前或颈后，触及单杠，稍停，再以背阔肌控制住身体慢慢下降还原。

要点：身体上引时腰、腿放松，不摆动借力或收腹上拉。

呼吸：引体向上时吸气，放下还原时呼气。

六、腰腹部肌肉的练习方法

1. 仰卧起坐

作用：发展腹直肌、腹内外斜肌、髂腰肌等。

要领：仰卧凳上或垫上，两手抱头或负轻物、重物，快速收腹起坐，再慢慢倒体至水平后重复做。可采用屈腿或直腿进行。

要点：起坐时可快些，上体保持挺胸收腹，仰卧时稍慢。

呼吸：起坐前吸气，还原时呼气。

2. 直腿上举

作用：发展腹直肌下部、髂腰肌及腿部肌群。

要领：可采用仰卧在垫上、斜板上和悬垂在单杠上等训练方法。上体不动，收腹举腿至垂直部位，稍停，然后收紧腹肌慢慢落下。

要点：上举时快，伸直还原时要以腹部肌群力量控制住慢慢落下。

呼吸：上举时吸气，下落时呼气。

3. 直腿硬拉

作用：以锻炼骶棘肌为主。

要领：两腿伸直开立，上体前屈，挺胸收紧腰背，两臂伸直握住杠铃，然后伸髋、展体将杠铃拉起至身体挺直。

要点：杠铃贴身，腰背肌收紧。

呼吸：用力前吸气，将杠铃提离地面、身体充分伸直后调整呼吸。

4. 俯身弯起

作用：发展腰背肌群。

要领：两腿开立约比肩宽，两手握杠铃于颈后肩上，挺胸塌腰，上体向前慢慢弯下至背部与地面平行止，臀部后移，用腰背肌群的力量挺身直立还原。

要点：两腿伸直挺胸、紧腰，前屈时慢，还原时略快。

呼吸：前屈时呼气，还原时吸气。

5. 负重转体

作用：发展腹内外斜肌、髂腰肌、骶棘肌。

要领：身体直立，两腿开立约比肩宽，肩负杠铃做左右转体动作。

要点：动作要平稳缓慢，脚跟不要离地。

呼吸：自然呼吸，不要憋气。

七、腿部肌肉的练习方法

1. 深蹲（颈后）

作用：发展股四头肌、小腿三头肌和臀部肌肉。

要领：两脚开立与肩同宽，把杠铃置于颈后肩上，挺胸收腹紧腰，头稍仰起，然后屈膝下蹲至全屈，稍停，再伸腿起立至股四头肌完全收紧。

要点：腰背肌群在动作中始终不能放松，还原过程腰臀部要有向前顶的意识。

呼吸：一般采用下蹲时呼气，伸腿起立时吸气。亦可采用下蹲前先深呼吸二、三次，即吸足一口气，在憋住气的同时，立即下蹲做短促的呼气。

2. 半蹲（颈后）

作用：发展股四头肌、小腿三头肌和臀部肌肉。
要领：两脚开立与肩同宽，把杠铃置于颈后肩上，挺胸收腹紧腰，头稍仰起，屈膝慢慢下蹲至大腿与地面平行为止，静止 3 秒，再伸腿起立。

要点：腰背肌群在动作中始终不能放松，还原过程腰臀部要有向前顶的意识。

呼吸：一般采用下蹲时呼气，伸腿起立时吸气。亦可采用下蹲前先深呼吸二、三次，即吸足一口气，在憋住气的同时立即下蹲做短促的呼气。

3. 俯卧腿屈伸

作用：发展股二头肌及臀大肌等肌群。

要领：身体俯卧在长凳、垫子或专门器械上，两腿并拢伸直将拉力器、橡皮筋的一端套在踝关节处用股二头肌的力量使小腿向上收起至最大限度，稍停后再慢慢还原。

要点：动作始终是大腿与地面平行，不得向前移动位置。

呼吸：自然呼吸。

4. 负重提踵

作用：发展小腿三头肌肌群。

要领：肩负杠铃，足趾下可垫铃片，然后做直膝提踵动作。

要点：身体重心不要在做前有意前移。

呼吸：自然呼吸。

八、健美训练法

1. 动力训练法

动力训练法是肌肉收缩时，长度在缩短，肌肉的起止点向中心靠拢，因而又叫向心练习。目前，动力训练法运用得很普遍，约占肌力训练的 70% 左右。在动力训练中运动负荷安排要注意以下几点。

（1）强度：即负重抗阻力的大小。一般采用中小强度，即 60%~80%，到一定阶段后可以冲击一次最高强度，即 100% 的重量。

（2）组数：即使用器械的次数。2~4 组为少组数（练习局部 1~ 2 块肌肉），练习综合肌群时（3 块肌肉以上）应采用多组练习。

（3）次数：即一组中所做的次数。通常以 1~3 次为少次数，6~12 次为中次数，15 次以上为多次数。

（4）密度：即每组之间的间歇。间歇时间 2~3 分钟为小密度，间歇 1~1.5 分钟为中密度，间歇在 30 秒以内为大密度。

（5）动作速度：即动作的快慢。据研究，快速对发展爆发力有利，混合速度对长力量有利，而慢速和中速对发达肌肉有益。

2. 静力训练法

这种方法又叫等长练习法，即让肌肉维持在一定姿势上静止有力，肌肉长度不变但张力发生变化。通常静止用力 6~ 10 秒，这样对某一肌群有更深的刺激。

3. 退让训练法

这种方法又叫反向练习，和动力练习相反，是让已收缩的肌肉被动拉长做相反的工作。退让练习用的时间长，约为动力练习的一倍。

4. 金字塔训练法

这是一种重量与次数对应变换的练习方法。它是指在练习过程中逐渐增加试举重量，同时相应减少试举次数的一种渐增重量训练法。

金字塔法有塔尖式，即小负荷—中负荷—大负荷—极限负荷—大负荷—中负荷—小负荷；塔身式，即小负荷—中负荷—大负荷—大负荷—中负荷—小负荷；双塔式，即小负荷—中负荷—大负荷—中负荷—大负荷—中负荷—小负荷三种形式。①

九、健美训练计划的制定

1. 训练目的

提高自身健康水平，使身体形态有一定的改观；掌握一定的健美运动知识和技能，为今后健美训练打下坚实的基础。

2. 训练时间

以三个月至半年为期，亦可延长至一年左右。

3. 周训练计划

每周练习 3~ 4 次。

4. 运动负荷安排

（1）负荷强度：重量 60%~ 80%。

（2）负荷量：次数、组数中等，每次训练一小时左右。

5. 训练措施

（1）严格执行训练计划。

（2）训练过程中要做好医务监督，防伤、防病。

（3）训练前充分热身，训练后注意恢复放松。

（4）养成有规律的良好生活习惯，增加蛋白质等营养量，依据少吃多餐原则合理安排饮食，保证足够的营养。

（5）定期进行总结，找出问题，随时修订训练计划。

十、健美比赛

1. 比赛类别

（1）按性别分：男子个人、女子个人、男女混合

① 张先松. 健身健美运动［M］. 武汉：华中科技大学出版社，2009：286.

双人；并增设下列特别奖：最佳胸肌奖、最佳臂肌奖、最佳腹肌奖、最佳三角肌奖、最佳背阔肌奖、最佳腿肌奖、进步最快奖和最佳配乐表演奖。

（2）按年龄分组：少年组（16~19岁）、青年组（21周岁以下）、成年组（21周岁以上）和老年组（男子40周岁以上，女子35周岁以上）。

（3）按体重分级：男子按体重分为：①羽量级：体重60千克。②雏量级：体重60.1—65千克。③轻量级：体重65.1—70千克。④轻中量级：体重70.1—75千克。⑤次中量级：体重75.1— 80千克。⑥中量级：体重80.1—85千克。⑦轻重量级：体重85.1—90千克。⑧重量级：体重90千克以上。女子按体重分为：①羽量级：体重46千克以下（含46千克）。②雏量级：46.1—49千克。③轻量级：49.1—52千克。④次中量级：体重52.1—55千克。⑤中量级：体重55.1—58千克。⑥重量级：体重58千克以上。

2. 运动员服饰

（1）男运动员必须穿规定式样的比赛三角裤。

（2）女运动员必须穿单色不耀眼的能完全显露出腹部和背部肌肉的“比基尼”比赛服。

（3）运动员在比赛中不准穿鞋、袜，不准戴手表、戒指等装饰品。

（4）运动员可在全身涂少量的植物油。

3. 比赛时间

男子个人为60秒，女子个人为90秒，男女混合双人为120秒，集体造型为60秒，女子双人为90秒。

4. 裁判员的观察与评分依据

（1）男子个人评分依据：①肌肉：指全身结构统一的发达肌群，包括围度、强度和密度。②匀称：骨骼发育良好，各部分比例协调，全身肌肉均衡发展。③造型：动作规范、协调，重点突出，富有美感。④仪表与气质：形象、姿态等及赛场表现。⑤肤色：皮肤光泽，色泽和谐。

（2）女子个人评分依据：必须具有鲜明的女性特点、理想的肌肉、发达的女性体格形态，其他方面基本与男子评分依据相同。

（3）男女混合双人评分依据：男女运动员身材相配和谐，体格和肌肉发达程度协调，皮肤色调一致，容貌、精神气质吻合，造型动作和谐默契，具有独创性和整体感。[①]

70岁的钟南山院士每天除了坚持跑步外，阔胸器和哑铃也是他经常锻炼的器械。为了加强肌肉训练，钟南山院士在卧室的墙壁上安了一个单杠，平时做引体向上。钟南山院士说：“我现在的状态感觉像是中年，还没有到功能减退的时候，还需要加强体质锻炼。”钟南山院士力气很大，这就是肌肉的功劳，而单杠、哑铃等拉力训练是锻炼肌肉的最好方法。人体肌肉得不到锻炼，新陈代谢就会减弱，内脏和中枢神经都会受影响，所以肌肉是力量的储存库。钟南山说，传统医学的说法是“久坐伤肉”，就是说长时间坐的人会损伤肌肉的力量。所以每天坐在办公室里的上班族，最应该进行肌肉锻炼。因为肌肉力量不足甚至萎缩的时候，也就是各种慢性疾病容易侵袭的时候。肌肉是年轻和健与美的象征，肌肉的力量不足，只能加速人衰老的进程。所以用他的话说，人必须锻炼。他深有体会的是：“用轮换的方式，体能和脑力交替运动，这样会保持脑子清醒、敏锐。”

他工作了几十年，也锻炼了几十年，他说：“身体的锻炼，提高了我的工作效率，不然的话，我这样的年龄，每天怎么能完成那么多的工作？”

① 张先松.健身健美运动[M].武汉：华中科技大学出版社，2009：161-172.

第二节 形体塑造

扫一扫 看一看

一、内涵和意义

形体塑造包括：外在体型、体态的塑造和气质的培养。外在体型塑造是指通过修饰途径，有目的、有计划地促进人体骨骼发展和拉伸肌肉线条，进而使人体的体型（头部、躯干和四肢）比例协调适当，达到和谐的效果，给人以悦目优美的形态感觉。而内在心灵与自身修养的培养和塑造表现为气质的培养。①

形体塑造能增强体质，培养美的体态和体型；对人进行美的教育，提高审美能力；提高个人内在气质和本身素养。②

二、特点和作用

形体塑造的特点包括：①运用的广泛性和针对性。形体训练不同于其他体育项目所具有的竞争性特点，它适合不同年龄、职业、能力、爱好的人群。它不仅可以使体型匀称、优美，举止动作协调、自然，还可以强身健体、延年益寿，使身体的各个机能高效运转。②训练方法的多样性。它所选择的内容、方法和形式丰富多样，有身体局部练习的单个动作或专门动作，也有身体全面练习的基本动作、组合动作和成套动作。③艺术美学性。它是一种健与美相结合的造型艺术，以追求形体美、姿态美、气质美为目标。

经常进行形体训练有益于肌肉、骨骼、关节的匀称和谐发展，使人形成正确的体态和健美的形体；能够促进人体新陈代谢，改善中枢神经系统的功能，提高心血管系统、呼吸系统、消化系统等内脏器官系统的功能，增强机体活动的能力。

三、内容及分类

（一）内容

1. 基本姿态练习

即坐、立、行、卧。

2. 基本素质练习

通过对人体肩、胸、腰、腹、腿等部位进行训练，以提高人体的支撑力、力量、耐力、速度、灵敏、柔韧等基本素质，可采用单人练习和双人配合练习两种形式。

3. 基本形态控制练习

即对身体形态进行系统训练的专门练习，是提高和改善人体形态控制能力的重要内容，包括徒手、把杆、姿态等动作。

（二）分类

1. 舞蹈类

舞蹈分为：民间舞、芭蕾舞、古典舞、现代舞。

2. 体操类

基本体操分为：徒手体操、轻器械体操、专门器械体操、队列队形等。

3. 健美操类

一般分为：健身健美操、竞技健美操、表演健美操。

---

① 胡晋梅.形体塑造与艺术修养[M].重庆：重庆大学出版社，2010：3-4.

② 赵晓玲.形体训练[M].北京：科学出版社，2014：1-2.

4. 艺术体操类

一般分为：一般性艺术体操、竞技艺术体操。

5. 瑜伽类

6. 舍宾类

7. 健身健美类[①]

四、人体形态美的标准

人体形态美的标准包括体型美、姿态美和行为美。

（一）体型美

1. 均衡

即身体各部分的发育要符合一定的比例。比如，头是身高的 1/ 7 最为恰当。

2. 对称

即人体的左右对称，从正面或背面看身体左右两侧要平衡发展。

3. 对比

即形体上的大与小、长与短、粗与细、屈与直，节奏上的快与慢、轻与重，行动上的动与静。人的体型必须符合对比美的规律，即人的体型要符合性别的特征；躯干与四肢的对比、关节与肌肉部位的对比及上、下肢的对比要协调。

4. 曲线

即人体曲线流畅、鲜明、简洁，线条起伏对比恰到好处。

（二）姿态美

人体几种基本姿势所表现出来的静态和动态的美感，包括站立、行走、坐卧三方面的美感。

（三）行为美

一个人的举止风度的美。行为美要求人的行为必须符合社会道德规范。[②]

运动价值

形体塑造可以通过形体训练、体育锻炼、舞蹈、瑜伽、舍宾等及合理的饮食、规律的生活习惯等来实现。以形态练习、姿态练习、气质练习为主要内容和基本手段，可以有效发展心肺功能、肌肉力量、柔韧性、协调性、灵敏性等，塑造优美形体，矫正不良身体形态，培养高雅气质，也是现代人缓解压力、增进健康的一剂良方。

五、形体塑造训练

（一）形体素质训练

从事任何运动项目都必须以一定的力量、速度、柔韧、耐力和协调能力等身体素质为基础，素质训练是提高技术水平的基础。

1. 力量素质

力量素质是指肌肉在用力过程中克服或对抗阻力的能力。在发展力量素质的过程中，既要使四肢、腰、腹、背、臀、腿等部位的大肌群和主要肌群得到锻炼和提高，也要注意发展那些薄弱的小肌群力量。

2. 速度素质

速度素质是指人体快速运动的能力。

发展速度素质的方法：①发展反应速度的方法：听觉反应，对突然发出的信号（鸣哨、击掌等）迅速做出准确的反应；视觉反应，对变化、移动的信号目标（手势、旗子、物体等）迅速做出应答反应；综合反应，当先后或同时接受视觉、听觉、触觉、味觉等各种信号感受时，做出快而正确的反应，如听不同信号或看手势做起跑、卧倒、转身、跳跃、急起、急停、下蹲等动作。②发展动作速度的方法：利用外界的助力来帮助、提高动作速度；利用加大动作难度来提高动作速度。练习中速度的节奏变化应快慢结合，最好

① 赵晓玲.形体训练[M].北京：科学出版社，2014：7-18.
② 赵晓玲.形体训练[M].北京：科学出版社，2014：4-6.

以最快的速度进行动作练习。如跑的专门练习、加速跑 30~ 60m、冲刺跑 20~ 30m、短距离地重复跑 40~ 120m、上下坡往返跑、负重后蹬加速跑、负重登阶跑等。

3. 耐力素质

耐力素质是指有机体坚持长时间运动的能力。它可分为肌肉耐力（力量耐力）和心血管耐力（分为有氧耐力和无氧耐力）。

发展形体耐力素质的方法：①越野跑（1 小时左右）、3~ 5 分钟跳绳及各种体育项目如球类、自行车、游泳等。②把素质训练的内容编排成套进行练习。③根据规定动作和自选动作成套练习或多次反复练习。

4. 协调能力

协调能力是指有机体各部位在时间和空间上的相互配合，以合理有效地完成动作的能力。

发展协调能力可采用以下一些练习方法：①练习不对称动作。②反向完成动作。③改变动作的速度和节奏。④采用改变负荷的静止或用力练习，提高练习者区别完成动作时肌肉不同程度用力的能力。

5. 柔韧素质

柔韧素质是指人体各关节在不同方向的动作能力及肌肉、韧带等软组织的伸展能力。

发展柔韧素质的方法：①颈部柔韧性练习：头前、后、左、右屈，头左、右转，颈部绕环和抗阻性练习。②肩部柔韧性练习：包括压、拉、吊、转等方法，即各种不同体位的压肩；各种不同姿势的拉肩；各种不同方法的牵引和绕肩，如正反压肩、双人正压肩、转肩（双手握棍或绳子做直臂向前、向后转肩）、甩肩（两臂与肩同宽，前平举，立正同时向后上方甩肩）、吊肩（单杠、肋木上后悬垂）。③腰部柔韧性练习：体前后屈、体侧屈、体转、双人体后屈等，如下桥（两脚开立与肩同宽，两臂前举，伸肩展胸向后下腰，两手撑地成桥，充分顶肩顶髋）、甩腰（练习者一手扶把杆，一臂上举，做体前屈和体后屈的甩腰动作或帮助者用双手固定练习者的腰部，向后做甩腰动作）和体前屈（两腿伸直并拢站立，前屈时上体与腿贴紧，两手抱住两腿保持一定时间，直角坐于垫上，两腿伸直下压）。④腿部柔韧性练习：正压腿（上体尽量向远伸，稍抬头，用胸、腹紧贴大腿）、侧压腿（背部挺直，上体尽量侧屈，不能向左或向右转）、后压腿（上体保持正直，抬头挺胸后仰，支撑腿可伸直或弯曲）、踢腿（手扶把杆原地踢，行进中踢，方向有前、侧、后等）、板腿、控腿和劈叉。

流动的术语

芭蕾（Ballet），“双腿外开、脚的五种位置、手的七种位置”等构成古典芭蕾的美学核心。通过芭蕾形体基本功的训练能提高练习者的柔韧性、协调性、表现力及对音乐的鉴赏能力，达到增进健康、塑造完美的形体、培养高雅气质的目的。

（二）舞蹈类形体训练

舞蹈是训练基本功、优美姿势和协调性的最有效手段。它还可以训练节奏感、音乐感和培养不同的动作风格及表现力等。

1. 单一舞蹈基本动作练习

（1）基本位置练习。①站立的基本姿势：头正直，肩下沉，挺胸，收腹立腰，两臂自然下伸，两腿并拢，脚跟靠拢，两脚的夹角为 15°~20°，目平视。②手臂的基本位置：一位——两臂体前弧形下垂，掌心相对；二位——两臂弧形前平举，掌心相对；三位——两臂弧形上举掌心相对；四位——一臂弧形上举，一臂弧形前举；五位——一臂弧形上举，一臂弧形侧举；六位——一臂弧形前举，一臂弧形侧举；七位——两臂弧形侧举，掌心向前下方。③脚的基本位置：一位——两脚跟靠拢，脚尖向两侧，两脚成一横线；二位——脚尖向两侧，两脚跟左右相距约一脚，两脚成一横线；三位——脚尖向两侧，一脚跟平行相靠在另一脚弓处，平行横立；四位——两脚前后平行相靠，两脚相距约一脚，脚尖向两侧；五位——两脚前后平行相靠，脚尖向两侧；八字步——两脚跟靠拢，两脚尖向斜前方成八字形；丁字步——一脚跟靠另一脚弓处成丁字形，脚尖向斜前方，重心落在两脚上。[①]

（2）基本舞步练习：①柔软步：成小八字步站立，两手叉腰，1 拍左脚向前伸出，膝盖脚背绷直，脚面向外；2 拍左脚尖落地经脚掌至脚跟落地，同时重心前移至左脚，右脚后脚尖点地，脚背向外；3~4 拍同 1~2 拍，唯左、右相反。②脚尖步：做法同柔软步只是从脚尖到半脚尖，脚跟始终不着地。③变换步：成一位站立，两臂侧平举；1 拍左脚向前一步，身体重心移至左脚，右脚尖绷直点地，两臂向体侧放下；2 拍右脚向左脚靠拢成一位，重心移至右脚，两臂贴于体侧不动；3 拍左脚再向前一步，移重心，右脚后点地，同时右臂向前，左臂向侧打开平举；4 拍控制上面姿态不动；5~8 拍同 1~4 拍，唯左、右动作相反。④变换步跳：同变换步，但只用两拍完成，同时第 4 拍左脚向上跳起，右腿向后举起。⑤波尔卡：同变换步，只是在变换步之前一小跳即可，节奏比变换步快，动作较活跃。⑥跑跳步：即连跑带跳。1 拍前半拍，左脚向前一小步，前脚掌着地；后半拍，左脚随即跳起，同时右脚向前吸左腿。[②]

（3）摆动与绕环练习：①摆动：以身体某一关节为轴做自然、柔和的钟摆动作，其动作有手臂摆动、腿的摆动和躯干摆动等。如手臂向前、侧、后摆动；行进间或原地向前、侧、后踢腿；向前、后、左、右躯干摆动。②绕环：以身体某一关节为轴做移动范围在 360° 以上的圆形绕动动作称为绕环（移动范围大于 90° 小于 360° 为绕）。绕环有手臂绕环、腿部绕环和躯干绕环等。如手臂大绕环（以肩为轴）、中绕环（以肘为轴）和小绕环（以腕为轴）；腿部绕环：以髋、膝、踝为轴做圆形绕环动作；躯干绕环：它是一种上体弯曲的动作，有上体向前、向侧、向后弯曲。

（4）波浪练习：①手臂波浪：包括上下波浪、前后波浪和内波浪，它又分为大、中、小波浪。练习方法为以肩带动肘，腕稍屈，手指放松下垂，接着稍下压肘、腕、指，各关节依次伸直至上举。动作要圆滑、连贯、舒展。②身体波浪：包括躯干波浪和全身波浪。躯干波浪：由腰骶部开始经胸、颈依次前挺，上体逐渐前倾 90°，背成凹形，接着由腰经颈依次弯曲至含胸低头，背成凸形，上体逐渐抬起；全身波浪：有向前、向后、向侧波浪。其中，身体向前波浪：屈膝半蹲，含胸低头开始，踝、膝、髋、腰、胸、颈、头依次向前挺出，两臂经向前后摆至上举；身体向后波浪：两臂上举，上体后屈开始，膝、髋、腰、胸、颈、头依次弯曲，向后拱起，使背部经后下摆至前举；身体侧波浪：上体左侧屈开始，移重心经两腿半蹲姿势，接着从膝、髋、腰、胸、头向右前方依次挺起。

（5）基本跳步练习：包括小跳、中跳和大跳，可在原地、行进间或空中完成转体；有单腿起跳、双腿或单腿落地、双腿起跳、单腿或双腿落地等。这里简单介绍几个基本的跳步：①一位小跳：一位站立两手叉腰，两腿经半蹲用力上跳，膝和脚面绷直，收腹立腰，以前脚掌落地过渡到全脚掌成半蹲。②向前吸腿跳：一脚向前一步后用力蹬地跳起，摆动腿主动吸腿，收腹立腰，挺胸抬头。③向前大跨跳：左腿向前一步蹬地跳起，同时右腿伸直向前跨出，空中两腿前后分开，收腹立腰，一臂后举，另一臂侧举，接着右脚柔和落地，左腿后举。[③]

2. 把杆练习

把杆练习能帮助练习者很好地掌握身体平衡，能有效地、有重点地训练身体各个部位，主要是躯干、腿、脚的肌肉运动感觉，训练开、绷、直、立及身体各部位肌肉的控制和用力。它包括擦地、蹲、小踢腿、划圆、屈伸、压腿、踢腿、控腿等内容。

扶把练习分两种：一是双手扶把。面向把杆，身体与把杆约一小臂的距离，双手轻放把杆上，两手距离与肩同宽，肘下垂，肩下压。二是单手扶把。侧身对把杆，单手轻放把上，稍在身体的前面一点，扶把高度一般为 1.2m 左右。[④]

① 孙麒麟.全国普通高等学校体育课教材[M].大连：大连理工大学出版社，2003：71-72.
② 赵晓玲.形体训练[M].北京：科学出版社，2014：67-70.
③ 陈智涌.现代大学体育教程[M].北京：北京体育大学出版社，2004：240-247.
④ 赵晓玲.形体训练[M].北京：科学出版社，2014：37.

① 擦地：包括向前、向侧、向后三个方向。方法：主力腿支撑，动力腿伸直，腿部外开，以脚尖领先，向前、向侧、向后擦出至最远点。保持主力腿的稳定性，动力腿全脚擦出，和主力腿的脚跟在一条直线上，经过压脚尖、脚腕收回五位。

② 蹲：包括半蹲和全蹲。半蹲：膝盖、脚尖外开向两侧慢慢屈膝 90°，脚跟不准离开地面，至最大限度；全蹲：在半蹲的基础上继续下蹲，在大腿接近小腿时，两脚跟被动提起。下蹲时注意腿部外开，立起时，先主动落脚跟，上体正直，动作要连贯，蹲起节奏要均匀，不要松胯，不要撅臀。

③ 小踢腿：包括向前、向侧、向后三个方向。方法：主力腿支撑，动力腿伸直外开，经擦地迅速向前、向侧、向后踢 25° 制动，然后经脚尖着地收回。练习时，主力腿要稳定，不能随意晃动；动力腿踢出后尽量要延伸，动作要干净，方向明确，腿部外开。

④ 划圆：主力腿支撑，动力腿伸直，用脚尖在地上划半弧。划圆时脚尖完全接触地面，腿部外开，身体保持稳定，不能跟着动力腿的运动而晃动身体，动力腿要沿着地面，在不影响主力腿重心的情况下尽量往远划。

⑤ 屈伸：包括向前、向侧、向后三个方向。方法：主力腿屈膝支撑，动力腿屈膝外开，然后以膝关节为轴做小腿慢慢均衡屈伸的动作。两腿在运动过程中，动作配合要协调，做到同时伸直、同时弯曲，有延伸和拉长的感觉，动力腿控制在 45° 的高度上运动。

⑥ 压腿：包括向前、向侧、向后三个方向。压腿时，两腿要充分伸直，上体始终保持正直，挺胸抬头，收腹立腰，尽量用自身的力量给腿部以压力，逐步提高压腿的高度。

⑦ 踢腿：包括向前、向侧、向后踢腿、外摆腿、里合腿等。踢腿时，上体要保持直立，主力腿稳定、伸直、不晃动，动力腿经过擦地向前、侧、后外摆踢出 90° 以上，落地时要有控制。

⑧ 控腿：包括向前、向侧、向后三个方向。控腿时，主力腿要稳定，后背挺直，腿部要外开，动力腿控制在 90° 以上。向前控腿时，臀要上提；向侧控腿时，上体不能向把杆倾倒；向后控腿时，要收腹，动作要舒展、拉长。[①]

（三）身体局部的形体塑造方法

局部减肥是一种错误的认识，局部的运动不可能减去特定部位的脂肪，因为脂肪的消耗是全身的，特定部位的身体运动只能帮助减少全身的脂肪、缩小脂肪细胞，增大、增强特定部位的肌肉。

人体多余的能量通常以脂肪的形式储存在身体的腰、腹、臀、腿等不同部位，要减缩局部多余脂肪一般是先全身后局部；先有氧后负荷（混合或无氧训练）或先进行无氧训练，接着再进行有氧训练；先大肌群后小肌群，并制定出科学的训练计划和明确的阶段目标。采用科学的综合训练和饮食调控等方法，再加上坚强的毅力和持久的恒心，才能获得事半功倍的锻炼效果。

1. 臂部

① 颈后臂屈伸（12 次 ×2 ~4 组）：两个小哑铃（可用矿泉水代替）握在手里，抬起手臂，使上臂贴近耳朵，然后屈肘，再伸直手臂。

② 俯立臂屈伸（8~ 12 次 ×3 组）。

③侧卧臂屈伸（8 次 ×2~4 组）。

④俯卧撑（15 次 ×2~4 组）。

2. 背部

① 准备两个哑铃，站立姿势，双臂自然下垂，握住哑铃，上臂向后做提东西的动作，把哑铃提到胸部的侧面，15 次 ×3 组。

② 站立，双臂自然下垂，手心向后握住哑铃，向后抬起，做这个动车时保持胳膊是伸直的，15 次 ×3 组。

这两个动作可以锻炼背部，但背部的脂肪比较难减，一般的运动很难充分锻炼到这个部位，需要坚持一段时间。

3. 腹部

① 屈膝仰卧起坐（20 次 ×4 组）。

② 直腿上举（15~20 次 ×4 组）。

③ 收腹提膝（8 次 ×3 组）。

④直立转体（20 次 ×4 组）：两脚微开立，左右

---

① 孙麒麟. 全国普通高等学校体育课教材 [M]. 大连：大连理工大学出版社，2003：72-76.

间距 10cm，两臂侧平举，下肢站稳不动，以腰部为轴左右转动。

4. 腰部

① 摇呼啦圈（有氧运动要持续 30 分钟以后才开始消耗脂肪，所以运动最少 30 分钟）。

② 站立，两脚分开略比肩宽，胳膊伸平，身体呈“大”字，然后腰部侧弯用左手去触左脚踝，然后再站直，换右面。左右各一下为一组，每组做 30 个。

③俯卧两头起（15 次 ×2~4 组）。

5. 臀部

① 趴在垫子上，两腿伸直，做游泳拍水的动作，两腿交替向上抬起，动作稍慢，胯部不要离开垫子。左右各一次，15 次 ×3 组。

② 半蹲（颈后）（8~~12 次 ×2~4 组）。

③ 跪撑后摆腿（8~12 次 ×4 组）：跪撑在垫子上，低头、含胸、弓腰，然后抬头、挺胸、蹋腰，左腿尽量伸直后上踢，还原时腿尽量不要触垫子，8 次后换右腿按左腿方法练习。

④ 仰卧抱膝（8~12 次 ×2~4 组）：仰卧，两手放在身体两侧，两腿并拢伸直，左腿屈膝上举，两手抱膝（尽量靠近胸部），右脚伸直，还原成仰卧，再换成右腿，两腿交替练习。

6. 胯部

侧踢腿（15 次 ×2~3 组）：站立，左腿向侧面抬起，保持膝盖向着前方，慢慢抬起，到你能承受的最高位置，再慢慢放下。

7. 腿部

① 大腿内侧（15 次 ×2 ~4 组）：做下蹲运动。站立，两脚分开与肩同宽，脚尖向外，慢慢下蹲，蹲到和地板平行，再缓慢站起。下蹲时脚跟不要抬起，一定要落在地板上，而且动作要慢。

② 大腿前侧：同上（注意脚尖向前）。

③ 大腿后侧（15 次 ×2~ 4 组）：站立，做后踢腿动作，做动作时要缓慢。一个八拍为一组，每个人的身体柔韧性不同，不要太勉强自己，以免拉伤肌肉。

④ 深蹲（颈后）（8~12 次 ×2~4 组）。

⑤ 负重提踵（15 次 ×3 组）。

8. 胸部

① 俯卧撑（15 次 ×2~4 组）。

② 仰卧飞鸟（8~12 次 ×2~4 组）。

③ 卧推（8~12 次 ×2~4 组）。

④ 直立夹胸（8 次 ×4 组）：两脚开立，身体正直肩放松，两臂下垂，臀部后移同时收胸，两肩前移靠拢夹紧，挺胸，两肩后移尽量向后靠拢，还原。重复练习，收胸时胸肌尽量夹紧，挺胸时两肩用力后收。

⑤ 俯卧抬臂（8 次 ×2 ~4 组）：俯卧，右（左）臂前伸，左（右）臂放在体侧伸直，两臂同时向后抬起，还原。两臂交替进行练习。

锻炼时要去感觉你所锻炼的部位肌肉的运动，比如锻炼大腿部位时，你要在下蹲的同时去感觉一下你的大腿肌肉有没有收紧，做完运动后这个部位有没有酸酸的。如果有，说明你已经锻炼到这个部位了，如果没有就说明你的姿势不对，需要调整一下。

第三节 体育舞蹈

扫一扫 看一看

一、起源与发展

（一）起源

体育舞蹈是集体育、音乐、舞蹈于一体，具有健身、竞技、消遣、娱乐、审美等文化价值，以人自身的形体动作为物质手段，通过充满生命活力的韵律抒发人内心情感的身体活动。体育舞蹈的前身是交谊舞，是西方国家的一种舞蹈形式。经历了数百年的演变，体育舞蹈经历了原始舞蹈—公众舞—民间舞—宫廷舞—社交舞—新旧国际标准舞等发展阶段。

（二）发展

体育舞蹈的发展离不开体育舞蹈组织的管理、组织及推广工作。目前国际上有两个国际体育舞蹈组织，一个是国际体育舞蹈联合会（International Dancesport Federation，IDSF），它是管理业余体育舞蹈事务和比赛的国际组织；另一个是世界舞蹈及体育舞蹈理事会（World Dance and Dancesport Council，WDDSC），它是管理职业体育舞蹈事务和比赛的国际组织。世界体育舞蹈的发展主要经历了三个阶段：①在20世纪80年代，它有了一个新的名称——"体育舞蹈"。这是体育舞蹈发展史上的一个重要里程碑。② 1995 年 4 月，国际奥委会正式将体育舞蹈列为奥运会"观察项目"。③在2000年的悉尼奥运会上，体育舞蹈被列为闭幕式表演项目之一。

目前，体育舞蹈仍然不是奥运会的正式比赛项目，但相信体育舞蹈的发展空间会越来越大。

20 世纪 30 年代交谊舞进入中国。新中国成立后，国内盛行内部舞会，通常由各地的工会、共青团、妇联组织舞会，领导与群众同乐，大家一起跳交谊舞。1956 年以后，交谊舞陷入困境，直到 1979 年 2 月 2 日人民大会堂春节联欢会后复出。20 世纪 80 年代初，随着改革开放的进一步深入，我国的体育舞蹈迎来了全新的发展阶段。外国专家及优秀选手纷纷来华讲学、表演、交流、培训，体育舞蹈迅速向全国推广。随着改革开放的不断深化和生活观念的改变，我国的体育舞蹈必将迎来新的高峰。

二、特点和分类

（一）特点

1. 技巧性

兼有体育和文艺双重特点的体育舞蹈是一个完整的舞蹈系统，是一项高雅文明的娱乐活动。它具有严格的规范性和技巧性，对于舞姿、舞步和表现力等要求很高。经历了几百年的历史锤炼，体育舞蹈的诸多动作都具有较高的难度。

赛事时刻

中国体育舞蹈公开赛是中国体育舞蹈联合会精心打造的最具权威、最具影响力、最具品牌价值的面向全国的高规格系列赛事，中国体育舞蹈公开赛至 2016 年已经举办了七年。

2. 思想性

体育舞蹈不是简简单单地将基本动作进行堆砌，也不是单纯地将技巧进行展现，它是将一定的内容通过一定的形式表现出来的身体活动，具有思想性；体育舞蹈通过对现实生活的观察、体验和分析研究，经过概括和提炼来表现出可以被观众形象感知的人物进而来表现社会生活。

3. 抒情性

舞蹈语言能够依靠主观的形体动作，直接地、鲜明地表达人物内心的感情。

4. 健身性

体育舞蹈是人的生理机体运动的过程，对人的身心都有一定的益处。一组动作的成功，不仅仅需要身体各个器官的协调配合，更需要反复练习，而练习的过程无疑就是人体器官锻炼的过程。

5. 娱乐性

体育舞蹈与舞蹈艺术的重要区别在于体育舞蹈的娱乐性和体育性。体育舞蹈强调娱乐性，强调自身和谐发展，这一独有的特征使这一项目很快在全国得到普及与发展。

6. 竞技性

发展至今，体育舞蹈的各种比赛已经走向正规化，比赛规则也日趋完善，参加比赛的国家越来越多，它的竞技性之强不亚于其他运动项目。

7. 表演观赏性

融合了音乐美、服装美、风度和体态美的体育舞蹈既可做表演欣赏，又有参与可能；既有"阳春白雪"的高雅与深度，又有"下里巴人"的通俗与大众化。因此，体育舞蹈比芭蕾和冰上舞蹈拥有更多的欣赏者。

8. 独特性

各种类型的舞蹈动作都具有各自的风格特点，体育舞蹈特异的风格正是其魅力之一。

（二）分类

体育舞蹈包含摩登舞和拉丁舞两大类。摩登舞中有华尔兹、探戈、狐步舞、快步和维也纳华尔兹；拉丁舞有伦巴、恰恰、桑巴、斗牛和牛仔舞。

三、基本舞步和舞姿

（一）基本舞步

体育舞蹈中四种常见的基本舞步主要包括：走步、侧步、摇摆步和平衡步。

1. 走步

走步又叫常步，分为前进步和后退步。

动作：立正，左脚向前走三步，右脚向后退三步。前进时用前脚掌触地，然后随着脚趾抬起过渡到脚跟擦地向前，着地以后再过渡到脚趾，将身体重心移至前脚上。后退动作与之相反。

2. 侧步

侧步分为左侧步和右侧步。

动作：立正，左脚向左迈一步，右脚向左脚并步；然后左脚向右侧迈一步，右脚同样向右侧迈一步，接着左脚向右脚并步，右脚再向右侧迈一步。

3. 摇摆步

摇摆步可分为前后、左右摇摆步。

动作：立正，左脚向前迈一步，将身体重心向前移动，随后重心向后移动，前后摇摆；将重心先向左再向右，左右摇摆。

4. 平衡步

平衡步也叫前、后、左、右平衡步，是由走步和踏步构成的。

动作：立正，左脚向前迈一步，右脚向前上步，将前脚掌踏在左脚侧；右脚后退一步，左脚同样后退，将前脚掌踏在右脚侧；左脚向左迈一步，右脚向左脚并步，将前脚掌踏在左脚侧；右脚向右一步，左脚向右脚并步，将前脚掌踏在右脚侧。

（二）基本舞姿

1. 开式舞姿

开式舞姿要求：①男女双方相对平行站立，在体前单手相握或双手相握，另一手臂向外展开。②一般要求将重心置于支撑腿上，双腿前后或左右开立。③结合使用在各种舞步中，完成各种舞姿和造型。（图17–1）

图 17–1　开式舞姿

2. 闭式舞姿

闭式舞姿要求：①男女双方相对平行而立，脚尖正对前方，双足并合。②男女双方将自己的右脚尖对准对方的双脚中线，间距为 6~9cm，女伴偏向男伴右旁约 1/ 3。③双方将头向左转，女 45°并稍向左倾斜，男 25°，双方越过对方右肩上方向前看，肩要平，背要直，腰要挺，膝松弛，气要舒缓。女伴胸腰微向后倾弯约 25°。（图 17–2）

图 17–2　闭式舞姿

3. 散式舞姿

散式舞姿要求：①男伴将头及上身略向左打开。

②女伴将头及上身略向右打开。③两人的头均向同一方向。

4. 扇形位舞姿

扇形位舞姿要求：①女方站在男方左侧相隔一只手臂的地方。②男方的左手（掌心向上）和女方的右手（掌心向下）相握。③男方的身体和女方的身体排列呈直角形；男方的右臂和女方的左臂均侧平举。④男方的右脚向右侧迈出一步并稍微向前，重心置于右脚；女方的左脚向后迈出一步，重心置于左脚。

舞会中的礼仪

1. 邀请舞伴时，按惯例应该是邀请异性。

2. 一般情况下，在舞会上被人邀请时，不宜拒绝对方。通常讲究男士邀请女士，女士可以拒绝；但女士邀请男士时，男士不得拒绝。

3. 步入舞池的时候要女先男后，由女士选择跳舞的位置。

本章小结

本章主要介绍了健美运动、形体塑造和体育舞蹈，通过本章的学习，你应该掌握以上三项运动的基本方法，并将学到的运动技能运用到实际的锻炼中去。

拓展阅读

1. 曹锡黄. 健美运动[M]. 北京：高等教育出版社，1991.

2. 张先松. 健身健美运动[M]. 武汉：华中科技大学出版社，2009.

3. 全国体育学院教材委员会. 健美运动[M]. 北京：人民体育出版社，1992.

4. 黄晓明. 健身健美[M]. 北京：高等教育出版社，2009.

5. 赵晓玲. 形体塑造与训练[M]. 重庆：重庆大学出版社，2014.

6. 陈智涌. 现代大学体育教程[M]. 北京：北京体育大学出版社，2004.

7. 孙麒麟. 全国普通高等学校体育课教材[M]. 大连：大连理工大学出版社，2003.

8. 胡晋梅. 形体塑造与艺术修养[M]. 重庆：重庆大学出版社，2010.

9. 赵晓玲. 形体训练[M]. 北京：科学出版社，2014.

在线学习

1. 中国健美协会
2. 中国健美—肌肉网

3. 国际健美联合会
4. 中国香港健美总会
5. 中国体育舞蹈联合会
6. 香港体育舞蹈总会

测测你的基础

1. 简述腹部肌群、腿部肌群、胸部肌群和手臂肌群练习的主要方法。
2. 体育舞蹈按舞蹈的风格及技术结构分为＿＿＿＿＿＿和＿＿＿＿＿＿两大类。
3. 常见的基本舞步主要包括：走步、侧步和＿＿＿＿＿＿。
4. 简述体育舞蹈的特点。
5. 简述体育舞蹈的概念。
6. 试论述体育舞蹈的健身价值。

第十八章

太极拳与瑜伽

本章概述

本章主要介绍在全世界范围内盛行的太极拳和瑜伽运动。这两项运动以健体养生为基础，以“内外兼修”为特征，集强健身体、增进健康、放松心情、预防疾病等功效于一身。它们以其独有的修身养性的价值与内在魅力风靡世界，备受世界人民的喜爱和推崇。通过本章的学习，学习者应该能够初步掌握太极拳和瑜伽运动的一些基础知识和技能。

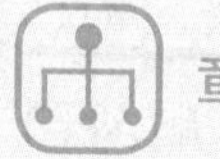

章结构图

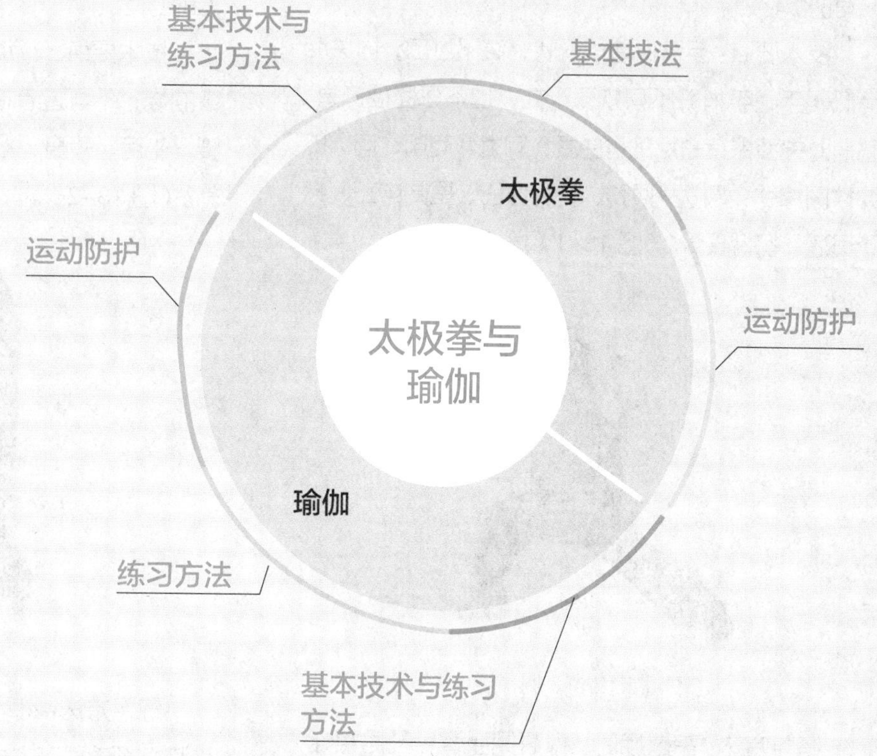

学习目标

通过本章的学习，你应该能够做到：

1. 掌握太极拳的基本手型、手法、步型、步法及基本技法；掌握瑜伽的基本坐姿、基本体式和练习方法。
2. 了解太极拳的基本腿法和相关的术语，了解与瑜伽运动相关的基本呼吸方法和瑜伽手印。
3. 掌握太极拳和瑜伽的运动防护知识。

第一节 太极拳

扫一扫 看一看

一、基本技术与练习方法

（一）掤

掤在两臂，意欲黏回，其特点是既含御敌之功，又有诱敌之意。

技术要点：手臂保持半圆状，高不过口，时关节稍低于手，手指既不可软弱无力，也不可僵硬挺直，就是时关节保持一定的弯曲度，向上、向前、向外的弹性圆撑劲；要虚灵顶劲、气沉丹田、尾闾中正、松柔灵活、配合腰腿。（图 18–1）

图 18–1 掤

练习方法：在做掤时，意想掤手臂与腰胯相连，并意念远放，虽然重心前移，但后足意念插在地下。在练习时可不发力，做到缓慢松沉，达到慢而养的目的。

（二）捋

捋在掌中。顺其势而取之，舍己从人，变被动为主动，是收回。其特点是要轻要顺，在顺中改变对方力的方向。

技术要点、：动作无论弧形大小，都必须呈圆形或曲线，不可直着抽回；两腿移动要分清虚实，要松腰、坐胯、转身、粘连黏随，立身中正，不可俯仰歪斜。（图 18–2）

图 18–2 捋

练习方法：练习时可以掌搭对方的肘、腕，松腰坐胯，顺着对方力前进的方向将对方的来力向外、向后、向下转移。

关于太极拳的起源存在一些争议，主要有唐朝许宣平、宋朝张三峰、明朝张三丰、清朝陈王廷和王宗岳等几种说法。其中以张三丰、陈王廷和王宗岳三人争论最大。张三丰和王宗岳分别著有《太极拳论》，而据中国武术史学家考证，陈王廷遗诗云:“叹当年，披坚执锐，扫荡群氛，几次颠险，蒙恩赐，往徒然，到而今，年老残喘，只落得黄庭一卷随身伴，闲来造拳，忙来时耕田。趁余闲，教下弟子儿孙，成龙成虎任方便。”

总的来说，作为中国武术中形成较晚的一个流派，太极拳借鉴吸收了许多其他武术拳种及流派的理论和技术精华。太极拳的理论基础是中国传统文化中的阴阳思想，而这种思想在很早以前就已经发展得很系统了，如《黄帝内经》是早期最为系统地将阴阳思想与人体健康相结合的著作，被中医奉为经典;太极拳的哲学基础是道教的太极八卦等理论,《周易》对阴阳、八卦阐述得很透彻。在后来的太极拳理论中，我们不难发现处处蕴含的中国传统文化、传统哲学思想和中医经络学说等。所以说太极拳的相关理论在很早以前的古代就形成了。从技术上来说，太极拳中也不难看出古代导引、吐纳术和养生术的影子。如长沙马王堆三号汉墓 1973 年出土的导引图谱，是现存最早的一卷运动锻炼的工笔彩色帛画，其中很多动作和现代的太极拳动作不仅神似还形似，而太极拳的确也有导引养生之功效。因此，可以说在战国以前，现代太极拳理论体系的理论基础已经形成，与太极拳相关的一些技术元素也在不断衍生，而到明末清初，完整太极拳概念的理论、技术架构开始出现，清中经陈长兴不断发展、壮大起来，构成了现代意义的太极拳主体，也造就了太极拳的博大精深和源远流长。

20 世纪的上半世纪，太极拳开始由局部地区、由家族广泛发展到社会。在这一时期，太极拳的研究工作也得以开展，一些有识之士积极倡导太极拳的学术化、科学化。新中国成立后，太极拳得到空前的发展。它真正成了为大众服务的运动健身方法，并且大规模地走向世界，使中华民族优秀文化为全世界所共享。20 世纪 50 年代，24 式太极拳的问世是适应时代发展的重大举措。80 年代初，中国高校第一个武术协会——北京大学武术协会成立，并专门设立了太极拳分会，培养了大批高校太极拳爱好者，促进了太极拳的科学化和世界化。90 年代以后，太极拳发展更是高潮迭起，特别是在国际化推广方面取得了飞跃性进步。2000 年 7 月，国际武术联合会执委会正式通过决议，确定每年 5 月为世界太极拳月。

如今，太极拳已成为具有广泛影响和吸引人广泛参与的世界性健身运动。就其参与人数之多和影响之大来说，有国际文化专家称之为“世界第一健身品牌”。

长期坚持练习太极拳可以使促进新陈代谢，增强体质和身体机能，有效调节骨钙、血钙平衡，延缓衰老，对神经衰弱、心脏病、高血压、肺结核、气管炎、溃疡病等多种慢性病都有一定的预防和治疗作用。同时，练习太极拳还可以驱散和断绝各种劣性刺激对大脑皮层的不良影响，达到调整心态、修身养性的功效。

练习太极拳可以提高青少年的力量、耐力、柔韧、协调和灵敏等方面的身体素质，促进身体发育和健康成长；还能培养吃苦耐劳、顽强意志、积极进取、谦虚礼让等品格；学会一些防身自卫的本领，规范自己的言行，以更好地适应当今社会的飞速发展。

在优美的中国古典音乐的伴奏下练习太极拳，掌随律走、步随韵换，能有效缓解现代人精神压力。

（三）挤

挤在手臂，其特点是出其不意，突然发劲。

技术要点：两臂相搭双手用力向前撑圆挤出，前臂高不过口，同时要和弓腿、松腰协调一致；动作要圆满，勿生棱角；要求沉肩坠肘、气沉丹田，重心前移，立身中正，上下相随。（图 18–3）

图 18–3　挤

练习方法：练习时意想脚底，先后脚，再前脚，边移重心边一手在挤手内侧助力前挤。

（四）按

按在腰攻，其特点是由腿而腰而手，一气贯穿。

技术要点：两臂不可伸直，手心要向前，手指高不过头，手腕微塌；按掌要与向前弓腿协调一致；要立身中正、上下相随，专注一方，无过不及，不可前术后仰。（图 18–4）

练习方法：练习时双手随身体左转而转向左边，身体重心后坐时手心向下双按。

图 18–4　按

（五）采

采在十指，其特点是先轻后实，但不能死板，它是变守为攻的方法。

技术要点：要用手将对方手臂抓实，顺其劲力由上向下牵引。它建立在捋的基础上，在捋的过程中侧向采去，要立身中正、沉腰坐腿、含胸拔背、沉肩坠肘、气沉丹田。（图 18–5）

图 18–5　采

练习方法：练习时用手采执对方指、腕、肘、肩等活关节，顺其劲力转腰坐腿由上向下牵引。

（六）挒

挒在两肱，其特点是要惊，在对方向后抽手时顺其势而发，是攻守合一的方法。

技术要点：要扭转对方腕、肘、肩等活关节或以手背横击对方；要立身中正，以腰为轴，力由脊发，身手协调一致，突然爆发。（图 18-6）

图 18-6　挒

练习方法：练习时用手锁住对方关节，侧向外或向内横向牵动。

（七）肘

肘在屈使，其特点是发之得势，较手为猛，神速不易躲避，为近距离的击人方法，具有较强的杀伤力。

技术要点：屈回前臂，用肘尖发力顶撞或横击；腰、胯、肘、步密切配合，保持重心稳定。（图 18-7）

图 18-7　肘

练习方法：练习时贴近对手，屈回前臂，用肘尖发力顶撞或横击对方。

（八）靠

靠在肩胸，其特点是与对方身体贴近时以肩、背或胯的抖劲的震弹力击人，否则极易落空而使自己失去平衡。

技术要点：要求以肩、背、胯的一侧击人和发放；腰、胯、肘、步密切配合，保持重心稳定。（图 18-8）

图 18-8　靠

练习方法：练习时贴近对手，用肩、背或胯发力靠向对方。

（九）独立步

独立步是一腿自然伸直，支撑站稳；另一腿在体前或体侧屈膝提起，大腿高于水平，脚尖自然下垂。其特点是重心在一条腿上，另一腿屈膝上提。

技术要点：独立步时要求全身尽量放松，劲从脚起；胯、膝、踝关节似直非直、似弯非弯，自然伸直；支撑腿五趾抓地。（图 18-9）

图 18-9　独立步

练习方法：一腿自然伸直，支撑站立；另一腿在体前屈膝提起，屈膝腿同侧手抱膝、异侧手抱踝，用力将屈膝腿贴紧胸。站稳后两手抱拳于腰间。休息一会儿，左、右腿交换动作，重复以上步骤。

（十）丁步

丁步是一腿屈膝半蹲，全脚着地；另一腿屈膝，以前脚掌或脚尖点于支撑腿的脚内侧。其特点是重心在一条腿上，另一腿前脚掌或脚尖虚点地面。

技术要点：两腿都要屈膝下蹲；一脚全脚掌着地，一脚前脚掌或脚尖点、地；重心在全脚掌着地的那条腿 上。（图 18–10）

图 18–10 丁步

练习方法：两腿伸直并拢，两手握拳抱于腰间；屈膝下蹲，左脚不动，右脚提离地面以前脚掌或脚尖点于左脚内侧。休息一会儿，左、右腿交换动作，重复以上步骤。

（十一）进步

进步是两脚连续向前移动各一步。其特点是向前上步时脚跟着地后移重心成弓步。

技术要点：向前上步时要控制好落点，落脚别忙，两脚踩实移重心成弓步，脚尖向前，膝关节不能超过脚尖；后腿蹬伸时脚跟拧转至自然蹬直，脚尖斜向前方；两脚左右相距约 20cm；收脚时脚尖在支撑脚内侧点地支撑，稳定一下重心；身体松正、重心平稳，动作连贯轻柔，两腿虚实分明。注意转体与进步的协调配合，收脚时转体屈髋，上步时转体展膝伸腿。练习时自然呼吸，随动作熟练逐步做到每步两次呼吸，即上步时吸气，向前弓步时呼气；后坐转体时吸气，后脚收时呼气。（图 18–11）

图 18–11 进步

练习方法：屈膝蹲坐，身体重心移于右腿，左腿提起向前上步；身体重心前移，左脚踏实，左腿屈膝前弓，右腿自然蹬直，成左弓步；右腿稍屈，重心后移，左脚尖翘起外转；随之上体左转，身体重心前移至左腿，左腿屈弓，右脚提起收至左脚的踝关节处；右脚再向前上步，右腿屈膝前弓，左腿自然蹬直，成右弓步；重心后移，右脚尖翘起外转，左脚提起再向前上步，成左弓步。如此左右交替前进。

（十二）退步

退步是前脚后退一步，其特点是后退时以前脚掌先落地。

技术要点：虚步时，身体重心要大部分坐于后腿；前腿稍屈，脚尖朝前，后脚尖斜向前方；两脚间相距约 10cm；身体松正、重心平稳，动作连贯轻柔，两腿虚实分明。注意屈腿落胯，膝关节松活，稳固下肢，放松上体；后退时动作要轻、柔、匀、缓，控制好重心，先落前脚掌再移身体重心；落脚时两脚保持适当宽度，不要踩在一条线上；退步距离不要过大，落脚时后伸腿宜稍屈落地。练习时自然呼吸，动作熟练后过渡为一步一呼吸，即提脚退步为吸，后坐虚步为呼。（图 18–12）

练习方法：屈膝下蹲，身体重心移于右腿；左脚轻轻提起，后退一步，前脚掌着地；身体重心移向左腿，左脚踏实，右脚脚跟提起拧正，前脚掌着地成右虚步；右脚轻轻提起，后退一步，前脚掌着地；身体重心后移，右脚踏实，左脚脚跟提起拧正，前脚掌着地成左虚步。如此左右交替退步练习。

图 18-12　退步

（十三）侧行步

侧行步是两脚连续平行侧向移动，其特点是身体重心为左右平移。

技术要点：脚步移动要轻提轻落，点起点落；要虚灵顶劲、沉肩含胸、上体中正、腰胯松活、重心平稳，动作连贯轻匀。练习时由自然呼吸逐渐过渡到一步一呼吸，若动作较慢，也可一步两呼吸，即左右转腰提脚时吸气，开步、并步时呼气。（图 18-13）

图 18-13　侧行步

练习方法：屈膝蹲坐，身体重心移于右腿，左脚提起；上体右转，左脚向左侧移动一步，前脚掌着地；上体左转，身体重心左移，左脚踏实，右脚收拢并步，两脚平行向前，相距约 10cm；上体右转，重心右移，左脚再向左侧移动一步；右脚收拢并步，动作同前。如此连续练习，左行数次后，可反向右行练习。

绝活儿

“四两拨千斤”之说最早见于王宗岳《太极拳论》一文，原文意指太极拳技击术是一种含高度功力技巧、不以拙力取胜的功夫；太极拳功深者，以触处成圆、引进落空、避实就虚等技法，使外力难以作用于自身，又以顺力道拖动对手失去平衡而无法启动发力，从而体现出太极拳独特的技击特点。

二、基本技法

（一）虚灵顶劲

即“顶头悬”。练习太极拳时讲究头正、颈直、顶平、颌收，要求头顶百会穴处向上轻轻顶起的同时保持头顶的平正。要头正、顶平就必须使颈项竖直、下颌微收。顶劲要有自然虚灵之意，不可过分用力。做到虚灵顶劲，精神才提得起来，动作才能沉稳、扎实。

（二）沉肩坠肘

练习太极拳时要求在松肩的前提下沉肩坠肘，两臂由于肩、肘的下坠会有一种沉重的内劲感觉，这就是上肢内在的遒劲。两肩除松沉之外，还要有微向前合抱的意思，这能使胸部完全虚含。两肘除下坠外，也要有微向里的裹劲，这样才能使劲力贯穿到上肢手臂。

（三）舒指坐腕

舒指是掌指自然伸展，坐腕是腕关节向手背、虎口一侧自然屈起。掌的动作是整体动作的一部分，许多掌法都是与全身动作连成一气的，因为舒指坐腕实际上是将周身劲力通过“其根在脚，发于腿，主宰于腰，形于手指”完整一气。

（四）含胸拔背

含胸是胸廓略向内虚含，使胸部有舒宽的感觉。

这样有利于做好腹式呼吸，能在肩关节放松、两肩微含、两肋微敛的姿势下通过动作使胸腔上下径增长，横隔有下降舒展的机会。它既能使重心下降，又能使肺脏、横隔活动加强。

拔背与含胸是相互联系的，要含胸就势必拔背。拔背是在胸略向内虚含时背部肌肉向下松沉，两肩中间颈下第三脊骨鼓起上提并略向后上方拉起，不能单纯地往后拉。这样背部肌肉就会有一定的张、弹力，皮肤有绷紧的感觉。

含胸拔背时胸背肌肉须松沉，不能故意做作。

（五）松腰敛臀

太极拳要求含胸、沉气。因此在含胸时就必须松腰。松腰不仅有助于沉气和下肢的稳固，更主要的是它对动作的进退旋转、用躯干带动四肢的活动及动作的完整往起着主导作用。

敛臀则是在含胸拔背的基础上使臀部稍内收。敛臀时可尽量放松臀、腰部肌肉，使臀肌向外下方舒展，然后轻轻向前、向里收敛，像用臀把小腹托起了似的。

（六）圆裆松胯

裆即会阴部位。头顶百会穴的“虚灵顶劲”要与会阴穴上下相应，这是保持身法端正、气贯上下的锻炼方法。

裆要圆，又要实。胯撑开，两膝微向里扣，裆自圆。会阴处虚上提，裆自会实，加上腰的松沉、臀的收敛，自然产生裆劲。

（七）气沉丹田

练习太极拳时，一般都是采用腹式呼吸，同时“意注丹田”，这样能达到太极拳“身动、心静、气敛、神舒”的境地。

用腹式呼吸来加深气息的深长应自然、匀细、徐徐吞吐，要与动作自然配合，不能用强制的方法。要求整套动作都要与一呼一吸结合得非常密切，应根据动作的开合、屈伸、起落、进退、虚实等变化，自然地去配合。一般来说，呼吸总是与胸廓的张缩、肩胛的活动自然结合着。在一个动作中往往就伴随着一呼一吸，而不是一个动作固定为一呼或一吸。这种与动作自然配合的方法运用得当可使动作更协调、圆活、轻灵、沉稳。

（八）尾闾中正

尾闾中正是关系身体、动作姿势“中正安舒”“支撑八面”的准星。因此，太极拳运动极重视尾闾中正，不论是直的或斜的动作姿势，都必须保持尾闾与脊椎成直线，处于中正状态。更重要的是，尾闾中正还影响着下盘的稳固。所以尾闾中正同样是和以上七点连贯统一的。能够统一地做到这八点，就可以使躯干和上、下肢的内在劲力达到完整如一的地步。

（九）内宜鼓荡，外示安逸

鼓荡是对内在精神所提的要求，是精神振奋的意思。内宜鼓荡是说内在的精神要振奋，而这种振奋是沉着的、“神宜内敛”的，并不流于形色，表现是安逸的。

（十）运动如抽丝，迈步如猫行

太极拳运动要像抽丝那样既缓又匀、又稳又静，迈步又要像猫那样轻起轻落，提脚、落步都要轻灵。静是太极拳的特点之一，练太极拳首要的条件就是要做到心瑞安静、排除杂念，使精神完全集中到运动上来。心静才能“用意不用力”，使运动像抽丝那样安静。太极拳讲究“用意识引导动作”，是一种“会意”的运动。“缓以会意”，只有徐缓的活动才能会意。因此它要求运动像抽丝那样徐缓不躁。太极拳还讲究速度均匀，要求保持适当的等速运动，又要像抽丝那样均匀地抽拉。其步法必须相应地像猫迈步那样轻灵。

三、运动防护

在练习太极拳时，练习者会出现一些不适现象，而膝关节疼痛尤为突出，严重影响了太极拳的健身效果。

众所周知，膝关节是人体下肢支撑身体最重要的关节。在各种剧烈的运动项目中，膝关节是最易损伤的。太极拳虽不是激烈的运动项目，但由于在整个练习过程中要求身体放松下沉，下肢松胯屈膝，且经常一腿支撑重心，所以对腿部力量和膝关节的要求很高。因此极易损伤。

（一）做好热身运动

在太极拳练习中，预防膝关节损伤是非常重要和必要的。在练习太极拳时要做好热身运动。很多人认为太极拳缓慢圆润、松柔轻灵，不需要做热身运动，但其实太极拳的缓慢运动更需要热身。热身对于习练者的心理、生理等准备有着极其重要的作用。通过热身运动，能愉悦身心、焕发精神，以高度集中的精神状态和充沛的精力投入运动；能促进血管扩张、加快血液流速和流量，促进机体微循环的畅通，使活动部位的局部供血量增加、血红素和肌蛋白结合释放氧的能力增强，物质代谢和能量释放过程加强，改善人体能源的供输和代谢物的排泄，从而改善和克服肌肉、经筋、骨骼、关节、韧带的僵硬状态，预防膝关节

（二）从膝关节的生理功能角度保护膝关节

膝关节是下肢运动重要的中间环节，它比较脆弱，一旦损伤就难以修复和再生。而不规范的运动往往会引起半月板损伤。就膝关节的生理功能而言，它不能左右横向扭动。横向运动需要由踝关节和髋关节来共同完成，膝关节只是配合而已。所以在练习太极拳时，不管是什么步法，膝关节绝对不能左右、内外扭动，否则就会造成膝关节内侧和外侧的损伤。同时，因膝关节只能前后上下运动，故在做弓、马、仆、虚、歇步等步型、步法时，膝关节必须对准脚尖，与脚尖同方向，且不能超出脚尖，更不能向前跪伸，否则就会损伤膝关节。

（三）从运动方法上保护膝关节

在练习太极拳时，人体重量的 2/3 是由腰胯承受并转化后作用于大腿，再通过膝关节的连接与小腿和脚融汇一体。因此在做膝关节转向动作时，要以腰为主宰，由腰胯来控制和带动下肢，将身体重心由大腿经膝关节、小腿、踝关节和脚向同一方向转移。而膝关节只起连接作用，进行被动转动，这样才能防止膝关节受损。

（四）注意姿势正确

练习太极拳时姿势是否规范很重要。因为太极拳要求中正安舒，而不规范的姿势会造成跪膝、麻花脚等问题，这些错误姿势都失去了中正，造成身体的大部分重量加载在膝关节上，引起膝关节负荷过重而受损，所以练习太极拳姿势必须规范、正确。正确的姿势来源于正确的方法，也取决于基本功的训练。一切不科学、不正确、不合理的训练方法都会伤害习练者的身心，当然也包括膝关节。

太极拳的修身养性功能需要通过科学的养生理念、科学的练习态度和方法来实现。因此建议太极拳爱好者学习一些太极哲学、拳理拳法和人体解剖生理学知识，同时找一位名师指导，这样既能预防膝关节受损，又有利于练好太极拳。

一般来说，在初学太极拳时出现的疲劳性酸痛是暂时的，休息后就会减轻或自行恢复。而不科学、不规范、不正确的运动方法引起的膝关节磨损、积液、肿胀等就很难康复。

名人语录

练太极拳者不动手，动手便非太极拳。

——杨澄甫

道本自然一气游，空空静静最难求；和来万法皆无用，形体应当似水流。

——孙禄堂

动之则分，静之则合。无过不及，随曲就伸。

——王宗岳《太极拳论》

第二节 瑜伽

流动的术语

"瑜伽(YOGA)"一词源于梵文。YOGA的音译是驭驾，驯服牛马之意。从广义讲，瑜伽是哲学；从狭义讲，瑜伽是一种精神和肉体结合的运动。

瑜伽的起源已无法在历史中追溯。有学说称，关于瑜伽的记载最早出现在一系列被称为《吠陀经》的印度经文中，该经文称瑜伽的历史一直可以追溯到公元前1500年。[①]最早关于瑜伽存在的考古学证据是从印度河谷发掘出的刻有瑜伽体式的石头印章，存在于约公元前3000年。[②]这表明，至少在五千年以前，就已经有人开始修炼瑜伽了。19世纪90年代，卫维卡难达(或译为维威卡难达)的印度教圣入在芝加哥世界博览会上向人们展示了瑜伽，为众多瑜伽修行者和印度教圣哲走访西方奠定了基础。

今天，瑜伽在全世界盛行。瑜伽在一定程度上影响着当代的一些身体运动文化，如伸展和力量练习、体操、有氧操等。

一、基本技术与练习方法

(一)至善坐

至善坐是两腿并拢伸直坐下，弯曲左腿，再弯曲右腿。其特点是：有镇定安神、通筋活血的作用，对练习逾伽冥想很有帮助。患有坐骨神经痛的人不宜采用该坐姿。

练习方法：坐下，两腿并拢并同时向前伸展，两手放在臀部旁。弯曲左腿，用双手抓住左脚，使左脚脚跟抵住会阴处；弯曲右腿，把右脚放在左脚上，右脚跟靠近趾骨，右脚底板则放在左腿的大、小腿之间；腰背挺直；双手自然放于大腿上。放开双脚，休息一会，左、右腿交换动作，重复以上步骤(图18–14)。

图18–14 至善坐

运动价值

持之以恒的瑜伽体式练习可以锻炼全身的每一个部位，使肌肉、关节及脊柱和整个骨骼系统更为有力和协调；能锻炼内脏、腺体和神经系统，使全身各系统保持充满活力的状态，[③]帮助延缓身体的老化，减轻体内聚集过多的压力；[④]还能增进健康、预防疾病、有助于某些疾病的康复。瑜伽呼吸法能活跃身体机能，可有效帮助控制意念，使人平静。

---

① 诺娃贝琳.瑜伽手册[M].张索娃，译.北京：人民日报出版社，2004：17.
② 莫汉，尹岩.纯粹瑜伽-印度瑜伽习练手册[M].北京：中国轻工出版社，2005：10.
③ 莫汉，尹岩.纯粹瑜伽-印度瑜伽习练手册[M].北京：中国轻工出版社，2005：9.
④ 诺娃贝琳.瑜伽手册[M].张索娃，译.北京：人民日报出版社，2004：14.

（二）简易坐

简易坐是两腿并拢伸直坐下，弯曲左腿，再弯曲右腿。其特点是：可滋养神经系统，使心灵安定、内心平和；能有效减轻风湿及关节炎，加强髋、膝、踝关节的强度和韧性。它是打坐方法中最简单的坐姿，是初学者的首选坐姿。

练习方法：坐下，两腿并拢并同时向前伸展，两手放在臀部旁。弯曲右腿，将右脚放在左大腿下；再弯曲左腿，将左脚放在右大腿下；腰背挺直；双手自然放于大腿上。（图 18-15）

图 18-15　简易坐

（三）半莲花坐

半莲花坐是两腿并拢伸直坐下；弯曲右腿；再弯曲左腿，左脚置于右大腿上。其特点是：能滋养脊椎，按摩腹内脏器；能活跃神经系统，调节情绪；能调节呼吸系统，辅助治疗哮喘和支气管炎。该姿势与莲花坐功效相同，但姿势相对轻松一些，适合初学者。

练习方法：坐下，两腿并拢并同时向前伸展，两手放在臀部旁。弯曲右腿，将右脚脚跟抵住会阴处；再弯曲左腿，用双手抱住左脚，将左脚放于右大腿上，脚心向上，双膝尽量贴地；腰背挺直；双手自然放于大腿上。放开双脚，休息一会儿，左、右腿交换动作，重复以上步骤。（图 18-16）

图 18-16　半莲花坐

（四）莲花坐

莲花坐是两腿并拢伸直坐下；弯曲右腿，右脚置于左大腿上；再弯曲左腿，左脚置于右大腿上。其特点是：与半莲花坐功效相同，但难度更大、更重要；适合做冥想和呼吸的练习。

练习方法：坐下，两腿并拢并同时向前伸展，两手放在臀部旁。弯曲右腿，将右脚置于左大腿上，脚心向上；再弯曲左腿，用双手抱住左脚，将左脚放于右大腿上，脚心向上，双膝尽量贴地；腰背挺直；双手自然放于大腿上。放开双脚，休息一会，左、右腿交换动作，重复以上步骤。（图 18-7）

图 18-17　莲花坐

（五）钻石式

钻石式又被称为金刚坐，两腿屈膝并拢跪坐。其特点是：腿部不易发麻，特别适合于肠胃和消化系统不好的人，若膝、踝有伤不宜采用该坐姿。

练习方法：两腿并拢跪立，腰背挺直，双臂自然下垂；臀部坐到脚跟上，上体挺直；双手自然放于大腿上。可长时间保持这个姿势。（图 18-18）

图 18-18　钻石式

（六）束角式

束角式又被称为蝴蝶式。两腿并拢伸直坐下，两腿屈膝回收至脚底相互接触、膝关节向身体两侧。其特点是：两腿的摆放状如蝴蝶；能增加髋关节的灵活性；能减轻大腿、膝、踝和尾骨等承受的压力；能滋养最底部的能源中心。

练习方法：坐下，两腿并提并同时向前伸展，两手放在臀部旁。弯曲双腿，双手抓住双脚或脚踝，把两脚跟尽量拉近身体；两膝用力下压，贴近地面；腰背挺直。保持这个姿势六到八个呼吸的时间。（图18-19）

图 18-19　束角式

（七）跨骑式

跨骑式是两腿并拢伸直坐下；两腿向两侧尽量打开，勾脚尖；双手放在体前，随身体翻顷向前伸。其特点是：躯干与双腿保持一定的角度，两腿间也保持一定的角度；能增加髋部的灵活性，使背部得到很好的伸展。

练习方法：坐下，两腿并拨并同时向前伸展，两手放在臀部旁。双腿向两侧尽量打开，勾脚尖；两手放在体前，吸气，脊椎向上拉；呼气，从胯部底端向前倾，伸直脊椎，让头、颈与脊椎保持在一条直线上；双手随身体前倾从体前向前伸；要将体重均匀地分布在臀两边；眼随头的转动向下看。保持这个姿势四到十六个呼吸的时间。（图 18-20）

图 18-20　跨骑式

（八）背部伸展式

两腿并拢伸直坐下，勾脚尖；上体前倾，两手拉紧两脚或脚踝；胸部贴靠大腿。其特点是：能很好地伸展脊椎，帮助改善平常的坐姿、站姿及脊椎的健康；能温柔地挤压、按摩腹部内脏，并调和这些器官。

练习方法：坐下，两腿并提并同时向前伸展，勾脚尖，脚趾向上，脚后跟尽量向前伸；两手放在臀部旁。吸气，双臂向前、向上尽力举至耳旁，手指尖向上；呼气，上体从胯部开始前倾，伸直脊椎，让背部与颈保持在一条直线上；两手抓住脚或脚踝，两肘向外；让头、颈放松地放在双腿中间。保持这个姿势四到八个或十六个呼吸的时间。（图 18-21）

图 18-21　背部伸展式

（九）牛面式

两腿交叉屈膝重叠坐下；一臂上举后屈肘，小臂向下；另一臂自然下垂后屈肘，小臂向上；两手手指或手掌相互扣住。其特点是：从后面看该姿势向一张牛的脸；能增加肩、膝关节的灵活性；能增加人体躯干和头部区域的血液供应。

练习方法：两腿并拢屈膝跪下，腿脚向后，双手撑地。右腿放于左腿前，双腿交叉，两大腿相互接触；坐在两脚脚后跟之间，两小腿和两脚分开，右大腿稍向里，让双脚离臀部越近越好；腰背挺直；左臂上举后屈肘向下，右臂自然下垂后屈肘向上，两手指或手掌从背后相互紧紧扣住，保证手和脊椎成一条直线，且放在肩胛骨之间；目视前方。保持这个姿势两到八个呼吸的时间。放开双脚，休息一会，左、右腿交换动作，重复以上步骤。（图 18-22）

图 18-22　牛面式

（十）船式

上体后仰，两手手臂伸直与地面平行，两腿伸直并拢抬至重心平衡处。其特点是：完成姿势像一条船，修炼者主要通过臀部来保持平衡，而且身体形成一个“V”字形；能加固和调养背部、腹部和腿部的肌肉；能增加平衡感；能滋养肠胃。

练习方法：两腿屈膝并拢坐下，脚底贴地；两手手臂伸直与地面平行，掌心相对、手指指向前方。身体后仰，通过把两腿抬离地面平衡重心；脊椎伸直，头、颈与脊椎要保持在一条线上；伸直双腿，脚尖绷紧。保持这个姿势三到八个呼吸的时间。（图 18-23）

图 18-23　船式

（十一）猫伸展式

两大腿分开与地面垂直跪地；两手手臂、手指和胸部向前伸，手臂、手指贴近地面；额头贴地。其特点是：很像猫伸展的动作；是一种温和有效的脊椎热身动作；能很好地伸展背部、腹部肌肉。

练习方法：两手掌放在肩正下方撑地，手指向前；两小腿跪地，两膝放在胯正下方；头、颈与脊椎成一条线，目视两掌间地面。吸气，胸部开阔，背部形成向下的弧线，头部和下巴抬起，让颈部前面尽量得到伸展；抬起尾骨，帮助增加背部下端的弧度；把肩膀向下压，颈部伸长；呼气，拱起背，从移动腹部开始，让下巴向胸部靠拢。重复以上动作，交替地凹凸脊椎，完成三到六次，并协调好呼吸和动作。（图 18-24）

图 18-24　猫伸展式

（十二）骆驼式

骆驼式是两腿并拢或稍分开屈膝跪地；上体后仰，两手抓住两脚后跟。其特点是：在整个姿势中，脊柱向后弯曲；能增加脊椎、肩膀的灵活性和弹性；能改善平常的坐姿和站姿；对哮喘、支气管炎和其他呼吸道问题有帮助。

练习方法：两腿并拢或稍分开屈膝跪地，两脚指向身体后方。吸气，上体向后仰，把右手放在右脚后跟上，左手放在左脚后跟上；呼气。保持这个姿势三到四个呼吸的时间。（图 18-25）

图 18-25　骆驼式

（十三）眼镜蛇式

两腿并拢伸直，两手十指张开放于肩下，腹部、额头着地俯卧；上体后仰，两手掌慢慢移到离胯更近的位置撑地，两肘仍稍弯曲；头、颈和下巴向上、向后伸展；目视上方。其特点是：完成姿势像一条蛇；能增加脊椎的灵活性和弹性；能伸展颈、肩膀和背部的肌肉，使它们更强壮；能调理腹部肌肉和器官，增强肾和肾上腺的功能；能帮助消化，缓解肠胃气胀。

练习方法：俯卧，两腿并拢伸直，脚背、髋部贴地，两手十指张开、指尖向前平放于肩下，腹部、额头着地。吸气，收紧臀部肌肉后抬起头向前、向上伸展，肩和胸部离开地面，腹部和髋部贴地；同时两手轻轻下压，两臂抬离地面后撑直来支撑身体；目视上方；呼气。保持这个姿势三到八个甚至十六个呼吸的时间。（图 18–26）

图 18–26　眼镜蛇式

（十四）狗伸展式

两腿并拢或分开与地面垂直跪地，两手在肩正下方撑地；两手用力后推，抬起臀部至手脚自然伸直；目视肚脐。其特点是：既是一个倒立动作，又是一个前倾动作；能增加脊椎、大腿和小腿肌肉及肩的弹性；能滋养大脑，增强注意力；对哮喘、贫血有帮助。

练习方法：两腿并拢或分开与地面垂直跪地，脚趾弯曲点地，脚板与大腿平行；两手在肩正下方撑地，手指向前。呼气，手向后推，抬起臀部，把脚跟用力下压到地面上，肘、膝自然伸直；把体重均匀地分布到手和脚上；把胸部向腿的方向推，使背部弯曲；头、颈放松或让下巴靠近胸口，目视肚脐；吸气。保持这个姿势三到八个呼吸的时间。（图 18–27）

图 18–27　狗伸展式

（十五）坐扭曲式

两腿交叉屈膝重叠坐下；一手撑身体后面脊椎根部的地面，另一臂从异侧大腿外侧向前伸直，掌心向前。其特点是：使大脑警醒和清楚的最有效姿势；能帮助减轻背部疼痛，使脊椎排列更整齐；能温柔地挤压腹部器官和迷走神经等。

练习方法：两腿并拢伸直坐下，两手放在臀部旁；弯曲右腿，将右脚底放在左腿外侧的地面上，由腿胫骨挤压左膝和左大腿，脚跟尽量靠近左胯；弯曲左腿，将左大腿外侧紧贴地面，脚跟尽量靠近臀部。吸气，向上伸展脊椎和头部，同时把右手放在身体后面脊椎根部的地面上，左手臂伸直放在右大腿外侧，掌心向前；呼气。保持这个姿势三到八个呼吸的时间；放开双脚，休息一会，左、右腿交换动作，重复以上步骤。（图 18–28）

图 18–28　坐扭曲式

（十六）新月式

新月式是一腿向前，大、小腿垂直，脚趾向前；一腿向后，屈膝跪地，脚背着地；两手胸前合十；腰背挺直，目视前方。其特点是：虽不属于脊椎扭曲式的范围，但包括一个腰部脊椎扭曲，使一条腿向身体后方伸展，同时胯部尽量持平。它能防止和缓解坐骨神经痛，能温柔地挤压结肠的一测。

练习方法：两手掌放在肩正下方撑地，手指向前；两小腿跪地，两膝放在胯正下方；头、颈与脊椎成一条线，目视两掌间地面。吸气，右腿向前，大、小腿垂直，脚趾向前；上体向左胯前方压，两掌放在右脚两旁，手指向前；身体平衡后，抬起上体立直，双手胸前合十，把肩向下压，颈前伸；目视前方。保持这个姿势四到八个呼吸的时间。休息一会，左、右腿交换动作，重复以上步骤。（图 18–29）

图 18–29　新月式

（十七）山式

两腿和两脚伸直并拢站立。其特点是：几乎被当成所以站姿的起始姿势，它也可以当成一个独立的姿势来练习，能增强注意力和毅力。

练习方法：两腿和两脚用力并拢站立，伸展脊椎和颈部后端，使下巴平行于地面；收腹、挺胸，让身体的中间部分向上伸展，而肩和手臂则向下伸展。保持这个姿势四到八个呼吸的时间。（图 18–30）

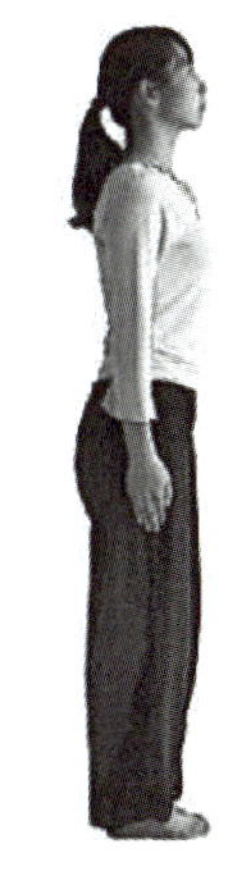

图 18–30　山式

（十八）弯腰伸展式

两腿和两脚伸直并拢站立，上体前倾，双臂贴紧耳朵，两手抓住脚踝外侧或把手平放在脚边。其特点是：故意让脊椎和大腿后部得到剧烈的伸展，能温柔地按摩腹部器官，调理肾脏和神经系统，增加大脑的血液供应。

练习方法：两腿和两脚用力并拢站立。吸气，两臂举至头顶、贴紧耳朵，手指向上，掌心相对。呼气，身体向前再向下倾，双臂仍贴紧耳朵，让头、颈和脊椎形成一条直线。两手抓住脚踝外侧或把手平放在脚边，用手臂的力量把头部和胸部尽量推近两腿，让上体保持在两腿中间。保持这个姿势四到八个呼吸的时间。（图 18–31）

图 18–31　弯腰伸展式

（十九）战士第一式

两腿左右分开、两脚后跟在一条直线上，转体成弓步，两臂举至头顶，双手合十，大拇指互扣或十指交叉外翻，掌心向上；目视双手。其特点是：能培养一个人的英勇气质，能锻炼平衡感和注意力。

练习方法：两腿和两脚用力并拢站立，两脚左右分开，两脚跟形成一条线，同时保持身体稳定。吸气，两臂从侧上举至头顶上方，双手合十，肘部伸直；呼气，右腿和右脚外开 90°，左脚内旋 45°，转动上体和胯部，面向正右方；吸气，两臂用力向上拉伸；呼气，屈右膝使大腿平行于地面；挺直腰背，向上伸展头、胸和双手，保持肩在胯的正上方，并尽量持平；目视双手。保持这个姿势四到八个呼吸的时间。回到身体正中站姿后，左、右腿交换动作，重复以上步骤。（图 18–32）

图 18-32 战士第一式

（二十）三角伸展式

两腿左右分开，两脚后跟在一条直线上站立，右腿和右脚外开 90°，左脚内旋 45°；两臂举至与肩同高后上体向右侧倒，右手放在右腿前或右脚后的地面上，左臂尽量向上伸展，掌心向前；目视左手。其特点是：这个姿势能使身体和两腿形成几个三角形，是少数几个让身体侧面弯曲的姿势，能让脊椎得到侧面的伸展，能增强胯、肩和大腿的弹性，能温柔地按摩腹腔内的器官。

练习方法：两腿和两脚用力并拢站立，两脚左右分开，两脚跟形成一条线，同时保持身体稳定。右腿和右脚外开 90°，左脚内旋 45°，胯和肩正对前方；吸气，将手臂举至与肩同高，掌心向前，肩下沉，手臂、手指尽量伸展；呼气，身体向右侧倒，右手放在右腿前或右脚后的地面上，不要向前或向后倾斜或扭曲身体；左臂尽量向上伸展，掌心向前；目视左手。保持这个姿势三到八个呼吸的时间。回到身体正中站姿后，左、右腿交换动作，重复以上步骤。（图 18-33）

图 18-33 三角伸展式

（二十一）树式

两腿和两脚伸直并拢站立，弯曲右膝，把脚跟放在左腿内侧靠上的位置，脚趾向下，膝关节向右，胯正对前方；腰背挺直；两手胸前合十或举至头顶正上方，目视前方。其特点是：使身体向上伸展，能调理手、肩、腿、膝、踝和脚部肌肉，能促进脊椎的伸展。

练习方法：两腿和两脚伸直并拢站立，弯曲右膝，把脚跟放在左腿内侧靠近腹股沟的位置，脚趾向下，膝关节向右，胯、身体躯干和肩持平，面向前方；腰背挺直；两手胸前合十或举至头顶正上方，放松肩部；目视前方。保持这个姿势三到八个甚至十六个呼吸的时间。回到身体正中站姿后，左、右腿交换动作，重复以上步骤。（图 18-34）

图 18-34 树式

（二十二）平衡式

两腿和两脚伸直并拢站立，左手放于体侧；提起右膝，右手拇指、食指和中指抓住右脚外侧或拇趾，伸展右腿；目视前方。其特点是：必须用一条腿站立，是一种活动人体主要关节的姿势，能消除关节的僵直状态，能让患部组织血液循环正常、肌肉强健，消除关节的疼痛。

练习方法：两腿和两脚伸直并拢站立，两手放于体侧。吸气，提起右膝放在体前，用右手拇指、食指和中指抓住右脚外侧或拇趾，让右脚尽量靠近腹股沟，膝关节向前；右胯稍向后拉，使双胯持平，面向前方；呼气，伸展右腿，腰背挺直，不能向侧、向前或向后倾斜；目视前方。保持这个姿势的平衡。回到身体正中站姿后，左、右腿交换动作，重复以上步骤。（图 18–35）

(1)　　(2)

图 18–35　平衡式

二、练习方法

（一）注意练习的顺序

每次练习的一般顺序是：热身—简单姿势—比较有挑战性的姿势和倒立姿势—休息姿势或反姿势—平衡姿努—放松功—呼吸练习—冥想。

绝活儿

侧幻椅式是一个看起来简单的动作，却可以锻炼全身肌肉群，尤其对脚踝、大腿、小腿、脊柱等有很好的锻炼效果。侧幻椅式动作很简单：双脚并拢或分开与肩同宽站立，两臂体侧自然下垂；吸气，两臂向上举至头顶，手心相对，两肩放松，目视前方；呼气，慢慢屈膝下蹲，身体前倾 45°左右，两膝在脚尖正上方，两臂向前伸展到达传统幻椅式的状态；吸气，尽可能让身体直立，双手胸前合十；呼气，向右拧转上体，左臂屈肘置于右膝外侧，左臂抵住大腿来增强胸部的扭转力度，左右肘垂直于地面；左臂微向后，确保两膝平衡；头右转，目视上方。保持此姿势完成五个完整的呼吸。可左右换做。

1. 热身

进行 2~ 5 个热身练习，包括一般性的热身练习和针对相应姿势的热身练习。充分地热身可以唤醒运动细胞，打开身体关节，舒活全身筋骨，促进血液循环，增加身体弹性和柔韧度，帮助身体进入运动状态，提高练习效果，避免受伤。

2. 简单姿势和更具挑战性的姿势

它们可以是不同类别的姿势，也可以专注于某个特定类别的姿势。选择 2~ 6 个姿势，从前术姿势开始（要求身体具备一定的柔软性），接着进行后仰类姿势（要求身体在经过热身以后具备一定的力度）。可以今天选择专攻这个特定的类别，明天再专攻那个类别，还可以重复某个姿势，如在练习的前半部分完成了前俯姿势，还可以在后仰姿势后再做同一个前术姿势作为它的反姿势。

3. 休息姿势

在练习过程中至少进行 3~ 4 次休息姿势，让练习者身体在姿势之间得到充分的休息。还可以让整个练习过程从一个休息姿势开始，这样能让大脑和身体放松地进行接下来的姿势。

4. 反姿势

在练习过程中交替地进行姿势和反姿势非常重要，保持反姿势的时间是保持最终静态姿势时间的 1/3。练习者可在完成相同类别中的 2~ 3 个姿势后再进行反姿势。如从眼镜蛇式开始，接着进入一个更有挑战性的姿势，如弓式，然后再进入前俯姿势。

为了让练习者能更顺畅地从一个姿势做到下一个姿势，请从一个类别做到下一个类别，避免一会儿坐一会儿站。练习者可从坐姿开始，然后做几个站姿，再回到坐姿，或者按照相反的顺序进行。

5. 平衡姿势

找到平衡姿势的平衡点，让身体适应这个状态。若专攻前俯姿势，则可在舰式或更高级的战士式中找到平衡。

6. 放松功

整个练习过程应该以放松功作为结束，如5~10分钟的仰卧放松功（尸解式）。放松不需要大脑保持警觉或注意力集中，它与睡眠状态非常接近，且持续的放松状态会让人如睡。

7. 呼吸练习

呼吸练习可以在一天中的任何时间进行，即使当时练习者并未练习其他瑜伽姿势。呼吸练习分为：初级呼吸——对于所有呼吸技巧来说，都需要进行5~20次吸气和呼气。高级呼吸——对于初学者来说，必须要具备意念以上的瑜伽呼吸技巧才可以练习这种呼吸技巧。

8. 冥想

冥想练习也可以在一天中的任何时间进行，即使当时练习者并未练习其他瑜伽姿势。它是练习将注意力集中在一点上固定不动，以观察自我。通过排空杂念，我们可以渐渐地明了真正的自己，发现自在的智慧和宁静。

一旦选择好适合自己的一系列姿势，就重复这个练习过程几周或几个月，并测量自己的进展。要通过这种方式取得最大的收获，而不是每天练习新姿势。

（二）练习的时间

尝试在每天的同一时间练习瑜伽，这样能形成一种自律，并产生最大的效果。

每次练习最好持续一个半小时，这样才有时间练习不同的姿势，并有时间进行放松、呼吸和冥想练习。若只有很短的时间进行练习，如20~ 30分钟，那就挑选少量姿势集中精力练习，而不要匆匆忙忙地练习太多姿势。

（三）练习的频率

最好每天练习瑜伽，记住享受练习过程，不要让它成为一种强迫性的束缚和苛刻的要求。温和地对待自己，关注每天练习的感觉，并根据自己的感受和情况调整瑜伽的练习进程。

三、运动防护

（一）身体情况

凡脊柱有严重损伤，如椎骨增生、椎间盘突出等问题；手术后3个月内；患有严重的骨质疏松或外伤；患有急性或传染性疾病的人都不宜进行瑜伽练习。

（二）需要医生或教练指导的情况

如年龄过大或有严重疾病者，习练前一定要先咨询医生，并在开始练习前详阅医嘱。若自行练习，要请医生明确告知哪些动作不可以练习，以免造成伤害。

（三）注意身体的感受

练习时要将注意力放在身体对动作的感受上，以感觉到伸展或收缩为宜。若体力不支或颤抖，请暂停练习。如身体没有不适，但出现了自动屏息，那仍需调整动作。

（四）不要急于配合呼吸

刚入门时，呼吸按身体需要即可。切记，练习时始终都用鼻子呼吸，除非有特殊要求。

（五）练习的频率

若身体从来没进行过任何锻炼，请从每周1次开始，逐渐增加至每周2次、3次、5次。当身体逐渐适应并喜欢上瑜伽后就可以每天练习了，每天的练习时间也可以从半小时渐渐增加。

（六）不可忽略的小细节

练习时只要无任何其他不适、不对抗身体，在能活动的范围内缓慢、有控制地完成动作就可以了。若在做某一姿势时身体剧痛，请立即停下来；经教练指导后疼痛依然不止，短期内请不要再做这个动作。

（七）其他

若不是私教训练，生理期最好暂停几日。女性如生理期一定要坚持自行练习，请不要将身体倒置，不要用力过猛。在做所有可能将骨盆倒置的动作时，在骨盆与地面平行时保持姿势即可。

每组练习开始和结束时都不要忘记让身体静下来休息，并有节律地呼吸。

绝对不要听从别人对你说你该怎么做，永远聆听你内在的声音，听听你自己想要做什么，否责，你的一生都将浪费掉。

——奥修《奥修瑜伽》

本章小结

通过本章的学习，你应当熟练掌握太极拳的基本手型、手法、步型、步法及基本技法及瑜伽的基本坐姿、基本体式和练习方法；了解太极拳运动的基本腿法和相关的术语；了解与瑜伽运动相关的基本呼吸方法和瑜伽手印；学会科学的健身方法，掌握太极拳和瑜伽的运动防护知识与技能；在日常生活中能够运用所学的太极拳和瑜伽知识进行养生健体。

拓展阅读

1. 余功保.太极密码：中国太极拳百题解[M].北京：人民体育出版社，2009.

2. 杨振铎.杨氏太极拳用法[M].太原：山西科学技术出版社，2013.

3. 曾乃梁，曾卫红.太极拳入门三篇[M].北京：人民体育出版社，2014.

4. 莫汉，尹岩.纯粹瑜伽：印度瑜伽习练手册[M].北京：中国轻工出版社，2005.

在线学习

1. 中国太极拳网
2. 中国陈氏太极拳
3. 瑜伽网

测测你的基础

1. 太极拳起源于＿＿＿＿＿＿＿＿（国家）。

2. 瑜伽练习的一般顺序是：＿＿＿＿＿＿＿＿—简单姿势—比较有挑战性的姿势和倒立姿势—休息姿势或反姿势—＿＿＿＿＿＿＿＿—放松功—呼吸练习—＿＿＿＿＿＿＿＿。

3. 简述太极拳的基本技法。

4. 简述瑜伽练习的运动防护方法。

5. 试论述太极拳的基本技术与练习方法。

6. 试论述瑜伽的基本技术与练习方法。

扫一扫 看一看

参考文献

［1］王昆仑.高尔夫球运动教程［M］.北京：人民体育出版社，2012.

［2］孙班军.高尔夫球俱乐部管理［M］.北京：人民体育出版社，2012.

［3］陈筑，汪爱平，杨庆辞.跆拳道［M］.北京：北京师范大学出版社，2011.

［4］刘燕.跑拳道［M］.北京：中国人民大学出版社，2012.

［5］杨龙，金基洞.跆拳道快速入门与实战技术［M］.成都：成都时代出版社，2014.

［6］段晓峰，赵子旭.看图学跆拳道［M］.北京：人民邮电出版社，2015.

［7］毛振明，甄志平.大学体育与健康教程［M］.北京：北京师范大学出版社，2009.

［8］许松涛.改革开放以来我国体育经济思想的发展演变研究［D］.北京：北京体育大学，2013.

［9］范国梁.改革开放以来我国学校体育思想发展演变研究［D］.广州：华南师范大学，2003.

［10］杨越.市场经济体制下中国体育经济发展研究［D］.北京：中国社会科学院研究生院，2003.

［11］金锡奎.中韩体育经济发展比较研究［D］.北京：北京体育大学，2012.

［12］袁雷.论体育对政治发展的价值［D］.长春：吉林大学，2009.

［13］何轶.我国高校体育文化建设研究［D］.长沙：湖南农业大学，2008.

［14］马卫平.体育与人［D］.长沙：湖南师范大学，2005.

［15］胡利军，刘晶.职业体育发展历史阶段的探讨［J］.山东体育学院学报，2010（26）.

［16］杨涛.职业体育与城市发展［J］.山东体育学院学报，2014（30）.

［17］彭杰.论改革开放 30 年体育对中国社会发展的影响与贡献［J］.武汉：武汉体育学院学报，2008.

［18］陈琦，杨文轩，等.我国当代体育价值观的研究［J］.体育科学，2006.

［19］吴强.论休闲体育的经济价值［J］.商业时代，2011.

［20］刘成云.体育经济在国民经济发展中的地位［J］.体育文化导刊，2013.